Betty Friedan

Das hat mein Leben verändert

Beiträge und Reflexionen
zur Frauenbewegung

Rowohlt

Die Originalausgabe, die der vorliegenden autorisierten Auswahl zugrunde liegt, erschien 1976 unter dem Titel
It Changed My Life. Writings on the Women's Movement
im Verlag Random House, Inc., New York

Auswahl und Redaktion: Angela Praesent
Die Namen der Übersetzer nennt das Inhaltsverzeichnis
Umschlagentwurf: Werner Rebhuhn

1. Auflage März 1977

Gesamtherstellung Clausen & Bosse, Leck/Schleswig
Printed in Germany
ISBN 3 498 02032 3

Inhalt

Einleitung

Dies ist ein Buch, das ganz wörtlich mit der Geschichte geschrieben wurde. Es berichtet von Aktionen und enthält Worte, die aus Aktionen hervorgingen und wieder zu Aktionen führten; all das ist in die Geschichte der Frauen eingegangen. Ich fand nie die Zeit, es als Buch zu schreiben, denn ich war viel zu sehr davon in Anspruch genommen, es in die Tat umzusetzen: Die Ereignisse folgten so schnell aufeinander, und ich lebte mitten dazwischen und löste sie manchmal auch aus. War es nicht Marx, der sagte, man könne nicht gleichzeitig eine Revolution führen und ein Buch schreiben? Ich schrieb den ‹*Weiblichkeitswahn*› nicht mit der Absicht, eine Revolution anzuzetteln, aber das Buch hat mein Leben verändert, als Frau und als Schriftsteller, und andere Frauen erzählen mir, daß es das ihre verändert hat. Ich muß die Verantwortung für die Revolution übernehmen, die meine Worte auslösen halfen.

Was ich in den letzten zwölf Jahren geschrieben habe, führte zu oder entsprang aus den Aktionen und Fragen der modernen Frauenbewegung – während ich neue Erfahrungen machte und mich mit ihnen auseinandersetzte, entwickelte sich auch die Bewegung und warf neue Fragen auf. Die Worte, die in Stunden der Aktion gesprochen oder in den Stunden zwischen Aktionen niedergeschrieben wurden, sind Teil der allgemeinen Geschichte. Welche Bedeutung ich dem allem heute beimesse, was mir an Randereignissen und Einzelheiten im Gedächtnis geblieben ist – dies und die Gefühle oder Probleme, die ich damals nicht voll verstand oder teilte, sind persönlich: die Frauenbewegung, wie ich sie erlebt habe. Und diese neue Verbindung von persönlicher Erfahrung und politischer Aktion ist das Wesentliche am Sprung der Frauen in die Geschichte.

Für mich begann er in den späten fünfziger Jahren, als ich allmählich erkannte, daß die abstrakten Begriffe der konventionellen oder auch intellektuellen Denkweisen, mit denen man damals die Frau definierte und mit denen wir uns selbst definierten, nicht auf mein

Leben und das anderer Frauen paßten, ja daß man dies Leben mit solchen Begriffen nicht einmal verstehen konnte. Das, was ich den Weiblichkeitswahn nannte, aus dem Gesamtgewebe des tatsächlichen Lebens von Frauen herauszulösen, bedeutete für mich persönlich die entscheidende Bewußtseinsklärung, wenn ich es in den fünf Jahren, die ich brauchte, um das Buch zu schreiben, auch nicht so bezeichnete. Diese Worte jedoch, die aus meiner persönlichen Wahrheitsfindung entsprungen waren, leiteten andere Frauen dazu an, ihre eigene Wahrheit zu finden, eine Wahrheit, die der Weiblichkeitswahn verschüttet hatte. Indem wir öffentlich unsere Erfahrung als Frauen miteinander teilten, gelangten wir zu der neuen Einsicht, daß diese Erfahrung in ihrer Beschränktheit und ihrem Drang nach Erweiterung weit mehr war als einzig persönlich: Sie war politisch. Und dieses neue Bewußtsein führte unerbittlich zur Aktion: der Frauenbewegung. Dann fing man an, die Erfahrung von Frauen mit neuen Abstraktionen zu analysieren, die den Ideologien vergangener Revolutionen entlehnt waren . . .

Heute, im Jahre 1976, entwickelt sich die Frauenbewegung für Gleichheit, Freiheit und Menschenwürde – für die Partizipation der Frau an den Taten und Entscheidungen, die das menschliche Geschick bestimmen, und für ihre eigene Identität – zu *der* großen Strömung, die in diesem Jahrzehnt grundlegenden sozialen Wandel und möglicherweise die am weitesten reichende Revolution aller Zeiten herbeiführen kann. Sie berührt uns alle, Männer, Frauen, Kinder, unmittelbar in unserem persönlichen Alltagsleben; sie fordert Wirtschaft, rechte und linke Politik, Theologie und die Sexualität selbst auf unabsehbare Weise heraus. Heute empfinde ich von neuem das Bedürfnis, die Ideologie zu entmystifizieren, indem ich sie auf die konkreten Aktionen zurückbeziehe, aus denen sie entstand.

Da meine Worte, die auf meiner persönlichen Wahrheit beruhten, mich und andere dazu veranlaßten, die Frauenbewegung zu organisieren, verspüre ich bei allem Stolz eine große Verantwortung für die verändernden, über das Bestehende hinausdrängenden Aktionen der Bewegung sowie für die Rolle, die sie in der Lebenswirklichkeit aller Frauen, mich eingeschlossen, spielt. Ich fühle mich von neuem gedrängt, die Worte an der persönlichen Erfahrung zu prüfen, damit wir uns in unserer feministischen Reaktion auf den alten Wahn nicht von einem neuen blenden und fesseln lassen.

Denn bei allem Stolz über die Kraft der Bewegung, die in einem beispiellosen Siegeszug die Welt erfaßt hat und in das Bewußtsein von Frauen – quer durch die Generationen, Länder, Rassen, Schichten und die Richtungen der Männerpolitik – eingegangen ist, müssen wir doch zugeben, daß die Frustration über ihre Probleme wächst. An der Frauenbewegung ist heute eine gewisse Lähmung zu beobachten, eine Verkehrung der Energien. Über Generationen haben Frauen Haß und Bitterkeit gegen sich selbst gerichtet; nun bricht beides hervor und wird vielleicht auch manipuliert. Wenn Haß und Bitterkeit in blinder Reaktion an den Männern ausgelassen werden, persönlich wie politisch, muß darauf nicht ein Gegenschlag von seiten der Männer folgen, und letztendlich Empörung, Desillusionierung und Bitterkeit unter Frauen? Hat die Rhetorik der Geschlechterpolitik uns blind gemacht für die tatsächlichen Aktionen und Verbündeten, die wir brauchen, wenn den Frauen in ihrem Leben wirklich neue Wege offenstehen sollen? Wird das, was unsere *sisterhood* versprach – daß Frauen erstmals positiv zusammen dafür arbeiten, uns allen einen Zugang zum Leben zu schaffen –, nun Lügen gestraft, indem wir uns gegen uns selbst wenden? Manipulieren unsere Feinde unsere Wut, damit unsere Handlungsfreiheit gelähmt wird und keine wirksame, verantwortliche Führungsgruppe sich etablieren kann? Wie können wir diese Wut überwinden?

Um es anders auszudrücken: Von Anfang an gehörte es für mich zur Frauenbewegung, daß man nie auf geradem Weg vorangehen konnte; man geriet in Sackgassen, hielt vergeblich nach Modellentwürfen Ausschau, suchte in Büchern und bei Fachleuten Rat. Dann vertraute ich stets meiner Intuition – meinem innersten, persönlichen Wissen davon, ob etwas falsch ist, ob etwas fehlt, ob etwas nötig ist – und suchte die Antwort in der Erfahrung zu finden. Als Frau zu leben bedeutet heute für uns alle, sich auf Straßen zu bewegen, die auf keiner Karte verzeichnet und nicht oder nur undeutlich beschildert sind. Wir müssen uns unsere Reiseroute unterwegs zusammenstellen und merken manchmal erst, wenn wir schon fast da sind, daß wir auf dem richtigen Weg waren; und dann blicken wir zurück und sehen, welche Strecke wir zurückgelegt haben. Nach einer Weile beginnt man seinem Gefühl für die richtige Straße zu trauen und lernt erkennen, wann man auf Abwege geraten ist. Trotzdem kommt es vor, daß man in einer Sackgasse landet und den Ausweg nicht sieht, den man einschlagen müßte. Man kann sehr müde und mutlos werden. Manchmal frage ich mich, warum wir überhaupt weitermachen.

Ich begann, den *‹Weiblichkeitswahn›* zu schreiben, weil die Voraussetzungen, von denen ich damals in meinen Artikeln für Frauenzeitschriften ausging, für mich einfach nicht mehr wahr klangen, obwohl ich genau wie andere Frauen in Amerika persönlich diesen Voraussetzungen gemäß lebte. Ich begann jenes Buch mit einem vagen Zweifel:

«Eine ganze Weile war es mir nicht richtig klargeworden, aber allmählich erkannte ich, daß daran, wie sich die Amerikanerinnen heute ihr Dasein einrichten, irgend etwas grundverkehrt ist. In meinem eigenen Leben als Ehefrau und Mutter von drei kleinen Kindern tauchte das Gefühl zuerst als Fragezeichen auf, wenn ich halb schuldbewußt und daher eigentlich wider besseres Wissen nur zögernd meine Fähigkeiten und Kenntnisse für eine Arbeit einsetzte, die mich außer Haus führte . . . Es bestand eine merkwürdige Diskrepanz zwischen der erlebten Wirklichkeit und der Vorstellung, der wir zu genügen versuchten, jener Vorstellung, die ich den Weiblichkeitswahn nenne. Ich frage mich, ob auch andere Frauen diesen schizophrenen Zustand empfänden und was er wohl bedeutete.»

Nachdem ich fünf Jahre damit verbracht hatte herauszufinden, wie es zum Weiblichkeitswahn gekommen war und was er uns antat, wandte ich mich davon ab. Aber es bereitete mir große Schwierigkeiten, das Buch abzuschließen. Man sagte mir, ich müsse Lösungen, positive Antworten, eine Therapie anbieten, müsse klar die Richtung weisen, in der wir von nun an weitergehen sollten. Ich sah damals keine solchen Lösungen, weder für mein eigenes Leben noch für die Frauen allgemein. Ich mußte das Buch notwendigerweise mit der Frage beenden:

«Wer weiß, was Frauen zu sein vermögen, wenn sie endlich sie selbst werden können? Wer weiß, was die Intelligenz der Frauen leisten wird, wenn sie sich frei entfalten kann, ohne die Liebe verleugnen zu müssen? Wer weiß um die Möglichkeiten der Liebe, wenn Männer und Frauen nicht nur Kinder, Heim und Garten teilen, nicht nur die Erfüllung ihrer biologischen Rollen, sondern auch die Verantwortung und Leidenschaft der die Zukunft gestaltenden Arbeit und die volle menschliche Erkenntnis, was sie sind? Die Suche der Frauen nach sich selbst hat kaum begonnen. Aber jetzt ist die Zeit gekommen, da die Stimmen des Weiblichkeitswahns nicht länger die innere Stimme übertönen können, die die Frauen dazu treibt, sich zu vollenden.»

In den folgenden Jahren begann ich an einem zweiten Buch zu arbeiten; in den Vereinigten Staaten und in anderen Ländern hielt ich nach neuen Lebensmodellen für Frauen Ausschau, die das des Weiblichkeitswahns ersetzen könnten. Ich fand einige außergewöhnliche Frauen, die sich den von der Gesellschaft vorgegebenen Modellen mit mehr oder weniger Schuldgefühlen entzogen – und immer mehr Frauen mit neuen Wünschen und neuen Problemen –, aber keine neuen Modelle: überhaupt keine in Amerika und einigermaßen enttäuschende in anderen Ländern, wo ich nachzuforschen begann. Und inzwischen gab es immer mehr Bücher und Aufsätze und Podiumsdiskussionen und wissenschaftliche Symposien über das Frauenproblem, und es gab Kommissionsberichte über die Lage der Frau, ohne daß sich irgend jemand für Veränderungen einsetzte, bis es schließlich so aussah, als würden die Probleme der Frau – die im Amerika der sechziger Jahre nach einem Dornröschenschlaf von einem halben Jahrhundert endlich neu erkannt worden waren – wieder einmal in einem Meer von Worten untergehen. Ich begann mich zu fragen, ob diese Worte als Ersatz für gesellschaftsveränderndes Handeln gedacht waren. Bis vor kurzem wurde in allem, was über Frauen erschien, lediglich das unwandelbare Antlitz Evas gefeiert oder rationalisiert: Die Frau ist, der Mann macht. Ich habe derlei – in der Zeit vor der Bewegung – selbst geschrieben. Der erste Teil dieses Buchs behandelt die Erfahrungen, die zum *‹Weiblichkeitswahn›* führten.

Und 1966 dann verstand ich, daß außer Gerede und Worten ohne Ende für die Mehrzahl der Frauen nichts geschehen würde, wenn wir nicht eine Bewegung zur Veränderung der Gesellschaft organisierten, wie es die Schwarzen getan hatten. Und ich legte jenes zweite Buch beiseite und begann mit anderen Frauen eine Bewegung zu organisieren, «die sich aktiv dafür einsetzt, die Frauen in die Hauptströmung der amerikanischen Gesellschaft heute zurückzuleiten ... und Frauen volle Gleichstellung und volle gleiche Partnerschaft mit Männern zu ermöglichen». Der zweite Teil behandelt die Organisierung der Hauptströmung in der modernen Frauenbewegung, so wie ich sie erlebte – was nicht ganz dasselbe ist wie die *women's lib* der Medien. Dann zwangen mich die Rhetorik von *women's lib* und die zahllosen ideologischen Traktate über Sexuspolitik, die im Namen eines radikalen oder separatistischen oder Amazonenfeminismus erschienen, mein Vorgehen erneut zu ändern. Ich erlebte in wachsendem Maße, daß diese Rhetorik in eine gefährliche Sackgasse führte. Ich begann innerhalb der Bewegung nachdrücklich darauf hinzuweisen, daß wir uns aus eigener Erfahrung eine Ideologie schaffen mußten; daß wir kein abstraktes Schema aus früheren Revolutionen übernehmen konnten. Wir mußten unsere Ideologie ständig an unserem realen Leben überprüfen – bei der Arbeit und zu Hause, sowohl nur als Frauen wie auch im Zusammenhang mit Männern und Kindern.

Ich blicke heute auf meine ersten Versuche, solche Fragen aufzuwerfen, zurück, und mir fällt all das ein, was ich wohl spürte, aber nicht sagte. Tatsächlich konnten wir damals keine unbequemen Fragen ertragen; wir trauten unserem Zusammenhalt, unserer Kraft zu wenig. Zu Beginn der siebziger Jahre deutete ich solche Fragen in der Frauenbewegung nur an. Aber ich versuchte mit meinen Worten damals die Energien von der sexuspolitischen Rhetorik abzulenken und auf die notwendigen politischen und ökonomischen Aktionen zu konzentrieren, die sich auf die Lebensbedingungen aller Frauen auswirken würden – auf die Organisierung des Frauenstreiks für Gleichheit am 26. August 1970, dem fünfzigsten Jahrestag der Erlangung des Frauenstimmrechts, und auf den National Women's Political Causus.

1971 begann ich mein persönliches Notizbuch zu schreiben, in dem ich versuchte, die Worte, die ich gebrauchte, um andere herauszufordern oder politisch zu führen, mit meinem persönlichen Leben zu jener Zeit in Beziehung zu setzen, sowie meine Begegnungen mit Frauen und Männern aus anderen Ländern und Systemen zu schildern. Zugleich begann ich offener meine Vorbehalte gegenüber der Sexuspolitik zu artikulieren, von der die Frauenbewegung eine Weile lang beherrscht zu sein schien.

In den letzten drei Jahren dann versuchte ich, mich aus der Organisationstätigkeit zurückzuziehen, hauptsächlich zu schreiben, Vorträge zu halten, zu lehren und das «neue Ja» zu finden – die zweite Stufe in der Revolution der Geschlechterrollen. Denn zunehmend hatte ich das Gefühl, die Frauenbewegung – und ich selbst – gerate in eine neue Sackgasse oder müsse eine neue Richtung nehmen. Sie kann nicht einfach immer weiter geradeaus gehen und, wie wir es getan haben, immer nur nein sagen zur Geschlechtsdiskriminierung in allen möglichen Institutionen vom Baseballfeld bis zu den Banken, nein sagen zum Weiblichkeitswahn in allen Kulturerzeugnissen von der Schulfibel bis zu den Werbespots im Fernsehen. Nicht daß die erste Stufe der Frauenbewegung vorüber wäre: Sogar die Siege, die wir verbuchen konnten – das gesetzliche Verbot von Geschlechtsdiskriminierung durch Arbeitgeber und im Bildungsbereich, die Bestätigung unseres verfassungsmäßigen Rechts, über Geburt und Schwangerschaftsabbruch zu entscheiden, durch den Supreme Court, das Equal Rights Amendment und die neuen Vorstellungen von Gleichheit in Ehe, Familie und Haushalt –, sind heute durch reaktionäre politische, ökonomische und religiöse Gruppen bedroht, die versuchen, die Feindseligkeiten, Ängste und Probleme der Übergangssituation für sich auszunutzen, einen Gegenschlag der Männer zu provozieren und die Frauen zum Rückzug zu zwingen.

In der Frauenbewegung selbst sind die radikalen Randgruppen fast sämtlich an ihrer eigenen Entfremdung bewirkenden Doktrin und Taktik zugrunde gegangen. Nun aber läßt es die Majorität selbst destruktiv zu, daß ihre Energien durch reale oder manipulierte Machtkämpfe und ideologische Auseinandersetzungen gelähmt werden. Eine Randgruppe versucht, NOW aus der «Hauptströmung» der gesellschaftlichen Entwicklung hinauszudrängen. In ihrem persönlichen Leben fühlen sich viele Frauen und Männer, die nicht mehr so leben können wie früher, ähnlich gelähmt; sie sind verzweifelt auf der Suche nach einem «neuen Ja». Um zu diesem «neuen Ja» vorzudringen, müssen wir, so glaube ich, unsere Theorien und Voraussetzungen wieder auf ihren Gehalt an persönlicher Wahrheit – für unser Leben, für die Bewegung – hin überprüfen und auf diesem Wege den Schlüssel zu den neuen Problemen aufspüren und die neue Denkweise entwickeln, zu der wir finden müssen. Unsere Bewegung muß ihre Richtung ändern; aber das kann sie nicht, wenn sie sich gegen sich selbst kehrt oder sich von den Männern abwendet oder sich auch nur von den anderen gesellschaftlichen Strömungen isoliert, die unser erstes Jahrzehnt mitgeprägt haben.

Denn die Energien, die von der Frauenbewegung in den Vereinigten Staaten freigesetzt wurden, haben nun eine ökonomische Krise und eine zunehmende Zahl von familiären Krisen zu bewältigen –

Rezession, Inflation, Kurzarbeit, Arbeitslosigkeit, Kürzungen der Budgets für Gesundheitsversorgung, Sozialhilfe und Ausbildung und ein enormes Anwachsen der Scheidungsquote. Während Frauen in größerer Zahl als je zuvor von Colleges und Fachschulen kommen, verlieren andere Frauen und Männer ihre Stellen; junge und ältere Frauen haben neue Ziele und Selbstachtung gefunden und verspüren eine Unabhängigkeit, die sie betonen müssen, weil sie ihr noch nicht ganz trauen; manche brauchen einen Mann zur ökonomischen Unterstützung, und andere leiden unter dem Verlust dieser Unterstützung, aber noch immer möchten die meisten von ihnen einen Mann lieben und von ihm geliebt werden, und sie können nun entscheiden, wann und ob sie ein Kind möchten. Wie läßt sich das alles vereinen? Die neuen Fragen sind viel zu komplex, als daß man sie einfach damit beantworten könnte, daß man nein sagt zum Weiblichkeitswahn und zur Geschlechtsdiskriminierung. Wenn diese Bewegung nicht über politische Strategie oder persönliche Aktionen zu einem «neuen Ja» für Frauen führt und für die Männer und Kinder, mit denen sie ihr reales Leben teilen, könnte sie sogar in ihr Gegenteil umschlagen. Der vierte Teil behandelt diese neuen Fragen und die weiterreichenden Implikationen der Revolution der Geschlechterrollen.

Um zu verstehen, woher wir kamen, wohin wir gehen, was das alles zu bedeuten hat, muß ich auf die Entwicklung unserer Bewegung zurückblicken – wie ich sie selbst gründen half und am eigenen Leib erfahren habe – und mich mit all den Problemen, Zweifeln, Emotionen und persönlichen Aspekten konfrontieren, trotz derer es zu jenen öffentlichen Erfolgen kam, die oft fast zufällig wirkten und mir heute noch beinahe wie Wunder erscheinen. Wenn ich aus der Erinnerung noch einmal die hektischen, banalen, spontanen, improvisierten kleinen Begegnungen und Vorkommnisse aufleben lasse, die zu bestimmten Aktionen und sprunghaften Fortschritten führten, die heute geradezu heroisch anmuten, dann muß ich auch gewisse Probleme und Vorbehalte aufzeigen, über die zu sprechen ich mich früher gescheut habe. Und wenn ich meine eigene Erfahrung und die anderer Frauen von neuem durchlebe, muß ich zu klären versuchen, warum wir überhaupt weitermachen, und mich den neuen Problemen nähern, die wir sehen und überwinden müssen, falls wir nicht an Boden verlieren oder mutlos werden wollen. Ich war sehr nahe daran, mutlos zu werden, näher, als irgend jemand dachte. Und doch weiß ich, daß die Frauenbewegung für Gleichheit notwendig war und es noch ist: Aus dieser Überzeugung habe ich selbst Kraft geschöpft und viele andere Frauen mit mir.

Ich gebe hier nicht vor, meine Autobiographie oder die Geschichte der Frauenbewegung zu schreiben, sondern ich möchte nur meine eigene Erfahrung aus jenen vergangenen zwölf Jahren weitergeben, in denen wir unseren Sprung in die Geschichte getan haben. Viele Frauen haben diese Erfahrung geteilt – und in weit mehr Frauen noch dürfte sie fruchtbar geworden sein –, aber ich kann nur berichten, wie ich es erlebt habe, in der politischen und in meiner persönlichen Realität.

Denn die Realität dieser Revolution liegt darin, daß wir – die Mittelschichtfrauen, die sie ausgelöst haben – sie für uns selbst in Gang setzten. Entgegen den Klischees radikaler Rhetorik wurden andere Revolutionen ebenfalls von Intellektuellen der Mittelschicht (den einzigen, deren Bildung ausreichte, Worte dafür zu finden) ausgelöst; aber sie taten es immer für jemand anders: für die Armen, für die Arbeiterklasse, für «die dort». Liberale Weiße pflegten den Schwarzen zu erklären, was deren Bedürfnisse seien (und schwarze Intellektuelle der Mittelschicht schreiben «denen dort» immer noch abstrakte Heilslehren vor). Das Wesentliche an der Frauenbewegung ist, daß wir es *für uns* taten; dadurch können wir aufrichtig, real, konkret bleiben. Und dieses *Tun* – nicht mehr nur Sein, Fühlen oder Putzen von Fußböden, die immer wieder schmutzig werden – bringt den Frauen ihren Platz in der Geschichte ein. Es ist etwas *Neues*, daß Frauen Geschichte machen – nicht nur ein paar Königinnen, Kaiserinnen oder außergewöhnliche Genies, sondern Hunderte, Tausende, Millionen von Frauen treten nun in die Geschichte ein, und wir wissen, daß wir Geschichte machen; denn wir ändern unser Leben. Schon der oberflächlichste Blick auf eine amerikanische Tageszeitung, auf die Titelseite, die Sportseite, die Wirtschaftsseite, die Stellenanzeigen, ergibt, daß Frauen nicht nur Tätigkeiten und Berufe aufgenommen haben, von denen sie ausgeschlossen waren (etwa in der Little League, der Polizei und Feuerwehr, auf U-Booten; Frauen können jetzt Gouverneur, Bürgermeister, Priester der Episkopalkirche, konservativer Rabbi, Terrorist, Dirigent und Börsenmakler an der Wall Street werden), sondern auch die politischen, ökonomischen, theologischen und kulturellen Informationen haben sich gewandelt (in der Sprache, im Stil, in den Fragen, die gestellt werden) und sogar die Frauenseite: Dort ist nun von Lebensformen die Rede, von Dingen, die auch für Männer von Bedeutung sind.

Wir ansonst unauffälligen amerikanischen Frauen haben, indem wir die Kraft fanden, unser eigenes Leben zu verändern, der Geschichte ein anderes Aussehen gegeben. Auf diese Weise haben wir eine große menschliche Leidenschaft kennengelernt, wie sie nicht viele Männer und fast keine Frauen vor uns erfahren haben. Die Männer, die vor zweihundert Jahren die Amerikanische Revolution durchkämpften, haben es erfahren – es war das *Tun*, der Prozeß, die Teilnahme an der Gestaltung unserer Geschichte, was uns als Menschen eine ganz neue Lebendigkeit einbrachte. Für uns, die den Sprung wagten, ist es Belohnung genug, als Frauen zu unserer Geschichte beigetragen zu haben.

Von jetzt an wird die Geschichte für Frauen einen neuen Verlauf nehmen; daß die Geschichte nun von Frauen *und* Männern gemacht wird, ist eine qualitative Veränderung. Die Geschichte dieser zwölf Jahre hatte bereits andere Schwerpunkte, einen anderen Stil, eine andere Struktur als die Geschichte davor, die einzig von Männern geprägt war. Im Gegensatz zu der linearen Geschichte der Vergangenheit behandelt die von uns mitgestaltete Geschichte unweigerlich die Masse des alltäglichen Lebens – die totale, kreisförmige, unregelmäßige, spontan wandelbare, flexible Gestalt, die das Leben eben annimmt. Wenn Frauen in das öffentliche, das Berufsleben eintreten und Männer anfangen, die Sorge für Kinder, das Kochen und Putzen mitzuübernehmen, geschieht eindeutig mehr, als daß ein paar Frauen mit Männern die Rollen tauschen, ein wenig am aktiven Leben teilhaben oder die Chance bekommen, Positionen auszufüllen, die früher Männern vorbehalten waren. Etwas anderes bahnt sich an – die Überbrückung, Überwindung der Polarisierung von Männlich und Weiblich, von Abstrakt und Konkret, von unvergänglichen Werten und schmutziger, schweißtreibender Alltagswirklichkeit. Die Geschichte der Frauen wird nicht sehr lange nur ihre Geschichte bleiben. Die Rechte wurden nach hundert Jahren Kampf erstritten, dann herrschte ein halbes Jahrhundert Friedhofsruhe, und nun verändert die Frauenbewegung die Gesellschaft so, daß Frauen von diesen ihren Rechten Gebrauch machen können. Die Folge wird eine Befreiung des Menschen sein: das nächste Kapitel der Menschheitsgeschichte. Und wenn wir so weit gekommen sind –

–B. F. *New York*

So waren wir damals
Amerikanische Frauen von 1949

Einleitung

Immer wieder werde ich gefragt: «Warum haben Sie den ‹*Weiblichkeitswahn*› geschrieben?» und: «Welche Ereignisse in Ihrem Leben haben Sie dazu veranlaßt, die Frauenbewegung zu gründen?» Und ich wußte darauf nie eine Antwort. Denn ich war nicht mit dem Vorsatz ausgezogen, die Frauenbewegung in Gang zu setzen; ich hatte mich sogar nie sonderlich für Frauenprobleme interessiert. Daß ich den ‹*Weiblichkeitswahn*› schrieb, kommt mir heute beinahe zufällig vor. Wie Jung, als er nach achtzig Jahren seine Kindheitsträume analysierte, spüre ich «Verbindungen, die mir erst viel später im Leben klarwurden». Das Ganze ist ein Rätsel – wie es geschehen konnte, wie es anfing. Woher nahmen wir den Mut zu diesem Sprung? Manchmal habe ich das Gefühl, als hätten wir bloß ein vorausbestimmtes Kapitel der menschlichen Evolution ausagiert, wie Jungs Archetypen: «Sie handeln zuerst und wissen nicht, was sie tun. Erst viel später reflektieren sie über das, was sie getan haben.»

Wenn ich heute darüber nachdenke, erkenne ich, daß unsere Bewegung keiner Mystifizierung bedarf. Sie begann an einem bestimmten Zeitpunkt aus historischer Notwendigkeit; die Evolution der Gesellschaft und die von Menschen geschaffene Technologie hatte die Frauen zum Absprung bereit gemacht: Die amerikanischen Frauen meiner Generation erlebten den Höhepunkt einer massiven Identitätskrise, die sich schon in der Generation meiner Mutter zusammengebraut hatte. Und das Zusammentreffen gewisser Umstände in meinem eigenen Leben konfrontierte mich sehr heftig mit dieser Krise – und befähigte mich schließlich dazu, sie zu verstehen und das, was andere Frauen ebenfalls erlebten, in Worte zu fassen.

Einerseits war es fast ein Zufall, daß ich den ‹*Weiblichkeitswahn*› schrieb, andererseits hatte mich mein ganzes Leben darauf vorbereitet, dieses Buch zu verfassen; zum erstemmal fügten sich alle Elemente meines Lebens zu einer Einheit, als ich daran arbeitete.

Da war meine Mutter und ihre Unzufriedenheit, die ich nie verstanden hatte. Ich wollte nicht so sein wie meine Mutter. Nichts, was mein Vater tat, nichts, was er ihr kaufte, nichts, was wir taten, schien sie jemals zufriedenzustellen. Als sie meinen Vater heiratete, hatte sie ihre Stelle als Redakteurin der Frauenseite an der Zeitung von Peoria aufgeben müssen. Kaum war ich in der Mittelstufe, da setzte sie mir schon die Idee in den Kopf, mich bei der Schulzeitung zu bewerben. In der High School mußte ich ein Literaturblatt gründen. Sie konnte es kaum abwarten, bis ich aufs College kam, wozu sie nicht die Chance gehabt hatte, und auch dort die Zeitung herausgab. Und dort auf dem College lernte ich die Freudsche Erklärung für die Unfähigkeit meiner Mutter, als Frau «weibliche Erfüllung» zu finden. Ich begann selbst Psychologie zu studieren, und da die großen Gestaltspsychologen aus Nazideutschland hatten fliehen müssen, lernte ich von Kurt Koffka am Smith College, dann von Kurt Lewin an der University of Iowa und von Erik Erikson in Berkeley, alle Phänomene, einschließlich der Frustration meiner Mutter in ihrem totalen, konkreten, kulturellen Kontext zu betrachten: der Gestalt.

Und so kam ich zu der Autorität und zu den Methoden, die es mir letztlich möglich machten, die mystifizierende Freudsche Vorstellung von Weiblichkeit zu durchdringen. Am Smith College, diesem großen Frauencollege, hatte man mich zudem als Person ernst genommen, mir ein unauslöschliches Verantwortungsgefühl für die menschlichen Geschicke eingeimpft und mir meine Kraft, darauf einzuwirken, bewußt gemacht. Aber meine tiefe Bereitschaft zum Kampf gegen Ungerechtigkeit – und die Chuzpe, zu glauben, ich könnte sie beseitigen helfen – konzentrierte sich erst sehr viel später auf die Ungerechtigkeiten, unter denen Frauen litten, oder auch nur ich selbst. (Diese Bereitschaft mag sich auf meine eigenen Erfahrungen zurückführen lassen, die ich als Tochter eines jüdischen Einwanderers in Peoria, Illinois, mit Ungerechtigkeit machte, und auf das Gefühl für Chancen zur Veränderung, das mir gleichwohl vermittelt wurde, während ich dort aufwuchs – bevor mich mein Vater dazu ermutigte fortzugehen.) Und in den Jahren nach dem College, als ich für die Gewerkschaftspresse als Reporterin arbeitete, lernte ich, durch den Nebel von Worten und auch von Psychologie vorzudringen zu der schmutzigen ökonomischen Basis der amerikanischen Wirklichkeit. Als Reporterin und Journalistin lernte ich, an eine Geschichte, deren eigentliches Problem man ja am Anfang nie kennt, so heranzugehen, wie ich als Psychologie- und Soziologiestudentin am Smith College und später in Berkeley gelernt hatte, Hypothesen zu prüfen und in den Worten und Handlungen des Patienten nach verborgenen Anhaltspunkten zu suchen. Merkwürdigerweise erinnere ich mich heute an ein komisches Gefühl – beinahe so, als würde ich etwas wiedererkennen –, das mich befiel, während ich Material zu einem Routineartikel über den Streik an einem größeren Elektrizitätswerk sammelte. Die meisten Arbeiter dort waren Frauen, und ich fand heraus, daß Frauen offenbar nicht nur von den Arbeitgebern diskriminiert wurden, sondern auch in der Gewerkschaft. Aber damals interessierte sich niemand dafür. Ich hatte nicht einmal ein Wort für Geschlechtsdiskriminierung, als ich selber aus meiner Stellung an der Zeitung entlassen wurde, weil ich schwanger war.

Was mich aber vor allem anderen zu Bewußtsein brachte, war die Tatsache, daß auch ich – trotz meiner vorzüglichen Ausbildung und meiner glänzenden Zukunftsaussichten als Psychologin oder Journalistin – den Weiblichkeitswahn angenommen und gelebt hatte. Fest entschlossen, die weibliche Erfüllung zu finden, die meine Mutter nie erlangt hatte, verzichtete ich erst auf Stipendien zum Psychologiestudium und dann sogar auf Stellungen als Zeitungsreporterin. Ich lebte das Leben einer Hausfrau in den Vororten, von dem damals jeder träumte. 1974 forderte mich die Zeitschrift *New York* auf niederzuschreiben, was es vor fünfundzwanzig Jahren bedeutete, eine Frau zu sein – im Jahre 1949, dem Jahr, in dem der Weiblichkeitswahn wirklich durchschlug. Damals war ich mir dessen natürlich nicht bewußt. Ich lebte ihn einfach, wie die meisten anderen Frauen, die damals zwischen zwanzig und vierzig waren. Erst jetzt erblicke ich darin den letzten verzweifelten Widerstand gegen jene notwendige Evolution, der weder ich noch irgendeine andere Frau viel länger entgehen konnten – der Anstrengung, uns selbst als eine andere Art von Frau neu auf die Welt zu bringen, uns endlich einem Dasein als Menschen in der menschlichen Gesellschaft zu stellen.

So waren wir damals

1949 war ich vollauf damit beschäftigt, zu stillen und Danny, mein erstes Baby, im Park spazierenzufahren und Dr. Spock zu lesen. Ich begann mich zu fragen, ob ich eigentlich wirklich wieder arbeiten wollte, wenn mein Mutterschaftsurlaub ausgelaufen war. Ich erstand einen Dampfkochtopf und ‹*The Joy of Cooking*› und ein Buch von George Nelson über moderne Hauswirtschaft. Eines Samstags machten wir, obwohl wir kein Geld hatten, einen Ausflug nach Rockland County und sahen uns nach einer alten Scheune um, die mein Mann vielleicht zum Wohnhaus umbauen könnte. Und ich schrieb meiner Mutter, ich wolle das Silberbesteck – das sie uns als Hochzeitsgeschenk angeboten hatte und das von mir als zu bürgerlich verschmäht worden war – nun doch.

Das war das Jahr, wo er wirklich durchschlug, der Weiblichkeitswahn, wenn wir damals auch nichts davon wußten. Die Perspektiven und Prioritäten unseres Lebens hatten sich einfach verschoben, so schien es uns. Nach dem Studium am Smith oder Vassar College waren wir nach New York gekommen und hatten uns eine Wohnung im Village geteilt; nun heiratete die letzte aus unserer Clique. Während des Krieges hatten wir Jobs als «Rechercheur» oder «Redaktionsassistentin» gehabt und im Presseklub GIs kennengelernt und Mikrofilmbriefe an einsame Jungen geschrieben, die wir von Zuhause kannten, und uns mit verheirateten Männern eingelassen – und unsere Pessare in der Kommode zwischen den Strumpfbandgürteln versteckt. Und wir hatten uns der Speerspitze der revolutionären Arbeiterklasse zugehörig gefühlt, waren zu marxistischen Diskussionsgruppen und Kundgebungen im Madison Square Garden gegangen, voller Verachtung für öde bourgeoise Kapitalisten wie unsere Väter – obwohl wir unter der Trockenhaube immer noch *Vogue* lasen und unsere ganzen Gehälter für Kleider von Bergdorf oder Bendel ausgaben, unsere lässigen Collegepullover durch edlen schwarzen Kaschmir ersetzten und uns mit Handschuhen von Gucci ausstatteten, beim Ausverkauf natürlich.

Und dann waren die Männer unseres Alters aus dem Krieg zurückgekommen. Ich verlor meinen Job bei einem kleinen gewerkschaftlichen Pressedienst an einen Kriegsheimkehrer, und es war gar nicht so einfach, wieder eine Stelle zu finden, die mir wirklich zusagte. Ich bewarb mich als Rechercheur bei «Time-Life», wozu ich immer zu hochmütig gewesen war. Alle Mädchen, die ich kannte, hatten solche Jobs, aber die offiziellen Richtlinien besagten, daß weibliche Rechercheure niemals zum schreibenden Mitarbeiter oder Redakteur aufsteigen konnten, egal wie gut sie waren. Sie durften unter Umständen den Artikel allein verfassen, aber die Männer, denen sie zuarbeiteten, wurden immer als Autoren genannt. Ich war damals gewiß keine Feministin – niemand von uns interessierte sich im geringsten für Frauenrechte. Aber ich brachte es nie über mich, einen solchen Job anzunehmen. Und was sonst blieb dann übrig? Die Regierungsbehörden, bei denen einige von uns während des Krieges gearbeitet hatten, wurden aufgelöst. Die Clique vom Waverly Place brach auseinander – Maggie, Harriet, Madelon, alle heirateten (und Abe Rosenberg wartete schon sehnlich darauf, in die Wohnung ziehen und seinerseits heiraten zu können).

Gleich nach dem Krieg war es sehr schwierig, eine Wohnung zu finden. Ich hatte die Clique verlassen und ein komisches Apartment im Keller eines alten Bürgerhauses an der westlichen 86. Straße aufgetan. Es war nur durch den Heizungsraum zu betreten, unter der Decke verliefen Rohre, und der Kaltwasserhahn im Badezimmer funktionierte nicht, so daß man die Badewanne eine Stunde, bevor man sich hineinsetzte, vollaufen lassen mußte. Es gab nicht einmal eine Küche, aber da ich mich fürs Kochen nicht interessierte, störte mich das nicht. Dafür gab es eine Backsteinwand und Bücherregale in Hülle und Fülle und eine Terrassentür, und als Carl Friedan von der Truppenbetreuung in Europa zurückkam, um in New Jersey ein Sommertheater zu gründen, erzählte ihm sein bester Freund, mit dem ich zusammenarbeitete, er kenne ein nettes Mädchen mit einer Wohnung. Er überreichte mir einen Apfel und brachte mich mit seinen Witzen zum Lachen und zog ein. Wir heirateten auf dem Standesamt, und dann noch einmal in Boston vor einem Rabbi, damit meine Mutter zufrieden war. Und während ich im Krankenhaus Danny bekam, malte er die Rohre an der Decke an und verwandelte die Abstellkammer in eine Küche und stellte unser Bett ins Wohnzimmer, damit Danny einen Raum für sich hatte.

Nach dem Krieg war ich sehr politisch gewesen, sehr engagiert, bewußt radikal. Nicht in Frauenfragen, um Himmels willen! Wenn man 1949 ein Radikaler war, dann ging es einem um die Neger und die Arbeiterklasse und den Zweiten Weltkrieg und um McCarthys Komitee gegen unamerikanische Aktivitäten, um den Loyalitätseid und die Spaltungen im kommunistischen Lager, um Rußland, China und die UNO, aber bestimmt dachte man nicht darüber nach, was es politisch bedeutete, eine Frau zu sein. Wir hatten überhaupt erst vor kurzem begonnen, uns als Frauen zu betrachten. Nicht im politischen Sinn freilich – eher im Gegenteil. Im achten Monat schwanger, stieg ich an einer Straßenecke auf eine Leiter und hielt eine Rede für Henry Wallace. Aber 1949 war ich plötzlich nicht mehr so interessiert an politischen Versammlungen.

Einige von uns hatten begonnen, zu Freudschen Psychoanalytikern zu gehen. Wie die damenhafte Redakteurin in Moss Harts «Lady in the Dark» entdeckten wir offenbar alle, daß wir im Grunde nur einen Mann wollten. Wie immer die biologische, psychosexuelle Wirklichkeit aussehen mochte, eine Frau war kaum in der rechten Stimmung, sich dieser Botschaft zu widersetzen, wenn sie a) einsam und des Alleinlebens überdrüssig war oder b) dabei war, ihren Job zu verlieren oder c) alle Illusionen verloren hatte, es darin zu etwas bringen zu können. 1949 brauchte niemand einer Frau ausdrücklich zu sagen, sie wünsche sich einen Mann, denn die Botschaft bombardierte uns von allen Seiten: Häusliches Glück war plötzlich chic und up-to-date geworden, und aus welchen Gründen auch immer man Redakteurin, Gerichtsreporterin oder Politikerin werden wollte – man konnte dieses häusliche Glück damit nur verhindern oder zerstören. Bürgerliche Sicherheit galt nicht mehr als verächtlich.

Die Zeitschriften waren voller Artikel wie *‹Was stimmt nicht mit der amerikanischen Frau?›*, *‹Hören wir auf, Mutti die Schuld zu geben›*, *‹Männermangel?›*, *‹Ist der Platz für die Frau nicht das Heim?›*, *‹Frauen sind keine Männer›*, *‹Was Frauen von Mutter Eva lernen können›*, *‹Politik – eine echte Männerwelt›* und *‹Fast die Hälfte der Frauen in* Who's Who *sind unverheiratet›*.

Die Kurzgeschichten in den Frauenzeitschriften, die wir noch immer unter der Trockenhaube lasen, handelten alle von unglücklichen Mädchen mit angeblich glänzenden Jobs in New York, die plötzlich eine Erleuchtung bekamen und heimzogen, um den guten alten Henry zu heiraten. In ‹Honey, don't You Cry› (*McCall's*, Januar 1949) liest die Heldin in einem Brief ihrer Mutter: «Du solltest heimkommen, Tochter. So allein, wie du lebst, kannst du nicht glücklich sein.» In *‹The Applause of Thousands› (Ladies' Home Journal*, März 1949) empfindet die junge Frau *Mitleid* mit ihrer armen Mutter, die davon träumte, Schauspielerin zu werden;

sie selbst wird heiraten, bevor sie durch solche Träume in Versuchung geführt werden kann.

Besonders erinnere ich mich an den nachhaltigen Eindruck, den eine Erzählung mit dem Titel ‹*Ein Wochenende mit Vati*› im Dezemberheft 1949 von *McCall's* auf mich machte – die ich einmal Psychologin hatte werden wollen. Ein kleines Mädchen, das einsam bei seiner geschiedenen Mutter, einer intellektuellen, allwissenden Psychologin lebt, fährt übers Wochenende aufs Land zum Vater und dessen neuer Frau, die gesund und glücklich ist, eine geschickte Köchin und Gärtnerin. Da gibt es Liebe und Lachen und lebendige Blumen und Muschelgerichte und ein köstliches Käseomelette und Volkstanz, und das kleine Mädchen möchte nicht mehr nach Hause zurück. Doch voller Mitleid mit der armen Mutter, die ganz allein in der leeren Wohnung an der Schreibmaschine sitzt, behält es schlechten Gewissens das Geheimnis für sich, daß es von nun an nur noch für die Augenblicke leben wird, wo es in jenes Traumhaus auf dem Lande fahren kann, in dem die Menschen wissen, «was Leben bedeutet».

Ich erinnere mich, wie ich um jene Zeit einer wirklichen Psychologin begegnete, die ich von der Universität kannte. Sie war begabt und ehrgeizig gewesen. Im Gegensatz zu mir hatte sie ihre Stipendien genutzt und promoviert. Was trieb sie jetzt? «Ich bin verheiratet», sagte sie mit großer Befriedigung, «und ich bin schwanger.» Als ich weiterfragte, erzählte sie, daß sie ihren Mann in der U-Bahn gefunden habe. Und ich begriff, denn 1949 steckte der Weiblichkeitswahn allmählich auch mich an, daß es beinahe gleichgültig war, was für ein Mann einem als Werkzeug diente, um als Frau Erfüllung zu finden. Ehrfurcht vor ihrem neuen psychologischen Bewußtsein befiel mich, vor dieser Stärke und Ehrlichkeit, die sie befähigte, ihn sogar in der U-Bahn zu finden.

In jenem Jahr verschwanden die heiteren, tapferen, abenteuerlustigen Heldinnen, die in den dreißiger und vierziger Jahren Journale und Leinwand beherrscht hatten – der Typ von Frauen wie Claudette Colbert, Myrna Loy, Bette Davis, Rosalind Russell und Katherine Hepburn. Auch diese Heroinen bekamen am Ende einen Mann, aber meist arbeiteten sie für ein selbstgestecktes Ziel oder eine eigene Vision, waren unabhängig und entschlossen, leidenschaftlich engagiert und der Welt zugewandt. Sie waren weniger aggressiv hinter dem Mann her, weniger kätzchenhaft als das kleine

Hausmütterchen vom Typ Doris Day, der dann folgte, und ihr Enthusiasmus zog die Männer ebenso an wie ihr Äußeres. «Karrierefrau» wurde in den fünfziger Jahren zum Schimpfwort, das eine machtwütige, männerfressende Harpye bezeichnete, eine bejammernswerte neurotische Hexe, vor der Männer und Kinder besser das Weite suchten, wenn ihnen ihr Leben lieb war.

Im März 1949 druckte *Ladies' Home Journal* den ersten von unzähligen Lobgesängen zum Thema «Beruf: Hausfrau» ab, die in den sechziger Jahren die Frauenzeitschriften überfluten sollten. Er beginnt damit, daß sich eine Frau darüber beklagt, sie bekomme einen Minderwertigkeitskomplex, wenn sie das Volkszählungsformular als «Hausfrau» ausfüllen müsse. («Wenn ich das hinschreibe, kommt mir zu Bewußtsein, daß ich hier als Frau mittleren Alters mit einer Universitätsausbildung sitze und nicht das geringste aus meinem Leben gemacht habe. Ich bin eben nur eine Hausfrau.») Daraufhin biegt sich die Autorin des Antwortartikels, die merkwürdigerweise selbst nie Hausfrau ist (in diesem Fall Dorothy Thompson, Journalistin, Auslandskorrespondentin, berühmte Kolumnistin) vor Lachen. Ihr Problem ist, schilt sie, daß sie sich nicht als Expertin in einem Dutzend Gebieten gleichzeitig begreifen. «Sie könnten schreiben: Geschäftsführerin, Köchin, Krankenschwester, Chauffeurin, Schneiderin, Innenarchitektin, Buchhalterin, Imbißlieferantin, Lehrerin, Privatsekretärin – oder einfach Menschenfreundin . . . Ihr ganzes Leben haben Sie gegen Liebe Ihre Energie, Ihre Fähigkeiten, Talente und Dienstleistungen verschenkt.» Aber trotzdem, klagt die Hausfrau weiter, bin ich jetzt fast fünfzig und habe nie als das gearbeitet, was ich in meiner Jugend werden wollte – Musikerin. Ich habe meine Collegeausbildung vergeudet.

Hoho, lacht da Frau Thompson, sind nicht Ihre Kinder nur Ihretwegen musikalisch geworden, und haben Sie nicht in den langen schwierigen Jahren, in denen Ihr Mann sein großes Werk vollendete, mit 3000 Dollar im Jahr ein gastfreundliches Haus geführt und das Wohnzimmer selbst tapeziert und wie ein Luchs die Sonderangebote beobachtet? Und haben Sie nicht in Ihrer Freizeit die Manuskripte Ihres Mannes getippt und für ihn Korrekturen gelesen, mit den Kindern Klavierduette gespielt, damit ihnen das Üben mehr Spaß machte, und als sie in der High School waren, ihre Schulbücher gelesen, um bei den Hausaufgaben helfen zu können? «Aber das ist doch nur mittelbares Leben – in anderen», seufzt die Hausfrau. «So mittelbar wie das von Napoleon Bonaparte», höhnt Dorothy Thompson, «oder wie das einer Königin. Ich lehne es schlicht ab, in Ihr Selbstmitleid einzustimmen. Sie sind eine der erfolgreichsten Frauen, die ich kenne.»

In jenem Jahr brachte *Ladies' Home Journal* als Vorabdruck Margaret Meads *‹Mann und Weib›*, jenes Buch, in dem das trügerische Bild einer Südseewelt gezeichnet wird, in der die Frau erfolgreich ist und von den Männern beneidet wird, bloß weil sie eine Frau *ist.*

«In Bali spazieren die kleinen Mädchen zwischen zwei und drei Jahren häufig mit absichtlich vorgeschobenen Bäuchen herum, und die älteren Frauen berühren sie spielerisch, wenn sie vorbeigehen. ‹Schwanger›, scherzen sie. So lernt das kleine Mädchen, daß es eines Tages schwanger sein, eines Tages ein Kind haben wird. Und ein Baby haben ist im ganzen eine der aufregendsten und deutlichsten Leistungen, die den Augen kleiner Kinder in dieser einfachen Welt gezeigt werden können, in dieser einfachen Welt, in der die größten Gebäude nur viereinhalb Meter hoch sind und das größte Boot gegen sechs Meter lang ist. Das kleine Mädchen lernt weiterhin, daß es nicht deshalb ein Baby bekommt, weil es stark oder energisch oder unternehmungslustig ist, nicht weil es arbeitet, sich abmüht, versucht und am Ende Erfolg hat, sondern einfach, weil es ein Mädchen ist und kein Knabe, und weil Mädchen zu Frauen werden und zum Schluß Kinder bekommen, wenn sie nur ihr Weibtum schützen. – Nach unserer westlichen Auffassung vom Leben kann es die Frau, die aus Adams Rippe gebildet wurde, im besten Falle schaffen, eine Imitation des Mannes mit seiner Berufung zu Höherem und mit seinen überlegenen Fähigkeiten zu werden.»

Daß es ein bißchen schizophren wäre, durch einen schwangeren Leib leben zu wollen in einer immer komplizierter werdenden Welt, in der die höchsten Gebäude längst über fünf Meter hinausragen – nun, das dämmerte uns erst einige Zeit später. 1949 stiegen wir voll auf diese Fata Morgana ein – endlich konnten wir uns aus dem Wettbewerb, der langweiligen harten Arbeit in den «gehobenen Männerberufen» zurückziehen und einfach «unsere Rolle als Frauen» spielen. Kein Anlaß mehr, die Welt aus den Angeln heben zu wollen, Mißerfolg oder männlichen Groll zu riskieren.

Im selben Jahr druckte *Ladies' Home Journal* auch *‹Im Dutzend billiger›* in Fortsetzungen ab, die Geschichte einer Ingenieurin, die ihr wissenschaftliches Know-how auf die Aufzucht ihrer jüngst modisch gewordenen großen Kinderschar anwendet. Vorzügliche Reporter wurden darauf angesetzt, den Alltag der plötzlich so attraktiven amerikanischen Hausfrau bis ins kleinste Detail zu dokumentieren – wie sie in ihrer eigenen Küche schaltet und waltet, all ihre neuerworbenen Maschinen bedient. Im Herbst 1949 stand auch zu lesen, daß sich «bei den Geburtenraten in den USA ein neuer Trend abzeichnet. Zwischen 1940 und 1947 erhöhte sich die Fortpflanzungsquote bei Frauen mit Collegeabschluß um 81 Prozent, im Vergleich zu einem Zuwachs von nur 29 Prozent bei Frauen mit zehnjähriger Schulbildung.»

Keiner von uns, auch der radikalsten nicht, kam damals der Gedanke, welche Profite der Industrie all diese Waschmaschinen, Trockenautomaten, Gefriertruhen und Zweitwagen einbrachten; daß sie uns mit häuslichem Glück die Ohren voll sang, um uns noch mehr Maschinen andrehen zu können. Wir alle, selbst die radikalsten von uns, wollten, unbedarft wie wir waren, diese Dampfkochtöpfe haben.

Noch unbedarfter waren wir, was unsere Probleme als Frauen anging. Obwohl ich selbst buchstäblich noch Jungfrau war, als ich nach dem College in New York ankam, wurde mir die Aufgabe zuteil, für unsere gesamte Gruppe vom Smith College die Abtreibungen zu arrangieren. Warum gerade mir? Weil ich die Radikale war, außerdem Psychologin und mithin durch nichts zu schockieren (ich kannte die ganzen Freudschen Begriffe). Mehr praktisch gesehen, erwartete man von mir als Journalistin, daß ich wußte, wie man derlei Dinge schaukelt. Die Männer, mit denen ich während des Krieges zusammengearbeitet hatte, zwangsläufig alle zu alt, um noch eingezogen zu werden, waren vom Typ des Leitartikelartisten und brachten mir bei, wie man nach drei Martinis zum Lunch einen spannenden Aufmacher schreibt. Mir Unschuld vom Lande gegenüber benahmen sie sich onkelhaft, nicht ohne einen gelegentlichen Ausrutscher ins Lüsterne. Als ich zum erstenmals sagte: «Trav, du mußt mir helfen. Eine Freundin von mir ist schwanger», wurde die gesamte Redaktion aktiv. Mit ernster Verschwörermiene erklärte man mir, wohin ich «meine Freundin» bringen solle. Auch, daß es 1000 Dollar koste. Besorgt fragte man, ob «meine Freundin» denn soviel auftreiben könne. Sechs Monate später mußte ich wieder um Rat fragen. Diesmal fiel die Reaktion um einiges kühler aus. Es dauerte Jahre, bis ich begriff, daß sie jedesmal angenommen hatten, die «Freundin», die eine Abtreibung brauchte, sei *ich*.

Ich selbst hatte nie eine Abtreibung, obwohl ich persönlich einige dieser Freundinnen in beängstigende Hinterräume, die an Metzgereien gemahnten, begleitete und ihre mißtrauische Angst vor den gerissenen, schmierigen illegalen Operateuren teilte. Dann saß ich im Vorraum und hörte ihre Schreie und fragte mich, was ich tun sollte, wenn sie stürben, und packte sie hinterher in Taxis. Ihr Lieben, die ihr dies lest – nachdem ihr dank unserer Anstrengungen in New York die Möglichkeit zur legalen Schwangerschaftsunterbrechung habt und der Supreme Court in einer historischen Entscheidung euer Recht auf den eigenen Körper, auf ein sexuelles Privatleben, auf Geburtenkontrolle und Schwangerschaftsunterbrechung bestätigt hat –, ihr könnt euch nicht vorstellen, wie erniedrigend, traumatisierend, schrecklich es war, im Jahre 1949 abtreiben zu müssen. Ebensowenig könnt ihr, deren Eltern euch die Pille kaufen, wissen, welch unwürdige, peinliche Angelegenheit es 1949 in New York für eine unverheiratete Frau war, sich ein Pessar zu beschaffen – und manchmal sogar für eine verheiratete.

Als die Clique auseinanderging, fiel es mir als letzte Aufgabe zu, für Maggies und Rogers Hochzeit einen Pfarrer der Episkopalkirche und ein Gotteshaus zu finden, das in den Augen von Maggies Mutter fein genug war. Doch im Jahre 1949 wollte nicht einmal ein junger pazifistischer Geistlicher einen Mann trauen, der geschieden war. So ein Geistlicher war schwieriger aufzuspüren als ein Abtreiber. Scheidung war undenkbar, solange wir dem Weiblichkeitswahn aufsaßen. Tatsächlich hatte 1949 keine Frau, die ich persönlich kannte, eine Scheidung hinter sich, und dies war auch fünfzehn Jahre später noch der Fall, als mich in meinem eigenen vorstädtischen Traumhaus zum erstenmal die lähmende Angst befiel, ich könnte selber mit dieser Möglichkeit konfrontiert werden.

«Sicherheit» wurde ganz groß geschrieben in der Zeit, die 1949 begann. «Sicherheit», im selben Sinne wie in «Sicherheitsrisiko», machte Schlagzeilen und wurde auf Atomgeheimnisse, kommunistische Spionage, das Komitee gegen unamerikanische Aktivitäten, Loyalitätseide und die ersten schwarzen Listen für Schriftsteller bezogen. Vielleicht war es ein unbewußter politischer Rückzug, daß plötzlich so viele, die vorher tapfer geredet und demonstriert hatten, plötzlich in die Sicherheit jener privaten vier Wände in Suburbia abschwenkten – hin zu allem, was «bourgeois» war. Plötzlich gebrauchten wir das Wort «bourgeois» nicht mehr. Wir waren wie unsere Eltern, schien es. Plötzlich interessierten wir uns sehr für Häuser und *Dinge*: Stühle, Tische, Silber. Im Museum of Modern Art studierten wir Möbel und Ausstellungen über moderne Architektur, und wir kauften unsere ersten Kostbarkeiten: Eames-Sessel, einen von Noguchi frei gestalteten Eßtisch aus hellem Edelholz und eine Hermann-Miller-Couch mit schlichter, tweedbezogener Matratze und aufgelegten Kissen, die so modern war und so ganz anders als das üppig gepolsterte Sofa zu Hause (zu dessen Bequemlichkeit ich nun zurückgekehrt bin).

Gegen Ende des Jahres las ich in der *Times* einen Artikel über eine neue Gartensiedlung in Queens namens Parkway Village, die für die UNO gebaut worden war und in der einige Wohnungen für ehemalige GIs reserviert wurden. Man wohnte dort fast wie im eigenen Haus: Von den Apartments trat man durch Glastüren auf eine gemeinsame Rasenfläche, auf die man die Kinder allein zum Spielen schicken konnte, statt mit ihnen in den Park gehen zu müssen. Und es gab eine Kindergartenkooperative. In meiner Mittagspause fuhr ich mit der U-Bahn in die Wildnis von Queens, und so begann der fünfzehnjährige Treck meiner eigenen Kleinfamilie hinaus aus der Stadt – in jene Gartenwohnung in Queens, in eine gemietete Scheune in Sneden's Landing, in unser eigenes, viktorianisches Charles-Addams-Haus im Rocklang County, in dessen elf Zimmern meine (inzwischen drei) Kinder aufwuchsen, wo ich als Chauffeur und Elternvertreter fungierte, zum warmen Buffet einlud und, wenn meine Vorstadtnachbarinnen zum Kaffee kamen, wie eine stille Säuferin ihre Schnapsflasche in das Buch versteckte, an dem ich schrieb, *‹Der Weiblichkeitswahn›*.

Ich hatte das Gefühl, ich würde nie, nie wieder so glücklich sein wie zu der Zeit, als ich in Queens lebte. Dort gab es Parkettfußböden, sauber gespachtelte weiße Decken ohne Rohre, und die Installation funktionierte. Die Miete betrug 118,50 Dollar im Monat für viereinhalb Zimmer, was uns enorm viel vorkam. Und nun waren unsere Freunde andere Paare wie wir, mit Kindern im Kindergarten, die einander aus den Körben der Einkaufswagen anquäkten, wenn wir sie durch den Supermarkt rollten. Es machte Spaß am Anfang, das Einkaufen in diesen neuen Supermärkten. Und wir kauften uns Grills und rührten aus saurer Sahne und Zwiebelsuppenpulver Saucen für die Kartoffelchips, während unsere Männer die Martinis so trocken mixten wie in der City und über der Holzkohle Hamburger brutzelten; und wir saßen auf Segeltuchstühlen auf unserer Terrasse und dachten, wie schön doch unsere Kinder aussähen, die in der Dämmerung spielten, und wie glücklich wir doch alle seien und daß es immer so bleiben würde.

Es gab sechs Familien in unserer Gruppe, und wenn ein Kind, dessen Eltern nicht da waren, sich den Finger im Kanaldeckel eingequetscht hatten, brachte es einer von den anderen zum Arzt. Thanksgiving und Weihnachten und das Passahfest feierten wir wie eine große Familie, und im Sommer mieteten wir gemeinsam Häuser am Lake George und auf Fire Island, die wir uns einzeln nicht leisten konnten. Und wir konnten uns gegenseitig so viel Unterstüzung geben, daß die Sprünge in unseren Ehen nicht zum Vorschein kamen – oder vielleicht nicht ernster wurden. Heute jedenfalls sind drei der sechs Ehen geschieden, eine endete durch Selbstmord.

Babies zu bekommen, sie nach Dr. Spock zu versorgen und zu ernähren, wurde zum festen Bestandteil unseres Lebens. Es nahm die Stelle der Politik ein. Aber der Wahn bestand in etwas anderem – darin, daß Frauen mit Collegeabschluß die Mutterschaft zu ihrer *Karriere* machten, nicht nur ein oder zwei Babies bekamen, sondern vier, fünf, sechs. Warum überhaupt noch aufs College gehen?

Ich weiß noch, mit welchem Eifer wir zu den Kursen in der Poliklinik gingen. Unsere Ehemänner waren neidisch, aber da die «natürliche Geburt» auf dem Programm stand, konnten die Männer mit zu den Kursen kommen und atmen lernen und auf Parties die Übungen stolz auf dem Teppich vormachen. Und dann war da der moralische, politische Ernst, mit dem wir stillten. Im Sommer 1949 erntete ich Stirnrunzeln, weil ich auf den Stufen vor dem Sommertheater meines Mannes in der Öffentlichkeit stillte. Es war damals noch nicht Mode. Aber es ist doch so *natürlich*, schwärmten wir, und empfanden nur Verachtung für unsere oberflächlichen, selbstsüchtigen Schwestern, die Stillen für animalisch hielten und glaubten, es würde ihre Figur verderben. (In Wirklichkeit stillte ich nicht öffentlich – ich zog mich dazu in die letzte Reihe des verdunkelten Theaters zurück, in dem probiert wurde. Aber hinterher saß ich mit ihm draußen auf den Stufen in der Sonne und ließ ihn sein Bäuerchen machen.) Und wie stolz ich darauf war, fast das ganze Jahr weiter zu stillen, sogar noch, als die Milch langsam weniger wurde und ich sowieso Fläschchen sterilisieren mußte. Und wie wütend ich war, als sie aus der Redaktion anriefen und darauf bestanden, daß ich wieder zu arbeiten begann, weil sonst die Urlaubsplanung durcheinandergeraten wäre. Dabei war mein Mutterschaftsurlaub erst in einem Monat zu Ende.

Wenn also fünfundzwanzig Jahre später dieser inzwischen erwachsene Junge Schwierigkeiten mit seiner Freundin hat und – mit Freuds Vokabular längst selbst vertraut, wenn auch noch nicht mit dem von Dr. Spock – sagt, es sei nur meine Schuld, wenn er in der Liebe unsicher sei, dann empfinde ich noch immer die Schuldgefühle, weil ich mein erstes Baby in der Obhut einer Kinderschwester ließ und wieder zu arbeiten anfing. Wären die ganzen Schuldgefühle notwendig gewesen, hätte Dr. Spock in seinem Kapitel «Soll die Mutter arbeiten?» nicht geschrieben: «In den meisten Fällen ist die Mutter die Person, die ihm am besten dies Gefühl der Zugehörigkeit und Sicherheit vermitteln kann . . . Wenn eine Mutter einsieht, wie lebenswichtig diese Art von Fürsorge für ein kleines Kind ist, wird sie leichter zu der Entscheidung kommen, daß jenes Extrageld, das sie verdienen könnte, oder die Befriedigung, die sie von einem Job außerhalb des Hauses bekäme, doch nicht so wichtig ist.»

Um ehrlich zu sein, diese Jahre waren nicht einzig das Ergebnis des ‹*Weiblichkeitswahns*›. Ich erinnere mich noch an jene wunderbare dunkle Nacht im Frühjahr 1949, in der wir Danny im Kinderwagen nach Hause brachten. Ich sah hinunter, als wir unter einer Straßenlaterne vorbeikamen, und er lächelte mich an, und in seinen Augen war Erkennen. Da war ein Mensch, und er kannte mich.

Außerdem war – in jenem Jahr und noch lange Jahre danach – die Realität der Babies, der Fläschchen, des Kochens, Trockenlegens, Aufstoßenlassens, Spazierenfahrens, das Leben zwischen Spielplatz, Dampfkochtopf, Grill und Do-it-yourself angenehmer, sicherer und befriedigender als die angeblich glanzvolle «Karriere», wo man sich irgendwie nicht erwünscht fühlte und wo man nichts erreichen konnte, gleichgültig, was man leistete. Auch da gab es ein Schuldgefühl: Auf irgendeine Weise war es böse und streberhaft von einem, wenn man die interessanten journalistischen Aufgaben für sich haben sollte, wenn man Anerkennung und Nennung als Autor beanspruchte, bloß weil die Idee oder der Artikel selbst von einem stammte. Streberhaft auch, wenn man sich ausgeschlossen fühlte, bloß weil die Männer zum Lunch und zum Fachsimpeln in eines jener Lokale gingen, zu denen Frauen keinen Zutritt hatten – wo doch manchmal einer dieser Männer einen zum Lunch in eine andere Sorte von Restaurant einlud und einem unterm Tischtuch die Hand oder das Knie tätschelte. Auf eine ganz unwirkliche Art war es unangenehm, in so einer Redaktion zu arbeiten, wenn man noch immer ehrgeizig war, aber keine Worte, nicht einmal *Augen* für diese Barriere hatte, die man aus irgendeinem Grunde niemals durchbrechen konnte, die einen als Mensch unsichtbar machte. Man wurde nicht ernst genommen und fühlte sich letztlich so bedeutungslos, beinahe überflüssig, und – ganz tief drinnen – so wütend.

Zu Hause, da war man notwendig, wichtig, sein eigener Herr, eben: die Mutter; und der neue Weiblichkeitswahn machte es möglich, darin eine Karriere zu sehen.

Wenn man selbst tischlerte und kochte und in Schulkomitees oder Bürgeraktionen oder in der Kommunalpolitik verblüffende Veränderungen bewirken konnte, fühlte man sich auf viel realerem und sichererem Boden als bei dem schizophrenen, sogar gefährlichen Kampf für die Weltrevolution, als deren Speerspitze wir uns einst so gern sahen. In Amerika war die Revolution 1949 eindeutig nicht in Sicht: Die Arbeiterklasse wollte ebenfalls ihre Dampfkochtöpfe haben. Was in den Gewerkschaften und in der Tschechoslowakei und der Sowjetunion vor sich ging, war, gelinde gesagt, desillusionierend, auch wenn der Mythos von der roten Gefahr zum größten Teil nur ein Vorwand war für die Unterdrückung der Linken. Angesichts von McCarthy, der Gefahr eines Kriegs gegen Rußland und eines faschistischen Amerika, angesichts auch des amerikanischen Imperialismus und Reichtums sowie der Macht amerikanischer Firmen, war 1949 auch Männern und Frauen, die einmal in großen Weltveränderungsideen geschwelgt hatten, nicht mehr wohl bei der alten linken Revolutionsrhetorik.

Leben am Stadtrand, auf dem Lande, mit Kindern als Vorwand – das war eine behagliche kleine Welt, für die man politisch wirklich etwas tun konnte: Die Hausaufgaben der Kinder einschließlich der neuen Mathematik waren lösbare Probleme im Vergleich mit der Atombombe.

Der Weiblichkeitswahn machte es einer Frau leichter, sich elegant zurückzuziehen, ohne die Gewissensbisse und die Selbstverachtung, die ein Mann finden mochte, wenn er seine ganze Intelligenz darauf verwendete, Zigaretten zu verkaufen, die womöglich Krebs verursachten, oder Deodorants. Wir konnten tugendhaft und kompromißlos sein, sogar blasiert die armen Männer verachten, weil sie nicht so einfach den Zwängen von Anpassung und Konkurrenz entrinnen konnten, die ihnen Magengeschwüre einbrachten. Lange sah es so aus, als hätten die Frauen das bessere Geschäft gemacht. Erst viel später entdeckten einige von uns, daß wir vielleicht als willige Opfer in ein komfortables Konzentrationslager gezogen waren.

Bald nach 1949 wurde ich aus meinem Job gefeuert, weil ich wieder schwanger war. Es war ihnen zu lästig, sich mit einem weiteren Jahr Mutterschaftsurlaub abzufinden, obwohl ich nach meinem Gewerkschaftsvertrag ein *Recht* darauf hatte. Es war unfair, sogar irgendwie falsch, mich zu feuern, nur weil ich schwanger war, und statt dessen einen Mann einzustellen. Ich versuchte sogar, an meinem Arbeitsplatz eine Versammlung der gewerkschaftlich Organisierten einzuberufen. Das war das erste Mal, daß mein Feminismus sich regte, denke ich. Aber den übrigen Frauen war die Sache nur peinlich, und die Männer waren verständnislos. Ich war schließlich selbst schuld, wenn ich wieder schwanger war; eine persönliche Angelegenheit, nichts, weswegen man die Gewerkschaft bemühen sollte. Für «Geschlechtsdiskriminierung» gab es 1949 noch kein Wort.

Außerdem bedeutete es beinahe eine Erleichterung; ich hatte mit solch schlechtem Gewissen gearbeitet, und ich kam in meinem Job einfach nicht weiter. Ich war mehr als reif für den Weiblichkeitswahn. Ich besuchte einen Kochkurs und begann die vorstädtischen Immobilienanzeigen zu studieren. Und als der Mann mit den Volkszählungsformularen das nächste Mal vorbeikam, wohnte ich in jenem alten Charles-Addams-Haus, das wir für uns herrichteten, am Hudson River in Rocklang County. Und die Zahl der Kinder betrug drei. Als der Mann nach meinem Beruf fragte, sagte ich selbstgewußt, mit moralischer Überzeugung und mit nur minimalen Regungen des Protests aus jenem Teil meiner Person, dem ich den Rücken gekehrt hatte: «Hausfrau».

Die Organisierung der Frauenbewegung für Gleichheit

Einleitung

Das Erstaunlichste an der Frauenbewegung ist, daß sie überhaupt in Gang kam; denn die gegebenen Umstände unseres Lebens als Frauen behinderten uns immer dann, wenn wir dabei waren, die Geschichte der Frau voranzutreiben. Fragen, die tatkräftige, an der Veränderung der Welt arbeitende Männer wie selbstverständlich handhaben, wären uns unlösbar erschienen – wenn wir uns die Zeit genommen hätten, sie zu stellen. *Wie habt ihr zueinander gefunden? Woher bekamt ihr das Geld? Wußtet ihr, was ihr tut? Hattet ihr eine Vorstellung, wozu das alles führen würde? Was gab euch die Kraft – die Nervenstärke – im Namen der Frauen Amerikas und der Welt zu tun, was ihr getan habt?*

Wir kannten uns persönlich überhaupt nicht. Niemand gab uns Geld, um die Bewegung in Gang zu bringen. Es war schon schwierig genug, die Flüge zu bezahlen und uns irgendwo zu treffen – die meisten von uns hatten keine Stellungen mit Spesenkonten; es war unmöglich, in der Woche loszukommen, und undenkbar, Männer und Kinder das ganze Wochenende über sich selbst zu überlassen.

Niemand von uns hatte Erfahrung im Organisieren einer nationalen Bewegung. Die Frauen, die in den konformistischen McCarthy-Jahren aufgewachsen waren, hatten nie einer oppositionellen Gruppierung angehört. Niemand von uns hatte je im eigenen Interesse, als Frau, öffentlich agiert. Ich erinnere mich noch an die Angst – und ich denke, wir spürten alle diese Angst –, als wir in den Jahren 1965 und 1966 von unseren verschiedenen Standorten aus zu begreifen begannen, daß eine Frauenbewegung organisiert werden mußte. Die Angst, die man von einer unwiderruflichen, entscheidenden Aktion empfindet – die Angst, die Amerikaner daran hindert, offen etwas gegen unerträgliche Zustände zu unternehmen, die Angst, die Frauen vor jeder Handlung haben, die unfeminin, unbescheiden, aggressiv, egoistisch wirken könnte.

Ja, wir wußten, was wir taten. Wohin es führen würde, konnten wir nicht wissen, aber wir wußten, was zu tun war. Aber warum gerade ich, warum gerade wir? Wer übernimmt schon gern Verantwortung, setzt sich für die Durchführung eines Vorhabens ein, riskiert, ausgelacht, womöglich entlassen zu werden, andere zu verärgern? Nun, da die Frauenbewegung im ganzen Lande zu einer großen Sache geworden ist und die Frauen es so weit gebracht haben, daß sie offen um Machtpositionen konkurrieren, ja sogar kämpfen können, sollte auch erwähnt werden, daß wir, die wir den Anfang machten, höchst widerstrebend die Rolle von Heldinnen übernahmen.

Diese Probleme wurden nicht gelöst, sondern irgendwie dadurch umgangen, daß wir in uns und in einander solche unwahrscheinlichen Kräfte entdeckten. Die Kraft entsprang brennenden persönlichen Bedürfnissen von unübersehbarer Evidenz; wir alle handelten nicht als «außergewöhnliche» Frauen oder für andere, sondern für uns selbst. Wir identifizierten uns als Frauen mit allen Frauen. Wie die meisten Amerikaner, waren die Frauen, die diese Bewegung auslösten, als Angehörige der Mittelschicht anzusehen und sahen sich auch selbst so, obwohl nicht alle auf dem College gewesen waren, nicht alle weiß waren, und obwohl ihre Väter vielleicht in einer Fabrik oder als Hausmeister oder – wie mein eigener Vater – als Straßenhändler angefangen hatten. Bei der einen spielte Notwendigkeit eine größere Rolle, bei der anderen Begabung oder Gelegenheit; aber alle von uns hatten mit der Angst schon besser umzugehen gelernt als die meisten Frauen. Keine von uns hätte jedoch die Kraft zur Organisierung einer Bewegung allein aus sich selbst schöpfen können. Wir trafen als freischwebende Moleküle aufeinander, bildeten schließlich eine kritische Masse – indem wir uns gegenseitig als Katalysatoren dienten, machten wir uns Mut zu Aktionen, die in einer Kettenreaktion mündeten, bis die Frauenbewegung in allen Schichten der amerikansichen Gesellschaft zum Ausbruch kam.

Es ist mehr als ein glücklicher Zufall, daß sich die Frauenbewegung an jenem Gesetz gegen die geschlechtliche Diskriminierung bei Stellenbesetzungen entzündete, dessen praktische Durchsetzung nie beabsichtigt gewesen war. Frauen waren so weit, daß sie sofort arbeiten wollten. Sie waren bereit, sich der Hauptströmung der Gesellschaft einzugliedern, und wenn sie sahen, wie die Schwarzen sich weigerten, unter anderen als menschenwürdigen Bedingungen zu arbeiten oder Bus zu fahren, dann konnten sie endlich sagen: «Ich auch.» Als sie mit der Frage der gleichen Berufschancen konfrontiert wurden, vermochten sie, aus dem psychologischen Nebel herauszufinden und sich zum Handeln aufzuraffen; sie gaben ihr isoliertes Hausfrauendasein auf und damit die ängstliche Bereitschaft, die dieses Dasein mit sich brachte, sich für alles zu entschuldigen. Indem sie mit anderen Frauen zusammentrafen, bildeten sie jene kritische, explosionsbereite Masse.

Die Frauen, die viele Jahre lang voll unter Bedingungen extremer Diskriminierung für ihren Lebensunterhalt gearbeitet hatten, neigten nicht mehr zu unangebrachter Dankbarkeit. Aber sie waren innerlich beschädigt; manche hatten sogar etwas Mäuschenhaftes im Aussehen oder der Art, wie sie sprachen. Und am meisten verbittert waren die geheimen Feministinnen, die sich Tag für Tag an der schlechten Behandlung gestoßen hatten, die Frauen in Regierungsbehörden und Gewerkschaften und Fortbildungsprogrammen zuteil wurde, ja sogar in einigen der freiwilligen Frauenorganisationen – überall, wo man unter dem Vorwand, den Frauen helfen zu wollen, mit bürokratischen Mitteln dafür sorgte, daß sie dort blieben, wo sie hingehörten. Die Alibifrauen, die in solchen Behörden bisweilen ziemlich hohe Positionen bekleideten, fühlten sich in ihrem «Tante Tom»-Bewußtsein besonders bedroht von Frauen, die wirklich für Frauen kämpfen wollten.

Aus diesem Grund mußte ich den Namen der heroischen, unkorrumpierbaren Frau geheimhalten, die mich am Ende dazu beschwatzte, NOW (National Organization of Women) zu gründen. Die ganze Zeit hindurch ist Catherine East von der Abteilung für Frauenfragen des Arbeitsministeriums der Angelpunkt des feministischen Untergrunds von Washington gewesen, der sich von bestimmten Regierungsbehörden bis zum Kapitol ausbreitete. Sie fungierte als Hebamme bei der Geburt der Frauenbewegung und hat sich um deren Entwicklung verdient gemacht, indem sie Forschungsergebnisse und Informationen weitergab, vor Sabotage warnte sowie auf strategische Chancen hinwies, auf die die Bewegung von sich aus nie hätte kommen können. Sie hat niemals eine Geheimhaltungsbestimmung der Regierung verletzt, aber wenn ihre Vorgesetzten in der Abteilung für Frauenfragen gewußt hätten, wie aktiv sie die Organisierung einer unabhängigen, aktivistischen Frauenbewegung unterstützte, wäre sie entlassen worden. Von Anfang an hat die Regierung versucht, die Organisierung der Frauenbewegung zu verhindern und dann unter ihre Kontrolle zu bringen; zuerst durch die Abteilung für Frauenfragen, später durch FBI und CIA. Und Frauen wie Catherine East haben uns vor Sabotageversuchen gewarnt und uns geholfen, sie zu bekämpfen.

Ein Drittel meines zweiten Buchs über Lebensmodelle jenseits des Weiblichkeitswahns war geschrieben, aber ich kam nicht weiter, weil ich wußte, daß es keine wirklichen Lebensmodelle gab, nur Frauen mit Problemen. Und ich begann mit Besorgnis an all jene Frauen zu denken, denen ich geholfen hatte, sich darüber klarzuwerden, daß sie mehr aus ihrem Leben machen wollten. Wenn außer Gerede nichts geschah, dann würden sich diese Frauen mit noch größeren praktischen Problemen konfrontiert sehen als jene ersten Karrierefrauen, deren Desillusionierung dazu beitrug, daß sich der Weiblichkeitswahn ausbreitete. Ich sah schon das Pendel zurückschwingen, eine Welle weiblicher Aggression auf uns zukommen. In jenem Buch, das ich nie zu Ende schrieb, begriff ich: «Wenn nicht wirklich etwas geschieht, wenden womöglich die besten und klügsten der neuen Frauengeneration sich völlig von Mutterschaft, Ehe, ja sogar von Sex und Liebe mit Männern ab . . .»

Und dann kam jener unheimliche Augenblick, an den ich mich oft erinnert habe: Im Flugzeug nach Washington wollte ich gerade in das neueste Gesetz gegen Geschlechtsdiskriminierung in Arbeitsverhältnissen hineinsehen, da fiel mein Blick auf einen Studenten mit einem Buch in der Hand, dessen Titel mir einen Schlag versetzte – *‹Bewußtsein ist die erste Stufe der Revolution›*.

Um jene Zeit kam ich in Kontakt mit Pauli Murray, einer hervorragenden schwarzen Wissenschaftlerin, die damals in Yale Jura studierte. Ich hatte gehört, daß sie einen ehrbaren Kongreß von Frauenvereinen mit der Feststellung schockiert hatte, Artikel VII werde in der Praxis nie Anwendung finden, «wenn die Frauen nicht wie die Schwarzen einen Marsch auf Washington organisieren». Sie und Catherine East führten mich in das Informationsnetz des Frauenuntergrunds ein. Ich selbst freilich mußte nicht im Untergrund arbeiten. Als Autor eines Bestsellers über Frauen wurde ich in der Johnson-Ära häufig ins Weiße Haus eingeladen. In den Jahren 1965/66 bereitete Lyndon Johnson bereits die Kampagne für seine Wiederwahl 1968 vor und berief mit viel Werbegetrommel angeblich mehr Frauen in die Regierung als je zuvor in der Geschichte. Nicht ins Kabinett oder in den Obersten Gerichtshof natürlich, sondern auf Positionen, wo sie die Befugnis hatten, die Presse zum Tee mit der First Lady in den Rosengarten des Weißen Hauses einzuladen. Er hatte sogar die Mitglieder seines Kabinetts angewiesen herauszufinden, wo die Frauen in den einzelnen Abteilungen steckten, und falls, wie es sich dann prompt herausstellte, 90 Prozent der Frauen als Bürokräfte in den niedrigsten Rängen des Verwaltungsdienstes arbeiteten, etwas dagegen zu tun; ein paar Frauen *aufzuspüren*, die man befördern konnte, und ihm darüber «Bericht zu erstatten».

Ich stellte meine Nachforschungen nun in Washington an. Und ich erfuhr von Martha Griffiths, der unerschrockenen Kongreßabgeordneten aus Michigan, wie die Sitzung des Hauses beinahe hatte vertagt werden müssen wegen des hysterischen Gelächters, das ausgebrochen war, als Howard Smith aus Virginia vorschlug, «Geschlechtsdiskriminierung» in Artikel VII des Bürgerrechtsgesetzes von 1964 aufzunehmen, das Rassendiskriminierung in Arbeitsverhältnissen illegal machte. Und sie und einige andere Frauen, die damals dem Kongreß angehörten, weinten aus purer Wut und schworen, dafür zu sorgen, daß den Männern das Lachen verging. Mit Hilfe des feministischen Untergrunds war es ihr gelungen, die Johnson-Administration zu überreden, *diesen Witz* im Bürgerrechtsgesetz zu belassen; andernfalls, hatte sie gedroht, werde sie die Männer zu einer Abstimmung «gegen die Sache der Frauen» zwingen.

Ich zog in Washington von einer Behörde zur anderen und fand heraus, daß auch jene Berufungen von Frauen und die neuen Beförderungsprogramme für Frauen – die Vorläufer der sogenannten «affirmativen Aktion» – nicht ernst gemeint waren. Die höchsten Positionen, zu denen man Frauen aufsteigen ließ, hatten Bezeichnungen wie «Assistent des stellvertretenden Staatssekretärs»; die Stelleninhaberin war für das Arrangement der Blumen verantwortlich. Eine Frau, die einen solchen Alibititel bekommen hatte, damit das Außenministerium die neue Frauenquote erfüllen konnte, schloß die Tür ihres Büros und erzählte mir mit der ganzen Bitterkeit der Frustration, sie sitze hier seit sechs Monaten und man habe ihr zwar das interne Telefonverzeichnis zu studieren gegeben, aber nicht die geringste Arbeit. Es hieß, sie habe nicht die Erfahrung und die Qualifikation für die eigentliche Arbeit. Ich fragte mich, warum nicht mehr Frauen aus dem Haus befördert werden konnten – die jungen Frauen zum Beispiel, die mit Erfolg die Prüfung für den diplomatischen Dienst bestanden. Und ich erfuhr, daß sie ausscheiden mußten, wenn sie heirateten. Diese Regel werde niemals geändert werden, erklärte mir ein Beamter des Außenministeriums; man stelle sich doch einmal vor, wie peinlich es wäre, wenn eine Diplomatin ihrem Ehemann im Bett Dienstgeheimnisse ausplaudern könnte. Und wenn er ebenfalls im diplomatischen Dienst wäre, wie unmöglich, dann müßte man sie ja immer zusammen versetzen. Die Männer mußten natürlich nicht ausscheiden, sobald sie ihr Bett mit einer Ehefrau teilten, aber nicht einmal ich stellte laut und im Ernst diesen Vergleich an. Ich erinnere mich, daß mir ein paar Frauen in höheren diplomatischen Positionen begegnet sind; alle waren sie alte Jungfern und hatten eine Wahl treffen müssen, vor der ihre männlichen Kollegen nie gestanden hatten. Und ich hörte die mitleidigen Witze und Seufzer und sah das Achselzucken, das diese Männer mit den angenehmen Lebensumständen für die jüngferlichen Damen übrig hatten.

Ich entdeckte, daß in dem Programm zur Bekämpfung der Armut, das damals von Sargent Shriver geleitet wurde, überhaupt keine Frauen an entscheidender Stelle saßen, daß es weder Förderungsprogramme für Personen ohne High School-Abschluß noch Berufsbildungslehrgänge für Frauen gab, obwohl nach der Statistik 80 Prozent der Sozialunterstützung in den Städten an Frauen und an Kinder ging, die von Frauen aufgezogen wurden. Sargent Shriver sagte zu mir: «Warum sollte ich eine Frau, die viel lieber meine Frau und die Mutter meiner Kinder sein möchte, am Computer ausbilden?»

Selbst in der Behörde, zu deren Aufgaben es gehörte, den Artikel VII gegen Geschlechts- wie gegen Rassendiskriminierung anzuwenden, gab es keine Frauen in Spitzenpositionen, mit Ausnahme der einen, die vom Präsidenten in die Kommission selbst berufen worden war, der Schwarzen Aileen Hernandez. Und es wurden auch keine Versuche unternommen, geeignete Frauen zu finden oder zu engagieren.

Bereits in jenem ersten Jahr, nachdem Artikel VII mit der Bestimmung über Geschlechtsdiskriminierung in Kraft getreten war – von Witzen abgesehen, ohne große Publizität –, erhoben Tausende von

Frauen aus Büros und Fabriken Klage. Und die Ermittlungsbeamten draußen erzählten mir, es sei ein Kinderspiel, zu solchen Klagen zu ermitteln, da die Arbeitgeber nicht einmal versuchten, die Diskriminierung abzustreiten, wie sie es bei Fällen von Rassendiskriminierung taten. «Ich würde für diesen Job keine Frau einstellen.» – «Wir beschäftigen einfach keine Frauen.» Und nun erfuhr ich, daß die E.E.O.C. (Equal Employment Opportunities Commission – Kommission für Chancengleichheit im Beruf) «Richtlinien» herauszugeben beabsichtige, aus denen hervorging, daß es ganz in Ordnung war, für alle guten Jobs Annoncen vom Typ «männliche Kraft gesucht» einzurücken, und für Bürotätigkeiten und Dreckarbeiten solche vom Typ «weibliche Kraft gesucht» – obwohl das Gesetz ausdrücklich diskriminierende Stellenanzeigen verbot.

Richard Graham, ein wahrer Kämpfer für die Sache der Frauen, den wir in jener Kommission gefunden hatten, erzählte mir, er habe persönlich die Spitzen der League of Women Voters (Liga der weiblichen Wähler), der American Association of University Women und anderer Frauenorganisationen, die ihre zentrale Geschäftsstelle in Washington hatten, aufgesucht, um sie dazu zu bewegen, daß sie auf der Einhaltung von Artikel VII in Hinsicht auf Frauen bestanden. Allein der Vorschlag schon hatte sie entsetzt. Sie seien doch keine «Feministinnen», hatten sie ihm erklärt.

Und dann begann eine junge «Assistentin des Leiters Rechtsabteilung» der Kommission für Chancengleichheit im Beruf zu reden. Seit Monaten war sie mir aus dem Weg gegangen. Einigen der Leute, die angeblich die Einhaltung des Gesetzes gegen Geschlechtsdiskriminierung überwachen sollten, behagten meine Nachforschungen allmählich nicht mehr. Sonia Pressman machte ihre Bürotür zu und sagte: «Ich bin keine Feministin. Ich habe mich noch nie für Frauen interessiert. Ich mag Männer. Ich will nicht ständig vor Augen haben müssen, wie man dieses Gesetz dazu gebrauchen könnte, die Frauen von Diskriminierung zu befreien, und muß mir tagtäglich den Mund zuhalten. Ich werde so wütend darüber, daß sie die Chance nicht nutzen. Jeden Abend komme ich mit Kopfweh nach Hause. Wer hat mir aufgetragen, mir über Frauen den Kopf zu zerbrechen? Aber mir sind die Hände gebunden. Ich würde meinen Job verlieren. Ich brauche diesen Job. Wenigstens *eine* Frau wie ich muß auf dem Posten bleiben und die Augen offenhalten. Aber Sie können tun, was getan werden muß. Niemand kann Sie hinauswerfen. Ihr Ruhm beruht darauf, daß Sie für die Frauen den Mund aufgemacht haben. Sie müssen eine nationale Organisation gründen, die für die Frauen kämpft, wie die Bürgerrechtsbewegung für die Schwarzen.» Und sie hatte Tränen in den Augen.

Es war, als dränge mich der gesamte feministische Untergrund, in die Tat umzusetzen, was sie für notwendig hielten, aber selbst nicht tun konnten. Während ich in Washington recherchierte, kamen abends nach dem Essen immer Catherine East und Mary Eastwood vom Justizministerium in mein Hotelzimmer und brachten mich irgendwie dazu, daß ich hypothetische Listen von Frauen aufstellte, die ich überall im Land bei meinen Recherchen kennengelernt hatte und über die man an die entscheidenden Gruppen von Frauen herankommen konnte. Sie würde man brauchen, wollte man eine nationale Organisation gründen, deren Schlagkraft ausreichte, um das Gesetz gegen Geschlechtsdiskriminierung in der Praxis durchsetzen.

Warum machten das nicht die Gewerkschaften? Man zeigte mir die Fälle von Frauendiskriminierung, wo die Gewerkschaft sich de facto auf die Seite der Arbeitgeber und gegen die Frauen gestellt hatte.

Mir lagen Vereine nicht. Ich gehörte nicht einmal der League of Women Voters an. Ich konnte den ganzen Stil nicht ertragen, den programmierten Unterricht, die Kleinkrämerei, das langwierige parlamentarische Getue, die Damenkränzchen. Ich war Schriftstellerin, Einzelgängerin. Als Ergebnis meines Buchs und meiner «Forschungsarbeit» kannte ich allerdings eine Menge von Leuten aus den verschiedensten Bereichen, die denselben Grad von Ungeduld erreicht hatten.

«Und was ist mit diesen Kommissionen zur Lage der Frau?» fragte ich meine lästigen Störenfriede aus dem Untergrund hoffnungsvoll. «Die sind doch in jedem Staat eingerichtet worden, damit sie sich um diese Probleme kümmern, oder?» Meine Untergrundinformanten wollten nicht gerade behaupten, daß diese Kommissionen eingerichtet worden seien, um die Frauen von Aktionen abzuhalten, aber ... Jedenfalls ergab sich, daß alle diese Kommissionen zur Lage der Frau aus den einzelnen Staaten im Juni in Washington tagten. Als Autorin konnte ich über diesen Kongreß berichten, offiziell daran teilnehmen. Frauen aus allen Staaten würden anwesend sein ...

Damit fing alles an.

Woran erkannten wir uns? An der aufrichtigen Leidenschaft. Ich erinnere mich noch, wie ich Dorothy Haener und Pauli Murray am ersten Morgen auf der Rolltreppe des Washington Hilton begegnete und mich, nicht eben begeistert, damit einverstanden erklärte, daß wir jeden, der mit einiger Wahrscheinlichkeit daran interessiert schien, eine Frauenaktion zu organisieren, für den Abend in mein Hotelzimmer einladen würden.

Kurz vor jenem Kongreß in Washington hatte ich noch einen jener mitternächtlichen Anrufe von einem meiner neuen Freunde in Washington bekommen und erfahren, daß Richard Grahams Vertrag bei der E.E.O.C. nicht verlängert werden würde. Er hatte offenbar zu ehrlich und gewissenhaft versucht, im Kampf gegen Geschlechtsdiskriminierung seine Pflicht zu tun.

An jenem Abend waren etwa fünfzehn Frauen in meinem Hotelzimmer. Alle meinten, wir sollten etwas für Richard Graham tun und die Veröffentlichung jener Richtlinien verhindern, in denen die Arbeitgeber zur Nichtbeachtung des Gesetzes gegen Geschlechtsdiskriminierung angehalten wurden. Aber sicherlich brauchten die Frauen doch nicht etwas so Radikales wie die Bürgerrechtsbewegung der Schwarzen zu organisieren. Die McCarthy-Ära war gerade erst vorüber; Radikalismus, Nonkonformismus waren so gefährlich gewesen, hatten so viele Leben und Karrieren zerstört, daß man auch als Frau seine Lektion gelernt hatte; gelernt hatte, sich zu politischen Fragen nicht zu äußern und nicht zu handeln, wie es dem eigenen Gewissen entsprochen hätte.

Die Diskussion dauerte bis nach Mitternacht. Damenhaftes Gezanke . . . Ängstlichkeit . . . Mißtrauen. Am Nachmittag waren wir alle in Bussen hinüber in den Rosengarten des Weißen Hauses gebracht worden, und Lady Bird hatte uns Tee servieren lassen, und L. B. J. war erschienen, ein wenig verspätet, und hatte uns gleichsam auf die Schulter geklopft und gemeint, wir müßten doch sehr glücklich sein jetzt, wo die Arbeit getan sei – nämlich die Berichte über die Lage der Frau –; jetzt sollten wir wieder nach Hause gehen und unsere Hilfe den Kindern zur Verfügung stellen, den Armen und all den anderen, die von unserer Güte und Dienstbereitschaft abhängig seien, und so weiter und so weiter . . . nicht ein Wort zur Diskriminierung der Frauen. Die offiziellen Sprecher pflegten die versammelten Frauen bestenfalls mit Schuldgefühlen nach Hause zu entlassen, weil sie sich überhaupt um die Lage der Frau Gedanken gemacht hatten.

Sie wollten das nicht sehen, die Frauen in meinem Hotelzimmer. Eine Organisation war also nicht notwendig, aber Kay Clarenbach und einige andere würden am nächsten Morgen darauf drängen, daß die versammelten Frauen aus allen fünfzig Staaten eine Resolution verabschiedeten, in der die Wiedereinstellung von Richard Graham und die Anwendung des Artikels VII gefordert wurden. Und sie gingen mit Mienen, die scheinheilige Mißbilligung für mich auszudrücken schienen, weil ich etwas so Radikales wie eine unabhängige Organisation vorgeschlagen hatte. Und Pauli Murray, die schwarze Wissenschaftlerin, die mich dazu angestiftet hatte, und meine unermüdlichen Freunde aus dem Untergrund von Washington und Dorothy Haener von der United-Automobile-Workers-Gewerkschaft und ich, wir schauten einander nur an und zuckten mit den Schultern. Frauen – was konnte man von ihnen schon erwarten? Nicht zum letztenmal in diesen zehn Jahren hielt ich die Schlacht für verloren, bevor sie noch begonnen hatte. Ich begriff nicht, daß die gleichen Ängste sich in ihnen regten wie in mir, aber letztendlich auch der gleiche Mut, trotz dieser Ängste zu handeln. Erleichtert ging ich zu Bett; jetzt konnten mich wenigstens diese pflichtbewußten selbsternannten Gewissensbestien aus dem Washingtoner Untergrund nicht länger plagen.

Doch am nächsten Mittag warteten dieselben widerstrebenden Frauen auf mich kochend vor Zorn, weil sie dem Kongreß nicht einmal eine Resolution zur Abstimmung vorlegen konnten. Sie wirkten beunruhigt, entschlossen, irgendwie mehr bei der Sache als am Abend zuvor. Kay Clarenbach war vollkommen außer sich, weil man ihr – trotz aller ihrer Ablehnung meines Hetzgeredes – offiziell erklärt hatte, daß dieser Kongreß der offiziellen Kommission zur Lage der Frau aus allen Bundesstaaten nicht befugt war, irgendeine Initiative zu ergreifen oder auch nur eine Resolution gegen Geschlechtsdiskriminierung zu verabschieden.

Also bestellten wir fürs Mittagessen zwei Tische, um die Bildung der Organisation zu besprechen, die ich für unerläßlich erklärt hatte. Wir mußten das beim Mittagessen erledigen, weil die meisten ihre Rückflüge für den Nachmittag gleich nach Ende des Kongresses gebucht hatten, so daß sie rechtzeitig zu Hause waren, um für ihre Familien zu Abend zu kochen.

Ich frage mich, ob Esther Peterson und die anderen Vertreterinnen der Abteilung für Frauenfragen, die während des Mittagessens auf uns einredeten, ahnten, daß direkt vor ihrer Nase an den beiden Tischen, an denen wir so ungezogen miteinander tuschelten und auf Papierservietten Notizen herumreichten, NOW gegründet wurde, die Nationale Organisation für Frauen; die erste bedeutende Vereinigung der modernen Frauenbewegung, deren Ziel es war, «tatkräftig darauf hinzuarbeiten, daß die Frauen jetzt an allen Strömungen der amerikanischen Gesellschaft teilhaben, volle Gleichheit erlangen und in volle, gleichberechtigte Partnerschaft mit Männern eintreten können».

Diese Worte, die ich im Juni 1966 im Washington Hilton Hotel auf eine Papierserviette schrieb und die zur Grundlage der Absichtserklärung von NOW wurden, formulierten das Entscheidende an dem qualitativen Wandel, den die Frauenbewegung in unser aller Leben auslöste.

Alles änderte sich – die Probleme sahen anders aus, die Definitionen der Probleme, die angestrebten Lösungen, sobald wir erst einmal wagten, unsere Lebensumstände als Frauen an jenem simplen Maßstab zu messen, dem Merkmal der amerikanischen Demokratie – Gleichheit; nicht mehr und nicht weniger.

Nach diesem Mittagessen in Washington trafen wir uns noch für eine Stunde, bevor jeder zu seinem Flugzeug mußte, und verabredeten, im Herbst eine formelle Gründungsversammlung für NOW abzuhalten. Kay Clarenbach, die wenigstens ein Büro und eine Sekretärin hatte, wollte ein Beitrittsformular aufsetzen, und ich sollte Einladungen an die Personen auf meiner Liste verschicken. Die anderen würden ebenfalls Mitglieder werben.

Als ich die Zielsetzung für NOW konzipierte, mußte ich mir selbst darüber klarwerden, was «Gleichheit» für Frauen implizierte. «Es ist Zeit, daß wir mit konkreten Aktionen gegen die Zustände angehen, welche die Frauen heute noch daran hindern, sich der Chancengleichheit und Wahlfreiheit zu erfreuen, auf die sie als Amerikaner und als Menschen ein Recht haben.» Die Absichtserklärung für NOW wurde im wesentlichen so angenommen, wie ich sie geschrieben hatte – mit einer Ausnahme. (Ich hatte auch das Recht der Frau aufgeführt, darüber zu entscheiden, ob und wann sie Kinder haben möchte, was freien Zugang zu Geburtenkontrolle und Abtreibung bedeutete. Die anderen hielten diese Punkte für zu kontrovers. Erst in ihrem zweiten Jahr beschäftigte sich NOW mit der Frage der Abtreibung.)

Im Mittelpunkt der Ideologie von NOW und der Aktionen standen einfach die Idee der Gleichheit und der Wert des Individuums: Würde, Selbstverwirklichung, Selbstbestimmung – was nicht eigentlich Elemente einer Ideologie sind, sondern schlicht die Wertvorstellungen der Amerikanischen Revolution (und im Grunde aller Revolutionen des Menschen), angewendet auf die Frau. «Gleichheit» ist der Grundbegriff: Er machte Schluß mit dem Durcheinander auf wissenschaftlichen Symposien, dem Geschwätz, der psychologischen Phrasendrescherei, dem Weiblichkeitswahn; er entlarvte die beschönigenden Pseudolösungen, die man den Frauen bislang einzig angeboten hatte. Sie hatte im übrigen auch noch nicht mehr zu fordern gewagt.

Die Logik war unerbittlich. Als wir erst einmal den Weiblichkeitswahn durchbrochen hatten und uns Menschen nannten – nicht mehr und nicht weniger –, hatten wir doch sicherlich ein Recht auf die Werte, die uns als Amerikanern, Demokraten, Menschen zustanden. Wir brauchten nur die konkreten Umstände unseres Alltagslebens im Licht dieser erhabenen Gleichheitsideen zu betrachten, die angeblich jeden Menschen von Geburt an einschließen, um sofort zu begreifen, wie ungerecht, wie bedrückend unsere Lage war. Und das System begann sich durch unsere Aktionen zu ändern, in denen wir diese konkreten Zustände angingen, nicht durch die spätere apokalyptische Rhetorik, laut der es galt, die Tyrannis der Männer zu stürzen.

Vier Monate später, kurz vor der Gründungsversammlung, ging mir auf, daß wir die dort getroffenen Entscheidungen würden veröffentlichen müssen, und ich bat Betty Furness, Muriel Fox und Marlene Sanders zu mir in die Wohnung, damit wir den Punkt «Public Relations» für die im Entstehen begriffene Bewegung besprechen konnten. Es erstaunt mich heute wirklich, daß all diese einflußreichen Frauen mit hochdotierten Positionen wußten, welche große Sache die Frauenbewegung werden würde, noch bevor sie geboren war. Muriel Fox, eine der wenigen Frauen unter den Spitzenleuten im Public Relations-Gewerbe, erklärte sich bereit, als Berater zu fungieren, kostenlos natürlich, aber die Arbeit müsse jemand anders tun. Es gab jedoch nie «jemand anders» für die eigentliche Arbeit in der Frauenbewegung. Büroarbeiten waren uns allen grundsätzlich verhaßt. In der Nacht, nachdem die Absichtserklärung in Washington angenommen worden war, blieben Muriel Fox und ein halbes Dutzend Volkswirtinnen und Juristinnen bis fünf Uhr morgens auf, leierten die ersten Presseverlautbarungen von NOW durch Senator Harts Vervielfältigungsmaschine und lieferten sie persönlich in den Zeitungsredaktionen ab.

Am ersten Tag ihres offiziellen Bestehens hatte NOW über dreihundert Mitglieder, und rund dreißig davon waren bei der Versammlung in Washington anwesend, um die Absichtserklärung und die vorläufige Satzung, die im Verlauf des ersten Jahres abschließend ergänzt wurde, zu billigen. Von einigen hörten wir nie wieder. Einige waren vielleicht die «Agenten» der Regierung, die das Entstehen von NOW ganz verhindern sollten. Kay Clarenbach wurde in Abwesenheit zur Geschäftsführerin gewählt und ich zur Präsidentin. Richard Graham, der nicht wieder in die E.E.O.C. berufen worden war, wurde Vizepräsident – damit saß in NOW von Anfang an ein Mann an sichtbarer Stelle, nicht als Alibimann, sondern als Streiter für Gleichheit. Caroline Davis von der U.A.W. (United Automobile Workers) wurde Schriftführerin und Schatzmeisterin, nicht nur, weil sie eine Streiterin für die Sache der Frauen war, sondern auch, weil sie über die U.A.W.-Poststellen unsere Drucksachen, Briefe und Mitgliederlisten kostenlos verschicken konnte. Eine ganze Menge von Arbeitgebern, die der Sache der Frauen weniger wohlwollend gegenüberstanden als die Führungsgruppe der U.A.W., wären überrascht, wenn sie erführen, daß ihre Xeroxmaschinen, Vervielfältigungsapparate und Telexanschlüsse für NOW arbeiteten, denn in jedem Büro saßen Mitglieder des besagten Untergrunds von Frauen. Nur so konnte die Arbeit bewältigt werden: In unserer Kasse befanden sich zu jener Zeit selten mehr als ein paar hundert Dollar.

Eine junge katholische Nonne hatte sich als besonders beredt und vernünftig erwiesen und hatte immer wieder die Detailkrämerei abgeblockt, an der die Gründung der Organisation hätte scheitern können. Das war Schwester Mary Joel Reed, die spätere Präsidentin des Averno College in Milwaukee. Ich fragte sie, ob ich sie für den Vorstand von NOW nominieren könne. Sie war bescheiden und schlug statt dessen vor, sie werde Schwester Mary Auston Doherty aus Chicago nominieren. Als wir über die Straße zu dem Hotel gingen, wo wir vor der Abstimmung noch etwas trinken wollten, sagte ich, ich würde sie immer noch gern aufstellen. Ob sie mitkomme? «Nein, Betty», sagte sie bedauernd, «in der Ordenstracht hier würde es sich nicht schicken. Vielleicht später einmal.» In den folgenden Jahren legte Schwester Joel diese Tracht ab wie viele andere militante Nonnen, die mitten in unserer Bewegung mitarbeiteten, während sie sich vom Kloster befreiten, gestaltete ihren Orden und das College, dem sie nun vorsteht, völlig um und ist jetzt als Vorkämpferin für eine «relevante» Frauenerziehung tätig. Nachdem sie die Tracht abgelegt hatte, haben wir zusammen getrunken und uns mit der Frage der Abtreibung und anderen kritischen Problemen herumgequält. In den Aktionen der Frauenbewegung lernten wir uns selbst und einander kennen, wie sich Frauen nie zuvor gekannt haben, und das Vertrauen, das aus diesen Aktionen erwuchs, war echt. Das schwammige Gerede über *sisterhood* vernebelt idealisierend die bestehenden Differenzen und verleugnet, indem es den Anschein erweckt, solche Nähe sei universal, ergäbe sich also automatisch und brauche nicht erkämpft zu werden, die komplexe Stärke der wirklichen Schwesterlichkeit, die in der Frauenbewegung zustande kam.

Kurz bevor wir am Sonntagnachmittag die Versammlung schlossen, verbrachten wir zusammen ein paar bewegende Augenblicke, in denen wir begriffen, daß wir nun tatsächlich in die Geschichte eingetreten waren. Pauli Murray übergab uns ein Medaillon, das ihr eine Überlebende des Kampfes anvertraut hatte, der ein halbes Jahrhundert zuvor in Amerika um das Frauenstimmrecht ausgefochten worden war – eine Frau, die ganz in der Nähe unseres Tagungsorts im Gefängnis gesessen und einen Hungerstreik geführt hatte. Und Alice Rossi erinnerte daran, daß genau hundert Jahre zuvor englische Frauen die erste Petition für das Frauenstimmrecht zum Parlament gebracht hatten – und keine andere Möglichkeit sahen, sie hineinzubringen, als sie am Boden eines Karrens mit Äpfeln zu verstecken, die für die Mitglieder angeliefert wurden. Wir verstanden plötzlich, wieviel Vertrauen und Mut wir würden aufbringen müssen, um die komplizierte Hinterlassenschaft der unvollendeten Revolution anzugehen, die diese Frauen vor so langer Zeit begonnen hatten, und um die neue Bewegung für die vollkommene Gleichheit aller Frauen Amerikas in wahrhaft gleicher Partnerschaft mit den Männern in Gang zu bringen.

1967 – das erste Jahr von NOW

Unsere erste offizielle Handlung bestand darin, daß wir an die Kommission für Chancengleichheit im Beruf das Gesuch richteten, sie möge jene «Richtlinien» zurückziehen, in denen die diskriminierenden, nach Geschlechtern getrennten Stellenanzeigen erlaubt wurden, und endlich die lange verschobene Entscheidung im Fall der Geschlechtsdiskriminierung von Stewardessen fällen, die mit dreißig oder fünfunddreißig und bei Eheschließung den Dienst quittieren mußten. Außerdem forderten wir ein Treffen mit Präsident Johnson, von dem wir verlangen wollten, daß er den Punkt Geschlechtsdiskriminierung mit in die Präsidentenverordnung aufnehme, die Firmen mit Regierungsaufträgen jegliche Diskriminierung untersagte. Diese Präsidentenverordnung, die wir im ersten Jahr von NOW forderten und durchsetzten, hat den Frauen die sogenannten «affirmative action»-Programme eingebracht, gemäß denen ihnen in Tausenden von Universitäten, juristischen Fakultäten und Firmen Anstellung und Beförderung zusteht.

Mit der Gründung von NOW und der Erklärung, Alibiberufungen und bloßes Gerede über Frauen seien nicht genug, wurde ich plötzlich persona non grata im Weißen Haus. Da es aber implizit ja immer auch um die Stimmen der weiblichen Wähler ging, konnte das Weiße Haus uns keinesfalls ignorieren. Das stand fest, als Präsident Johnson seinen Spezialisten für Störenfriede, John Macy, den Vorsitzenden der Verwaltungskommission, beauftragte, mit uns in Kontakt zu treten. Als wir um den Konferenztisch aus Mahagoni herumsaßen, gab John Macy schnell jene onkelhafte, gönnerische Höflichkeit auf, mit der man mich und die Damen von den Kommissionen zur Lage der Frau bei den früheren Teegesellschaften im Weißen Haus behandelt hatte.

Die Präsidentenverordnung über Regierungsaufträge! Wieso wußten wir überhaupt davon! Und die Sache mit den Stewardessen war doch einfach peinlich, wie konnten wir von der Regierung erwarten, daß sie etwas unternehme in einer so . . . lächerlichen oder schlüpfrigen Angelegenheit, schien er sagen zu wollen. Und ich erinnere mich, daß ich darauf bestand, daß der Fall der Stewardessen ernst zu nehmen sei; daß es sich eindeutig um Geschlechtsdiskriminierung handle, wenn Stewardessen mit dreißig oder bei Eheschließung aufhören müßten, während Piloten alt werden und sogar

Kinder haben dürften.

Wir eilten aus dieser Sitzung heraus, um die Spitzen der Kommission für Chancengleichheit im Beruf persönlich zur Rede zu stellen. Wir fragten, wie sich denn Frauen von der E.E.O.C. Schutz vor Geschlechtsdiskriminierung erhoffen sollten, wenn es nicht einmal an deren Spitze Frauen gebe. «Aber gerade zur Zeit spreche ich mit ein paar Mädchen, die sich um die freie Stelle des stellvertretenden Rechtsberaters bewerben», sagte einer der Kommissionsmitglieder. «Ich hoffe, Sie suchen kein Mädchen für eine so wichtige Stelle», sagte ich. Die anderen in unserer Delegation lachten. Den Männern wurde es ungemütlich. «Habe ich etwas Falsches gesagt?» fragte er. Ich erklärte ihm, wenn man die Juristinnen, die sich um eine solche Stelle bewarben und die sicher über fünfundzwanzig waren, «Mädchen» nenne, dann sei das genauso, wie wenn man zu einem fünfundvierzigjährigen Schwarzen, von dem man sich die Schuhe putzen läßt, «Junge» sage. Das war das erste Mal, daß ein Regierungsbeamter öffentlich eine Lektion in sexistischer Sprache bekam. Er versuchte es mit «Damen» – wir rümpften die Nasen –, und er begann zu schwitzen. «Wie wollen Sie genannt werden?» – «Frauen», sagten wir.

Aber Stewardessen wie Menschen – wie Frauen, nicht wie Mädchen – zu behandeln, war noch etwas ganz anderes! Am Heiligabend 1966 wurde ich plötzlich vorgeladen, zum Bundesgerichtshof geschleppt – beides war mir noch nie passiert – und über die Rolle von NOW im Fall der Stewardessen verhört. Sie wollten eine Liste unserer Mitglieder. Ich kannte meine Rechte und weigerte mich, sie ihnen zu geben. Wir hatten uns darauf geeinigt, die Mitgliederliste von NOW geheimzuhalten, denn zur damaligen Zeit war niemand sicher, ob er nicht entlassen oder sonst wie exkommuniziert werden würde, weil er einer Organisation zur Beseitigung von Geschlechtsdiskriminierung angehörte. Der Anwalt der Fluggesellschaften – er ist inzwischen tot – war so berühmt, daß sogar ich, die ich mit Recht nie etwas zu tun gehabt hatte, seinen Namen kannte. Er wurde immer aufgebrachter, als die Zeit der Bescherung näherrückte und ich seine Fragen einfach nicht beantworten wollte. Und der Anwalt der Regierung, zufällig eine junge Frau, erhob immer dann Einspruch, wenn ich es nicht tat. Die E.E.O.C. hatte schließlich doch befunden, daß es Geschlechtsdiskriminierung war, wenn Stewardessen gefeuert wurden, wenn sie nicht mehr heiratsfähig waren, und die Fluggesellschaften versuchten den Spruch anzufechten, indem sie nachwiesen, daß Aileen Hernandez NOW-Mitglied sei und somit ein «Interessenkonflikt» vorliege.

Aber warum trieben sie solchen Aufwand – heuerten diese teuren Rechtsanwälte an, ließen Aileen an der Westküste und ich an der Ostküste am Heiligabend vorladen –, bloß um diese Entscheidung auf Geschlechtsdiskriminierung zu verhindern? Sie glaubten doch nicht im Ernst, daß Männer wegen der heiratsfähigen Stewardessen flogen; sie flogen, um von New York zu ihren Geschäftsterminen in Chicago zu kommen. Und dann wurde mir klar, wieviel Geld die Fluggesellschaften sparten, indem sie diese Frauen mit dreißig oder fünfunddreißig oder bei Eheschließung den Dienst quittieren ließen – welche Summen in Form von Gehaltserhöhungen, Altersversorgung, Urlaubsgeld, Sozialversicherung. Geschlechtsdiskriminierung, dämmerte mir, war ein dickes Geschäft.

Ich wanderte an jenem Heiligabend nicht ins Gefängnis, aber Monate vergingen, ohne daß die endgültige Entscheidung in der Frage der Stewardessen fiel, und über die Richtlinien zu den Stellenanzeigen verlautete überhaupt nichts. Folglich plante NOW eine Aktion im ganzen Land.

An einem bestimmten Tag im Februar – es war das erste Mal, glaube ich, wo wir von Susan B. Anthonys Geburtstag Gebrauch machten – betraten kleine Delegationen von uns gleichzeitig die staatlichen Büros der Kommission für Chancengleichheit im Beruf in New York und Washington und Pittsburgh und anderswo und warfen den Regierungsbeamten mit rotem Band (das in der angelsächsischen Welt als Symbol des Bürokratismus verstanden wird) verschnürte Zeitungsbündel vor die Füße, während die Fernsehkameras surrten (wir hatten den Fernsehstationen Tips zukommen lassen).

Ich erklärte dem Leiter der Kommission für New York, es sei Monate her, seit wir die Petition für ein Hearing zu den Anzeigenrichtlinien eingereicht hätten, und fragte ihn, was inzwischen geschehen sei. Und als mit seiner gewundenen Antwort klarwurde, daß gar nicht daran gedacht war, in den Fragen der diskriminierenden Anzeigen oder der Stewardessen irgend etwas zu unternehmen, stieg in mir ungeheure Wut und Empörung auf. Ich sagte dem regionalen Leiter, ich wolle jetzt selbst eine Beschwerde wegen Geschlechtsdiskriminierung einreichen, und verlangte ein entsprechendes Formular. Und ich setzte eine Beschwerde gegen die Regierung der Vereinigten Staaten auf, weil sie die Frauen von Amerika diskriminiere, indem sie Artikel VII nicht auch in bezug auf Frauen anwende. Ich übergab die Klage dem Regierungsbeamten und sagte: «Ich reiche hiermit eine Beschwerde gegen die Regierung der Vereinigten Staaten ein.» Und ich fragte seine Sekretärin, ob ich das Telefon benutzen dürfe. Die Fernsehkameras warteten vor der Tür, und während die übrige Delegation noch einige höfliche Worte mit dem Kommissionsleiter wechselte – einem recht netten Puertoricaner, der alles, was wir machten, sehr zu genießen schien –, rief ich im Zimmer seiner Sekretärin Mary Eastwood im Justizministerium an und sagte: «Schnell, frag mich nicht warum, sag mir nur, ob es möglich ist, die Regierung zu verklagen, und wenn ja, wie man so etwas nennt. Zum Beispiel, weil sie den Artikel VII nicht auch auf Frauen anwendet und auf unsere Petition für ein Hearing über die Richtlinien nicht einmal antwortet.» Und sie dachte eine Minute nach und sagte mir dann, wie ich mich ausdrücken sollte.

Und ich erklärte vor den Fernsehkameras in korrekter juristischer Terminologie, daß NOW jetzt gegen die Regierung der Vereinigten Staaten gerichtlich vorgehen werde, weil sie den Artikel VII nicht im Interesse unseres Geschlechts anwende, und ich sagte, diese nationale Demonstration bringe die angestaute Wut der Frauen zum Ausdruck – unsere Geduld sei erschöpft. «Und während wir hier in New York zur Tat schreiten, zeigen gleichzeitig in Washington und Pittsburgh und Chicago und Atlanta und Los Angeles unsere Schwestern ihren Unwillen; und sie werden in dem Prozeß an unserer Seite stehen und mit uns die Interessen aller amerikanischen Frauen vertreten.» Es stimmte alles. Zwar hatten wir damals erst zwei Mitglieder in Atlanta, sechs in Pittsburgh, ein Dutzend in Chicago und in Kalifornien und nicht viel mehr in den Staaten dazwischen; aber alle traten an jenem Tag sichtbar in Aktion, im Namen der anderen, die uns noch nicht hatten beitreten können. Die Regierung war im Jahre 1967 an einem aufsehenerregenden Prozeß gegen Frauen nicht interessiert. Also fanden die Hearings statt. Und wir brachten Männer aus den Gewerkschaften – sogar ein paar Verleger und Arbeitgeber – dazu, daß sie zusammen mit uns bei den Hearings aussagten. Martha Griffiths verdarb den Vertretern der Fluggesellschaften das Konzept, indem sie sagte: «Wenn Sie versuchen, in der Luft einen Puff zu unterhalten, dann besorgen Sie sich eine Konzession dafür.» Und es wurde entschieden, daß Stewardessen weiterfliegen durften, nachdem sie erwachsen geworden waren, und daß die Stellenanzeigen in den Zeitungen in alphabetischer Ordnung ohne Geschlechtsdiskriminierung erscheinen mußten und daß deswegen kein sexuelles Chaos zu befürchten stehe.

Wir organisierten also NOW, weil wir wußten, daß wir eine Institution brauchten, damit das Notwendige geschah, Kontinuität gewährleistet war und die Verantwortlichkeiten festlagen. Wir erwarteten, daß die wichtigeren Aktionen von den Frauen an ihren eigenen Wohnorten durchgeführt würden. Wir wollten, daß sie ihrem eigenen Stil entsprechend vorgingen, sich selbst Prioritäten setzten und so die allgemeinen Ziele verwirklichen halfen, die in der Absichtserklärung niedergelegt waren. Wir wollten nicht, daß sich die Frauenbewegung durch jene Art von demokratischer Organisation verdummen ließ, deren Vorstandsmitglieder – oder gar bezahlte Angestellte – die meiste Zeit damit verbringen, ihre eigene Macht zu pflegen.

Wir wußten jedoch auch, daß zur Durchsetzung unserer Ziele Aktionen im ganzen Land notwendig waren – um den Frauen in ihren Gemeinden Aufmerksamkeit, Publizität und Unterstützung zu verschaffen. Über diese Aktionen sollten die Mitglieder auf einer jährlichen nationalen Versammlung entscheiden, auf der auch der Vorstand gewählt wurde, der das Jahr über das Vorgehen lenkte. Von Anfang an delegierten die NOW-Mitglieder nur höchst widerstrebend Entscheidungs- und Machtbefugnisse an irgendeine Führungsgruppe. Die Frauen hatten genug davon, sich manipulieren und zu Ausführungsorganen anderer machen zu lassen. Später blokkierten sich bisweilen Führungsgestalten gegenseitig in Machtkämpfen oder wählten gar neue Personen in die Spitze, aber die lokale Autonomie und Eigeninitiative der Mitglieder, die für NOW von vornherein entscheidend wichtig gewesen waren, stellten sicher, daß die Entwicklung weiterging und immer neue Frauen von der Basis Führungsqualitäten entfalteten, indem sie die Verantwortung für einzelne Aktionen übernahmen.

Getragen wurden die Aktionen von der «Task Force», die wir auf nationaler Ebene für jedes Hauptziel bildeten – es gab solche Spezialausschüsse für das Bild der Frau in der Gesellschaft, für Schulbücher, Ehe und Scheidung, Beruf, Sport. In den ersten Jahren trafen diese Ausschüsse nur bei den jährlichen Versammlungen zusammen. Sie bestanden aus Mitgliedern, die auf dem jeweiligen Gebiet engagiert und erfahren waren. Sie klärten die Problemlage und suchten Strategien und Angriffspunkte, die sie der Vollversammlung dann zur Billigung vorlegten. Als die Mitgliederzahlen später eine Höhe erreicht hatten, wo Reisen von Funktionären aus der Kasse finanziert werden konnten, trafen sich die «Task Forces» auch im Verlauf des Jahres. Jede Ortsgruppe spiegelte den Aufbau der Gesamtorganisation wider. Auf diese Weise konnte in NOW jede Frau oder jeder Mann, die oder der an einem Projekt wirklich interessiert war, leicht die Verantwortung und Befugnis bekommen, es voranzutreiben.

Ohne Geld, ohne Büro und ohne Stab war es unmöglich, all die Briefe und Anrufe von Frauen zu beantworten, die NOW beitreten wollten. Aber wenn eine so ungeduldig wurde, daß sie Ferngespräche führte, dann beauftragte ich sie mit der Gründung einer eigenen Ortsgruppe von NOW – falls sie nicht zu verrückt wirkte. Das war eine Methode, die dem Zufall viel Raum ließ, und der Stil der Frauenbewegung unterschied sich in den einzelnen Städten sehr stark, je nachdem, ob jene erste, selbsternannte Organisatorin von NOW Krankenschwester, Sekretärin, Gattin eines Obersten, Akademikerin oder eine verbitterte, geschiedene Hausfrau war.

Immer wieder ließ ich auf meinen Vortragsreisen eine Ortsgruppe von NOW hinter mir und folgte der Einladung eines Mädchenpensionats oder eines College für Hauswirtschaft in den Südstaaten, um neue Mitglieder für uns dort zu gewinnen, wo wir noch schwach vertreten waren. Von Anfang an war ich im Süden besonders an der Mitarbeit schwarzer Frauen interessiert; ich suchte eigens Coretta King und Julian Bonds Schwester Jane auf und die jungen Frauen mit ihren Afrofrisuren in der Zentrale der S.N.C.C. (Students' Non-violent Coordination Committee) in Atlanta. «Wir wollen nichts zu tun haben mit diesem feministischen Kram», sagte eine von ihnen. Das wichtigste für schwarze Frauen sei es, sagten sie, daß schwarze Männer vorankämen. Und wenn die schwarzen Männer erst all die Rechte bekommen hätten, die man ihnen so lange vorenthalten hatte, dann würden sie den schwarzen Frauen so viel Gleichheit geben, wie sie sich nur wünschten. Nun, ich machte den schwarzen Frauen keinen Vorwurf, weil sie den Bürgerrechten für Schwarze Priorität gaben. Aber ich konnte ihnen einfach nicht abnehmen, daß Gleichheit nur etwas für weiße Frauen sei.

Als Muriel Fox und ich die Männer vom Rechtshilfefond der N.A.A.C.P. (National Association for the Advancement of Colored People – eine der ältesten Vereinigungen zur Förderung der Schwarzen in Amerika) aufsuchten, um sie um Hilfe bei der Einrichtung eines ähnlichen Fonds für Frauen und um Befürwortung des Gesuchs von NOW um Aufnahme in die ständige Konferenz der Bürgerrechtsvereinigungen zu bitten, bekamen wir zu hören: «Die Frauenfrage ist keine Frage des Bürgerrechts.» Ich sah den Kampf um die Rechte der Frau als Teil des großen Kampfes um die Menschenrechte und hatte NOW von Anfang an auf eine eindeutig antirassistische Linie eingeschworen. Ich wußte, daß sich einige unserer feministischen Vormütter nach erfahrungsreichem Kampf um die Befreiung der Sklaven später verbittert gegen die Schwarzen gewendet hatten, weil es sie so frustrierte, daß nicht auch das Wort «Frauen» in dem neuen Verfassungsartikel erschien, der den schwarzen Männern das Stimmrecht gab. Dieses Mal waren viele von uns entschlossen, nicht zuzulassen, daß die Frauenbewegung und die schwarze Bürgerrechtsbewegung gegeneinander ausgespielt wurden. Aber die schwarzen Führer schienen gegen die Frauenbewegung eingestellt zu sein und es schwarzen Frauen schwerzumachen, sich ihr anzuschließen.

Die Aktionen der Jahre 1967 bis 1969

1967 stand die Mitgliederversammlung von NOW vor zwei entscheidenden Fragen: dem Gleichberechtigungszusatz zur Verfassung (Equal Rights Amendment) und dem Abtreibungsproblem. Viele befürchteten, diese kontroversen Fragen würden die Frauenbewegung spalten, bevor sie noch recht in Gang gekommen war.

Einige der Frauen, die sich 1920 im Kampf für das Frauenstimmrecht an das Gitter des Weißen Hauses gekettet hatten, versuchten seitdem unablässig, den Verfassungszusatz durchzusetzen, der den Frauen gleiches Recht und gleichen Schutz garantieren sollte. Seit fünfzig Jahren plagten sie die Senatoren mit dem Equal Rights Amendment. Sie waren in Washington zu exzentrischen Figuren geworden. Als ich aufwuchs, waren die Gewerkschaften, die Linken und die Liberalen immer gegen den Verfassungszusatz gewesen, weil er die «Schutz»-Gesetze der Bundesstaaten außer Kraft gesetzt hätte, durch welche die Arbeiterinnen angeblich davor bewahrt wurden, schwere Lasten tragen und zu lange arbeiten zu müssen.

Nun aber wurden diese «Schutz»-Gesetze in einem Staat nach dem anderen dazu mißbraucht, Frauen gleiche Berufschancen zu verweigern. Man behauptete in einer Stellenausschreibung einfach, es seien schwere Lasten zu tragen, damit Frauen dafür nicht in Frage kamen.

Am Morgen der Abstimmung ließen mich die NOW-Mitglieder aus der U.A.W. wissen, daß wir unsere Post nicht mehr über die Einrichtungen der Gewerkschaft würden abwickeln können, wenn wir uns für den Verfassungszusatz stark machten. Alice Rossi legte dem Plenum jedoch eindrucksvolle demographische Daten vor, die darauf hindeuteten, wie dringlich es war, das Equal Rights Amendment in die Verfassung zu bringen, bevor die Veränderungen in Konjunktur und Bevölkerungsstruktur die Möglichkeiten, die sich den Frauen in Industrie und an den Universitäten gerade erschlossen, wieder gefährden würden.

In der Abtreibungsfrage schienen sich die katholischen Mitglieder jeder Stellungnahme zu enthalten. Aber die Frauen, die leidenschaftlich dafür eintraten, waren nicht nur die jungen Frauen, sondern auch die gesetzten Hausfrauen mittleren Alters aus Indiana und dem Süden.

In beiden Fragen wurde keine Einstimmigkeit erzielt, aber die unterschiedlichen Meinungen, die nicht zu beschönigen ich die Mitglieder ermahnt hatte, wurden zur Befriedigung aller ausgetragen. Caroline Davis von der U.A.W. trat als Schatzmeisterin und Schriftführerin zurück, und wir mußten uns nach anderen Wegen umsehen, unsere Vervielfältigungen und Post in New York erledigt zu bekommen, aber wir hatten inzwischen genügend Mitgliederbeiträge in der Kasse, um für diese Dienste selbst zu bezahlen. Knapp ein Jahr später konnten Dorothy und Caroline den nationalen Vorstand ihrer Gewerkschaft dazu überreden, das Equal Rights Amendment offiziell zu unterstützen.

Heute stehen nicht nur die U.A.W., sondern auch die A.F.L.-C.I.O. (American Federation of Labor – Committee of Industrial Organisation) einmütig hinter dem Equal Rights Amendment und sehen ein, wie dringlich Gleichberechtigung für Arbeiterinnen ist. Nun versuchen die reaktionären politischen und ökonomischen Kräfte, die als die wahren Feinde des Equal Rights Amendment in

Erscheinung getreten sind, Hausfrauen zum Widerstand dagegen zu mobilisieren, mit der irreführenden Behauptung, sie «beschützen» zu wollen.

Im zweiten Jahr von NOW brachte der nationale Vorstand im Hotel Biltmore in New York eines Samstags eine so langweilige, mit juristischen Detailfragen erfüllte Vormittagssitzung hinter sich, daß einige von uns keinen Appetit aufs Mittagessen mehr hatten. Wir gingen in die Biltmore-Bar, um unsere Nerven zu beruhigen. «Kann die Damen nicht bedienen», sagte der Barkeeper fröhlich, obwohl er keineswegs zu viel zu tun hatte – die Bar war praktisch leer. Aber natürlich gab es im Bilmore die alte Institution der Herrenbar – Damen haben keinen Zutritt. Wir versuchten, ihn mit diesem altmodischen «Nur für Herren»-Unsinn aufzuziehen; wir wollten einfach etwas zu trinken. Seine Fröhlichkeit verflüchtigte sich.

Wir gingen zurück nach oben in die Vorstandssitzung und berichteten den anderen von dem Vorfall, lachend über das Ironische an der ganzen Sache. «Vielleicht sollten wir etwas dagegen tun», sagte jemand. «Ich meine, etwas Lächerlicheres gibt es doch nicht mehr – hier zu sitzen und so zu tun, als sei man eine Organisation gegen Geschlechtsdiskriminierung, und selbst in dem Hotel, in dem man tagt, die Augen davor zu verschließen.» Natürlich hatten wir alle schon entwürdigende Erfahrungen dieser Art hinter uns. Es ging nicht nur um das kränkende oder demütigende Moment dabei – Muriel Fox erzählte uns, daß sich die Männer nach entscheidenden Budgetsitzungen in solche Bars zum Mittagessen zurückzogen und daß ihr dadurch Informationen, ja sogar wichtige Beschlüsse entgingen. Wir vereinbarten, alle zusammen in die Herrenbar hinunterzugehen und ein Sit-in zu veranstalten.

Plötzlich erhob irgendein Ehemann heftig Einspruch: Wir würden uns nur lächerlich machen, Frauen hätten in Herrenbars nichts zu suchen, mit Gleichberechtigung habe das nichts zu tun, *seine* Frau jedenfalls wolle damit nichts zu schaffen haben. Was, dachte ich, würde wohl bei einer Vorstandssitzung von Männern passieren, wenn jemand seine Frau mitbrächte und die sich auf solche Weise einmischte? Wir ignorierten ihn und schickten Leute an die Münzfernsprecher, um die Medien auf den Plan zu rufen.

Um vier Uhr vertagten wir uns und gingen, zwanzig Personen stark, in jene Bar hinunter. Die Fernsehkameras und die Reporter standen bereit – aber die Herrenbar war geschlossen, es hing sogar ein Vorhängeschloß an der Tür. Diese Misthexe von einem Ehemann mußte die Geschäftsleitung informiert haben. So kamen wir um unser Sit-in. Aber wir hatten es immerhin fertiggebracht, daß sie an einem Samstag zumachten. Und die Fernsehleute interviewten uns vor der Tür der Herrenbar im Biltmore mit dem «Geschlossen»-Schild darauf. Wenig später wurden in Pennsylvanien, New York und anderswo Maßnahmen ergriffen, um Geschlechtsdiskriminierung an öffentlichen Orten zu untersagen.

Am Muttertag dieses Jahres demonstrierten wir vor dem Weißen Haus für «Rechte, nicht Rosen» und forderten, daß dem Kongreß das Equal Rights Amendment zur Abstimmung vorgelegt würde. Und symbolisch warfen wir Schürzen auf einen großen Abfallhaufen. Später protestierten Frauen gegen den «Miss Amerika»-Wettbewerb, indem sie Büstenhalter und Hüftgürtel fortwarfen. Daraus entstand zu irgendeinem Zeitpunkt die Vorstellung von den BH-verbrennenden Feministinnen. Meines Wissens hat jedoch niemand in der Frauenbewegung je wirklich einen BH verbrannt. Die BH-lose Mode, die etwa um dieselbe Zeit von männlichen Modeschöpfern wie Rudi Gernreich lanciert wurde, mag auf einer unbewußten, sozialpsychologischen Ebene mit dem Entstehen der Frauenbewegung in Zusammenhang stehen, aber die Ehre dafür gebührt nicht uns.

In dem Studentenstreik an der Columbia University wurde von den Mädchen erwartet, daß sie Spaghetti kochten, während die Männer in den besetzten Gebäuden die Strategie bestimmten und danach vorgingen – und die Mädchen sagten nein. Sie trugen in der SDS-Versammlung (SDS = Students for Democratic Society) eine Resolution zur Befreiung der Frau vor, wurden ausgelacht und beschlossen ihre eigene, separate «Frauenbefreiungs»-Gruppe zu gründen. Und da sie ihr politisches Bewußtsein an den Lehren des Klassenkampfs (angewendet auf die Rassenprobleme) geschult hatten, versuchten sie allzu wörtlich, die Ideologie vom Kampf der Klassen und Rassen auf die Situation der Frauen zu übertragen. Stokely Carmichael hatte den «Black Power»-Gedanken eingeführt; Separatismus, schwarzer Nationalismus, Black-Studies-Programme – all dies konnte man auf die Lage der Frau anwenden, und die lang unterdrückte Wut ließ es sogar plausibel erscheinen.

Aber an dieser neuen, abstrakten Ideologie des Männerhasses und Geschlechterkampfs war mir etwas von vornherein nicht geheuer.

Sie schien uns wegzuführen von der Realität unserer Bewegung – und von ihren realen Möglichkeiten, die Situation der Frauen zu verändern. Das pathologische Bewußtsein, das die unterdrückenden Institutionen hervorgebracht hatten, wurde fälschlich für die Revolution gehalten, deren die Frauen bedurften, um diese Institutionen zu verändern; ja es drohte diese Revolution zu pervertieren.

Dann schoß 1968 eine Frau namens Valerie Solanas Andy Warhol in den Bauch – sie hatte tiefer gezielt – und wurde von Ti-Grace Atkinson, der damaligen Präsidentin der New Yorker Ortsgruppe von NOW, als «Heldin» der Frauenbewegung gefeiert. Ti-Grace schmuggelte auch ihr «SCUM»(Gesellschaft zur Vernichtung der Männer)-Manifest aus der psychiatrischen Klinik, in die Valerie Solanas eingeliefert worden war. In keiner Verlautbarung war der New Yorker Vorstand von NOW oder die nationale Organisation dafür eingetreten, Männer in die Eier zu schießen, wie in jenem SCUM-Manifest vorgeschlagen wurde, nie hatten NOW-Mitglieder für dergleichen gestimmt! Der Vorstand distanzierte sich von Ti-Graces Atkinson. Dann begann sie Theorien über eine Amazonenarmee zu produzieren und die absolute Trennung von den Männern zu befürworten. Ihre «schicke Radikalität» übte eine gewisse Faszination auf die jungen Hippiefrauen aus, die damals ins New Yorker East Village und nach San Francisco zogen. Aber sie stieß mit Sicherheit die Frauen der amerikanischen Mitte ab, die sich mit der Frauenbewegung zu indentifizieren begannen. Als die NOW-Mitglieder von New York ihr vernünftigerweise eine Abstimmungsniederlage bereiteten, schied sie aus und gründete eine eigene Bewegung. Die bestand nur kurze Zeit, aber die Medien behandelten Ti-Grace weiterhin als Anführerin der Frauenbewegung, obwohl diese sich von ihr distanziert hatte. Ihre Art zu denken kam in den folgenden Jahren der Frauenbewegung immer wieder störend an die Oberfläche.

Mit einem Problem anderer Art wurde ich konfrontiert, als ich Sheila Tobias bei der Vorbereitung eines Seminars über Frauenfragen im Januar 1969 an der Cornell University half. Wir mußten zwischen dem ängstlichen Konservatismus eingeschüchterter Akademikerinnen, sich bedroht fühlenden Universitätslehrern und dem reaktionären Widerstand mißtrauischer Radikaler von der Neuen Linken hindurchlavieren. Ein bärtiger junger Radikalenführer (es gab damals praktisch keine weiblichen Führungsfiguren im SDS) sprach mich nach meinem Vortrag an. Besonders erzürnt hatte ihn, daß ich die übliche Aufgabenverteilung in Frage stellte, nach der die Mädchen ihre eigene Ausbildung aufgaben, um ihren Männern den Abschluß des Studiums zu finanzieren, um sie als SDS-Revolutionäre oder als Wehrdienstverweigerer zu unterstützen. Wenn die Frauen auf mich hörten, was würde dann aus der Revolution, aus *ihnen* werden? Ich hätte nicht das Recht, das Wort «Revolution» zu gebrauchen, wenn ich so über Frauen rede, sagte er. Revolution habe etwas mit Sozialismus zu tun, mit den Massen. «Sie sollten noch einmal Ihren Marx lesen», erklärte ich diesem rechtschaffenen, bärtigen jungen Radikalen. «Nur die Frauen können entscheiden, wann und wie sie ihre Revolution führen wollen. Alle Frauen. Dies ist meine Revolution.»

Das Seminar an der Cornell University wurde zum Vorbild für die «Women Studies»-Studiengänge, die im Jahre 1976 an beinahe jedem College und jeder Universität in den Vereinigten Staaten angeboten werden und die in die Kursverzeichnisse aller akademischen Fachrichtungen eingedrungen sind, von Altphilologie über Romanistik bis hin zu Betriebswirtschaft, Volkswirtschaft und Kunstgeschichte. Und die jungen Frauen, die jetzt ihr eigenes Studium finanzieren, gaben jenen ersten furchtsamen Feministinnen den Mut, in allen großen wissenschaftlichen Gesellschaften Amerikas, in allen Manager- und Akademikervereinigungen Frauengruppen einzurichten: Frauen dringen in die «Machtelite» ein und beginnen sie unmerklich zu verwandeln.

Ich wußte, wir brauchten die jungen Frauen, auch die revolutionärsten unter ihnen, wenn die Frauenbewegung Feuer fangen sollte. Auf deren Prioritätsliste, wie auf meiner, stand das Recht auf Abtreibung ganz oben. Also «erwog» der Vorstand von NOW im Winter, Frühjahr und Herbst 1967 die Fragen der Abtreibung und des Equal Rights Amendment. Und unsere katholischen Mitglieder – die Nonnen Mary Joel Reed und Mary Austin Doherty, die dabei waren, das Kloster zu verlassen, die Theologin Elizabeth Farians – schienen belästigt zu sein, weil ich sie fortwährend zu «beschützen» versuchte, in der Annahme, es müsse sie in eine unhaltbare Lage bringen, wenn NOW sich für das Recht auf Abtreibung einsetzte. Sie sagten mir, es sei für Katholiken weit weniger schwierig, das Recht der Frau auf ihre eigene Gewissensentscheidung zu verteidigen – was die Ablehnung jeder strafrechtlichen Regelung der Abtreibung bedeutete – als dem früheren Reformansatz zuzustimmen, der die staatliche Duldung der Abtreibung unter bestimmten Umständen vorgesehen hatte. Als NOW erst einmal diese Herausforderung angenommen hatte, wandelte sich die ganze Frage vom unaussprechlich schmutzigen sexuellen Geheimnis zum stolzen politischen Symbol und schließlich zum Grundrecht der als wirklicher Mensch verstandenen Frau. Ich erinnere mich noch an den Schock, den die Dreistigkeit der Frauen, endlich für sich selbst zu sprechen, auch den wohlwollendsten Abtreibungsreformern – den protestantischen Geistlichen, Bürgerrechtlern, liberalen Ärzten, dem radikalen Flügel von Planned Parenthood – versetzte.

Über die Hearings, die Gouverneur Rockefeller in New York über Abtreibung durchführen ließ, wurde auf den Titelseiten der Zeitungen berichtet. Früher war das bloße Wort «Abtreibung» für Zeitungen tabu gewesen. Als wir unsere Stellungnahmen bei den Hearings vorbereiteten, schlug ich den jüngeren Frauen vor, sie sollten doch über ihre eigenen Abtreibungen sprechen – darüber, wie sie vor sich gegangen waren, über ihre Gefühle, die Schmerzen, die Demütigung. «Bei einem öffentlichen Hearing der Legislative?» fragten die jungen Frauen aus der Episkopalkirche und neuen NOW-Mitglieder. Über die eigene Abtreibung zu sprechen war damals mehr als peinlich. «Warum nicht?» sagte ich. «Wenigstens hören sie uns dann vielleicht zu.» Und ich glaube, niemand von uns wird je vergessen, wie diese vermufften, verstaubten alten Politiker und die aalglatten jüngeren Politiker, ob weiß oder schwarz, auffuhren, wach wurden und zuzuhören begannen, als Barbara Seaman und die übrigen in blutigen Details ihre Abtreibungen beschrieben.

Bei der Versammlung von 1969 in Chicago, auf der wir N.A.R.A.L. organisierten – die erste Nationale Konferenz zur Abschaffung der Abtreibungsgesetze (nach der Entscheidung des Obersten Gerichtshofs änderten wir den Namen um in Nationale Aktionsliga für das Recht auf Abtreibung) –, waren unsere besten männlichen Beschützer noch immer ein wenig irritiert, wenn die Frauen, die sie «beschützten», selbst das Wort ergriffen.

Ich wurde ausgeschickt, um das Fernsehen zusammenzutrommeln, während Larry Lader und die übrigen in ihrer Version von Herrenzimmer die Entscheidungen über Charta und Aufbau des geplanten Bunds für das Recht auf Abtreibung tragen. Als die Präambel zu dieser Charta am folgenden Sonntag in der Plenarsitzung verlesen wurde, war ich entsetzt, weil nicht ein einziges Mal von dem Recht der Frau die Rede war, über ihren Körper selbst zu entscheiden. Alles drehte sich um das Recht des Arztes, eine Abtreibung ausführen, ohne dafür ins Gefängnis zu wandern. Nun fragten sich aber allmählich einige von uns in der Frauenbewegung, ob für so simple Eingriffe wie Abtreibungen überhaupt Ärzte notwendig waren. In Kalifornien war im Untergrund eine Selbsthilfeaktion für Abtreibungen im Gange. Wir, die Frauen, machten uns in dieser Frage doch nicht stark, weil wir großes Interesse am Recht der Ärzte auf straflose Abtreibungen und große Einnahmen darauf hatten! (Obwohl wir damals dankbar waren, wenn wir Ärzte fanden, die den Frauen diesen Dienst erwiesen. Sie riskierten tatsächlich Gefängnis.)

Ich war gewiß nicht der Ärzte wegen an der Abtreibungsfrage interessiert, schon gar nicht an der Abtreibung als solcher, sondern weil die Betonung des Rechts, zu wählen, Kirche und Staat zwingen würde, die Menschenwürde der Frau grundsätzlich anzuerkennen – wie es sich dann auch erwies. An jenem Sonntagmorgen nahm ich das Saalmikrofon und schlug als Präambel für die N.A.R.A.L.-Charta die klare Aussage vor: «Wir bestehen auf dem Recht der Frau, ihren Körper und ihre Fortpflanzung zu kontrollieren, als auf einem unabdingbaren Menschen- und Bürgerrecht, das weder vom Staat noch von einem anderen Menschen verweigert oder eingeschränkt werden kann.» Einige der führenden Abtreibungsreformer waren darüber bestürzt. Protestierend riefen sie ins Mikrofon: «Abtreibung ist keine feministische Frage.» – «Wir haben mit Feminismus nichts zu schaffen.» – «Was haben Frauenrechte mit Abtreibung zu tun?» Aber jetzt bildete sich im Saal hinter mir eine Schlange: eine Baptistenpredigerin mittleren Alters aus Philadelphia, die weißhaarige Nan Wood aus der Chicagoer Ortsgruppe von NOW und viele mir ganz unbekannte junge Frauen wie jene, die es gewagt hatten, bei den Hearings in New York ihre Abtreibungen zu schildern. So wurde trotz der ausgetüftelten Pläne männlicher Politiker und Ärzte das Recht der Frau ausdrücklich zur Grundlage der Abtreibungsbewegung. Und als 1970 im Staate New York das erste Gesetz verabschiedet wurde, das den Frauen das Recht auf eigene Entscheidung und auf ärztliche Hilfe bei Abtreibungen gab, da rechnete man dies eindeutig den Frauen als Verdienst an. 1973 dann saß ich zum erstenmal in der Kammer des Obersten Gerichtshofs, um den jungen Anwältinnen aus Texas und Georgia moralische Unterstützung zu geben und um an dem historischen Moment in unserer Geschichte teilzuhaben, wo der Oberste Gerichtshof endlich die Verfassung so interpretierte, daß die Menschenwürde der Frau anerkannt war – indem er unser Recht auf eine sexuelle Privatsphäre und die Entscheidung über den eigenen Körper für grundlegender erklärte als viele der in der Bill of Rights enthaltenen Gesetze, die von und für Männer geschrieben wurde.

Nach der Entscheidung des Obersten Gerichtshofs sank die Müttersterblichkeit auf den tiefsten Stand, den es in den Vereinigten Staaten je gegeben hatte, denn die mit Abtreibung in Beziehung stehenden Todesfälle verringerten sich um beinahe 600 Prozent. 1974 hatten 900000 amerikanische Frauen sichere, legale Abtreibungen.

Kritik der Sexualpolitik

Es ist geäußert worden, die Frauenbewegung habe drei goldene Jahre erlebt, in der wir für uns selbst entdeckten, was das heißt: *«Sisterhood is powerful»*. Nach dem 26. August 1970, dem Tag des großen Frauenstreiks, an dem der Welt diese Macht vor Augen geführt wurde, war die Frauenbewegung jedoch als verwundbares, ja sogar williges Opfer den politischen und ökonomischen Ausbeutungsversuchen Außenstehender ausgesetzt, und der Hunger (die Gier, verzweifelte Gier) der Frauen selbst nach Macht und ihren ökonomischen Prämien machte sich bemerkbar. Zuerst hatten wir Angst, unsere Macht wirklich zu nutzen, vielleicht weil unser persönliches Bedürfnis danach so dringlich war, daß wir es uns selbst nicht eingestehen konnten. Darum war es so leicht, uns gegeneinander aufzuhetzen – gegen jede von uns, die über jene Macht zu verfügen begann, die wir alle so dringend brauchten. Zudem hatten wir zu wenig Erfahrung im Gebrauch von Macht, um die Grenze und den Unterschied zwischen dem Anhäufen persönlicher oder ökonomischer Macht im Dienst der übergeordneten Ziele und dem Mißbrauch der Bewegung zum Ausbau der eigenen politischen oder ökonomischen Macht klar zu sehen. Warum geißle ich mich selbst und andere Frauen für unsere harmlosen Sünden in dieser Hinsicht, begangen in Jahren, wo die Watergate-Bande aus schmutzigem

Eigennutz die weit größere Macht der amerikanischen Demokratie ernstlich mißbrauchte und beinahe zerstörte? Weil Frauen noch immer Schuldgefühle empfinden, wenn man sie noch so leise der Machtausübung beschuldigt – unser Bedürfnis danach ist so groß. Heute versuche ich in meinen Vorträgen oft, dies offen auszusprechen: «Absolute Macht korrumpiert absolut, aber absolute Machtlosigkeit ist noch schlimmer.» Auch jetzt noch scheint mir, als erkläre oder gar rechtfertige unsere absolute Machtlosigkeit alle Sünden, die Frauen in ihrem Kampf um Gleichheit begangen haben oder noch begehen werden. Auch die Sünden kommunistischer Diktatoren und schwarzer Machtkrämer lassen sich damit erklären, wenn nicht rechtfertigen.

Am Anfang wagten wir, wenigstens in der Öffentlichkeit, kaum einander zu widersprechen, weil wir fürchteten, die Illusion zu zerstören: *«Sisterhood is powerful»*. Man hatte den Frauen zu oft gesagt: «Frauen können nichts gemeinsam tun.» Wie sollte man also seine Bedenken zum Ausdruck bringen, seiner Einspruchspflicht genügen, wenn die Ideologie eine gefährliche Wendung zu nehmen schien, wenn die Taktik der Sache schadete, wenn Macht mißbraucht wurde – wo dies doch immer bedeutete, daß man eine andere Frau attackieren, öffentlich interne Differenzen enthüllen mußte?

Viel einfacher ist es, die Frauen jetzt und immerdar mit den «Ausgestoßenen», den Niedrigsten der Niedrigen zu identifizieren, den eigenen Feminismus auf schlimmen Merkmalen zu gründen, die man rationalisierend als positive feministische Werte ausgab: Machtlosigkeit, Schüchternheit, Hemmungen, Unterwürfigkeit, demütige Selbstverleugnung – alles Eigenschaften, die durch die Abhängigkeit, erzwungene Passivität und machtlose Wut hervorgebracht werden, von denen das Los der Frauen geprägt war und aus dem sich zu befreien soviel Mühe kostet.

Das schien mir das Fatale an Kate Milletts Buch *‹Sexual Politics›* zu sein, das als die neue ideologische Bibel für den neuen Feminismus gepriesen wurde. Aber ich zögerte, meine ehrlich abweichende Meinung zum Ausdruck zu bringen. Es war ungeschriebenes Gesetz, daß wir einander nicht öffentlich widersprachen. Mehrfach lehnte ich es deshalb ab, ihr Buch zu rezensieren. Da jedoch die ganze ideologische Richtung, die ich wechselnd als «Sexualpolitik» oder als «Geschlechterklassenkampf» bezeichne, nun von einer Reihe von Frauen vertreten wurde – ohne die brillanten Einsichten, die Kate Millett in ihre Wut einstreute – und da ich diese Richtung als wirkliche Gefahr für die Bewegung betrachtete, erklärte ich mich bereit, für die Zeitschrift *Social Policy* die Sexualpolitik allgemein zu kritisieren. (Von *Playboy* war ich gebeten worden, einen Artikel über die ideologischen Meinungsverschiedenheiten innerhalb der Frauenbewegung zu schreiben, aber ich lehnte ab. Ich bot stattdessen eine Kritik der Sexualphilosophie Hugh Hefners und des Playboyhäschens an, aber die war nicht erwünscht.)

Da ich jedoch keine Zeit fand, den Artikel für *Social Policy* zu schreiben, kam der Herausgeber Frank Riesman schließlich zu mir und machte ein « Tonbandinterview.

(*Social Policy*, November 1970):

Riesman: Was halten Sie von dem neuen Trend in der Frauenbewegung, dessen Vertreter sich primär mit dem Orgasmus, sexuellen Beziehungen usw. zu beschäftigen scheinen?

Friedan: Ich bin recht beunruhigt darüber. Ich halte den ganzen Trend für ausgesprochen ablenkend. Man baut da einen Strohmann als Feindbild auf, indem man alle negativen Eigenschaften des Mannes zusammenwirft und ihn zum Hauptfeind, zum Unterdrücker stempelt.

Riesman: Warum bezeichnen Sie das als ablenkend?

Friedan: Weil es uns von ernsthaftem politischem Handeln ablenkt. Frauen, die für die notwendigen grundlegenden Veränderungen der Gesellschaft kämpfen, gewinnen sofort an Sicherheit und schaffen sich sowohl im Schlafzimmer als auch sonstwo viel positivere Beziehungen mit Männern. Wenn der Mann jedoch als Hauptfeind gesehen wird, dann schwelgen die Frauen in Selbstmitleid und Männerhaß und werden sich nie zum Handeln aufraffen.

Die sexuelle Beziehung ist nicht das Thema. Das Bedürfnis mancher Frauen, beim Geschlechtsakt oben zu liegen, kommt mir ziemlich lächerlich vor. Das Problem besteht darin, daß die sexuelle Beziehung durch die tagtäglichen Beziehungen von Männern und Frauen in der Gesellschaft vergiftet und dehumanisiert werden. Die Kehrseite davon ist das gleichfalls überholte Männlichkeitsbild – «Machismo» – das den Männern abverlangt, daß sie dominieren.

Riesman: Haben Sie das Gefühl, «Machismo» sei für die Männer von heute charakteristisch?

Friedan: «Machismo» ist das Extrem. Für die jüngere Generation ist er sicherlich nicht charakteristisch. Daß Männer lange Haare tragen, bedeutet sogar eine Revolte gegen den «Machismo» mit seinem Sadismus und seiner Brutalität.

Riesman: Warum, glauben Sie, wird die Schlafzimmerpolitik neuerdings so in den Vordergrund gerückt? Wie kommt es zu diesem Trend?

Friedan: Es gibt dafür zwei Gründe: Erstens, weil es sexy ist; es kommt den Medien, dem Fernsehen entgegen. Es läßt sich darüber viel effektvoller reden als über Berufschancen, Diskriminierung und die Beteiligung der Frauen an der Politik.

Aber zweitens, und das ist wichtiger, rührt die Zuspitzung daher, daß die Zustände so extrem veränderungsbedürftig sind. Schon vor vier Jahren, als ich sah, daß außer Gerede nichts passierte, habe ich vorhergesagt, daß sich die Begabtesten aus der nachwachsenden Generation von Liebe und Sex und Ehe und vom Kinderkriegen völlig abwenden würden, wenn dieses Land nicht beginnt, die Situation zur Kenntnis zu nehmen und etwas zu ihrer Veränderung zu tun. Und das trifft nun ein.

Dieser Trend ist gefährlich, weil er die Frauen vom notwendigen positiven Handeln ablenkt; aber er ist noch gefährlicher, weil er zu den Haßgefühlen paßt, die überall in unserer Gesellschaft ausbrechen und die eine faschistische Bewegung, ein faschistischer Demagoge leicht für sich ausnutzen könnte. Ein pauschaler Männer-Männerhaß, ein Haß, der nirgendwo hinführen kann, keine Verbündete bringt, wird keinen signifikanten Wandel bewirken; aber er kann einem faschistischen Element als Nährboden dienen.

Riesman: Was halten Sie von diesem ganzen Gerede über klitorale Orgasmen, vaginale Orgasmen und so weiter?

Friedan: Ich meine, jede nach ihrer Fasson; das ganze Getue darum ist äußerst irreführend. Ich glaube, wenn Frauen freier werden und ihren eigenen Status verbessern, reagieren sie auch sexuell freier, positiver, und verkörpern nicht bloß erotisierte Wut oder Frigidität. Kinsey, Masters und viele andere haben belegt, daß die Sexualität von Frauen mitwächst, wenn sie ihren Status im Leben verbessern. Entscheidend ist, daß man sich auf veränderungsbedürftige menschliche Beziehungen konzentriert, nicht auf die verschiedenen Formen von Orgasmus. Unseligerweise scheinen die neuen Theoretikerinnen die Verbindung von Sex und Liebe nicht für möglich zu halten, und ebensowenig lustvollen Sex als Teil einer umfassenderen, sinnhaltigen Beziehung. Und einige von ihnen übertreiben die angeblichen Vorzüge von lesbischem Sex maßlos. Wir wollen keine Gesellschaft, in der zwei Geschlechter, Männer und Frauen, getrennt leben und ihr Vergnügen jeweils unter sich finden – Männer bei Männern und Frauen bei Frauen. So kann das radikal veränderte Leben in der Zukunft kaum aussehen. Diese Vorstellung ist nur pseudoradikal, weil sie nicht im geringsten zu einem wirklichen Wandel der Institutionen führt. Kurz, wir können nicht zulassen, daß das Frauenbild von Homosexuellen entworfen wird. Der männliche Homosexuelle ignoriert die Stärke der Frau wie der maskuline Kraftprotz die Zärtlichkeit im Wesen des Mannes ignoriert. Welchen Sinn hat es, gegen eine Geschlechterrolle zu revoltieren, bloß um sich die stereotype Vorstellung vom anderen Geschlecht zu eigen zu machen? Männer leiden unter dem «Machismo» ebenso wie Frauen. Sie können ihm nicht entsprechen, und der Geschlechterkrieg, den die neue Schlafzimmerpolitik hervorgebracht hat, verschärft zum größten Teil nur die Schwierigkeiten zwischen Männern und Frauen statt zu ihrer Überwindung beizutragen. Wie früher die Frauen als Sündenbock dienten, wird jetzt der Mann zum neuen Sündenbock, zum Monstrum.

Riesman: Welche Energien setzt die Orgasmuspolitik frei?

Friedan: Keine. Alles was freigesetzt wird, sind Haß und Gerede und potentiell Manipulationen linker oder rechter Demagogen. Man darf nicht vergessen, daß weibliche Stimmen de Gaulle, Reagon und Nixon entscheidend zur Wahl verholfen haben. Es ist äußerst wichtig, die Frauen, die 53 Prozent der Bevölkerung ausmachen, für ihre eigenen Interessen zu gewinnen und nicht nach rechts driften zu lassen. Dazu braucht man Verbündete, und Männer sind wichtige Verbündete.

Riesman: Was halten Sie vom BH-Verbrennen?

Friedan: Manchmal ist es angenehm, keinen BH zu tragen, aber das ist keine weltbewegende Frage. Und ich halte es für albern, wenn Frauen nur deswegen nicht hübsch aussehen wollen, weil das angeblich verführerisch ist und ihnen von der patriarchalischen Gesellschaft abverlangt wurde.

Ich möchte gern, daß die Menschen erkennen, welch ungeheuer positive Züge Männer wie Frauen haben, wie sehr Männer und Frauen unter den Geschlechterrollen gelitten haben, die sie in unserer Gesellschaft spielen mußten und wie oft sie ihren Ärger aneinander und an ihren Kindern auslassen. Das neue Verständnis, das die Frauen entwickeln, muß sie zu politischem Handeln führen, nicht zu einer hoch verbalisierten Überbetonung von Sex und viel Jammern und Wehklagen.

«Betty Friedan notiert»

Eine Kolumne in der Frauenzeitschrift *McCall's* aus den Jahren 1971–1973

Einleitung

Vielleicht liegt eine gewisse Ironie in der Tatsache, daß ich für eine Frauenzeitschrift wie *McCall's* schreibe, ein Massenblatt, das immer noch acht Millionen Frauen mit den Produkten der Mode- und Schönheitsindustrie versorgt, mit Tips für schöneres Wohnen, Kindererziehung, Parties, Kochen, und das auch verrät, wie man Männer glücklich macht. Und in dieser Zeitschrift will ich nun die Ideologie der Frauenbewegung an meiner persönlichen Erfahrung erproben. Aber ich wäre mir wie in einer Sackgasse vorgekommen, hätte ich innerhalb der organisierten *women's lib*-Bewegung die Auseinandersetzung mit anderen Wortführerinnen fortgesetzt, deren Diktion sich immer mehr von der Realität der Frauen zu entfernen schien. Nicht daß ich das Rad zurückdrehen oder mich von der Frauenbewegung abwenden wollte. Was wir getan haben, war wichtig, notwendig. Wie es immer mehr Frauen mir gegenüber ausgedrückt haben: «Es hat mein Leben verändert.» Aber so, wie ich mich am Anfang mit meinem Unbehagen und meinen schwer zu benennenden Zweifeln am Weiblichkeitswahn allein gefühlt habe, so kam ich mir Anfang der siebziger Jahre mit einem gewissen Unbehagen an der neuen feministischen Ideologie allein vor. Sie schien sich immer mehr vom Leben, den Problemen und Gefühlen, alten wie neuen, wirklicher Frauen loszulösen.

So knüpfte ich zwischen Ende 1970 und 1973 wieder an meine Anfänge als Schriftstellerin an und begann erneut meine persönlichen Erfahrungen aufzuzeichnen, die nun die Frauenbewegung mit einschlossen. Aber wenn ich wirklich ehrlich sein wollte, gehörten zu meinem Leben auch jene herkömmlichen Aspekte des Frauenlebens – Kinder, Kleider, Küche, Wohnen, Parties, Frisuren und sogar Glück mit Männern –, die *women's lib* ignoriert hat. Ich wollte mich mit unserem ganzen, im Wandel begriffenen Leben beschäftigen; diese herkömmlichen Seiten konnten nicht gleich bleiben, aber ich konnte sie auch nicht einfach weglassen. Die Sprache der Frauenbewegung verlieh unserer persönlichen Wut kraftvoll Ausdruck, als wir zur Geschlechtsdiskriminierung nein sagten, aber sie bot keine Lösung für die Probleme an, denen ich mich nun in meinem eigenen Leben gegenübersah – der wirtschaftlichen Belastung, allein eine Familie zu erhalten, der Einsamkeit, dem Bedürfnis nach neuer Verwurzelung und neuen Lebensmodellen. Ich wußte keine Antwort, aber ich ging wieder einmal daran, meine Erfahrungen und neuen Fragen, so aufrichtig ich konnte, anderen Frauen mitzuteilen.

Ich bin oft gefragt worden, warum ich eine solche Kolumne für eine «etablierte» Zeitschrift wie *McCall's* schreibe, anstatt für *Ms.*, die von Gloria Steinem etwa zur gleichen Zeit begründet und zum Organ der *women's lib* erklärt wurde. Aber ich hatte kein Interesse, offene Türen einzurennen, vor allem nicht im Rahmen einer neuen Art feministischer Konformität, die mir auf ihre Weise die Realität der Frauen ebenso zu verleugnen schien wie der alte Weiblichkeitswahn.

Ich habe die Frauenbewegung immer als Teil der Gesamtbewegung der amerikanischen Gesellschaft gesehen – als Mittel, die Frauen in die Gesamtbewegung einzubringen und diese zu verändern. Es interessierte mich, für jene acht Millionen Leserinnen von Frauenzeitschriften zu schreiben, für die Hausfrauen des Mittelstands, die Frauen mit Kindern und/oder Beruf, verheiratet oder nicht, die sich immer noch mit dem Haushalt, den Mahlzeiten und Kleidern zu beschäftigen hatten wie ich, auch wenn wir uns nun als Menschen ernster nahmen. Ich bin heute sehr froh darüber, daß ich diese Kolumnen in den drei Jahren nach meinem Rücktritt als Präsidentin von NOW geschrieben habe. Es hat mir nicht nur geholfen, meine Brötchen zu verdienen, es hat mich auch in die Lage versetzt, weiterhin Frauen für die grundlegenden Ziele der Gleichberechtigung zu mobilisieren – zu sagen: «Man braucht nicht die Männer zu hassen und der Mutterschaft zu entsagen, um eine emanzipierte Frau zu sein» – und so die Frauenbewegung im weitesten Sinne mit aufzubauen. Ich verfügte dadurch außerdem über eine Plattform, auf der ich meine eigene Ideologie entwickeln konnte – die vielleicht die Ideologie der Basis der Frauenbewegung ist –, ohne meine Kraft damit zu vergeuden, mich mit den Extremistinnen anzulegen, die das Image der *women's lib* mitprägten.

Natürlich hatte ich Mühe, als Schriftstellerin einen neuen Ton zu finden – einen persönlicheren Ton. Ich mußte von meiner Seifenkiste heruntersteigen und die einzige Autorität aufbieten, die ich nun beanspruchen konnte – die meiner eigenen Erfahrung. Wenn ich diese Kolumnen jetzt noch einmal lese, bin ich verblüfft, wie zaghaft ich Fragen aufgeworfen oder Zweifel angedeutet habe, die, wären sie damals deutlicher artikuliert worden, die Krise hätten abwenden können, die gegenwärtig die Zukunft der Frauenbewegung zu bedrohen scheint. Aber die Konformität, die die Bewegung selbst zu fordern begann, schüchterte mich ebenso ein, wie viele andere Frauen. Bestimmte Zweifel deutete ich nur an, aus Angst, «gekreuzigt» zu werden, was mir meine Schwestern immer für den Fall androhten, daß ich sie lauter äußerte. Und vielleicht hätte damals auch niemand darauf gehört, selbst wenn ich sie ausgesprochen hätte. Vielleicht fürchteten wir, unser unerschütterliches Nein auch nur teilweise in Frage zu stellen, aus Angst, unsere ganze neue, im Kampf gefundene Kraft würde zerbröckeln. Wir vertrauten nicht genug auf unsere eigene Stärke, um unseren wirklichen Schwächen ins Gesicht zu sehen – oder um bestimmte Realitäten weiblicher Existenz zu akzeptieren, ohne uns gleich von ihnen versklaven zu lassen oder uns dadurch geschwächt zu fühlen.

Während der kurzen Zeit, in der zwei Frauen, Shana Alexander und Pat Carbine, die Redaktion von *McCall's* leiteten, wurde ich gebeten, eine Kolumne für sie zu schreiben. Sie gingen davon aus, daß nunmehr alle Frauen in Amerika die Frauenbewegung auf diese oder jene Weise erfahren hatten und daß sich die amerikanischen Durchschnittsleser in von *McCall's* mit meinen Worten identifizieren würde. Als Shana gekündigt wurde und Pat Carbine in die Leitung von *Ms.* überwechselte, rückte mein alter Kollege und Gegner in der Redaktion, Bob Stein, nach und entschied, wie schon vor Jahren in Sachen Weiblichkeitswahn, daß die Leserinnen sich nicht mit mir identifizieren würden. Er stellte meine Kolumne ein und druckte meine Sachen nur noch, wenn ich einen «Renner» wie das Gespräch mit dem Papst anzubieten hatte. Trotzdem glaube ich nicht, daß alle Männer unfähig sind, das neue Bewußtsein der Frauen nachzuvollziehen oder zu verstehen. Ich habe nie einen so feinfühligen und respektvollen Redakteur gehabt wie Don McKinney, der meine Kolumne in den drei Jahren bei *McCall's* redigiert hat.

Die Probleme, mit denen ich mich, wenngleich zaghaft, in diesen Kolumnen auseinanderzusetzen begann, waren ernster, als ich mir damals eingestand. Ich glaubte, wir könnten die Spaltungen in der Bewegung überbrücken und irgendwie jedes Jahr am 26. August wieder gemeinsam demonstrieren, bis wir das ungelöste Problem der Gleichheit gelöst hätten. Die Siege jener Jahre gaben uns so viel Schwung – wer konnte die bestürzenden Verzögerungen, Rückschläge und die Widerstände gegen den Gleichberechtigungszusatz zur Verfassung vorhersehen, die wir jetzt erleben? Ich erkannte nicht, wie schwer es sein würde, Polarisierungen, Haßgefühle, Ängstlichkeit und mangelndes Selbstvertrauen zu überwinden – im Privatleben und in der Bewegung. Einige der neuen Ehen, über die ich schrieb, haben nicht lange gehalten. Auch war es keineswegs leicht, unsere «Kommune», eine Art selbstgewählte Großfamilie, zusammenzuhalten. Jene «neue menschliche Politik» ist immer noch ein ferner Traum. Die Extremistinnen, die die Bewegung «aus der Gesamtbewegung in die Revolution» führen wollen, geben in der NOW nun den Ton an.

Eine Fußnote zur Kurzsichtigkeit von Feministinnen: Eines Tages versuchten Cynthia Epstein und andere Soziologinnen, die Redakteurinnen von *Ms.* dazu zu überreden, einige Seiten für Ernährungsfragen, Mode und Innenarchitektur zu reservieren wie andere Frauenzeitschriften auch, um emanzipierten Frauen bei ihrer Suche nach neuen Wegen in diesen Lebensbereichen zu helfen. «Schließlich lese ich lieber mal eine neue Idee für mein Wohnzimmer als den soundsovielten Aufguß von dem, was ich sowieso schon über Geschlechtsdiskriminierung weiß», sagte die namhafte junge Autorin von *Women's Place.* Aber die Herausgeberinnen von *Ms.* waren schockiert beim bloßen Gedanken an Hausfrauentips in den emanzipierten Spalten von *Ms.*!

Ich glaube, daß viele Frauen, die wie ich die Dummheit solch pseudoradikaler Überheblichkeit einsahen, sich aus der aktiven Beteiligung an den Organisationen der Bewegung zurückzogen. Statt die Exstremistinnen zu bekämpfen, konzentrierten wir uns lieber auf unsere eigene berufliche Entwicklung und leisteten der Bewegung im weiteren Sinne persönliche und berufliche Dienste, überließen aber die organisatorische Führung den Extremistinnen. Wir alle hätten uns mit unseren Ängsten, Schwächen, unserer Wut und unseren Zweifeln ehrlicher auseinandersetzen sollen. Dann wären wir vielleicht nicht so blind für die Ängste anderer Frauen gewesen, die genauso wie wir eine starke Bewegung brauchen, die aber jetzt von den Feinden der Bewegung manipuliert werden.

Alles, was ich weiß, weiß ich aus eigener Erfahrung

Ich muß mich jetzt entscheiden: will ich wirklich eine Zeitschriftenkolumne schreiben? Ich habe einige Bedenken. Ich muß klarstellen, daß ich nicht die Absicht habe, meine revolutionäre Überzeugung aufzugeben und mich dem Establishment des Weiblichkeitswahns anzuschließen. Ich habe davor gewarnt, daß ich Dinge sagen werde, die nicht in seinem Sinne sind. Einiges von dem, was ich sagen möchte, hat sich in meinem eigenen Leben als sehr schmerzhaft erwiesen. Für Frauen zwischen dreißig und fünfzig, die ihr ganzes Leben danach ausgerichtet haben, daß man Erfüllung nur als Ehefrau und Mutter findet, sind die Ängste und Risiken einer eigenen Persönlichkeitsfindung schwer zu ertragen, ja manchmal unerträglich. Je länger wir abhängig sind, desto mehr benutzen wir diese Abhängigkeit, irgendwie den Risiken und Herausforderungen auszuweichen, die uns lehren würden, auf unsere eigene Kraft und Fähigkeiten zu bauen. Die jungen Frauen haben es da leichter. Aber sie fallen auch leichter auf pseudoradikales Gerede herein, weil sie die Wirklichkeit des Lebens als Frau noch nicht genügend kennengelernt haben. Diese Revolution wird vom Geist der Jugend getragen werden, aber wenn sie ihr allein überlassen bleibt, wird sie vielleicht nie über ein verbales Stadium hinausgelangen.

Für unsere Revolution gibt es kein Vorbild und kein Programm, weder von Karl Marx noch von einem anderen Ideologen der ausgebeuteten Klassen, denn die Beziehung der Frau zum Mann ist nicht die gleiche wie die des Arbeiters zum Unternehmer, des Unterdrückten zum Unterdrücker, des Schwarzen zum Weißen. Wir können unser Konzept nur in unserer spezifischen Erfahrung finden.

In diesem entscheidenden Augenblick habe ich das Bedürfnis, mich mit den neuen Fragen auseinanderzusetzen, die sich den Frauen heute stellen, und zwar im Zusammenhang mit meinem eigenen Leben. Noch vor wenigen Jahren sind sich Frauen überspannt, schuldig und absolut allein vorgekommen, wenn sie Gefühle hatten, von denen wir heute wissen, daß Millionen sie teilen. Es war tröstlich zu erfahren, daß wir nicht länger allein waren, laut miteinander über Probleme und Gefühle sprechen konnten, die wir nicht einmal uns selbst einzugestehen gewagt hatten. Aber es ist immer noch leichter, abstrakt darüber zu sprechen als aus den Worten Konsequenzen für das eigene Leben zu ziehen. Ehrlich gesagt, glaube ich nicht, daß wir mit diesen Problemen im Leben des einzelnen fertig werden können, bevor wir unsere Gesellschaft grundlegend verändert haben. Wenn wir die Gelegenheit dazu jetzt nicht nutzen, dann fürchte ich eine Gegenreaktion – mehr noch von seiten der Frauen als von seiten der Männer. Unsere Revolution wäre dann tot geboren.

Es wird heute so viel geschrieben – so viele Konzepte und Theorien zur Befreiung der Frau: Die ganze Revolution könnte an der Abneigung gegen Worte scheitern. Die Frauen brauchen jetzt eine wahre Politik der Erfahrung, eine Politik, die so fest in der Lebenserfahrung von Frauen wurzelt, daß sie die Lebensqualität aller Frauen verändern kann.

In einem so großen Land wie dem unseren werden Veränderungen über die Massenmedien vermittelt. Die Frauen müssen die Medien ausnutzen und sich nicht von den Medien ausnutzen lassen. Das Image der BH-Verbrennerinnen, das es erlaubt, uns als dummen Witz abzutun, kann durch ein anderes ersetzt werden, das wir uns selbst geben.

Ich habe immer geglaubt, ich könnte meine persönliche Erfahrung und meine Ideen voneinander trennen. Jetzt wird mir klar, daß ich alles, was ich weiß, aus eigener Erfahrung weiß. Wenn meine Worte andere Frauen erreichen sollen, dann muß ich die Erfahrungen mitteilen, auf denen diese Worte beruhen.

Um es gleich zu sagen, ich bin keine Revolutionärin. Die Revolution, um die es hier geht, ist keine Revolution im landläufigen Sinn des Wortes, aber sie wird die Gesellschaft auf wesentlich radikalere Art verändern und beleben als irgendeine andere. Ich bin außerdem eine amerikanische Pragmatikerin, «Amerikanerin der Mitte», wenn man so will, denn ich bin in Peoria, Illinois, aufgewachsen. Ich glaube, es steht in unserer Macht, diese Revolution jetzt durchzusetzen, in der Macht von 53 Prozent Frauen in der Bevölkerung und der wachsenden Zahl von Männern, die uns unterstützen. Werde ich schon dadurch korrumpiert, wenn ich es wage, neue, drängende

Fragen in einer Frauenzeitschrift aufzuwerfen, deren Anzeigen und Inhalt nach dem alten Rezept von Mode, Raumgestaltung, Kochen und «Kann-diese-Ehe-noch-gerettet-Werden» zusammengestellt sind?

Nun, ich will es riskieren. Meine Spalten werden entweder zu einer historischen Konfrontation führen oder aber als Dokument in unsere neue Geschichte der Frauen eingehen. Ich fände es jedoch langweilig, nur über die Befreiung der Frau zu schreiben. Die lebenswichtigen Fragen von Krieg und Frieden, die Krise unseres Planeten und unserer Großstädte, das Unbekannte in Theologie und Kunst und Weltraum, geht Frauen heute ebensoviel an wie – immer noch – Ernährung, Kindererziehung und Haushalt. Ich bin überzeugt, daß die Frauenbefreiungsbewegung sich nicht von all dem anderen isolieren läßt, was heute in der Welt geschieht; die Befreiung der Frau ist kein irrelevanter, sondern ein wesentlicher Aspekt der gesamten Not unserer Zeit; solange wir nicht uns und die Männer aus den veralteten Geschlechterrollen befreien, die uns alle gefangenhalten, wird die Feindseligkeit zwischen den Geschlechtern unsere Nation immer gewalttätiger machen.

Es ist an der Zeit, sich mit den Problemen unserer Bewegung ehrlich auseinanderzusetzen. Das ewige selbstgefällige Geschwätz über wehrlose Hausfrauen und die Gemeinheit der *male chauvinist pigs* (männlichen Chauvinistenschweine), die Orgasmenvergleiche, die Diskussionen darüber, wie wertlos wir uns vorkommen – im Endeffekt schwelgt man da in Groschenromanen. Erlöse uns von dem Selbstmitleid, damit wir uns selbst davon erlösen können, unsere Zeit mit Scheinproblemen zu vergeuden oder uns an reaktionären Symptomen festzubeißen, anstatt die Lage zu verändern. Einige haben Angst, daß wir unsere Weiblichkeit und unsere Männer verlieren, wenn wir gleichberechtigt sind. Da Weiblichkeit heißt, eine Frau zu sein und sich dabei wohl zu fühlen, kann man sich als Frau nur desto besser fühlen, je besser man sich als Mensch fühlt. Und, wie mir scheint, desto besser ist man auch dazu fähig, einen Mann zu lieben.

Die Pseudoradikalen wollen gleich mit Liebe, Sex, Kindern und Männern aufräumen. Ich kann mir nicht helfen, ich mag viele Männer einfach gern, einige liebe ich, und ich glaube, eine eingeschlechtliche Welt wäre sehr langweilig. Unsere Revolution muß von beiden Geschlechtern getragen werden, oder sie ist gar nichts wert. Sogar ein *male chauvinist* wie Norman Mailer versucht allmählich, uns zu verstehen.

Kürzlich habe ich ‹*Liebende Frauen*› von D. H. Lawrence gelesen und bin darin auf Worte gestoßen, die genau ausdrücken, was ich in dieser Kolumne vorhabe. Sie stehen im Vorwort des Buches, sind vor fünfzig Jahren geschrieben worden, und man muß nur das Wort «Mensch» durch das Wort «Frau» ersetzen, dann sagen sie genau das, was ich meine: «Wir leben in einer Zeit der Krise. Jede *Frau*, die intensiv am Leben teilnimmt, ringt mit sich selbst. Das Volk, das neue Leidenschaften hervorbringen kann, die neue Idee, dieses Volk wird überdauern. Jene anderen, die sich nur auf die alte Idee fixieren, werden mit dem neuen Leben zugrunde gehen, das ungeboren in ihnen erstickt wird. Die *Frauen* müssen sich miteinander aussprechen.

Ich werde von den Graymore Friars gebeten, am 11. November in einem Kloster bei West Point über «Die Bedeutung der Frauenbefreiung für die Kirche» zu sprechen. Ungefähr fünfhundert Priester und Nonnen sind gekommen. Das einzige Thema, bei dem ihnen nicht wohl war, war die Abtreibung. Die römisch-katholischen Bischöfe des Staats New York hatten gerade die Weisung erhalten, in ihren Predigten jeder Frau und ihren Helfern im Falle einer Abtreibung mit Exkommunikation zu drohen. Das war eine direkte Aufforderung an die Gesetzgeber, das Gesetz zurückzunehmen, das sich die Frauen erkämpft hatten und das jeder Frau das Recht auf ärztliche Hilfe zusichert, die in den ersten sechs Monaten ihrer Schwangerschaft aus irgendeinem Grund entscheidet, daß sie kein Kind bekommen möchte. Ich habe es satt, Demonstrationen zu organisieren, aber wir müssen etwas tun, um die Macht der Frauen sichtbar zu machen, müssen Gesetzgeber exkommunizieren, die ihnen dieses Grundrecht absprechen wollen.

Ich gehe in ein Café an der Madison Avenue, um meine frische Frisur vor dem Regen zu schützen. Ich blicke auf und sehe einen sehr distinguiert wirkenden Mann am Nebentisch, der mich beobachtet. Er erinnert mich daran, daß wir uns letztes Jahr auf der Party bei Bel Kaufman kennengelernt haben. Wir unterhalten uns; ich hoffe, er ruft mich einmal an. Vom Magazine Writers-Gebäude fahre ich zusammen mit Helen im Taxi nach Hause. Sie hat gerade ihre Scheidung eingereicht. Sie spricht so, wie ich mich vor nur zwei Jahren gefühlt habe. Ich hatte nicht die geringste Vorstellung davon, wie das sein würde, wenn man geschieden ist. Ich hatte solche Angst vor der Einsamkeit, daß ich fünf Jahre lang nicht den Mut dazu aufbrachte. (Was bin ich doch für ein Großmaul – spiele Jeanne d'Arc für die Frauen Amerikas und bin ein jämmerlicher Feigling im eigenen Leben.)

Meine vierzehnjährige Tochter Emily und ich besuchen meinen jüngeren Sohn Jonathan in seinem Zimmer in der Columbia University. Seit er dort im Studentenheim wohnt, habe ich Hemmungen, ihm auf die Bude zu rücken. Seine Kurse an der Universität gefallen ihm, er mag seine Dozenten und seine Freunde, aber er möchte nicht mehr in derselben Stadt wie seine Familie leben. Er hat um ein paar Sachen gebeten – Messer, Gabeln, Löffel, einen Teppich und einen Tisch –, die wir ihm bringen. Dann gehen Emily und ich einkaufen. Ich kaufe zwei lange Wollkleider, billig und bunt, und Emily kauft sich Miniröcke aus dem gleichen Stoff. Das war das erste Mal, daß wir einfach wie zwei Frauen einkaufen waren, und ich glaube, es hat uns beiden Spaß gemacht.

Ich muß sagen, ich mag die Bewegungsfreiheit und die Lust auf Abenteuer und die langen Röcke. Man braucht sich nicht darum zu kümmern, ob der Unterrock vorguckt, und man setzt sich nicht dem unwürdigen Verdacht aus, man versuche, so jung auszusehen wie die eigene Tochter. Ich glaube, je freier die Frauen werden, desto mehr Spaß haben sie an der Mode, weil sie sich nicht mehr nur sklavisch nach ihr zu richten brauchen. Wie sich eine Frau anzieht, mit ihrem Körper umgeht, spiegelt im Prinzip wider, wie sie sich selbst fühlt. Ich bin viel zu ungeduldig und nicht geschickt genug, meine Zeit mit falschen Wimpern zu vergeuden, und ich werde den Teufel tun und mich mit einem engen Hüftgürtel quälen. Aber das ist nicht alles aus der Frauenbewegung gekommen, wenigstens nicht bewußt. Strumpfhosen sind soviel bequemer als Strapse und Strümpfe; BHs abzuschaffen, die ins Fleisch einschneiden, ist ein Akt der Befreiung. Trotzdem hat meines Wissens keine Frau jemals wirklich einen BH verbrannt.

Als ich mit Emily nach Hause komme, merke ich, wie einsam es in der Wohnung ist, jetzt, da beide Jungen fort sind. Die Scheidung war kein solcher Einschnitt im Familienleben wie der Auszug der

Jungen. Jetzt, wo ich die Kolumne schreibe, werde ich nicht mehr soviel verreist sein, aber selbst wenn ich zu Hause bin, ist nicht genug Leben da, mit uns beiden allein. Ich glaube, das hat mich im letzten Frühjahr auf den Gedanken mit der Kolumne gebracht. Warum sollten wir nicht alle zusammen in dem herrlichen großen Haus auf dem Land unsere Wochenenden verbringen ...

Senora Cuevas, die kolumbianische Botschafterin bei der UNO, kommt am 17. November zum Tee. Das UN Hospitality Committee hatte in den letzten Monaten mehrfach angefragt, ob ich sie empfangen wolle. Sie ist eine von nur vier Frauen im Rang eines Botschafters unter den Tausenden von Gesandten in der UN-Vollversammlung. Da ich kein Spanisch kann, bitte ich Jacqui als Dolmetscherin dazu. Jacqui schlägt sich mit scheußlichen Problemen in der Bewegung herum, aber sie wird eine gute Präsidentin der New Yorker NOW abgeben. Senora Cuevas bittet mich um Rat, wie man in ihrem Land eine Frauenbefreiungsbewegung ins Leben rufen könnte; wie man anfangen solle, welches Programm man am besten aufstellt usw. Ich denke an all die Frauen aus verschiedenen Ländern, die mit diesen Fragen zu mir gekommen sind. Ich finde, in etwa einem Jahr sollte es eine internationale Tagung geben, die den Frauen in allen Ländern den Rücken stärkt. In einer neueren Meinungsumfrage habe ich gelesen, daß in Amerika wesentlich mehr Frauen als Männer die Truppen aus Kambodscha und Vietnam kurzerhand abziehen würden, und damit basta. Vielleicht sähe die ganze Welt anders aus, wenn die Frauen in der Politik mehr zu sagen hätten.

Ich treffe mich mit dem Koordinationskomitee des Frauen-Streikbündnisses und mit Mitgliedern der NOW wegen einer Demonstration für die Verabschiedung der Abtreibungsgesetze und für die Schaffung von Kindertagesstätten. Ich habe versucht, Mittel zu finden, unsere enorme Energie und Macht in Aktionen umzusetzen, und ich hatte ein Treffen einberufen, um das Bündnis der Frauen fortzuführen, das bei unserem Streik für die Gleichheit vom 26. August endlich zustande gekommen war. Die Beteiligung war groß, aber es gab viel alberne Haarspalterei. Manche Frauen wollten das Wort «Befreiung» nicht gebrauchen, um nicht mit BH-Verbrennungen gleichgesetzt zu werden. Andere hatten etwas gegen das

Wort Gleichheit; sie wollten den Männern nicht «gleichgestellt» sein, sondern einfach «befreit» als Frauen. Letzten Sommer war es die Größe der Aktion, die uns über diese Schwierigkeiten hinweggeholfen hat. Jetzt ist das nicht der Fall. Vielleicht ist es meine Schuld. Ich hatte keine Zeit, immer an der Spitze zu bleiben. Ich habe das Gefühl, daß bloßes Weiterdemonstrieren zu nichts führt. Trotzdem müssen wir etwas gegen die Bedrohung des Abtreibungsgesetzes unternehmen.

In der Kommune feiern wir ein ausgelassenes Thanksgiving-Fest. Dicks drei Kinder kommen aus San Francisco, und die beiden von Martha sind da und Emily und Arthurs dreijähriger Sohn Matthew. Wir verwandeln eins der größten Schlafzimmer in einen Schlafsaal für die sechs Kinder, Schlafsäcke von Wand zu Wand. Keiner von uns ist daran gewöhnt, Lebensmittel in solchen Mengen einzukaufen, wie sie das gemeinsame Leben verlangt. Dick und Martha haben einen Braten gemacht, der aussah wie ein halbes Rind, und es ist nicht einmal genug für ein belegtes Brötchen übrig geblieben. In letzter Zeit habe ich Feiertage gefürchtet. Wenn eine Familie so klein ist, daß keine Fröhlichkeit aufkommt, können Feiertage schrecklich sein. Aber hier sind wir in unseren verschiedenen Stadien der Ehelosigkeit, mit unserem Nachwuchs verschiedenen Alters und haben es fast wie im Märchen. Wie können sich so ausgeprägte Individualisten nach sechs Monaten in einem gemeinsamen Haus sogar noch lieber mögen als am Anfang? Der Generationskonflikt scheint nicht zu existieren. Die Kinder entwickeln so ganz andere Beziehungen zu den Erwachsenen, die nicht ihre Eltern sind. Emily blüht auf, wie ich es noch nie bei ihr bemerkt habe, wenn Arthur ihr auf seine nette Art den Hof macht. Sie tut sich mit Sally zusammen: Endlich mal eine Freundin, die auch so eine peinlich unkonventionelle Mutter hat.

Das Wochenende ist schon halb vorbei, da werden mir die Leviten gelesen, weil ich keinen ausreichenden Beitrag zur Hausarbeit geleistet habe. Schuldbewußt biete ich mich an, nach dem Mittagessen aufzuräumen und spüle, ganz Märtyrerin, sämtliche Töpfe und Pfannen, während die anderen spazierengehen. Der zehnjährige Barclay fürchtet, daß ich traurig bin und erklärt mir, es mache nichts, daß ich nicht sehr gut im Aufräumen sei, denn ich «trage ja zur Moral bei».

Ist es die Tatsache, daß alle Kinder ihren Beitrag zur Hausarbeit leisten, oder ist es das Fehlen von Konflikten und kleinen Ärgernissen, wie sie in der Beengtheit der eigenen Kleinfamilie vorkommen, was diese neue Art von Familienleben so unerwartet angenehm macht? Natürlich sind wir keine richtige Kommune. Wir haben keine gemeinsame Kasse und keinen Gruppensex, und wir machen die Türen unserer Schlafzimmer hinter uns zu. Aber die Bindungen, die durch die erweiterte Vertrautheit unseres neuen Lebensstils entstehen, sind echt: eine selbstgewählte Großfamilie.

Ich gehe mit diesem neuen Mann essen. Es ist seltsam und aufregend, ins Museum zu gehen oder ins Konzert, sogar mit ihm spazierenzugehen, einem Mann über fünfzig, der an einem verlassenen winterlichen Strand Gedichte brüllt und Rentierspuren verfolgt. Er kennt so vieles, was ich nicht kenne, etwa elektronische Musik, und seine Ansichten sind herrlich exzentrisch. Aber ich kann mich mit ihm nicht in Kürzeln unterhalten wie mit Si oder empfinden, was er empfindet, wie bei David. Ich muß sagen, meine zweite Jugend macht mehr Spaß als meine erste. Es macht Spaß, Beziehungen zu Männern zu haben, wie ich sie während meiner Ehe nicht hatte und für die ich davor zu unsicher gewesen wäre. Oder vielleicht war ich vorher auch zu sehr aufs Heiraten versessen, um Beziehungen zu Männern richtig gelassen zu genießen.

Die Abtreibungsdemonstration bzw. das, was die Abtreibungsdemonstration hätte werden sollen, findet am 12. Dezember statt. Bei eiskalten nassen Graupelschauern brachte mich nur mein Pflichtgefühl aus dem Haus. Immerhin kamen einige Hundert. Kate Millett sprach als erste; ich sollte die letzte sein. Aber statt von Abtreibung und Kindertagesstätten, um die es bei der Demonstration gehen sollte, redete sie von lesbischer Liebe. Mir unbekannte Frauen verteilten lavendelfarbene Armbinden und Flugblätter, auf denen stand, da Kate eine Lesbierin genannt worden sei, müßten alle Frauen ihre Solidarität zeigen und, tatsächlich, «Politlesben» werden. Kein Mensch hatte mir etwas davon gesagt.

Ohne die lila Armbinde klettere ich auf den Lautsprecherwagen und warne davor, diese Bewegung durch Aufsplitterung zu zerstören. Ich glaube, das ist mehr als politischer Pragmatismus. Ich habe die schönen Augenblicke des Zusammenseins mit einem Mann genauso erlebt wie eine schlechte Ehe, und schöne Augenblicke mit meinen Kindern und anderen; wenn es sich lohnen soll, für Emanzipation, Gleichberechtigung und Persönlichkeitsentfaltung der Frauen zu kämpfen, dann dürfen diese anderen Werte nicht der Preis dafür sein. Vielleicht ist die Sexualpolitik sogar eher frauenfeindlich als männerfeindlich. Oder ist sie lebensfeindlich?

Am Silvestertag wache ich in der Kommune mit einem Wohlbehagen auf, wie ich es seit Jahren nicht mehr erlebt habe, oder vielleicht noch nie. Und am Silvesterabend, der immer so traumatisch war, fühle ich mich nicht mehr hilflos, nicht mehr herumgestoßen oder abhängig von Faktoren, die nichts mit mir zu tun haben. Ich begreife auf einmal, warum ich mich innerlich nicht mehr elend und verschüchtert fühle – wie ich mich, egal, was ich zur Schau trug, in den letzten Jahren gefühlt habe: Ich habe endlich einmal riskiert, Entscheidungen zur Veränderung meiner eigenen Lebensmöglichkeiten zu treffen. Ich habe keine Ahnung, wo das enden wird. Ich habe nicht die Absicht, der Bewegung den Rücken zu kehren, aber zum erstenmal seit Jahren möchte ich wieder schreiben. Manche Frauen haben immer noch Angst vor Veränderungen, dreschen radikale Phrasen, statt die Verantwortung dafür zu übernehmen, daß jetzt ein Wandel vor sich geht. Wir brauchen eine ernsthafte Politik, keine Sexualpolitik, um uns zu organisieren, um unsere Macht wirklich einzusetzen.

Ich bekomme es satt, immer ernsthaft zu sein. Wenn mir auf einmal klar wird, was als nächstes getan werden muß, dann scheint es eine so ungeheuer große Aufgabe zu sein, und warum sollte gerade ich die Verantwortung übernehmen? Trotzdem, eine Revolution macht Spaß. Wie viele Monate sind es noch bis zu den Wahlen '72 . . .?

Wozu hat man eigentlich etwas erreicht, wenn man einmal seinen fünfzigsten Geburtstag nicht feiern darf?

An dem hektischen und einzigen letzten Tag, den ich mir genehmigt habe, um noch allerlei zu erledigen, bevor ich nach Europa fahre, fällt mir plötzlich ein, daß ich kein Testament habe. Nicht daß ich Angst vorm Fliegen habe; früher ja – da war ich vom Start bis zur Landung wie gelähmt. Aber als ich den ‹*Weiblichkeitswahn*› fertiggeschrieben hatte, verschwand meine Angst vorm Fliegen aus unerfindlichen Gründen. Ich hatte einfach keine mehr. Trotzdem, rein statistisch gesehen, muß ich einfach bei einem Flugzeugunglück umkommen, so wie ich zur Zeit herumreise. (Immer noch besser, als im Alter dahinzuvegetieren!)

Buchstäblich zwischen zwei Flugzeugen renne ich zu meinem Anwalt und unterschreibe ein Testament zugunsten der Kinder. So viele Einzelheiten, fehlende I-Punkte, nicht abgeschlossene Geschäfte. Manchmal komme ich mir wie eine Mutter mit einer Million Kindern vor, die alle «Hilfe!» rufen. Als ich von meinem letzten Vortrag in Florida zurückkomme, werde ich auf dem Flughafen ausgerufen: Ein Hilferuf von der New Yorker NOW-Gruppe, die in ihrem qualvollen Bemühen, die Männerhasserinnen aus dem Vorstand zu drängen, in Panik geraten ist. Eine Abordnung der Women's Liberation an der Columbia University will über das sexuelle Ablenkungsmanöver sprechen, das die Bewegung zu spalten droht. Hilferufe vom Frauen-Streikbündnis wegen der Abtreibungskrise. Und Emily hat beschlossen, daß sie ins Internat will. Wie soll ich bloß dafür sorgen, daß sie sich Schulen ansieht und die Bewerbungsschreiben rausschickt, wenn ich nicht da bin? Gar nicht zu reden von meinem Schreibtisch voller Post, die ich noch nicht einmal aufgemacht habe.

Plötzlich fällt mir ein, daß ich das ja nicht alles allein zu machen brauche. Ich kann mir keine Ganztagssekretärin leisten, aber Sally kann ein paar Sachen klären. Sie ist reizend, fleißig und viel zu intelligent, um lange Sekretärin zu bleiben. Sie ist bereit, nach der Arbeit noch zu mir zu kommen, sich wenigstens um die wichtigsten Fragen zu kümmern. Warum geht es bei dieser Einladung zu einem Vortrag auf der Tagung der New Democratic Coalition? Heißt das, ich soll vor dem Plenum sprechen, was bedeuten würde, daß man die politische Bedeutung der Frauen erkannt hat, oder ist es das übliche symbolische Interesse, will man die Frauen wieder einmal in das Getto einer Arbeitsgemeinschaft Frauenrechte sperren, die kein Mensch ernst nimmt?

Was meine Kinder anlangt, so würde es Danny vielleicht Freude machen, Emily unter seine Fittiche zu nehmen und mit ihr nach Neuengland zu fahren, um Internate anzusehen. (Die nächste Reise werde ich allerdings in die Schulferien legen und sie mitnehmen. Warum nicht?) Was die Probleme in der Bewegung anlangt – es gibt jetzt so viele andere, die die Führungsverantwortung mittragen. Diesmal fahre ich ohne schlechtes Gewissen nach Europa.

Von meinem persönlichen Standpunkt aus sind diese Einladungen ins Ausland die aufregendste Belohnung, die mir zuteil geworden ist. Bis vor fünf Jahren bin ich nie aus den Vereinigten Staaten herausgekommen. Zuerst der Krieg, dann kleine Kinder und kein Geld, dann Schuldgefühle und Konflikte um Auslandskontakte, weil Carl so dagegen war. Jetzt bin ich frei, die Welt zu sehen: Ich habe mit meinem calvinistischen Gewissen einen Handel abgeschlossen – für jede Stadt im Ausland, in die ich von der Bewegung geschickt werde, gönne ich mir eine Stadt zum Vergnügen. Paris und Rom habe ich mir schon gegönnt; diesmal könnte ich mir London ansehen, wenn ich in Holland fertig bin.

Aber ich bin nicht recht in der Stimmung dazu. In der kommenden Woche habe ich nämlich fünfzigsten Geburtstag, vor dem mir, ich schäme mich, es zuzugeben, graut. Ich komme offenbar nicht damit zu Rande. Ich, die sich nie um ihr Alter gekümmert hat, und die nie versucht hat, es zu verbergen; ich, die ich Frauen verachtet habe, die sich die Haare färben, sich die Falten glätten und von der Werbung beschwatzen lassen, all die Produkte zu kaufen, die sie angeblich zu ewigen Fünfzehnjährigen machen.

Ich will nicht aussehen wie fünfzehn, aber es kommt mir so unwirklich vor, daß ich fünfzig werde. Ich fühle mich heute nicht so alt wie zwischen zwanzig und vierzig, als ich dem Weiblichkeitswahn verfallen war, als ich immer solche Angst hatte, Angst vor dem Leben, Angst, etwas zu tun. Und dann, als Vierzigerin, schrieb ich mein Buch, rief die Bewegung ins Leben, zog in die Stadt, *tat* endlich was. Traf Entscheidungen. Die Scheidung. Ich fand neue Arten von Beziehungen zu Männern, entdeckte im Umgang mit Frauen neue Aufgaben, neue Kräfte und Freuden in mir selbst, neue Türen taten sich auf. Ich fühlte mich mehr wie achtzehn als zu der Zeit, als ich achtzehn war. Aber es ist entschieden lächerlich, wenn eine Frau sich wie achtzehn fühlt, wenn sie fünfzig wird. Will ich diese traumatische Altersgrenze in London überschreiten, einer fremden Stadt, wo ich niemanden kenne, ohne auch nur den üblichen Druck der Arbeit zu haben, der mir hilft, der Angst vor dem Alleinsein zu entrinnen?

Die graue, ängstliche Stimmung hält auf der ganzen Holland-Reise an. Pressekonferenz am Flughafen, Reden, Beifall, Verleger,

Journalisten, Cafés, Bankette, der viele Zirkus und die Spektakel. Sogar die Schönheit der Stadt Amsterdam, die Grachten, die Rembrandt-Gesichter, die Bäume und Felder van Goghs lassen mich kalt. Ich glaube nicht, daß man mir etwas anmerkt, man kann gleichsam auf Automatik schalten, wenn man es schon so oft gemacht hat. Am letzten Morgen, nachdem alle beruflichen Verpflichtungen hinter mir liegen, unternehme ich eine Barkassenfahrt auf den Grachten mit den jungen «Vollen Minnas», Mitgliedern der energischen neuen Frauenbewegung in Holland – meine erste «Seeschlacht» in der Frauenrevolution. Sie protestieren gegen die Strafgesetze, die Frauen dazu zwingen, heimlich nach England zu fahren, wenn sie Hilfe brauchen, weil sie gegen ihren Willen schwanger geworden sind. Statt wie wir durch die Straßen zu ziehen, demonstrieren sie von Schiffen aus. Ich finde die Entschlossenheit und den Stil der Minnas und die Männer und Kinder, die mit ihnen auf dem Boot sind, großartig. Sie stopfen sich Kissen unter die Mäntel (sogar die Männer) und singen einen neuen Text auf ein holländisches Kinderlied, der anscheinend soviel bedeutet wie «mein Bauch gehört mir». Alles verläuft sehr friedlich, und die wohlhabenden Holländer auf dem Weg zu ihren Samstagseinkäufen steigen vom Fahrrad, beugen sich über die Brückengeländer, um zu gaffen, zu lächeln – und um zuzuhören. Wir kommen an einem Bankgebäude an einer großen Gracht vorbei, das die Minnas «befreit» und zu einer Kindertagesstätte gemacht haben. Anstatt sie ins Gefängnis zu stecken, hat die Behörde beschlossen, die Kindertagesstätte zum Versuchsprojekt für das ganze Land zu machen. Ich erwache immerhin soweit aus meinen trüben Grübeleien, um mich zu fragen, warum diese Nation von ehrbaren, langweiligen holländischen Bürgern so viele der neuen menschlichen Revolutionen hervorgebracht hat. Die Provos, die ersten Hippies, die humanistische Revolution in der katholischen Kirche; die Auffassung von Sex als einer unter vielen menschlichen Aktivitäten, eine Auffassung, die es verbietet, Menschen einschließlich der Homosexuellen wegen ihres Sexualverhaltens strafrechtlich zu verfolgen. Und England ist sogar noch weiter in seiner menschlichen Einstellung gegenüber Abtreibung, Scheidung, Sexualität, medizinischer Versorgung, Altenbetreuung, Blutbanken. All ihre Macht nützt diesen Kolonialreichen nichts, als sich die Völker Indiens und Indonesiens gegen sie zu erheben begannen. War der Tod des Imperialismus, den sie so gefürchtet hatten, zugleich die Geburt dieses neu erblühenden Lebens: Provos, Existentialistenprediger, Minnas, diese heiteren humanistischen Revolutionäre, die Haß und Bomben scheuen? Ich beschließe, nach London zu fahren.

Wie sich herausstellt, ist London mir keineswegs fremd, und einsam fühle ich mich auch nicht. Die Ortsnamen kamen alle in meinen Lieblingskinderbüchern vor: Charing Cross, Picadilly, Waterloo Station, St. James's Park. Wie alt einerseits alles ist – die schönen grünen Vierecke der Parks, am Berkeley Square scheint die Zeit stillgestanden zu sein – und wie neu auf der anderen Seite – welches Tempo der menschlichen Entwicklung in London, als wäre man dort bereits an den neuen Ufern angelangt, zu denen wir erst aufbrechen.

Ich entdecke in London Wurzeln meiner selbst, jene Art von Wurzeln, aus denen, wie ich glaube, die Menschen in der Zukunft ihre Kraft ziehen werden, Wurzeln, die keiner Erde bedürfen, sondern der Verbindung der Menschen untereinander. Hilary, der die Rechte für mein Buch in England erworben hat, nachdem er ein Kapitel in der Rohfassung gelesen hatte – das allererste Zeichen, daß es überhaupt etwas taugte – Hilary führt mich zum erstenmal in ein Pub und gibt dann mir zu Ehren eine rauschende Literatenparty. Verbindungen: Ich erfahre von Livia Gollancz, der Frau, die heute den Gollancz-Verlag leitet, daß das Buch auch für sie eine besondere Bedeutung gehabt hat. Es war das erste Buch, das die nachrückende jüngere Generation in diesem Verlag auf eigene Faust angekauft hatte. Jetzt habe ich kein Buch, das sie verkaufen könnten. Warum sollte Liz Calder, die Pressereferentin des Hauses, ihre Mittagspause damit verbringen, Londoner Kontakte für mich zu knüpfen? Verbindungen: «Ich wäre nicht hier, wenn ich Ihr Buch nicht gelesen hätte. Es hat mein Leben verändert.» Ich trinke Tee mit Alma Birk, die fünf Jahre jünger aussieht als vor fünf Jahren, als sie mich in New York besuchte, um mit mir über die Notwendigkeit einer Frauenbewegung in Großbritannien zu sprechen. Jetzt ist sie Peer auf Lebenszeit, die Königin hat sie für ihre Pionierarbeit als Juristin in Sachen Scheidungsreform und Sexualerziehung mit dem Titel «Baroness Birk of Regent's Park» belohnt; ein Mitglied des Verdienstadels, der im Oberhaus den Geburtsadel bald an Zahl übertreffen wird, denn sogar diese alte britische Institution wandelt sich. Beim Tee in ihrem Haus, in dem einmal H. G. Wells und Rebecca West gewohnt haben, werden wir so oft von ihren politischen Anrufen unterbrochen, daß ich das Gefühl habe, wir sind immer noch auf derselben Wellenlänge, auch in dieser Hektik. Sie lädt mich ein, am nächsten Tag, dem 4. Februar, zur Drogendebatte ins Oberhaus zu kommen. Ich sage ihr nicht, daß es mein Geburtstag ist.

Wegen eines Interviews bei der BBC stehe ich früh auf. Auf Wegen, die einen Frauenuntergrund in der BBC vermuten lassen, erfahre ich, daß die Spitzen der britischen Frauenbewegung (wo seit meiner Ankunft niemand ans Telefon gegangen ist) wissen, daß ich sie gesucht habe, und mich im Moment auf einem Speicher über einer Leihanstalt erwarten, den sie gerade gemietet haben. Als ich diesen Speicher endlich gefunden habe, komme ich mir vor wie Sherlock Holmes. Die Verwirrung, die Entschlossenheit, die Probleme dieser Hausfrauen mit ihren Einkaufstaschen und der jungen Mädchen in Jeans, die da hereinschneien, die Flugblätter, die Telefone, die keiner abnimmt – sogar ihre Sorgen sind so vertraut – wir unterhalten uns wie Schwestern.

Von diesem Speicher der Frauenbewegung, wo alles improvisiert wird, ins Oberhaus – Kulturschock. Auf der Peers' Gallery bin ich ganz Amerikanerin – schwelge in Pomp und Glorie – und bin davon abgestoßen. (Wenn mich meine Augen nicht trügen, hatte die Kloschüssel auf der Damentoilette tatsächlich einen Goldrand.) Männer mit Perücken, mit Goldketten über schwarzen Roben, im Oxfordakzent werden Abgeordnete mit Cockneyakzent als «Noble Lords» tituliert, und man klagt sich gegenseitig an, die letzten Bastionen der britischen Macht zu verraten – Rolls-Royce ist gerade pleite gegangen. George Brown, früherer Labour-Außenminister (er hat offensichtlich seinen Ruhesitz im Oberhaus eingenommen) poltert und donnert über die Schande, die der britischen Industrie angetan würde, wobei er kaum die Arbeiter erwähnt, die ihren Job verlieren. (Ob sich Frauen ebenso leicht korrumpieren lassen wie Labourgrößen?) Die Kriegs- und Verteidigungsminister der Königin, Kabinettsmitglieder, Bonzen, Generale und Labourführer a. D., sogar die Bischöfe ringen hilflos, ungläubig die Hände, ernstlich verärgert darüber, daß Rolls-Royce, das Symbol britischer Machtfülle, am Ende sein soll. Es kommt mir vor, als falle die Welt der Männer und Maschinen vor meinen Augen in sich zusammen.

Dann wird die Drogendebatte wiederaufgenommen, und Michael Foote, ein gemäßigter früherer Journalist, Alma, verschiedene andere weibliche Peers, ein berühmter schwarzer Fußballheld aus dem neuen Verdienstadel, und ein langhaariger, sehr junger Peer aus dem Erbadel, der die medizinischen Daten über Marihuana aufgearbeitet hat, schlagen Gesetze vor, mit denen man den realen Jugend- und Drogenproblemen in Großbritannien begegnen will. Einige etwas wackelig aussehende Überbleibsel aus den kolonialen Tagen der «Bürde des weißen Mannes» in Burma und Ceylon wettern über die Verderbtheit der britischen Jugend. Ich habe das Gefühl, daß sie jeden Kontakt mit der menschlichen Wirklichkeit genauso verloren haben wie Agnew und Konsorten, die sich mit der gleichen kleinlichen Genauigkeit über die Haare ihrer eigenen Söhne auslassen wie über die Gesamtzahl der Toten im Vietnam-Krieg. Ist das eine Generationskluft? Oder verläuft die wirkliche Kluft zwischen den Menschen aller Generationen, die irgendwie dazu fähig sind, das Leben und seine Entwicklungen zu bejahen, und den Ängstlichen, die den Wandel zu verhindern suchen und schließlich aus ohnmächtiger Wut für den Tod stimmen?

Das Oberhaus teilt sich bei der Abstimmung sichtbar auf; hier scheinen die menschlichen Werte zu siegen. Aber das liegt nicht nur an den Frauen und den Jungen; abgesehen von den aufgeblasenen, wetternden Überbleibseln des Empire scheinen sogar in dieser Bastion des britischen Establishments eine ganze Menge Männer über den *machismo*, den Männlichkeitswahn, hinauszusein. Sie tun nicht einmal mehr so, als ob sie mit dem Säbel rasselten oder auf Tigerjagd gingen.

Die Philosophen aus Cambridge, die Abgeordneten und Krimiautoren, die am Abend bei Hilary zu Gast sind, zeigen ohne Scheu ihre Sensibilität und scheinen sich keineswegs von ihren geistreichen Frauen bedroht zu fühlen. Als Hilary mich Shirley Williams vorstellt, einer Abgeordneten in Wilsons Schattenkabinett, prahlt er tatsächlich, daß sie Englands erste Premierministerin werden würde. Wenn wir durch die Befreiung der amerikanischen Frauen auch unsere Männer von diesem aufgeplusterten Weltmacht-*machismo* befreien, der uns in Vietnam den Tod hofieren läßt, dann könnten wir unsere Städte grün und schön und menschlich wie London machen. Wir könnten unsere Blutbanken und unsere medizinische Versorgung, die Abtreibungs- und Ehegesetze menschlich machen. Wir könnten vielleicht sogar anfangen, eine menschliche Sexualität zu haben – und eine wirklich menschliche Politik. England ist eine ältere Nation, aber es scheint mir keineswegs im Sterben zu liegen. Man scheint dort im Gegenteil weniger Angst vor dem Leben und vor Veränderungen zu haben als bei uns.

Ich haste zurück in mein Hotel, um mich zum Abendessen mit John Wren-Lewis und Ann Faraday umzuziehen. Sie sind Kollegen meines Freundes Al Toffler, des Futuristen, und entpuppen sich als die führenden Köpfe der neuen humanistischen Psychologie in Großbritannien. Wir vergleichen die verschiedenen Wege, die wir einschlagen, um zum selben Ziel zu gelangen. Für mich ist, glaube ich, die Befreiung der Frau nur ein Schritt auf dem Weg zur Befreiung des Menschen: Wenn wir uns als ganze Menschen aus Körper, Geist und Seele begreifen, sind Mann und Frau schließlich gleich. Ich glaube, das ist der Weg, den die Jugend eingeschlagen hat. Auf diesem Weg gibt es vielleicht kein Generationsproblem, keine Angst und keinen Neid mehr zwischen jung und alt.

Ich beschließe den Abend bei einem Drink mit dem Filmproduzenten, der sich mir am ersten Tag in der Hotelhalle vorgestellt hat. Verbindung: Sein Sohn war mit Danny zusammen in der Schule. Er hat mich wiederholt zum Essen eingeladen. Jetzt tut es mir leid, daß ich nicht angenommen habe. Während ich um ein Uhr morgens mit diesem netten Mann beim Cognac sitze, fällt mir auf einmal ein, welcher Tag eben vergangen ist, und ich muß einfach lachen. Ich habe meinen fünfzigsten Geburtstag hinter mich gebracht.

Ich bin fünfzig geworden an diesem magischen Tag im Zeitalter des Wassermanns. Ich bin so alt wie ich bin, und ich fühle mich großartig. Wozu hat man eigentlich etwas erreicht, wenn man nicht einmal seinen fünfzigsten Geburtstag feiern darf? Ich feiere meinen Geburtstag, indem ich endlich alles unter einen Hut bringe, dieses halbe Jahrhundert, das ich bin; alles darin, die schmerzlichen Erfahrungen und Wurzeln in Peoria, jüdische Vorfahren, Erfolge an der Uni, die guten und die schlechten Zeiten meiner Ehe, meine Kinder, die Geburtswehen beim Schreiben, persönliche Fehler und politische Fehler, meinen Beitrag zur Geschichte der Frauen – und was ich heute bin: mein Körper, so wie er heute ist, das bin ich. Ich feiere, daß ich endlich von allem Gebrauch machen kann – von meinen sexuellen und geistigen Leidenschaften, meinem Mut, meiner Verwundbarkeit und meiner Lebensfreude. «Was ist denn so lustig?» fragt David. «Ich bin heute fünfzig geworden», sage ich, «es war ein märchenhafter Tag.» Ich fürchte die Zukunft nicht mehr.

Go home, Yankee lady!
Hör auf, unsere Frauen aufzuhetzen!

Es fängt an wie eine Farce oder Tragikomödie. *‹Der Weiblichkeitswahn›* soll in Brasilien erscheinen; der Verlag möchte, daß ich hinkomme und beim Aufbau einer Frauenbewegung helfe. In der Annahme, man wolle mich auf den Arm nehmen, schreibe ich, daß ich dieses Jahr schon zuviel auf Reisen gewesen bin; ich will meine Tochter nicht wieder allein lassen. Der Verlag drahtet: «Tickets für Sie und Tochter unterwegs.» Emily hat nichts gegen Frühjahrsferien in Brasilien, sie ist noch nie aus den Staaten herausgekommen. Ich schreibe an meinen Freund Eric Seiff, der Berater der Agency for International Development in Brasilien ist, und frage, ob ich es riskieren kann, mit Emily hinzureisen nach allem, was man so hört von Entführungen von Ausländern usw. Er sagt: «Was für ein Lösegeld würden die denn für euch bekommen – einen Block Schreibpapier?» und lädt uns ein, bei seiner Familie zu wohnen. Ich fliege früher ab, um in Mexiko an der Küste von Yucatan noch an einer Psychologietagung teilzunehmen, lasse mich in letzter Minute impfen. Emily, die in einer Woche nach Mexiko nachkommen soll, muß meinen Gesundheitspaß und die Tickets für Brasilien mitbringen; bei meiner Abreise waren sie noch nicht angekommen.

Ich bin hingerissen von Yucatan, dem Geheimnis der Ruinen von Chichèn Itzà; versuche mich sogar im Schnorcheln, zusammen mit den gleichermaßen unsportlichen Psychologen und Analytikern auf dieser komischen internationalen Tagung auf der Isla des Mujeres (Insel der Frauen). Aber die Telefonverbindungen sind ständig unterbrochen, was mich an New York erinnert. Ich habe keine Möglichkeit festzustellen, ob Emily gut weggekommen ist. Am Samstagmorgen, als ich gerade losfahren will, um sie vom Flughafen abzuholen, werde ich ans Telefon gerufen, das vorübergehend funktioniert. Emily weint, in Miami. Sie erhält keine Einreiseerlaubnis nach Mexiko, weil sie minderjährig ist und keinen Brief von beiden Elternteilen dabei hat. Der mexikanische Amtsschimmel, schlimmer als der unsere, ordnet an, daß vor Montag nichts unternommen werden kann. Die Leitung liegt schon wieder in den letzten Zügen. Ich sage Emily, sie soll zu Verwandten nach Miami gehen, ich werde sie von Mexico City aus anrufen. Am Flughafen auf der Isla des Mujeres wird mir gesagt, ich könne sofort mit einer kleinen außerplanmäßigen Maschine fliegen. Ich steige ein, der Pilot startet, die Maschine aber nicht. Ein Junge wird zum «Flughafengebäude» geschickt und kommt mit einer Flasche Cola zurück. Die schütten sie in den Motor. Ich beginne zu schwitzen. Es ist auch sehr heiß. Dann kommt noch ein Junge, und sie machen sich daran, daß Flugzeug *anzuschieben*. «Lassen Sie mich hier raus!» schreie ich, ganz die hysterische Amerikanerin. Als ich eine Stunde später, seltsam luftkrank, in einen Sitz des regulären Flugzeugs sinke, sehe ich die Jungen, wie sie mein erstes Gefährt anschieben, das plötzlich mit heiserem Motorengeräusch abhebt.

Auf dem Flug nach Mexico City scheint mir immer schlechter zu werden. Ist das Luftkrankheit oder schlechtes Gewissen, weil ich meine kleine Tochter allein habe fliegen lassen, während ihre Mutter auf einem anderen Kontinent ist? Als ich sie von Mexico City aus anrufe, hat die hilflose kleine Tochter bereits herausgefunden, daß wir uns in Panama treffen können, hat eine Fluggesellschaft ausfindig gemacht, von der ich nie gehört habe, für uns beide Plätze gebucht, und die Tickets eingereicht, um eine angemessene Entschädigung zu bekommen. Aber da sie mein Ticket nach Brasilien bei sich hat und ich nicht genug Geld bei mir habe, um mir ein neues zu kaufen, geht mein Gepäck nur bis Panama. Ich muß ein Touristenvisum für Panama ausfüllen, um es herauszubekommen. Die Luftkrankheit wird schlimmer. Auf dem Flughafen von Panama: keine Emily. Weil ich das Touristenvisum habe, muß ich durch die Kontrolle, aber da ich ohne Gesundheitspaß bin, werde ich in Quarantäne geschickt, um gegen Typhus, Gelbfieber und Cholera geimpft zu werden. Ich protestiere: «Das ist ein Irrtum! Ich reise nicht nach Panama ein, ich will nur mein Gepäck für den Weiterflug nach Rio herausbekommen!» Da wollen sie mein Ticket nach Rio sehen, was ich natürlich nicht habe. Dann sehe ich wie durch ein Wunder die frenetisch winkende Emily draußen stehen, und ich rase den Gang entlang, von schrillen Trillerpfeifen begleitet. Gerade, als mich die Sicherheitsorgane von Panama eingeholt haben, strecke ich den Arm zur Tür hinaus: «Das Ticket, schnell!», und sie gibt es mir. Aber jetzt werde ich ernsthaft in Verwahrung genommen und unter Bewachung in ein kleines Zimmer gebracht. Sicher verdächtigt man mich der internationalen Spionage, des Bomben- oder Drogenschmuggels. Ich kann den Beweis erbringen, daß ich wirklich auf dem Weg nach Rio de Janeiro bin, aber ich kann das nicht auf

Spanisch erklären, und diese mißtrauischen panamesischen Beamten sind viel zu aufgeregt, um mein Englisch zu verstehen.

Das Flugzeug soll jeden Moment starten. Ich sehe mich schon mein Leben in einem panamesischen Gefängnis beschließen, und meine arme Tochter ohne Geld an diesem gottverlassenen Ort gestrandet! Plötzlich kommt meine tüchtige fünfzehnjährige Tochter hereinspaziert. Sie hat irgendwie einen englischsprechenden Beamten davon überzeugt, daß ihre arme Mutter Schwierigkeiten hat. Er befördert uns und unser Gepäck gerade noch rechtzeitig in das Flugzeug nach Rio. Ich bin so glücklich, daß Emily da ist, daß ich sofort mit ihr schimpfe, weil sie in zerrissenen Jeans auf Reisen geht, oder was der gereizten Beweise meiner Zuneigung mehr sind. Inzwischen ist die Luftkrankheit nicht mehr zu bremsen, denn es handelt sich offensichtlich nicht um Luftkrankheit, sondern um eine mexikanische Infektion, die sich meiner in dem geschwächten Zustand der Mutterängste bemächtigen konnte. Ich steige in Rio aus dem Flugzeug, und Sari Seiff bringt meine Leiche, das Gepäck und Emily zu ihrem herrlichen stillen Haus. Es liegt am Govia-Strand, mit Blick auf die Berge und die riesige Jesusstatue, die auf dem Gipfel über allem schwebt.

Die Seiffs, bei denen ich nur einen oder zwei Tage hatte bleiben wollen, verhandeln mit dem Verlag, der möchte, daß ich erst in einer Woche Reporter empfange; die Reporter, die mich am Flughafen erkannt und meine Spur verfolgt haben, machen Emily mit den Teenagern in der Nachbarschaft bekannt und holen den freundlichen Arzt der Botschaft, damit er sich der Tropenkrankheit annimmt, an der ich allem Anschein nach doch nicht sterben muß. Wenn sie nicht zu Hause sind, übersetzen die drei noch nicht einmal zehn Jahre alten Kinder für mich aus dem Portugiesischen. Ich nehme alle Seiffs in meine Großfamilie auf. Emily zieht mit den anderen Teenagern zum Strand. Ich beschließe, am Leben zu bleiben.

Rio de Janeiro ist so unglaublich schön – Südamerika, dieser ganze Kontinent, über den ich wie die meisten Amerikaner so wie gar nichts wußte und nichts wissen wollte, wird auf einmal lebendig, Wirklichkeit. Bis mein offizielles Programm anfängt, bleiben mir vier Tage, um mich in die Lage der Frauen hier einzufühlen. Ich bin daran gewöhnt, meine eigene Vorhut zu sein, wie man in der Politik sagt. Normalerweise bekomme ich meine Informationen auf dem

Weg vom Flughafen oder beim Essen mit Fakultätsmitgliedern, wenn ich in Amerika an einer Universität oder in einer Stadt spreche. Aber ich kann mir nicht vorstellen, daß die Frauen in einem Land wie Brasilien die gleichen Gefühle haben wie wir zu Hause. Ich habe ein schlechtes Gewissen, weil der Verleger mit diesem Brasilien-Urlaub für Emily und mich sein Geld zum Fenster hinauswirft.

Die ersten Brasilianerinnen, die ich treffe, sind Freundinnen und Nachbarinnen von Sari. In ihren stillen, von der Sonne abgeschirmten Häusern an dieser Vorortstraße und mit ihren Kindern im Schulalter sind sie genau wie die Frauen in meinem früheren Vorort, deren zögernde, immer wiederkehrende Anspielungen auf das «Problem ohne Namen» mich auf die Spur brachten, die zur Bewegung geführt hat. Nur daß diese Frauen in Brasilien – M'Lou, Rosalie Nelia und die anderen – nicht vom College abgegangen sind, um zu heiraten und vier oder fünf Kinder zu bekommen, sondern von der Oberschule. Und jetzt geht M'Lou, wenn sie ihre Kinder in die Schule gebracht hat, selbst in die Schule, um ihr Abitur nachzumachen und später an der Katholischen Universität Psychologie zu studieren. Sie sagt: «Ich habe das gemacht, was man als Frau eben macht, um glücklich zu werden, aber ich habe überhaupt nicht gelebt. Jetzt fühle ich mich wie neugeboren.» Sie wirkt tatsächlich sehr lebendig, ganz anders als die Gesichter, die ich in dem schicken brasilianischen Friseursalon sehe, den ich aufsuche, bevor der Wirbel mit der Presse losgeht; mit ihren aufgedrehten Haaren, dem perfekten Augen-Make-up und den falschen Wimpern schon um zehn Uhr morgens wirken sie vom Hals aufwärts irgendwie tot. Der Mann einer der Frauen, die wieder zur Schule gehen, sagt zu mir: «Das ist jetzt Mode. Das gibt sich wieder.» Aber sie müssen dafür zu hart arbeiten, als daß man es als Modeerscheinung abtun könnte.

Ich gehe durch die Favela, den berühmten Slum mitten in Rio. Er liegt an einem Berghang, inmitten eleganter Wohnviertel, eine komplexe, gewaltige Gemeinschaft von Menschen, die plötzlich vom Lande auftauchen, um in der Stadt Arbeit zu suchen, die sich illegal an diesem Berghang ansiedeln und sich ihre Verschläge aus alten Brettern und Blech zimmern. Ohne im geringsten die Armut romantisieren zu wollen, stelle ich fest, daß es sich in den Häusern der Favela, legte man fließendes Wasser, Strom, und sanitäre Einrichtungen hinein, wesentlich angenehmer wohnen ließe als in den klotzigen, kontaktarmen, keimfreien Hochhäusern, die das Leben in unseren Städten für Reiche und Arme so unnötig öde machen. Ich hoffe, die Brasilianer erkennen, was sie an dieser schönen Stadt haben, und folgen nicht unserem Beispiel, indem sie die Armen im Namen der Stadtsanierung vertreiben und die Städte zu morschen Bürogettos machen, in denen für Frauen und Kinder kein Platz zum Leben ist.

Meine Führerin, Rose Marie Muraro – Naturwissenschaftlerin, Frau eines Geschäftsmannes, Mutter von Kindern im gleichen Alter wie meine und die führende Feministin Brasiliens – hat veranlaßt, daß eine Nonne, die in der Favela arbeitet, einige Frauen zum Kaffee mit mir zusammenbringt. Eine ist schwarz, eine hellbraun und eine weiß in dem Rassengemisch, das in Brasilien selbstverständlich ist. Alle haben ihre ersten Kinder im Alter von dreizehn, vierzehn, fünfzehn bekommen; sie haben jetzt fünf, sechs oder sieben Kinder und sind mit Anfang Dreißig schon Großmutter. Die Gastgeberin wäscht die Wäsche für vier Familien in Rio, neben der Versorgung ihrer eigenen sieben Kinder. Das Wasser zum Putzen und zum Waschen muß sie von dem einzigen Brunnen, den es in der Favela gibt, eimerweise den Berg hinauftragen. Ihr Mann verdient als Pförtner in einem Bürohaus etwa genausoviel wie sie. Von ihm kann sie keine Hilfe erwarten, nicht einmal beim Wassertragen. Sie kann von Glück sagen, daß er sie nicht verlassen hat. Viele Männer gehen fort in diesem Land ohne Geburtenkontrolle, wenn auf das dritte Kind das vierte und das fünfte folgt und die wirtschaftliche Last unerträglich wird.

Rose Marie erklärt, wer ich bin, und fragt die Frauen, ob sie der Ansicht seien, daß man hier eine Frauenbewegung brauche. Sie beginnen lebhaft zu reden, ich vermute, sie sagen ja. «Wie könnte man das Leben eurer Töchter besser machen als eures?» frage ich. Rose Marie übersetzt die Antwort: «Geburtenkontrolle und Bildung, sonst bleiben sie immer Sklavinnen.» Und sie zuckt die Achseln, lehnt die Verantwortung ab, denn sie hatte darauf bestanden, daß ich in diesem katholischen Land von solchen Dingen wie Abtreibung nicht einmal sprechen sollte. Die Nonne erzählt, daß sie in der Favela die Arbeit eines Priesters tut, sie unterrichtet, ist Krankenschwester und Sozialarbeiterin, eigentlich hält sie die ganze Gemeinde zusammen. Aber wie alle anderen seelsorgerisch tätigen Nonnen darf sie nicht die Messe lesen. Der Priester, ein Mann, muß jeden Monat kommen, um die Messe zu halten. «Ich finde das unfair», sagt sie, als wenn sie es zum erstenmal laut sagte. Als ich aus der Tür bin, hängen sich die Frauen aus der Favela, die Nonne eingeschlossen, an Rose Marie. Sie sagen: «Sie wird in die Vereinigten Staaten zurückkehren, aber Sie bleiben doch hier, und warum können wir nicht auch so was machen . . .?»

Die Pressekonferenz ist fast beängstigend. Viel mehr Reporter und Kameras und Mikrofone, als ich in solch einem Land erwartet hätte. Ich war davor gewarnt worden, daß sie feindselig und brutal sein und das Ganze wie einen dreckigen Witz behandeln würden. Es freut mich, wie viele Reporter ernsthafte Fragen stellen; vielleicht hat von den fünf Jahren Erfahrung, die wir in den Staaten mit der Frauenbewegung haben, auch hier etwas abgefärbt. Die vielen jungen Reporterinnen erinnern mich an den wachsenden Frauenuntergrund in unseren Medien. Immer mehr Frauen in den großen Städten haben einen Beruf, nicht nur, weil die Mieten und die Lebenshaltungskosten so hoch sind, sondern weil Frauen, die auch nur ein bißchen Bildung genossen haben, am Leben teilnehmen wollen, genau wie bei uns.

Es überkommt mich das Gefühl, daß diese dynamische, explosive Nation dieselben Anforderungen an den einzelnen und seinen Unternehmungsgeist stellt wie die Vereinigten Staaten, als unsere Westgrenze noch offen war und die Städte wuchsen. Es ist die gleiche unglaubliche Mischung von Menschen, die aus anderen Ländern Zuflucht suchen oder die Verheißungen und Möglichkeiten eines neuen Landes. Aber die Kraft und die Individualität, die so ein Land entwickelt, wird bei den Frauen von der romanischen Tradition der Unterwerfung und Passivität und bei den Männern vom Machismo überdeckt – eine noch extremere Polarisierung der Geschlechterrollen als bei uns. «Unsere Frauen sind glücklich in ihrer Unterwerfung», bekomme ich ständig von brasilianischen Verlegern, Ehemännern und Partybekanntschaften zu hören. Oder: «Gott sei Dank wollen sie nicht das gleiche wie die Amerikanerinnen; dann würden sie sich uns nicht länger unterwerfen.»

Ich nehme an, es ist in einem Land wie diesem eine alarmierende Erscheinung, eine Frau über Gleichberechtigung und Selbstbestimmung für Frauen reden zu hören. Die Presse verfolgt mich, als ob ich ein Besucher vom Mars wäre oder das Oberhaupt einer fremden, potentiell gefährlichen Macht. Ein Interview nach dem anderen erscheint auf den Titelseiten der führenden Zeitungen und Zeitschriften in Rio, nicht auf den Seiten «Für die Frau».

Das Echo ist überraschend; wesentlich stärker, als es hier am Anfang gewesen ist. Die Zeitungsverleger schicken ihre Reporter aus, um die Frauen zu befragen, ob sie die Gleichberechtigung wollen, wohl in der Erwartung, die Frauen würden sagen, daß sie mit dem Status quo in Brasilien vollkommen zufrieden sind. Aber die befragten Frauen – Hausfrauen, Büroangestellte, Studentinnen – sagen, ich hätte recht! Schließlich stand tatsächlich auf einer Titelseite zu lesen: «Go Home, Yankee Lady! Hör auf, unsere Frauen aufzuhetzen!»

Nachdem fünf oder sechs Männer mir gegenüber die Befürchtung geäußert haben, daß ihre Frauen sich ihnen nicht mehr unterwerfen würden, wird mir klar, daß sie meinen: auf sexuellem Gebiet. Offensichtlich haben sie Grund zu der Annahme, daß ihre Frauen den Sex mit ihnen ablehnen oder nicht mehr schön finden würden, wenn sie machen dürften, was sie wollen. Wenn das stimmt, dachte ich, liegt das an der Angst vor einer Schwangerschaft, die einem alles vermiesen kann, wenn es keine Geburtenkontrolle gibt? Hat eine Frau in dieser erzwungenen Unterwürfigkeit so wenig Selbstgefühl, daß sie ihre eigene Sexualität oder die ihres Mannes nicht genießen kann, egal, wie viele Stunden sie beim Friseur verbringt? Wenn das so ist, wieviel traurige, kalte Einsamkeit muß dann in den Betten und den zwischenmenschlichen Beziehungen herrschen. Welche Minderwertigkeitskomplexe müssen sich hinter diesem zerbrechlichen Machismo der Männer und hinter den toten, perfekt geschminkten Gesichtern der Frauen verbergen!

Während meiner Pressekonferenz in São Paulo wird auf der Straße vor dem Hotel ein Mitglied der reaktionären Junta, die das Land unterdrückt, erschossen. In dieser Nacht wird eine große Anzahl von Studenten verhaftet und festgehalten – vielleicht auch gefoltert und erschossen?

Von Candido Mendez, einem Mitglied der liberal-demokratischen Regierung, die von den Generalen 1964 gestürzt worden ist, erfahre ich etwas darüber, was aus den Versuchen geworden ist, Bildung und wirtschaftliche Entwicklung zu den verzweifelten Menschen im Nordosten zu tragen; der autokratischen Herrschaft der Großgrundbesitzer und Generale ein Ende zu machen, das unwegsame Innere dieses riesigen Landes zu erforschen, zu erschließen und zu entwickeln und dem Volk eine echte Beteiligung und eine wirkliche Stimme bei den Entscheidungen zu geben. Seit ich hier bin, ist mir von allen Seiten gesagt worden, die Demokratie habe in Brasilien nicht funktioniert. Es gab Aufruhr, Chaos und Inflation. Die Soldaten und die Seeleute und die Studenten hätten gegen jegliche Disziplin rebelliert, und die Frauen seien es gewesen, sagt man mir, die darauf bestanden hätten, daß dieses Experiment mit Demokratie und sozialer Reform beendet würde. Sie hätten den Militärputsch und damit die faschistisch anmutende Unterdrückung eingeleitet, unter der die Menschen heute anscheinend resigniert haben. Die Frauen, die da 1964 für ein Ende der Demokratie, für Law and Order und die Erhaltung von Religion und Familie demonstrierten, seien wie ein «Haufen schnatternder Gänse gewesen, die das Ende von Griechenlands Ruhm und Ehre angezeigt» hätten, sagt Candido Mendez.

Mendez, heute Rektor einer Universität und Mitglied der Friedenskommission des Papstes, deutet an, daß die Brasilianerinnen von 1964 manipuliert worden sind. Sie wurden von den Ehefrauen der Generale angeführt. Pfarrer und Ehemänner setzten den Frauen so lange zu, bis sie glaubten, daß eine Mietpreisbindung und andere soziale Reformen den Verlust ihrer Wohnung, Familie und jener *Dinge* bedeuten würde, die für Frauen an die Stelle einer Teilnahme am Leben treten mußten. Wieder erkenne ich, daß sich die Frauen selbst befreien, ein aktiver Teil des sich wandelnden Systems werden müssen. Sonst sind sie der faschistischen Manipulation wehrlos ausgeliefert, kehren ihre Kräfte in ohnmächtiger Wut nach innen, widersetzen sich jedem Wandel.

Heute ist in diesem schönen Land Brasilien jegliche politische Aktivität verboten. Studenten, Gewerkschaften, oppositionelle Parteien dürfen sich nicht organisieren oder versammeln. Rede- und Pressefreiheit sind aufgehoben. Kein Widerstand sei möglich, sagen die Leute, außer für manche Pfarrer, die von der Kanzel herunter zu sagen wagen, was sich normale Bürger nicht getrauen.

Als mein Buch in Brasilien herauskommt, spreche ich am Abend im Museum der Modernen Kunst. Es kommen um ein Vielfaches mehr Leute, als Sitze vorhanden sind. Die jungen Männer und Frauen sitzen vorn auf dem Boden. Ältere, konventioneller gekleidet, stehen hinten und seitlich an den Wänden. Ich beschreibe unseren Kampf dafür, daß Frauen über ihren eigenen Körper bestimmen können – ärztliche Hilfe bei Geburtenkontrolle und Abtreibung erhalten und nur Wunschkinder zur Welt bringen. Ich vertrete unsere Ansicht, daß kein Mann – Pfarrer, Arzt oder Ehemann – berechtigt sein sollte, eine Frau zu zwingen, gegen ihren Willen ein Kind zu gebären. Es wird geklatscht, bevor die Dolmetscherin fertig ist, und die Dolmetscherin wird so aufgeregt, daß sie selbst eine Rede hält. Und dann sage ich: «In einem faschistischen Land haben die Frauen keine Möglichkeit, sich zu befreien. Aber in Ihrem Land und in meinem werden Frauen sicher zusammen mit der Jugend zu einer Kraft im Dienst des Friedens und eines menschenwürdigen Lebens, gegen den Machismo und den Tod, wenn sie aktive Mitglieder der Gesellschaft werden und nicht passive Werkzeuge der Manipulation bleiben.» Aus der Intensität der Reaktion entnehme ich, daß ich Dinge sage, die diese Menschen nicht sagen können.

Aus Brasilien heimgekehrt, empfinde ich den Wert unserer Freiheit in Amerika stärker denn je, aber auch die ernsten Gefahren, die sie heute bedrohen. Ich bin sicher, daß sich die gerade befreiten Frauen in meinem Land nicht als «Schnattergänse» für den Faschismus manipulieren lassen würden wie die Frauen in Brasilien 1964. «Es gibt nur noch so wenige Demokratien», hat Candido Mendez trauernd gesagt, «unser Traum hat in Brasilien versagt.»

Ich erkenne, wie sehr ich wünsche, daß dieser Traum hier nicht versagt. Ich glaube, daß die Teilnahme der Frauen an der politischen Macht uns hier helfen wird, unseren Traum zu retten, und die Frauenbewegung, die jetzt in Brasilien ihren Anfang nimmt, kann vielleicht auf die anderen repressiven Regimes in Lateinamerika wie Dynamit wirken. Und jetzt besucht mich das italienische Fernsehen, das eine Dokumentarserie *dònnas cèlebres* vorbereitet. Offensichtlich beginnen auch in Italien die Frauen, sich in größerer Zahl zu regen. Das italienische Team hat gerade Valentina, die russische Astronautin, gefilmt. Sie berichten mir, sie habe mein Buch gelesen und von unserer Bewegung erfahren. Sie habe vor, ihren Ruhm und ihr Prestige für die Bildung einer Frauenbewegung in Rußland einzusetzen. Na bitte! Ob die Chinesen mich wohl einreisen lassen würden?

Weißt du noch, wie Casals zu dir sagte, du sollst das Waldhorn nicht spielen wie eine Frau?

Ein Mutterdasein birgt so manche Überraschung. Emilys Briefe besagen eindeutig, daß es ihr im Ferienlager gut gefällt, im gleichen Quäkerlager, in dem sie schon letzten Sommer war. Aber ihr Vater, der sie zuerst besucht hat, sagt mürrisch, ich sollte «ihr lieber mal die Pille besorgen». Das hat mich beunruhigt; sie ist erst fünfzehn. Ich hänge sehr an ihr. Sie und ihre Brüder erscheinen mir immer wieder wie ein nie erträumtes Geschenk. So schön, so strahlend und aufrecht und gut, so wunderbar sie selbst.

Als mein ältester Sohn mit seiner Freundin zusammengezogen ist, habe ich den beiden eine Topfpflanze zum Einzug geschenkt. (Zum Entsetzen meiner Freunde, die meinten, ich sollte wenigstens so *tun*, als sei ich von dieser ungesetzlichen Ehe schockiert.) Aber ich bin einverstanden mit der Ehrlichkeit und der Verantwortung für echte Gefühle, die mein Sohn und seine Generation in den Beziehungen zwischen Jungen und Mädchen an den Tag legen. Gegenüber der Berechnung, dem prüden Versteckspiel und den sexuellen Zwangsvorstellungen, die unsere Jugenderlebnisse prägten, ist es sicher ein Fortschritt. Ich finde es besser, sie binden sich nicht gesetzlich aneinander, solange sie noch sich selbst suchen. Aber ob eine Ehe daraus wird oder nicht, sie sind zusammen, weil sie es so wollen; das ist für mein Empfinden jetzt die einzige echte Bindung. Meine Freunde haben gesagt: «Vielleicht kannst du diese Haltung den Jungen gegenüber einnehmen, aber warte nur, bis Emily mal älter wird.» Habe ausgerechnet ich immer noch eine doppelte Sexualmoral?

Zunächst einmal will ich ihr nicht «die Pille besorgen». Mir scheint, daß viele Eltern ihre Kinder mit Gewalt in ein unechtes Sexualverhalten hineindrängen, indem sie etwa Büstenhalter kaufen, bevor die Mädchen überhaupt einen Busen haben. Versuchen diese Eltern, die eigenen Träume in ihren Kindern auszuleben? Ist es ein Versuch, die eigenen Frustrationen zu kompensieren, oder das Erlahmen der Sexualität, das in unseren Rollen praktisch vorprogrammiert ist? Indem unsere Kultur Sex dazu einsetzt, Dinge zu verkaufen, wird Sexualität in gewisser Weise zur Ware reduziert.

Ich will der Sexualität in ihrer rätselhaften Wirklichkeit nicht ihre Wichtigkeit absprechen. Ich möchte, daß meine Tochter in diesem

Bereich konfliktfreier und mehr im Einklang mit ihrer ganzen Persönlichkeit lebt, als ich es so viele Jahre lang konnte. Menschliche Sexualität ist weder unmoralisch, noch ist sie ein Feind der Frauenbefreiung. Seit ihrem vierten Lebensjahr hat Emily immer gesagt «ich bin selber ich», und sie ist ein so reizendes selbständiges «Ich» geworden, daß ihr eigenes Selbstgefühl sie sicherlich richtig führen wird. Also habe ich ihr geschrieben: «Wie du vielleicht entdeckst, ist Sexualität etwas herrlich Aufregendes und Rätselhaftes und Gewaltiges. Man sollte ihr mit Verantwortungsgefühl und Respekt und Liebe gegenübertreten. Du mußt meinen Rat nicht unbedingt beherzigen, aber gehe langsam daran und nur im Einklang mit deinen eigenen echten Gefühlen.» Ich glaube, dieser Rat war ehrlich und richtig. Es ist kein Einbruch in ihre Intimsphäre, wenn ich davon schreibe, denn sie hat den Brief in ihrer Hütte im Lager den anderen vorgelesen, und sie haben ihn «umwerfend komisch» gefunden.

Jetzt war die Frage, wie ich zum Lager hinkommen sollte, um sie zu besuchen. Da es mitten in Vermont liegt, kann man es nur mit dem Auto erreichen, und ich habe das Autofahren aufgegeben, als ich in die Stadt gezogen bin.

Al bietet mir an, mich hinzufahren, wenn wir unterwegs in Marlboro haltmachen, wegen des Musikfestivals und um Sonya Kroyt zu besuchen. Ich bedaure, daß ich nie nach Marlboro gekommen bin, solange ihr Mann, der große Musiker Boris Kroyt, noch lebte. Jetzt ist Boris tot und das Budapester Streichquartett aufgelöst. Aber Al sagt, daß Sonya dieses Jahr als «Koordinator» wieder in Marlboro ist. Sie wird uns Karten für Freitagabend und eine Übernachtungsmöglichkeit beschaffen.

Wir kommen am Freitagnachmittag in Marlboro an. Sonya steht vor der Probenhalle unter den Bäumen. Sie macht mich mit einigen Musikern bekannt, mit der Frau des Dirigenten und der Tochter von Rudolf Serkin, Judith, die mich sofort beiseite nimmt: «Könnten wir ein Treffen abmachen?» fragt sie. «Wir haben eine Frauengruppe gegründet, aber irgendwie kommen wir nicht weiter.» An diesem Wochenende wollte ich eigentlich nur die Musik und die Schönheit von Vermont genießen und Emily besuchen. Aber morgen vormittag wird Pablo Casals eine Probe zu seinem großen Konzert dirigieren; also überrede ich Al, zur Probe dazubleiben und nach dem Besuch bei Emily noch mal nach Marlboro zurückzufahren. Dann kann ich mit den Frauen zusammenkommen.

Das Konzert am Freitagabend ist herrlich. Ich freue mich immer, wenn Menschen mit Intensität, Leidenschaft und Begeisterung bei ihrer Sache sind. Und wenn sie gemeinsam etwas tun, und darüber schwebt das Werk eines einzelnen, dann habe ich ein Gefühl, daß ich der Religion nicht mehr näherkommen kann. Ich bekomme dieses Gefühl, wenn ich miterlebe, wie Menschen zusammen großartige Musik oder großartige Politik machen. In den großen Momenten der Frauendemonstrationen habe ich das unverwechselbar empfunden, am 26. August zum Beispiel.

Während ich dieser anregenden Musik lausche, beschleicht mich ein Unbehagen darüber, daß diese Frauen, deren außerordentliche Begabung mir Respekt einflößt, bei mir Rat suchen. Ich weiß, daß Frauen im Musikleben sehr diskriminiert werden. Bis vor kurzem durften sie beim Philharmonischen Orchester nicht einmal vorspielen. Wenn man überlegt, wie viele kleine Mädchen Klavier, Geige oder Blockflöte spielen lernen – warum gibt es nicht mehr Frauen in der ernsten Musik? Oder auch in Jazz und Rock? Auf der Bühne in Marlboro spielt eine junge Frau ein Querflötensolo, wie ich es noch nie gehört habe. Ihr ganzer Körper bewegt sich, während sie spielt. Der junge Mann am Klavier, Peter Serkin, spielt mit viel Feuerwerk und Theatralik, doch die Seele fehlt. Nach dem Konzert geh ich zum «Dom», einer Landvermesserhütte, die zwei Studenten, ein junger Mann und eine junge Frau, für diese einzigartige Musikgemeinde bewirtschaften. Sie tun das wohl aus Liebe und nicht, um Geld zu verdienen, denn sie berechnen nur einen Dollar fünfzig für ein Abendessen aus frischen Froschschenkeln und Erbsen, sechzig Cents für eine große Scheibe selbstgebackenes Brot mit Käse und heißen Apfelwein. Der junge Mann kommt zu mir her und sagt: «Wir haben gehört, daß Sie sich mit den Frauen treffen wollen. Unserer Ansicht nach sollten die Männer auch kommen.» Ich stimme zu und lobe seine Küche.

Am Vormittag ist der Andrang im Konzertsaal zu der Probe mit Casals noch größer als am Vorabend beim offiziellen Festivalkonzert. Als der, wie es heißt, 94jährige Casals den Saal betritt, erheben sich Orchester und Zuschauer unaufgefordert von den Sitzen. Als er Haydn dirigiert, stelle ich zu meiner Überraschung fest, daß mir Tränen über die Wangen laufen. Später erfahre ich von einem Rechtsanwalt aus der Förderergemeinschaft, daß es Männer noch mehr erstaunt, wenn sie merken, daß sie in Casals' Gegenwart zu weinen anfangen. Er führt die Musiker, und mit wenigen Worten, Summen, ein bißchen Vorsingen, mit den Bewegungen seines ganzen Körpers vermittelt er ihnen ein tieferes Verständnis der Musik. Es ist ehrfurchtgebietend.

Von den Musikern erfahre ich später, daß sie unter einem magischen Einfluß stehen, wenn sie mit Casals musizieren. Ich glaube, diese Religosität, die Ehrfurcht und die Tränen, kommen daher, daß dieser Mensch zu einer ganzen, einzigartigen menschlichen Verwirklichung gefunden hat, die das Alter überwindet und den Tod verachtet. Nach einer Stunde ist Pause, und ich gehe mit hinter die Bühne, um Casals und seine junge Frau kennenzulernen. Er ruht sich aus. Diese Art zu dirigieren, das Orchester zu immer neuen Höchstleistungen anzuspornen, muß ungeheuer viel Kraft kosten. Erst jetzt, wo er mit geschlossenen Augen daliegt, sehe ich plötzlich mit Schrecken, wie alt er wirklich ist.

Ich hatte Emily gesagt, wir würden zum Mittagessen im Lager sein, und es ist schon zwölf. Bis wir die Lebensmittel und den Schal und die Baumwollarbeitshemden gekauft haben, um die sie gebeten hat, ist es nach zwei. Emily ist oben auf einem Hügel, wo das ganze Lager zu Mittag ißt. Während wir warten, bis sie herunterkommt, führt uns der Jugendleiter zu dem See, wo die Jungen und Mädchen schwimmen. Als die ersten vom Hügel kommen und hineinspringen, muß ich zweimal hinsehen, denn sie baden nackt: Jungen und Mädchen gleichermaßen, vollkommen ungezwungen, am hellichten Tag. Es ist ein Quäkerlager: Sie forsten Wälder auf, kochen sich ihr Essen selbst, unternehmen Bergtouren und lange Wildwasserfahrten mit dem Kanu. Der See liegt hoch und einsam in den Bergen; Badekleidung wäre unnötig und lästig.

Ich gehe zurück, erkundige mich nach diesem und jenem in der Hoffnung, Emily auf halbem Wege zu treffen. Der Jugendleiter sagt: «Wir freuen uns sehr, daß Emily in diesem Sommer solche Führungsqualitäten entwickelt hat.» Meine sonst so ruhige und sanfte Emily? Zwei kichernde Mädchen stellen sich bei «Emilys Mutter» vor und sagen, sie würden mit ihr in einer Hütte schlafen, und was ich denn von der Revolution halte, die Emily gerade angeführt hätte? Meine kleine Tochter führt eine Revolution an? Ich hatte immer das Gefühl gehabt, es ist meinen Kindern so peinlich, daß ihre Mutter eine Revolution anführt, daß sie das genaue Gegenteil machen wollen. Am letzten 26. August wollte Emily nicht einmal mitdemonstrieren. «Wenn ich irgendein anderes vierzehnjähriges Mädchen wäre, ja. Aber ich bin deine Tochter, und ich muß gegen dich opponieren.» Sie und Feministin – nein.

Die Revolution hier bestand offensichtlich darin, die Geschlechtertrennung im Lager aufzuheben. Die Mädchenhütten waren auf der einen Seite der Straße, die Jungenhütten auf der anderen. «Das kam uns unnatürlich vor», erklären Emilys Mitbewohnerinnen. Also hat sie eine Hüttenbesetzung auf der Jungenseite organisiert, und nach vielem Hin und Her haben die Leiter des Lagers zugestimmt. «Wo ist denn der Scherzkeks?» sagt einer von ihnen. «Mit Ihrer Tochter gibt's nämlich immer was zu lachen.» Und ich sage: «Meine Emily?» – die letztes Jahr so traurig und still und einsam wirkte, auch noch ein Spaßvogel? Und da kommt sie die Straße heruntergelaufen. Groß ist sie geworden! Wir stellen uns Rücken an Rücken: «So groß wie du!» Und hübsch ist sie und kichert in einem fort. Ich habe sie nie so glücklich und zuversichtlich gesehen. Ich stelle fest, daß Emily entdeckt, was es heißt, sie selbst zu sein, und welchen Spaß es dabei macht, eine Frau zu sein. Sie wird keinen der beiden Teile ihrer Persönlichkeit unterdrücken oder zwischen beiden hin und her schwanken müssen. Ich bin gerührt von ihrer «Revolution», gerührt, daß sie sich als Frau mit mir identifiziert. Aber ich habe den Verdacht, daß für Emily, für diese Töchter, die Probleme, die uns in die Bewegung getrieben haben, einfach nicht existieren werden. (Natürlich nur, wenn wir keinen Mist machen.) Emily erzählt, sie sei fast entschlossen, doch nicht ins Internat zu gehen, sondern zurück nach Dalton zu ihrem geliebten Job in der Kindertagesstätte. Außerdem ist sie Vegetarierin geworden; sie will nicht, daß Tiere getötet werden. Sie umarmt und küßt mich zweimal, bevor wir nach Marlboro zurückfahren.

Die Frauen, die da unter den Bäumen vor dem Speisesaal auf mich warten, hatten viel geredet und waren nicht weitergekommen, sagen sie. Einer der jungen Männer sagt: «Die wollen einfach nicht die Tatsache akzeptieren, daß sie sich als Frauen zwischen Kindern und Musik entscheiden müssen.» – «Aber wenn ihr euch dafür entscheiden könnt, ernsthafte Musiker zu sein und trotzdem Kinder haben könnt, warum können die Frauen das nicht?» frage ich. «Ihr könntet hier einen Kindergarten einrichten. Wenn man die Musikerinnen so ernst nehmen würde wie die Männer, wenn man sich einig wäre, daß man sich gleichermaßen um die Kinder kümmert, dann wäre ein

Kindergarten genauso notwendig und praktisch wie ein Speiseraum oder ein Probensaal.»

«Aber kann man denn die Frauen als Musikerinnen so ernst nehmen? Weißt du noch, wie Casals zu dir sagte, du sollst das Waldhorn nicht spielen wie eine Frau?» wird jemand aus der Gruppe gefragt. Und die blonde junge Frau sagt: «Zugegeben, ich glaube nicht, daß ich je wie ein Mann werde spielen können.» Meint sie, so gut wie ein Mann? «Also, seien wir doch mal ehrlich», sagt ein Mann, «es gibt keinen weiblichen Beethoven oder Casals.» Ich spreche die Vermutung aus, daß der Grund genau in dem liegt, was eben gesagt worden ist. Als Casals sagte, jemand solle nicht spielen wie eine Frau, hat er damit nur die Verunglimpfung der Frau in seiner spanischen Kultur wiedergegeben? Oder liegt es auch daran, daß die Frauen sich seit Generationen verunglimpfen lassen, so daß sie nicht fähig sind, mit der Zuversicht und Kraft und Freiheit zu spielen, die man nur hat, wenn man ganz man selbst ist?

Dieses Einssein mit der Musik bei Casals, die Rechtschaffenheit seines Exils, in das er freiwillig ging, als Spanien faschistisch wurde, und die Lebenskraft, die ihn mit über neunzig noch heiraten ließ – ich frage mich, wie viele Frauen jemals so eine Einheit erreicht haben. Nur wenn Frauen keine Angst haben, es in der Musik oder auf sonst einem Gebiet der menschlichen Auseinandersetzungen einmal darauf ankommen zu lassen, stolz auf ihr Frausein sind und nicht länger zwischen Kindern und Karriere entscheiden müssen – nur dann kann es einen weiblichen Casals geben.

Als es Zeit für das Konzert ist, müssen wir abbrechen, aber die Auseinandersetzung geht in der Pause und hinterher weiter. Am Sonntagmorgen kommen wir wieder unter dem Apfelbaum zusammen. «Warum werden Frauen in der Musik so benachteiligt?» frage ich. «Das ist ein Beruf wie jeder andere auch», sagt der feindseligste der jungen Männer, «das ist ein Konkurrenzkampf, es geht um Dollars und Cents.» Na schön, wie viele Stellen hat es hierzulande bis vor kurzem für Musiker gegeben? In unserem materialistischen Wertsystem, das den Mann als Geldverdiener definiert und entmenschlicht hat – da war ein Mann, der Musiker werden wollte, in der Defensive. Hieß das, er war irgendwie feminin? Dann laßt auf keinen Fall eine Frau hinein. Der feindselige Mann, erfahre ich, hat eine Frau, die irgendwo anders als Musikerin ein wichtiges Stipendium bekommen hat. Ich frage, ob es für Männer nicht befreiend wirken würde, wenn sie nicht ständig dominieren und allein hinter dem Erfolg hersein müßten. Ich denke an einen Mann, der seine Familie mit einer Arbeit ernähren muß, die er haßt. Er findet seine eigentliche Befriedigung beim Musizieren. Wenn seine Frau auch verdienen würde, hätten sie beide mehr Freiheit, Musik oder sonstwas zu machen, auch wenn sie dabei weniger Geld verdienen würden.

Dann merke ich, daß es mehr ist als die Musik oder die Menschen, was mich an diesem Wochenende in Marlboro so anregt. Es ist der Gedanke einer ganzen Gemeinschaft, die vollkommen darin aufgeht, gemeinsam etwas Schönes zu machen. Weder die berühmten Musiker, die die Einnahmen aus diesen Konzerten für Stipendien stiften, noch die Studenten, die jeden Sommer so fleißig an ihrer Musik arbeiten, tun das nur für das Geld. Die Stipendien garantieren ihnen ein Existenzminimum; die Studenten machen selbst sauber, kochen und verkaufen Eintrittskarten. Diese Gemeinschaft, in der nur ein Kindergarten fehlt, ist dazu gemacht, das menschliche Bedürfnis, zusammen zu arbeiten und zusammen zu leben, zu befriedigen. In unseren Städten oder Vororten sind die Frauen von den Männern abgeschnitten und die Männer an unmenschliche Arbeitsplätze gekettet, wo sie oft einzig und allein für das Geld arbeiten. Hier wohnt man in relativ bescheidenen Wohnungen oder Zimmern, von denen man die Probenräume zu Fuß erreichen kann. Beim Sonntagsessen im Speisesaal sehe ich, wie die Musikstudenten, die Serkins, der Dirigent, die Frauen und Kinder alle in der Schlange stehen und sich mit dem ausgezeichneten Essen versorgen, auf dessen Zubereitung die Studenten so stolz sind.

Sonya ist ständig auf Achse – organisiert die Kabarettvorstellung, die am Montag zur eigenen Unterhaltung geplant ist, löst Probleme, macht ihre Musiker zu einer glücklichen Familie. Sie macht jetzt beruflich, was sie früher bloß getan hat, weil sie mit Boris Kroyt verheiratet war. Nach seinem Tod war sie von Marlboro weggegangen, aber die Musiker fanden, daß sie unentbehrlich war.

Wir brauchen alle so eine Gemeinschaft wie Marlboro. Eine Gemeinschaft, in der wir uns von unserer Isolation befreien können, in der wir zu freudiger Kreativität ermuntert werden und in der wir *zusammen* arbeiten statt gegeneinander wie in der Isolation unserer Vororte und Städte. Auch wenn die Frauen die ersten sind, die sich darüber beklagen, ist es für die Männer und Kinder dort auch nicht gerade herrlich.

Beim Wegfahren winke ich meinen neuen Freunden zu, den Frauen und den Männern, die nicht mehr feindselig sind. Denn wir haben ja nicht nur über das Frauenproblem gesprochen. Erlöse uns von den alten Problemen, die neuen sind viel interessanter.

Auf dem Ortsschild von Marlboro steht: «Musiker bei der Arbeit.»

Ich bin in der Veränderung verwurzelt

Was war ein Umzug früher für eine Entscheidung. Ich hätte überlegt, geschwankt, mir alle möglichen Angebote angesehen, wäre mir meiner Sache nicht sicher gewesen, von Zweifeln hin und her gerissen. Meine Wohnung ist derart vollgestopft mit Habseligkeiten, Papieren und Büchern, die ich nie finde, wenn ich sie brauche, mit Kleidern, die ich nicht anziehe, kaputten Vasen mit Ziergräsern vom vorletzten Sommer, daß der bloße Gedanke an einen Umzug mich mit Grausen erfüllt. Aber mein Untermietvertrag läuft in einem Jahr aus. Die Wohnung darüber ist zu haben. Sie hat einen großen Wohnraum, in dem man endlich wieder einmal Parties geben könnte, viel Platz unter einem Dachfenster, wo meine ganzen Bücher hinpassen, eine große sonnige Küche, einen eigenen Bereich für Emily.

In der wachsenden politischen Hektik der Bewegung habe ich keine Zeit zur Unentschlossenheit. Und so wird die Wohnung von meinem Sohn Jonathan und seinen Freunden fertig gestrichen, während ich am Nachmittag des 26. August 1971 mit Zehntausenden auf der Fifth Avenue demonstriere. Emily packt, und sie schaffen den ganzen Kram nach oben. Ich bezahle sie stundenweise und übernehme die Materialkosten – sicher sind sie billiger und verläßlicher als eine Umzugsfirma. Mit dem Geld, das Jonathan mit meinem Umzug verdient, wird er seinen eigenen finanzieren. Noch ein paar Jahre, und Emily wird auch gehen.

Ich habe die ersten achtzehn Jahre meines Lebens in einem einzigen Haus gewohnt – in einer einzigen Stadt. Daher fühlte ich mich zuerst entwurzelt, als ich nach New York kam. In den ersten Jahren meiner Ehe, in den Mietwohnungen, in denen wir nicht bleiben wollten, hatte ich die Illusion, ich könne die Familie irgendwo fest verwurzeln, indem ich ein Haus in Rockland County kaufte.

Aber diese Wurzeln waren entweder keine echten, oder sie sind verfault. Je mehr ich mich an ihnen festhielt, desto wurzelloser fühlte ich mich. Jetzt weiß ich, daß meine Wurzeln nicht an einem Ort oder in einer Zeit liegen; ich bin in der Veränderung verwurzelt. Mitten im Wandel, mitten im Umzug, fühle ich mich jetzt nicht entwurzelt – trotz wehmütiger Gedanken an Dinge, die vielleicht nie existiert haben und die es jetzt nicht mehr geben kann, nicht für mich und vielleicht sogar für niemanden. Ich merke, daß sich meine Wurzeln immer weiter ausbreiten, daß sie nicht auf Verwandtschaft oder auf Orten beruhen, sondern auf gemeinsam ertragenen Schwierigkeiten, Leidenschaft, Schmerz, Vertrautheit. Als Mensch wurzle ich im Leben.

Wie eigenartig, daß ich in dieser Riesenstadt wieder die gleichen Nachbarn habe – die Fleischmans und die Mehlings, die wie ich vor zwanzig Jahren in Parkway Village frühe Wurzeln geschlagen haben: Dort wohnten wir in identischen Wohnungen mit Garten, hatten unsere Kinder in derselben Gemeinschaftsvorschule, führten zusammen einen Mietstreik, brachten gemeinsam eine Nachbarschaftszeitung heraus. Ist es Zufall, daß uns alle, als wir uns nach unseren Umwegen durch die Vororte wieder auf die Suche nach Wurzeln in der realen Erde machten, unabhängig voneinander dieses neue Experiment in städtischem Gemeinschaftsleben anzog? Hier, im «Komplex 9 G», an der westlichen 93. Straße, haben dreißig Familien neun alte Sandsteinhäuser gekauft, Wände durchbrochen, um Licht und Luft und einen individuellen Platz für jeden zu schaffen, wie man ihn sonst in dieser verrottenden Stadt für die fünffache Miete nicht findet: Eine Gemeinschaft, die rings um einen gemeinsamen Garten lebt, mitten in der Stadt, nicht auf der Flucht vor ihr.

Wir können nicht mehr zurückkehren zu den großen Familien und alten Nachbarn und Kleinstädten unserer Kindheit, um uns die Kontinuität und Vertrautheit zu verschaffen, die wir immer noch brauchen. Wir brauchen eine Umwelt und eine Gemeinschaft, die zu unserem sich wandelnden Leben paßt. Aber heute entscheiden die bestehende Architektur, Stadt- und Vorortplanung, die Finanzierungsmöglichkeiten, Verordnungen, Gesetze und Profitinteressen darüber, was wir bauen, kaufen und mieten können; und alles hat sich verschworen, uns in die Isolation zu verbannen. Unser

Wohnungsbau ist immer noch an der Kleinfamilie orientiert, in der wir großgeworden sind: bestehend aus Hausfrau, Ernährer und zwei Kindern. Aber die neueren Statistiken zeigen, daß die meisten Amerikaner nicht mehr in solchen Familien leben. Was für Wohnungen gibt es für die Familie, wenn die Kinder aus dem Haus gegangen sind – oder für diese jungen Leute selbst; für die Mütter, die sowohl Ernährer als auch Hausfrauen sind, für die Familien ohne Vater, für die früheren Väter, die sich jetzt allein durchschlagen, und für all die Männer und Frauen, schwarz und weiß, reich und arm, die weder Mütter noch Väter sind, die es nicht sein wollen oder die diesen Teil ihres Lebens hinter sich haben? Wie können wir unsere Städte und Vororte so umgestalten, daß die menschlichen Wurzeln, auf die wir angewiesen sind, Nahrung finden und nicht absterben?

Aus der alten Wohnung sind unsere persönlichen Spuren schon beseitigt, und es gibt mir ein Gefühl der Sicherheit, von dort in das hektische NOW-Büro zu gehen, wo ich die letzten Vorbereitungen für die Demonstration treffe. Ich glaube, wir pflegen unsere historischen Wurzeln, unsere Gemeinschaft mit Frauen, wenn wir wie an diesem 50. Jahrestag des Frauenwahlrechts demonstrieren, wenn wir von nun an jedes Jahr auf die Straße gehen. Wir müssen unsere Vergangenheit feiern; feiern, was wir erreicht haben und was noch vor uns liegt. Die neuen Rituale, die wir dabei in dieser Frauenbewegung entwickeln, sind auch Wurzeln. Sie wirkten so mickrig am Anfang, vor einem Jahr noch – der geringste Sturm oder eine Insektenplage brachte sie in Gefahr. Jetzt plötzlich verästeln sie sich, stoßen nach allen Seiten voran. Unsere gemeinsamen Aktionen, die Kämpfe, die Differenzen, mit denen wir uns auseinandergesetzt und die wir überwunden haben, haben unser Vertrauen auf uns selbst und aufeinander bestärkt. Noch bevor sie das Signal dazu erhalten, organisieren Frauen in tausend Städten, was voriges Jahr nur in zehn stattgefunden hat.

Ich esse in Ellie Guggenheimers Restaurant zu Mittag, zusammen mit einigen netten, attraktiven und tatkräftigen Männern, die sich bereit erklärt haben, den politischen Frauenausschuß zu unterstützen. Es ist reizend von den Männern, daß sie bereit sind, den Frauen jene Unterstützung zu gewähren, die wir den Männern in der amerikanischen Politik so lange gegeben haben. Dann fahren wir zu einer Unterredung mit Bürgermeister John Lindsay ins Rathaus. Voriges

Jahr waren ihm die Frauen politisch nicht wichtig genug erschienen, um ihnen persönlich Zeit zu widmen. Er ließ einen Vertreter eine Erklärung verlesen, die an das Jubiläum des Frauenwahlrechts erinnerte und die Benachteiligung der Frau im öffentlichen Leben verurteilte. Ein Jahr später liegt es auf der Hand, daß diese Erklärung nur ihr Papier wert war. Die Frauen sind Entscheidungsbefugnissen in der städtischen Verwaltung keinen Schritt näher gekommen. John Lindsay sieht gut aus: Seine Werbeleute rechnen damit, daß sein Sex-Appeal ihm die Stimmen der Frauen einbringen und den Weg ins Weiße Haus ebnen wird. Wir fordern, daß er einen weiblichen Stellvertretenden Bürgermeister beruft und ein Büro für Frauenangelegenheiten einrichtet, um die Frauen in seiner Stadt aus dem geschlechtlichen Getto zu befreien. Kurz bevor wir diesmal bei ihm ankommen, beruft er eine Pressekonferenz ein und befördert eine Polizistin zum Captain. Er sagt, sein Finanzhaushalt gestatte keinen weiblichen Stellvertretenden Bürgermeister. Also sage ich, daß *wir* ein Büro für Frauenfragen einrichten – in seinem Auftrag, versteht sich – und in jeder Behörde untersuchen werden, warum Frauen dort nur die Handlangerdienste versehen und wie sich die Programme für die Frauen in der Stadt bewähren oder nicht bewähren. Auf den Stufen des Rathauses, wo die Fernsehkameras bereitstehen, verkünden wir die Gründung des Büros für Frauenfragen, bevor er es sich's anders überlegen kann.

In kaum einem Rathaus gibt es Frauen, außer als Sekretärinnen oder Putzfrauen. Wie sieht denn das heutige Großstadttrauma unter dem Aspekt der Frauen oder ihrer Abwesenheit aus? Der erste Schritt sollte wenigstens darin bestehen, ein paar Frauen ins Rathaus aufzunehmen, die ein paar neue Fragen aufwerfen. Ich möchte John Lindsay fragen, warum seine Polizei Großrazzien gegen Frauen unternimmt und Prostituierte verhaftet, ohne den Männern ein Haar zu krümmen, die sie ausnutzen und an ihnen verdienen. Ist es nicht ein männliches Ablenkungsmanöver, diesen Frauen nachzustellen, von denen die meisten schwarz sind und keine andere Möglichkeit haben, Geld zu verdienen? Die einzigen Opfer ihrer Prostitution sind sie selbst.

Wie peinlich, selbst für liberale Politiker, wenn Frauen die Fragen, die sie sich in ihrem eigenen Leben gestellt haben, jetzt auch in der Politik stellen.

Als ich nach der Demonstration ins Bett falle, fühle ich mich außerstande, Ordnung in die neue Wohnung zu bringen, geschweige denn in die neue Frauenpolitik. Emily und ich fahren in die Kommune, um eine Woche am Strand zu liegen, bevor sie wieder in die Schule muß.

Aber vor der Politik gibt es jetzt kein Entrinnen: Eugene McCarthy kommt für zwei Tage in unsere Kommune und besucht Arthur Herzog, der seinen Wahlkampf in Oregon organisiert hat. In unserer Kommune mag es Meinungsverschiedenheiten über das Kochen, Abwaschen und gewisse Rechnungen geben, aber die Leidenschaft für die Politik teilen wir alle. Wir sind in ihr genauso verwurzelt wie in unserem gemeinsamen Bedürfnis nach Vertrautheit, nach einer Ersatzfamilie für unsere Kinder. Als Fred und LaDonna Harris zu Besuch kommen, habe ich sogar in den Badezimmern Vasen mit Grün und Blumen aufgestellt. LaDonna, eine wunderbare, warmherzige, dynamische Frau, die selbst einen Kampf um die Rechte der Indianer anführt, habe ich für den politischen Frauenausschuß gewonnen. Ich habe auch Fred ein wenig politisch beraten. Er und LaDonna sollten als Team für die Präsidentschaft kandidieren, nicht den alten Frau-des-Präsidenten-Blödsinn machen. (Ich finde, daß Frauen, die eigenständige Persönlichkeiten sind, nicht unbedingt allein vorgehen müssen, sondern auch gleichberechtigte Mitglieder eines Teams sein können.)

Während ich jetzt die Rhododendronzweige für McCarthys Besuch in die Vasen stelle, denke ich daran, wie wichtig für meine politische Position seine Entscheidung war, 1968 zu kandidieren – als nichts, weder die Aktionen der Jugendlichen noch Friedensmärsche, noch Petitionen etwas gegen den Krieg in Vietnam auszurichten schienen. Meine Söhne kamen allmählich ins Wehrdienstalter, und ich habe seinen Wahlkampf unterstützt –, trotz der Kritik der «reinen» Feministinnen in meiner eigenen Organisation. Parteipolitik hatte mich bislang immer abgestoßen, vielleicht weil ich mir wie viele Frauen unerwünscht vorkam oder nicht bloß Adressen schreiben wollte, oder weil diese Politik anscheinend nichts mit dem Leben zu tun hatte. Die Lebensfreude, die McCarthy in Kindern, Frauen und Männern zu wecken verstand, und die Art, wie für seinen Wahlkampf gearbeitet wurde, waren für mich die ersten Anzeichen dafür, daß die Politik in Amerika nicht unbedingt auf die alte Art, mit einer autoritären Maschinerie gemacht werden mußte.

Das Jahr 1968 endete für mich wie für viele andere mit Bitterkeit und dem Gefühl, verraten worden zu sein, als wir auf dem Parteitag der Demokraten erkannten, daß es Schiebereien gegeben hatte. Der Wille des Volkes, die Vorwahlen in New Hampshire, Wisconsin und Oregon, konnten den Parteitag nicht beeinflussen – die große Mehrheit der Abgeordneten war schon von den Bossen bestimmt worden. Kennedy war tot, McCarthy gab auf, und die Jugendlichen gingen blutüberströmt nach Hause, entweder um sinnlos Bomben zu basteln oder sich in die zynische Apathie der Verzweiflung zu verkriechen. Ich konnte mich in die Frauenbewegung flüchten, die von niemandem so ernst genommen wurde, daß man mit Gummiknüppeln oder Tränengas gegen sie vorging. Aber wenn ich danach an Universitäten im ganzen Land Vorträge hielt, begann ich Fragen aufzuwerfen, die über die Benachteiligung der Frau hinausgingen, politische Fragen, die die Politiker nicht stellten, zur Lebensqualität in Amerika, zu den Frustrationen, die unsere Geschlechterrollen mit sich bringen und die uns eine Explosion von Gewalt eintrugen, die uns das grünende Leben in Vietnam mit Napalm auslöschen und die langhaarigen jungen Leute niederknüppeln ließen. Und an Universitäten, die als unpolitisch gegolten hatten, kamen immer mehr junge Männer und Frauen zu mir, um über diese Dinge zu sprechen. Vielleicht war die Parteipolitik dieser Jahre unwichtig: abstraktes Gerede rechts oder links, im Establishment oder im Anti-Establishment; Wahlen, durch die sich nichts änderte, Kandidaten, die sich im Grunde nicht voneinander unterschieden. Sogar die Begriffe, die «Streitfragen», die alte Einteilung in «radikal» und «konservativ» berühren nicht die Probleme der neuen Habenichtse, der entfremdeten Jugend mit ihren Lebenssorgen und der etwas älteren mit ihrer frustrierten Sehnsucht nach blühendem Leben.

Ich gehe zwei Stunden lang mit McCarthy am Strand spazieren. Er interessiert sich für meinen Gedanken, daß die Katholiken über die Trennung von Staat und Kirche hinaus aus der Sackgasse herausfinden können, in die sie mit dem Problem der Geburtenkontrolle und Abtreibung geraten sind, wenn sie das Recht der Frau auf vollkommene Persönlichkeitsentfaltung akzeptieren. Er sagt, daß er als Katholik «keine Schwierigkeiten» mit der Abtreibungsfrage habe, was das Recht der Frau auf eine freie Entscheidung angeht. Was er über die politischen Streitfragen sagt, kommt mir weniger wichtig vor als seine Vision einer neuen Politik, die über die Schachzüge bei den Präsidentenwahlen von 1972 hinausweist, und sein neues ruhiges Eintreten für die Konsequenzen seiner politischen Leidenschaft.

In der Frauenbewegung hat es mit den «Führungsgestalten» etwas Besonderes auf sich. In der Vergangenheit sind wir so lange passive Mitläufer gewesen, manipuliert und erniedrigt worden, daß viele von uns immer noch zuviel Selbsthaß verspüren, um Vertrauen in sich zu haben. So ärgern wir uns über die Stärke anderer und sagen, niemand solle führen, und wollen alle gleich machen, die Führungsqualitäten an den Tag legen. Führerschaft bedeutet, die Verantwortung für Aktion zu übernehmen. Wir brauchen eine Führung, und wir können ihr vertrauen, wenn sie in der Lage ist, aus eigener Überzeugung heraus zu handeln und dieselbe Kraft in anderen zu wecken. Das hat McCarthy 1968 getan, als er seine leidenschaftliche menschliche Überzeugung einsetzte, während andere nur über das Für und Wider des Vietnam-Krieges sprachen; als er ungeahnte politische Kraft in den Jugendlichen, im Mittelstand, bei Lehrern und Pfarrern zutage förderte, und auch bei Frauen wie mir, die dennoch weiter an ihrer jeweiligen Überzeugung festhielten.

Die neue menschliche Politik hatte 1968 beinahe Erfolg, trotz der Bosse und der Wahlmanipulationen und der Attentate. 1972 werden Millionen Achtzehnjährige wählen, und noch mehr Millionen Frauen sind jetzt befreit genug, um ihrer eigenen politischen Überzeugung zu folgen. Nach den neuen Bestimmungen können die Bosse auf den Parteitagen die Abgeordneten nicht mehr so leicht nach ihren Vorstellungen aussuchen. Sie müssen in vielen Staaten aus Vorwahlen hervorgehen, und die Hälfte müssen Frauen sein, sagen die Republikaner – so viele, wie ihr Anteil an der Bevölkerung ausmacht, sagen die Demokraten. *Sagen sie.* Können wir das wahrmachen? «Auf Wiedersehen beim Wahlkampf», sagt McCarthy, als er unsere Kommune wieder verläßt. Ich weiß weder, ob sein Wahlkampf je zur Präsidentschaft führen wird, noch, ob unsere Wege sich kreuzen werden. Aber nun, wo ich mich auf eine eigene politische Überzeugung zubewege, verstehe ich nur zu gut sein früheres Zögern, seine Angst davor, die Verantwortung für die Hoffnungen und Träume zu übernehmen, die er in uns erweckt hatte und die wir 1968 in ihn gesetzt hatten; Verantwortung für die Kraft, die wir von ihm erwartet und die wir ihm gegeben haben, für das Gefühl, verraten zu sein, das wir empfanden, als sich die Träume zerschlugen.

Auf dem Flug nach Los Angeles zur fünften Tagung der NOW

verspüre ich unerklärliche Angst. Es ist beeindruckend, im Flughafenhotel die siebenhundert Frauen zu sehen, die jetzt in zweihundert Städten Spitzenpositionen innehaben – wenn man sich an das halbe Dutzend erinnert, mit denen vor fünf Jahren in meinem Hotelzimmer in Washington alles angefangen hat. Es ist überwältigend, wie sauber die Vervielfältigungsapparate in einem Raum neben dem anderen arbeiten, wie professionell Informationsmaterial aus Zeitschriften und Fotos zusammengestellt und in jeder Stadt von NOW verbreitet wird, wenn ich mich daran erinnere, wie wir unsere erste Publikation herausgebracht haben, uns die ganze Nacht um die Ohren geschlagen und uns mit Spiritus bekleckert haben an der geliehenen Vervielfältigungsmaschine, die keine von uns bedienen konnte. Und die Gesichter, die ich von so vielen Kämpfen in diesen wenigen Jahren her kenne, *alle heute in Führungspositionen*, und die Neuen, die auf mich zukommen und sagen: «Ihr Buch hat mein Leben verändert.» Ich hatte Angst vor Feinden in Los Angeles gehabt. Eine lancierte Meldung in der Presse hätte mich beinahe davon abgehalten zu kommen. Aber auch die Liebe, die mir von allen Seiten entgegengebracht wird, ist beängstigend. Es war nicht so einfach, mein eigenes Leben zu ändern; werden die Frauen hier dazu in der Lage sein und auch daran festhalten, wenn sich die Welt nicht so bald ändert, wenn Rückschläge kommen? Aus Ämtern kann ich mich diskret zurückziehen, aber nicht aus dieser Verantwortung.

An diesem Abend werde ich mit anzüglichen Witzen belästigt – zur Abwechslung auf Kosten der Männer anstatt der Frauen. Haben wir es wirklich nötig, die Männer nachzuäffen, frage ich? Sex sollte kein dreckiger Witz sein, weder für Männer noch für Frauen. Die meisten geben mir recht, wir machen weiter. Nicht einmal die Medien haben es fertiggebracht, uns ernsthaft zu spalten. Bei einer einzigen Gelegenheit werde ich energisch: gegen eine Resolution, die jene radikalen Gruppen verurteilt, die versuchen, die Führung an sich zu reißen. Natürlich wird eine so große Bewegung wie die unsere von der CIA, von radikalen Lesbierinnen und linientreuen Kommunistinnen unterwandert, aber wir sind zu stark, als daß jetzt jemand die Führung an sich reißen könnte. Im Kampf gegen weibliche Strohmänner wie gegen sexuelle und politische Ablenkungsmanöver können wir viel Energie vergeuden. Wir müssen unsere Kraft erkennen, dürfen uns nicht spalten lassen – und wir müssen *weitermachen.*

An diesem Abend kommt meine dreiundsiebzigjährige Mutter von ihrem Altersheim in Laguna Hill heruntergefahren, um mich auf der NOW-Tagung zu besuchen. Ihr dritter Mann ist voriges Jahr gestorben. Vor ihrer Ehe war sie Journalistin, dann wurde sie Hausfrau und organisierte Wohltätigkeitsaktionen. Mit siebzig begann sie eine neue Karriere, indem sie ihre lebenslange Erfahrung im Bridgespielen ausnutzte und sich als Schiedsrichterin von Bridgewettkämpfen eintragen ließ. Mit einundsiebzig hat sie angefangen zu reiten, um sich fit zu halten. Jetzt hat sie einen dritten Beruf: Sie vertreibt umweltfreundliche, biologisch abbaufähige Waschmittel, Kosmetika und Vitaminpräparate, von denen sie behauptet, sie hätten ihr so viel Spannkraft gegeben, daß sie keine künstlichen Hormone mehr nimmt. Sie ist begeistert von der NOW-Tagung. Ich erkenne plötzlich, wie viele Frauen und Männer wie meine Mutter dem Leben zugewandt sind und sich dagegen auflehnen, in Alters- und Pflegeheimen eingemauert zu werden, als seien sie schon tot. Entsteht da – bis 1972 oder 1976 – die nächste Befreiungsbewegung, ein weiterer mächtiger Verbündeter für die neue menschliche Politik?

Wieder zu Hause, stelle ich fest, daß die politischen Frauenausschüsse in allen Staaten wie Pilze aus dem Boden schießen. Aber in vielen Staaten gibt es Meinungsverschiedenheiten zwischen Frauen, die die Ausschüsse groß und breit anlegen und Frauen aller möglichen Ansichten und Vereinigungen aufnehmen wollen – und denen, die sie eng fassen und fest in der Hand behalten möchten. Manche wollen sie auf die Radikalen und diejenigen Liberalen beschränken, die sich ausschließlich mit den aktuellen politischen «Streitfragen» beschäftigen, und die Konservativen ausschalten. Andere, «reine» Feministinnen haben Angst, die «Politikerinnen» könnten die Führung übernehmen. Und manche Frauen, die bereits in einer Partei Fuß gefaßt haben, wollen die «verrückten Feministinnen» draußen halten, die alles kaputtmachen. Ich bestehe darauf, daß alle in einem alle umfassenden Ausschuß zusammenkommen und dann ihre Führung selbst wählen. Und wesentlich mehr Frauen als erwartet nehmen mich bei meinem Versprechen, «für jede Kandidatin einzutreten, die sich für die Interessen der Frau und die Priorität menschlicher Bedürfnisse engagiert, soweit mein Terminkalender es zuläßt».

Mitten in der Nacht komme ich schließlich nach Hause und stelle die Möbel so um, wie es den höheren, luftigeren Räumen entspricht.

Meine alten Sachen wirken kleinkariert, zusammengewürfelt, verspielt. Es ist nichts Rechtes damit anzufangen. Ich fange an, die kaputten Vasen, staubigen Ziergräser und nutzlosen kleinen Tischchen auszumisten. Die Sachen, die ich wirklich mag, sehen jetzt viel besser aus. Dann schiebe ich mein einziges schönes antikes Stück, das kleine rote Sofa, das bis jetzt geschützt in einer Ecke gestanden hatte, vor den Kamin, wo man drauf sitzen und drumherumgehen kann. Es verleiht dem ganzen Zimmer Wärme, öffnet es, und plötzlich stimmt alles zusammen.

Die hungernden russischen Massen, die den Zaren stürzen ... So sehen ... einige unserer Schwestern die Revolution

Der Campus der Concord University in Athens, West Virginia, sieht aus wie in einem einschlägigen Hollywoodfilm. Überall sieht man Transparente zur Wahl der Homecoming-Queen (Homecoming, Altherrentreffen und offizielle feierliche Eröffnung des neuen akademischen Jahres; zu den Ritualen gehört die Wahl einer «Königin», Anm. d. Übs.): «Wählt Kuschel-Kate», «Sexy Susie», «Macht Margie zur Königin». Ich erfahre, daß jede Fraternity eine Kandidatin unterstützt. Die wilde Wahlschlacht um die Königin ist tatsächlich ein Kampf unter Männern; die Mädchen sind nur Objekte. Es ist eine alte Tradition an dieser wie an anderen Universitäten, aber in diesem Jahr ist einigen Studentinnen nicht ganz wohl dabei. Mir auch nicht.

Angesichts dieses Wettbewerbs finde ich es unmöglich, meinen angekündigten Vortrag zu halten: «Frauenbefreiung – Gefahren, Sackgassen, Zukunftsperspektiven?» Nach ein paar einleitenden Worten fordere ich je sechs Jungen und Mädchen auf, sich freiwillig für ein Experiment zur Verfügung zu stellen. Die Männer melden sich zuerst. Ich sage ihnen, sie seien Kandidaten für die Wahl des Homecoming-King. Sie sollen sich der Reihe nach so produzieren und herausstreichen, wie sie es von den Mädchen erwarten, die an dem Wettbewerb teilnehmen. Traditionelle Schüchternheit hält die Frauen davon ab, sich zu melden, sie müssen dazu gedrängt werden. Ich postiere die sechs Richterinnen hinter das Rednerpult; sie sollen den Homecoming-King wählen – Mr. Männlich von West Virginia.

Die ersten beiden Jungen, Fraternity-Typen mit Bürstenschnitt, legen los, lassen ihre Muskeln spielen und demonstrieren peinlich genau das Bewußtsein dessen, was der Sexismus dem Mann auferlegt. Einige sagen, wie gut sie im Sport oder im Seminar sind, was bei den Maßstäben dieses Wettbewerbs irrelevant erscheint. Ein langhaariger junger Mann bringt eine homosexuelle Parodie auf weibliches Haare-Aufdonnern – die Art Groteske, die sowohl Frauen als auch Männer bloßstellt, wenn sie die stereotypen Verhaltensweisen des eigenen Geschlechts ablegen wollen, indem sie die des anderen übernehmen. Die letzten beiden sagen, sie kämen sich «einfach blöd» vor. Alle sechs berichten, wie sie sich gefühlt haben: «Ich habe nicht gewußt, was ich jetzt darstellen oder machen sollte.» ... «Ich hab das Gefühl gehabt, ich werd hier für etwas beurteilt, was nichts mit mir zu tun hat.» ... «Ich hatte das Gefühl, daß ich überhaupt nichts zu bieten hatte.» ... «Der Wettbewerb schien mir unfair, aber ich muß zugeben, daß ich gewinnen wollte.»

Dann sprechen die Mädchen mit den langen blonden Haaren und dem weichen Südstaatenakzent ihr Urteil. Ein sehr sanft aussehendes Mädchen stemmt die Hände in die Hüften und mustert die Jungen von oben bis unten, mit der überrascht-wohlgefälligen Miene eines Viehhändlers. Mit köstlicher Boshaftigkeit stellen diese sanften Südstaatlerinnen die erniedrigenden Fragen, die Männer bei Schönheitskonkurrenzen an Frauen richten. Schließlich beschreiben sie allen ihre Gefühle: «Sie haben mir leid getan.» ... «Sie wirkten so verwundbar.» ... «Auch für die Sieger war es kein fairer Wettbewerb.»

Einer der Studentenführer, ein Sportler aus West Virginia, war besonders feindselig gewesen, als er mir vorgestellt wurde. Nun ruft er plötzlich von der Galerie herunter: «Das ist unfair! Jetzt sagen die Mädchen auf einmal, sie haben ein Recht, Präsident zu werden und was nicht alles, aber wenn wir zusammen ausgehen, müssen wir zahlen, auch wenn sie genausoviel Geld haben wie wir. Und die Tür müssen wir ihnen auch noch aufhalten.» Ein anderer Junge sagt: «Ihr redet von Gleichberechtigung, aber Frauen werden nicht eingezogen, nur die Männer.»

Es ist fast eine Wohltat, die Gründe für die Feindseligkeit der Männer laut ausgesprochen zu hören. Wo ich hinkomme, fragen mich die Reporter aus über den «Widerstand» und die «Feindseligkeit von Männern», die ich doch sicher als Anführerin dieser Revolution erdulden müsse. Seltsamerweise habe ich persönlich in den letzten Jahren in der Öffentlichkeit immer weniger Feindseligkeit von Männern erlebt. Der Kampf der Geschlechter – die Frauenfeindlichkeit der amerikanischen Männer und die Männerfeindlichkeit der amerikanischen Frauen – hatte bereits seinen Höhepunkt erreicht, bevor ich anfing, Vorträge zu halten. Ich bin überzeugt, daß die Frauenbewegung die Ursache für diese Feindseligkeiten allmählich beseitigt.

Ich spreche davon, daß wirkliche Gleichberechtigung für Frauen genauso eine Gleichberechtigung in der Verantwortung sein müsse wie in Privilegien und Rechten; daß Männer dann von der Last befreit würden, Türen aufhalten zu müssen, überall die Zeche zu bezahlen, zehn Jahre früher als die Frauen zu sterben und Kriege zu führen. Ich sage, wenn das nur bedeutet, daß wir uns mögen, können wir uns auch gegenseitig Feuer geben. Wenn eine schwangere Frau in einen Bus einsteigt, sollte ein Mann natürlich aufstehen und ihr seinen Sitzplatz anbieten, aber wenn ein müder alter Mann in den Bus kommt, würde ich ihm auch meinen Sitzplatz anbieten. Ich sage, daß niemand nach Vietnam oder zu sonst einem ungerechten, unmoralischen Krieg eingezogen werden sollte, aber daß jeder notwendige Dienst für die Allgemeinheit von Frauen und Männern gleichermaßen geleistet werden sollte: Niemand sollte seines Geschlechts wegen davon befreit werden. Und vielleicht bleiben den Männern viele Minderwertigkeitsgefühle erspart, wenn sie der Kommilitonin, der Arbeitskollegin oder der Lebensgefährtin nicht mehr unbedingt überlegen sein müssen. Alle fühlten sich vielleicht weniger einsam, wenn sie die Belastungen miteinander tragen, die Masken abnehmen und sich wirklich kennenlernen würden. Wenigstens sind Frauen, die für sich selbst bezahlen können, auch in der Lage, einen Mann um seiner selbst willen zu lieben, nicht wegen seines Einkommens, und verspüren insgeheim weniger das Bedürfnis nach Rache.

Die Fraternity-Typen, die männlichen Schönheitsköniginnen und die Richterinnen scheinen sich ein bißchen nähergekommen zu sein, als sie mir zum Abschied die Hand geben oder mich umarmen.

Diese Fragen tauchen ständig auf, so wie sich unsere Revolution jede Woche erneut als real erweist. Die Frauenausschüsse treten gegen die Benachteiligung der Frau am Arbeitsplatz, in den Schulen, Kirchen, Restaurants, in der Fernsehwerbung, sogar im Kinder-Baseball auf. In jedem Staat überschreiten die Frauen die von Männern gezogenen politischen Grenzen und fordern 1972 gleiche politische Macht für Frauen.

Was wird geschehen, wenn sich die Frauen in großer Zahl um die wirklich guten Stellen bewerben, die bis jetzt den Männern vorbehalten waren, wenn die Männer nicht mehr auf die unter- oder unbezahlten Handlangerdienste der Frauen rechnen können – zu Hause, im Büro oder in Kirche und Partei? Werden die Männer in Politik und Büro die Frauen wirklich als gleichberechtigte Partner im Entscheidungsprozeß akzeptieren und die gleiche Verantwortung für die Hausarbeit und die Kindererziehung übernehmen? Kann diese Revolution der Frauen die Gesellschaft wirklich verändern, ohne heftige Rückschläge durch die Männer zu erleiden?

Im Moment kann man diese Fragen noch nicht beantworten. Eine Revolution der Frauen gegen die Männer möchte ich für mein Teil gar nicht gewinnen, auch wenn ich das könnte; und ich kann mir auch nicht vorstellen, dafür zu kämpfen. Vielleicht entstehen diese Fragen durch eine veraltete Vorstellung von Revolution, gemäß der im Western die *good guys* gegen die *bad guys* zu kämpfen haben, Paul Revere und George Washington gegen die despotischen britischen Tories, das französische Volk, das sein dekadentes Königspaar guillotiniert, die hungernden russischen Massen, die den Zaren stürzen, die Inder, die ihr Land den britischen Vizekönigen entreißen. So sehen die Medien – und einige unserer Schwestern – unsere Revolution.

In Wirklichkeit kann es keinesfalls so vor sich gehen. Schließlich brauchen wir die Männer. Die meisten von uns würden doch gar nicht ohne sie leben wollen. Aber die Männer können unmöglich ignorieren oder belächeln, was heute mit vielen Frauen vorgeht. Es betrifft auch ihr Leben. Werden die Männer freiwillig zur Seite rücken, um ihren Platz an der Sonne mit uns zu teilen? Oder werden sie sich gegen uns verbünden?

Wieder zu Hause, grüble ich über diese Fragen nach, als es plötzlich Ferngespräche aus Florida hagelt, wo ich an der Universität in Gainsville sprechen soll. Die Studentinnen sagen, ich würde dazu mißbraucht, eine sexistische Situation zu vertuschen. Das festliche Homecoming-Wochenende steht bevor; die Hauptveranstaltung ist das «Blue Key Banquet». Diese Honoratiorenvereinigung ist in Florida die Wiege der Politik. Frauen sind nicht zugelassen. Muskie wird bei dem Bankett eine Rede halten. Praktisch jeder Politiker in

Florida wird zu diesem Bankett auf den Campus kommen, um die studentischen Mitglieder der Vereinigung kennenzulernen, die einmal seine politischen Erben sein werden. Weil kürzlich Stimmen für die Zulassung von Frauen zum «Blue Key» lautgeworden waren, hatte die entsprechende Frauenorganisation «Mortar Board-Savant» Geld erhalten, um dieses Jahr ihrerseits einen wichtigen Redner zu verpflichten, das heißt mich. Das alles hatte ich nicht gewußt. Wollen sie, daß ich nicht komme? Um die sexistische Situation zu boykottieren? Oder können sie meinen Besuch dazu benutzen, diese Geschlechtertrennung aufzudecken und zu versuchen, sie zu beenden? Ich bitte sie, mich am Flughafen abzuholen und mir zu sagen, was sie vorhaben.

Dann kommen Anrufe aus Washington, von Muskies Stab: «Wir haben gehört, daß Sie in Florida sprechen werden. Der Senator bewundert Sie schon seit Jahren. Und Mrs. Muskie kommt sogar mit, um Ihre Rede zu hören.» Sehr nett, sage ich, aber wenn ich Senator Muskie einen Rat geben darf, würde ich die Frauen und mich einladen, ihn auf das «Blue Key Banquet» zu begleiten und öffentlich gegen die Geschlechtertrennung in der Politik Stellung zu beziehen. Aber der Senator ist Gast, nicht Gastgeber – das kann er nicht machen, und er schätzt keine Konfrontation, sagt die Frau vom Stab. Ich auch nicht, sage ich. Ich habe das nicht vorgehabt, aber da ich jetzt davon erfahren habe, lasse ich mich nicht dazu benutzen, den Sexismus zu vertuschen. Während der nächsten Woche entschließen sich die Frauen in Florida, das Frauenbankett sein zu lassen und Zutritt zum «Blue Key» zu verlangen. Sie bitten mich mitzumachen und sie zu unterstützen. Außerdem erfahre ich, daß verschiedene führende Demokraten in Florida versuchen, Frauen zu finden, die Druck auf mich ausüben sollen, um mich davon abzuhalten. Aber auch die Führerinnen der Florida-Frauen weigern sich, Tante Tom zu spielen und mich darum zu bitten. Angesichts der drohenden Krise schickt Muskie drei Kundschafter hin. Sie handeln aus, daß zum erstenmal die der Fakultät angehörenden Frauen und ihre Ehemänner zum «Blue Key Banquet» eingeladen werden – aber natürlich weder die Frauen der männlichen Fakultätsangehörigen oder anderer Mitglieder, noch, was wichtiger wäre, Studentinnen.

Am Flughafen in Gainsville werde ich in Beschlag genommen, bevor die Anführerinnen der Bewegung an mich herankönnen. Die Frauen der *sorority* (Verbindung der weiblichen Studenten), meine offiziellen Gastgeberinnen, sind deutlich nervös. Offensichtlich hat die Universitätsspitze sie unter großen Druck gesetzt. Weil in Florida die Vorwahlen schon sehr früh stattfinden, berichten Presse und Fernsehen über Muskies Auftritt. Und schließlich sind wir im Süden, wo Frauen immer noch still zu sitzen und sich zu benehmen haben, wie es sich für Damen schickt.

Auf dem Empfang werden die *sorority*-Frauen plötzlich aufgeregt: «Betty, Senator Muskie ist da. Kommen Sie herüber, wir wollen Sie ihm vorstellen.» Aber die junge Anführerin der Studentinnen hat mich inzwischen gefunden. Sie ist zwar genauso nervös, kommt ebenfalls aus den Südstaaten und spricht im gleichen sanften Tonfall, aber sie flüstert mir scharf zu: «Wollen Sie wirklich zu ihm hingehen?» – «Nein», sage ich, «eigentlich ist dieser Empfang doch für mich.» Senator Muskie kommt herüber, um mich kennenzulernen. Er sieht aus wie ein rechtschaffener und anständiger Mann. «Senator», sage ich, «ich hoffe, Sie sind nicht für Geschlechtsdiskriminierung.» – «Nein, natürlich nicht», sagt er. «Dann nehme ich an, daß wir uns nachher noch sehen werden», erkläre ich ihm.

Zum Bankett sind soviel mehr Studentinnen erschienen, als wir erwartet hatten, daß ich ungefähr eine Stunde allein auf dem Podium sitze, während zusätzliche Tische aufgestellt werden. Ich werde zunehmend nervöser. Die militanten jungen Studentinnen hatten gewollt, daß ich überhaupt nicht zu dieser Frauenvereinigung des Establishment spreche, aber ich habe vor, meine Vortragsverpflichtung zu erfüllen – und sie vielleicht zu überreden mitzuhelfen beim Niederreißen der Schranken, die junge Frauen von der Wiege der Politik in Florida fernhalten.

Ich bin zwar im Süden aufgewachsen, aber ich habe genug davon mitbekommen, was sich «für Damen schickt», daß mich eine politische Konfrontation nervös macht. Vielleicht ist es mehr als nur das Bestreben, damenhaft zu bleiben – einfach Angst davor, mit der Feindseligkeit der Macht konfrontiert zu werden. Ob wohl die Sheriffs der Südstaaten, die mit Peitschen gegen schwarze Jugendliche vorgegangen sind, als diese für die Bürgerrechte demonstriert haben, höflich zu den Damen sind, jetzt, wo die auch auf die Straße gehen? Ich fange an, mich merkwürdig schlapp und schwindlig zu fühlen. Ich frage sogar eine Führerin der *sorority*, ob sie mir etwas Riechsalz besorgen kann. Es wäre kaum von Vorteil für mich, angesichts dieses Südstaatengeplänkels in Ohnmacht zu fallen. Ich wäre eine Schande für die ganze Bewegung.

Dann spreche ich also zu diesen Südstaatenfrauen über die Dringlichkeit gerade dieses Moments und die Tatsache, daß die Institutionen für die neue Generation von Frauen geändert werden müßten, damit sie die Gleichberechtigung bekämen, die ihnen unübersehbar vorenthalten werde. Ich sage, daß weder Männer noch Frauen mit ihrer vollen menschlichen Aussagekraft geboren werden. Sie brauchten Erfahrungen, um diese zu erlangen, solche, wie sie die jungen Männer im «Blue Key» bekämen. Daß Frauen in allen Teilen des Landes von solchen Erfahrungen ausgeschlossen werden, sei mit ein Grund dafür, daß es nur eine Frau im Senat gebe und man keine Frau für qualifiziert für den Supreme Court halte. Mrs. Muskies Anwesenheit oder meine Rede hier hätte nur Scheinfunktion, sie änderte nichts an der Situation, daß die Frauen von der Politik in Florida ausgeschlossen seien.

Dann schlagen die jungen Frauen vor, Einlaß zum «Blue Key Banquet» zu verlangen, und laden die älteren Gäste ein mitzukommen. Ich steige vom Podium und gehe, zusammen mit mehreren hundert anderen, ein paar hundert Meter über den Campus zu dem größeren Saal, wo gerade Senator Muskie spricht. Bullige Polizisten versuchen, die Tür zu versperren. Die jungen Florida-Frauen mit den sanften Stimmen schieben höflich und unbewegt die Füße in die Tür, so daß sie nicht zugeht. Eine Anzahl Männer ist jetzt zu uns gestoßen, Studenten und Angehörige der Fakultät, und wir betreten den Bankettsaal. Mir war nicht klargewesen, daß er so groß ist, da müssen mehrere tausend Männer sein. Später erfahre ich, daß so gut wie jeder Politiker im Establishment Floridas – von den Sheriffs und Bürgermeistern bis zu den Staats- und Bundessenatoren und sogar dem Gouverneur – anwesend ist. Die wenigen symbolischen Gäste, die Frauen der Fakultät, sind gar nicht zu sehen in diesem Meer von Südstaatenmännlichkeit.

Während die sanfte, unkriegerische Invasion der Frauen von Florida sich auf das Podium zubewegt, scheinen die Politiker des Südens unter Schockwirkung zu stehen. Doch Muskie lächelt. Er hat darauf bestanden, daß wir das Mikrofon und Redeerlaubnis bekommen. Ich sage der jungen Florida-Frau, sie solle an das Mikrofon gehen. Dies ist ihre Show, nicht meine. Ihre Stimme zittert. Sie sagt: «Trennung ist nicht Gleichberechtigung, weder für Schwarze noch für Frauen. Frauen bestehen auf einer wirklich gleichberechtigten

Stimme in der Politik Floridas. Ihr könnt uns nicht länger aussperren. ‹Blue Key› ist die Wiege der Florida-Politik. Sie muß für Frauen geöffnet werden. Wir werden uns Gehör verschaffen.»

Ich sage, daß ich die Florida-Frauen unterstütze, daß dies eine Warnung an Senator Muskie und an jeden anderen Präsidentschaftskandidaten sei, auch wenn ihn keine Schuld am Sexismus in Florida treffe. Die Sexismuspolitik, politische Organisationen oder Versammlungen mit Stimmrecht «nur für Männer» könnten nicht länger geduldet werden.

Ich habe noch keine drei Minuten gesprochen, als der Vorsitzende unterbricht: «Wenn ich mal ein Wort am Rande einwerfen darf . . .» (Die Studentinnen schreien: «Männer dürfen ausreden!») «Ich will nur sagen, daß wir euch Damen sehr lieben, und wenn ihr alle aufhört zu reden, dürft ihr hierbleiben und Senator Muskie zuhören.» – «Sie brauchen uns nicht zu lieben», sage ich, «wir brauchen nicht hierzubleiben und zuzuhören; wir wollen die gleiche Chance, Politik zu machen und zu reden.»

Aber das ist ja das Schlimme – oder das Schöne –: Sie müssen uns lieben, und wir sie. (Natürlich nicht jeden.) Warum waren die Männer von Florida so merkwürdig still, als Frauen in ihr heiliges, weißes, männliches politisches Reservat eindrangen? Wie die meisten Männer, gehen sie abends zu einer Frau nach Hause. Die Männer, mit denen wir zusammenarbeiten oder Politik machen, brauchen uns nicht persönlich zu lieben. (Wenn auch die persönlichen Bindungen zwischen uns vielleicht beinahe so wichtig sind wie Liebe.) Aber Männer sind abhängig von der Liebe der Frauen, was immer das heißen mag, genauso wie Frauen von ihnen wegen bestimmter Dinge abhängig gewesen sind, die oft die Liebe der Männer beeinträchtigt haben. Diese Faktoren will unsere Bewegung für Gleichheit verändern. Sie haben manche Männer und Frauen dazu gebracht, den bloßen Gedanken an Liebe zum anderen Geschlecht einfach von sich zu weisen. Aber wir brauchen uns gegenseitig, und das prägt, bereichert oder verfolgt die meisten Männer und Frauen in ihrem Leben, allen Problemen zum Trotz. Könnte die sexuelle, die menschliche Realität der Bindung zwischen Männern und Frauen unserer Revolution eine Macht verleihen, die stärker ist als die wütenden Vergeltungsmaßnahmen der Rassenunterdrückung, stärker als die ökonomischen Waffen des Klassenkampfes?

Ich will damit nicht sagen, daß die Frauen diesen Kampf im

Schlafzimmer gewinnen können: Die Gesellschaft muß verändert werden. Bis unsere Bewegung zur Veränderung der Gesellschaft so groß wurde, daß sie nicht mehr aufzuhalten war, hatten viele Frauen Angst, ihren privaten Kummer zu artikulieren oder sich gar damit auseinanderzusetzen. Jetzt machen sogar Pat Nixon und Martha Mitchell ihren Männern die Hölle heiß, wenn sie keine Frau in den Supreme Court berufen wollen. Und der Tatsache, daß die jungen Männer sich während des Wettbewerbs zur Wahl der Homecoming-Queen in West Virginia in die Situation der Frauen versetzen konnten, kann man entnehmen, daß sie Frauen als Menschen, nicht nur als Ehefrauen und Mütter anerkennen konnten und schließlich auch anerkannten. Sobald dies geschieht, bringt die Bindung der Männer an ihre Frauen und Mütter die Männer mit in unsere Revolution. Das ist keine Theorie; es geschieht wirklich. Mehr und mehr Männer kommen mit zu unseren Treffen, Versammlungen und Demonstrationen und versuchen nicht, uns fertigzumachen. Konzernmanager opfern Abend für Abend, nur um ihren Frauen beim Wahlkampf um ein politisches Amt zu helfen – oder lassen ihre Beziehungen in Pittsburgh, Connecticut, Kalifornien oder New York spielen, um das nötige Geld für Wahlkampagnen anderer Frauen aufzutreiben, von denen sie etwas halten.

Eine junge Journalistin erzählt mir, daß sie und ihr Mann und die meisten ihrer Freunde jetzt tatsächlich einen wöchentlichen Hausarbeitsplan aufstellen, um alles auf faire Weise aufzuteilen und sich abzuwechseln. Ein arbeitsloser Werbemanager, Opfer der jüngsten Einsparungen in den großen Firmen, gibt auf einer Party mit dem Kuchen an, den er gebacken hat, um die Gehaltserhöhung seiner Frau zu feiern. Ein sechzigjähriger Nachbar, Psychoanalytiker, dessen Frau vierzig Jahre lang seine Pyjamas aufgesammelt und ihn nie zum Geschirrtrocknen geholt hat, rühmt sich seiner «Anpassung» an das «Hausmann-Dasein». Seine Frau begann mit fünfzig noch einmal eine Ausbildung, wurde Sozialarbeiterin, und jetzt leiten sie zusammen als Team Eheberatungsgruppen. Statt sich Sorgen um die Zeit nach der Pensionierung zu machen, fangen sie in einer wärmeren Gegend noch einmal von vorn an.

Ich glaube, wir führen die neue Art von Revolution, die Jean François Revel in seinem Buch ‹*Ohne Marx und Jesus: Die neue amerikanische Revolution hat begonnen*› vorschlägt, ohne Gewaltanwendung, ohne die Guten und die Bösen im herkömmlichen

Sinn. Die Gesellschaft als Ganzes muß, *wird verändert werden*, auf eine revolutionäre Weise, die den Frauen zur Gleichberechtigung verhilft, *aber die Männer nicht zu Opfern oder Feinden macht*. In Wirklichkeit ist es eine Revolution beider Geschlechter zur Befreiung des Menschen.

Ich stehe auf einem Tisch unter der Markise einer Trattoria und rede, während mich der Wirt am Rock zieht, um mich herunterzuholen

Die Einladung, in fünf Städten in Italien zu sprechen, ging nicht von der Frauenbewegung aus, sondern von der Assoziazione Culturale Italiana, einer Kulturvereinigung, die «Männer des Wortes» zu «literarischen Montagen» nach Mailand holt, zu «literarischen Dienstagen» nach Rom usw. Nur wenige Amerikaner sind je eingeladen worden – J. K. Galbraith, Herbert Marcuse, Gore Vidal – und Frauen so gut wie nie. Das Honorar hört sich in Lire astronomisch an, in Dollars reicht es gerade für die Reise. Seit ihre Brüder aus dem Haus sind, habe ich Emily auf Expeditionen in die Fremde immer mitgenommen, denn ich lasse sie nicht gern allein. Während sie jetzt mit Bedacht unser Gepäck, die Tickets, Fahrpläne und den Geldumtausch organisiert, staunt sie: «Was hast du früher bloß ohne mich gemacht, Mutter?»

Nachdem wir unsere Kleider in zwei kleinen Koffern untergebracht haben, packe ich im letzten Moment Informationsmaterial in eine geflochtete Tragetasche, für eine, wie auch immer geartete italienische Frauenbewegung. Das letzte und einzige Mal, daß ich dort war – im Urlaub vor zwei Jahren –, kam ich eines Nachmittags in mein Hotel zurück und traf dort eine fremde Frau, die auf mich wartete. Es schien, als ob sie die italienischen Frauen organisierte. In diesem Land war es ein Verbrechen, über Empfängnisverhütung und Abtreibung auch nur zu reden; sie sammelte heimlich Zahlenmaterial darüber, wie viele Frauen jährlich an Abtreibung starben. Italienische Frauen haben in der Familie überhaupt keine Rechte, erklärte sie. Die Frau kann nicht einmal die Polizei rufen, wenn ihr Mann sie schlägt: er ist der *capo*, das Oberhaupt, sie sein Besitz. Aufgeregt ergriff sie meine Hand: «Aber jetzt werden die Frauen ihre Rache bekommen. Wir werden die Black Power Italiens sein, und Sie müssen uns anführen.» – «Wie viele sind Sie?» fragte ich. «Sechs», sagte sie. Na, ich bin aber kein Che Guevara . . .

Wir landen in Turin, dem Detroit Italiens, grau vom Smog. Mein Vortrag soll die Reihe der «literarischen Freitage» eröffnen. Man erwartet um die hundert Leute, «bei Marcuse kamen mehrere Hundert, aber bei einer Frau . . .» sagt der Dolmetscher und versichert mir, daß in Turin kein Mensch etwas von der Frauenbewegung weiß oder wissen will.

Wir kommen am Theater an. Es sieht aus wie das alte Haus unserer Metropolitan Opera, ein Rang über dem anderen, Logen mit roten Plüschvorhängen und goldenen Geländern. Es ist voll bis oben hin. Frauen drängen sich in den Logen, beugen sich von den Rängen und stehen hinter den Sitzreihen. Und auch Männer. Es müssen mehrere tausend Menschen sein. Ich erkläre, was es mit der Frauenbewegung auf sich hat, und warum sie zur größten Revolution unserer Zeit wird. Ich sage ihnen, daß wir in Amerika das Recht, über unseren eigenen Körper zu bestimmen, geltend gemacht haben, daß wir eine Einstellung zur Ehe und Scheidung fordern, die Mann und Frau die gleiche Verantwortung für Heim und Kinder gibt. «Frauen in meinem Land wollen nicht länger die Dreckarbeit machen und dafür nur die Hälfte oder gar nichts von dem bekommen, was der Mann verdient, während die Männer alle Entscheidungen treffen. Wir stellen sogar die Geschlechtsdiskriminierung in der Kirche in Frage: ‹Ist Gott ein Er?› Vielleicht werdet ihr einen weiblichen Papst möglich machen. Doch ich kann nicht sagen, wie diese Revolution in eurem Land vor sich gehen wird.»

Die ausgehungerte Intensität, mit der sie zuhören, trotz der dauernden Unterbrechungen für die Übersetzung, ist geradezu erschreckend, als stehe eine Explosion bevor. Als Fragen kommen, als ein Mann von der «Bedrohung für die Familie», von der «heiligen Pflicht der Frau ihrem Mann und ihren Kindern gegenüber» redet, geht ein Murmeln durch das Publikum. Als ein Mann sagt: «Es ist Gottes Wille; die Frauen wurden aus Adams Rippe erschaffen, um dem Mann untertan zu sein», wird das Murmeln zum Grollen. Ich fange an zu glauben, daß ich die revolutionäre Bereitschaft der Frauen in Italien unterschätzt habe.

Doch die Revolution, die ich meine, ist nicht Revolution auf italienisch. In Italien bedeutet Revolution immer noch «Kommunismus», und die Kommunistische Partei Italiens, die größte in Europa, steuert fast denselben reaktionären Kurs in bezug auf Scheidung und Abtreibung wie die katholischen Rechtsparteien. Die linken Journalisten, die mich interviewen, sagen mir, die Frauen waren, sind und werden immer die konservativste Macht in Italien sein. «Man hat den Frauen nur das Stimmrecht gegeben, um den Sozialismus aufzuhalten», sagt ein linker Journalist. Er glaubt nicht an meine Idee, daß Frauen die nächste revolutionäre Macht sind. Er kann sich keine Revolution über die Klassenschranken hinweg vorstellen.

Der Dolmetscher, ein Revolutionär der konventionellen Sorte, verläßt entsetzt den Wagen, als sich herausstellt, daß der «Empfang bei Signora Agnelli», nach der Rede als nächstes auf dem Terminkalender, im Palazzo des Fiat-Bosses Gianno Agnelli stattfindet, des Henry Ford Italiens – vielleicht ist er eher so etwas wie der Besitzer von Ford, General Motors und U.S. Steel in einem. Noch nicht ganz an die hiesige Uhrzeit angepaßt, schwimme ich wie im Nebel durch Marmorhallen, vorbei an Wandteppichen, Butlern, Dienern, schöne Italiener küssen mir die Hand, Frauengesichter, die ich aus der *Vogue* kenne – wie eine Szene aus *‹La Dolce Vita›*.

Warum sollte die Frau des reichsten Industriellen in Italien eine Party für mich geben? Marella Agnelli scheint sogar zu wissen, worum es bei der Bewegung geht, und versichert mir, die italienischen Frauen seien nicht so unterwürfig, wie das Klischee glauben mache. Sie erinnert mich daran, daß Frauen am Widerstand teilgenommen haben.

Beim Abendessen diskutiere ich mit meinem Gastgeber Agnelli über den Smog, und er erklärt, er finde es lächerlich, daß jeder mit seinem Privatauto die Luft verschmutze und die Straßen verstopfe – öffentliche Verkehrsmittel seien der einzige Ausweg.

Den Sonntag ohne Vortragsverpflichtung verbringen wir in Venedig, außerhalb der Touristensaison. Wir gehen und gehen, über die Brücken, an den Kanälen entlang. Die Schönheit dieser Stadt, die für Menschen, nicht für Autos gebaut wurde, tut uns weh. Niemand in Italien schlägt vor, für den «Fortschritt» die Kanäle durch Autobahnen zu ersetzen; man versucht, die jahrhundertealten Fundamente vor dem Verfall durch Strömungen zu bewahren, die durch die industrielle Verschmutzung aufgewirbelt werden. In Rom setzt man versuchsweise kostenlose Busse ein, um Autos ganz aus der Innenstadt herauszuhalten. Auf der Bahnfahrt im Superrapido nach

Mailand *sehe* ich die italienische Landschaft, wie ich die Vereinigten Staaten seit Jahren nicht mehr gesehen habe, trotz der Tausende von Meilen, die ich in Superjets über sie hinweggeflogen bin.

Valeria Gentili, die in den Vereinigten Staaten mit mir gereist war und mich interviewt hatte, lädt mich zum Lunch ein. Ihr Bruder ist da und einige bedeutende Verleger, politische Kolumnisten und Wissenschaftler. Sie sind in Sorge über das Wiederaufleben des Faschismus; fast täglich kommt es zu gewalttätigen Zusammenstößen zwischen Faschistenbanden und ultralinken Gruppen. Sie haben den Faschismus erlebt: die Folterungen, Konzentrationslager, den Verlust aller Freiheiten. Hat es überhaupt einen Sinn, ja ist es nicht eine gefährliche Ablenkung, fragen sie, Frauen zu einer Hysterie gegen die Männer aufzupeitschen, während die wahren Probleme Armut, Wohnungsnot und, falls sich die Situation verschlechtern sollte, Faschismus heißen?

Offensichtlich nimmt weder die Linke noch die Rechte in Italien die Probleme der Frauen ernst. Scheidung auf italienisch heißt, daß der italienische Mann einfach abhauen kann, und viele tun das, trotz der frommen Ehrfurcht vor der Familie; er kann sein Leben mit seiner Geliebten verbringen, und seine Frau sitzt da mit den Kindern und den Krümeln, die sie irgendwie zusammenkratzt. Die Scheidung zu legalisieren, wie Italien es letztes Jahr endlich gemacht hat, ist allein nicht genug, wenn man die wirtschaftliche Abhängigkeit der Frau bedenkt. Aber statt auf weiteren Schutz der Ehefrau zu drängen, gehen die Parteien der Linken jetzt konform mit der Bestrebung von rechts, das Scheidungsgesetz rückgängig zu machen – und stellen sich gegen das Recht auf Empfängnisverhütung und Abtreibung –, weil sie sich nicht mit der katholischen Hierarchie auseinandersetzen wollen. Die Frauenbefreiung ist in Italien nur eine verrückte Modeerscheinung, meint ein linker Journalist zu mir.

Das Theater in Mailand ist noch voller als das in Turin. Doch inzwischen glaube ich nicht mehr, daß die italienischen Frauen weniger aufgebracht sind, als wir es an ihrer Stelle wären. Ungefähr im zweiten Satz sage ich, reden sei nicht genug. Die Frauen würden nie menschliche Freiheit und Gleichberechtigung bekommen, wenn wir nicht politische Macht forderten und erhielten. Als der Dolmetscher übersetzt, höre ich Frauen protestieren: «Das hat sie nicht gesagt.» Ich sage, was ich bis jetzt umgangen habe: daß die Frauenrevolution die katholische Hierarchie bekämpfen muß – und auch die kommunistische Hierarchie –, weil kein Mann, Priester oder Kommissar, Politiker, Arzt oder Ehemann die Macht haben sollte, eine Frau zu zwingen, gegen ihren Willen ein Kind auszutragen. Der Übersetzer gibt seine Version. Einige Frauen stehen auf, schreien ihn an und schütteln ihre Fäuste: «Das hat sie nicht gesagt!» – «Wir wollen keinem Mann zuhören!» Er schwitzt, sieht entsetzt aus. Ich versuche fortzufahren – aber plötzlich ist er sprachlos, er hat den Mut verloren. Wütende Frauen fangen an, auf der Bühne zusammenzulaufen. Ich kann nicht verstehen, was sie sagen. Ich sage: «Könnte eine Frau kommen und aushelfen, nicht weil er ein Mann ist, sondern weil er sich in unseren Fragen nicht so auskennt.» Plötzlich ein Wunder. Eine Frau setzt sich ruhig neben mich und flüstert: «Ich bin die italienische Übersetzerin des ‹*Weiblichkeitswahns*›. Ich habe schon versucht, Sie zu erreichen.»

Und jetzt spreche ich von der Dringlichkeit, die ich in diesem Moment in Italien und zu Hause immer stärker verspüre: nämlich die Frauenemanzipation *voranzutreiben*. Denn die ohnmächtige Wut der Frauen hilft nur die Gewalt nähren, die den Faschismus begünstigt. Und Faschismus ist die zum tödlichen Extrem gesteigerte Unterdrückung der Frauen. Einer der ersten Erlasse unter dem Faschismus in Deutschland und Italien war, die Frauen zu Gebärmaschinen zu erniedrigen: Kinder, Küche, Kirche. Und der erneut drohende Faschismus entzündet sich nicht nur an der ohnmächtigen Wut über die wirtschaftliche Misere, sondern auch an der menschlichen Misere, die unsere veralteten Geschlechterrollen hervorbringen. Wie kann eine Frau, für die Sex immer eine neue Schwangerschaft bedeuten kann, ungezwungen mit ihrem Mann ins Bett gehen, welche sexuelle Rache ihm gegenüber fordert das heraus? Sind nicht Empfängnisverhütung und das Recht auf Abtreibung *notwendig*, wenn Männer und Frauen fähig sein sollen zu ‹*Make love, not war*›?

Jetzt werden Fragen gestellt; ein Priester beschwört das Grauen des «Mordes» am Fötus. Die Frauen fangen an zu grollen – katholische Frauen. Ich sage, ich weiß nicht, wie ich eine Frage beantworten soll, die das Leben eines ungeborenen Fötus über das Leben und die Seele einer erwachsenen Frau stellt. (Ich will fragen, ob es «Mord» am «Recht auf Leben» ist, wenn Priester ihr Sperma nicht dazu benutzen, Eier zu befruchten, aber die Dolmetscherin flüstert, daß sie das nicht übersetzt, weil man ins Gefängnis kommen kann, wenn man sich über einen Priester lustig macht.) Eine Frau, die sagt, sie sei der einzige weibliche Sexualwissenschaftler in Italien, berichtet, daß die sexuelle Situation in Italien noch tödlicher ist, als ich vermutet hatte: 85 Prozent der italienischen Frauen seien frigide. Es herrscht große Aufregung im Publikum, als man beginnt, den Zusammenhang zwischen diesen Dingen und Politik und Faschismus zu diskutieren. Plötzlich schaltet der Verwalter des Theaters Mikrofone und Beleuchtung aus und sagt, er mache das Theater jetzt zu.

In Rom holt mich niemand vom Bahnhof ab. An der Wand sehe ich grobe Hakenkreuze und in den Straßen Plakate, die einen gigantischen Notstand ausrufen: die Mobilisierung ganz Italiens gegen den Faschismus. *No Al Fascismo*. Ich sehe schon meine kulturellen Gastgeber vom «literarischen Donnerstag» einem Attentat zum Opfer fallen oder meinetwegen die Flucht ergreifen. Ich begebe mich zum Hotel «Forum», dem antiken Kolosseum gegenüber, wo ich untergebracht bin. Emily macht sich auf, die Ruinen zu erkunden; ich gehe zu einem kleinen Friseur neben dem Hotel, um meine eigenen Ruinen restaurieren zu lassen. Während ich dem Friseur klarzumachen versuche, daß ich nicht solche dichten Locken will, geht die Tür auf, und eine Gruppe entschlossener Frauen kommt hereinmarschiert, die anscheinend nicht zum Friseur wollen. Sie steuern auf meine Trockenhaube zu: die Vorhut der italienischen Frauenbewegung. «Wo sind Sie gewesen?» fragen sie streng. «Den ganzen Tag über haben wir Leute am Flughafen postiert.» Von mir als Amerikanerin hatte man wohl nicht erwartet, daß ich den Zug nehmen könnte.

Später im Hotel drängen sich überall in der Empfangshalle ganze Trauben von Frauen. In Rom hat sich die Frauenbewegung schon in drei Teile gespalten. Ich bin mir über die Unterschiede nicht im klaren. Ich erkenne die Führerin der einen Abteilung, die mich bittet, am folgenden Tag auf einer großen Demonstration zur Abtreibung auf der Piazza Navona zu sprechen; sie ist die Hotelbesucherin von vor zwei Jahren. «Jetzt seid ihr mehr als sechs», sage ich, und sie lächelt.

Im Theater werde ich von *paparazzi* überfallen. Der Verantwortliche versucht, die Presse auszusperren. Die Leute von der Associazione Culturale Italiana stehen hinter der Bühne und starren auf die Menge, die Parkett und Ränge überschwemmt hat; Frauen sitzen bis hart an den Bühnenrand auf dem Fußboden. Diesmal eine Frau als

Übersetzer! Ich frage, ob sie sich in der Frauenbewegung auskennt. «Nein», sagt sie verächtlich, «ich bin politisch» – als ob Frauen und «politisch» Gegensätze wären. Eine Gruppe ganz vorn fängt mit Zwischenrufen an, bevor die Dolmetscherin überhaupt begonnen hat. Ein Mann steht auf, schüttelt die Faust und schreit mich an. Die weiblichen Zwischenrufer, in Stiefeln, Jeans und Lederjacken, schreien: «Nieder mit den Männern! Nieder mit der Politik!» Ich versuche mühsam weiterzumachen. Die verächtliche Dolmetscherin geht von der Bühne und läßt mich ganz allein. Langsam kapiere ich, daß es nicht an der Übersetzung liegt: Irgend jemand hier will, daß ich überhaupt nicht rede. Zwei weitere Dolmetscher werden von der Bühne geschrien. Dann setzt sich eine junge Frau mit Milchgesicht, dichten kurzen blonden Locken und Minirock auf den leeren Dolmetscherstuhl. «Ich heiße Lucretia Love», sagt sie mit Texasakzent, «keine Bange, Süße, ich hab keine Ahnung von der Frauenbewegung. Ich bin Schauspielerin, aber Lucretia Mott war meine Urgroßmutter», und schon geht's los.

Den folgenden Tag hatte ich für Einkäufe und Sehenswürdigkeiten vorgesehen, doch den ganzen Tag drängen sich Frauen der italienischen Bewegung und Reporter in der Hotelhalle. Ein kalter, undurchdringlicher grauer Regenschleier verbirgt den Ausblick auf die Ruinen. Wer wird schon an einem Abend wie diesem zu einer Abtreibungsdemonstration auf die Piazza Navona kommen? Ich beschließe, mich davor zu drücken. Das Telefon klingelt. Alma Sabatini, meine verantwortungsvolle, schwesterliche Führerin der italienischen Bewegung, ist am Apparat. «Hunderte von Frauen sind trotz des Regens gekommen, um Sie zu hören», sagt sie. «Wir wollten es in einen Saal verlegen, aber die Faschisten sind gekommen, um das Treffen zu sprengen, deswegen können wir nicht weg.» – «Ich komme sofort hin», sage ich.

Als ich eintreffe, haben die Faschistenschläger und die Polizei die durchnäßten Frauen gegen eine Häuserwand gedrängt und sie eingekreist. Meine Freundin Joan Cook, die die Schläger mit ihrem Schirm abwehrte, sah, wie ein berüchtigter Faschistenpriester einen Häuserblock weiter Geld unter Prostituierte verteilte und sie in die Menge schickte. Ich stehe auf einem Tisch unter der Markise einer Trattoria und rede, während mich der Wirt am Rock zieht, um mich herunterzuholen. («No speak Italian», sage ich ihm; glücklicherweise beschützt mich ein langhaariger junger Amerikaner – ein Student, nehme ich an.) In diesem Moment empfinde ich gemeinsam mit den Anführerinnen der italienischen Frauen ein Gefühl des Triumphs und der Furcht und der schrecklichen Verantwortung dafür, daß die Frauenbewegung schon zu einer solch starken Macht angewachsen ist, daß die Faschisten in den Regen hinausmüssen, um sogar diese kleine Abtreibungsdemonstration auseinanderzutreiben.

Wieder im Hauptquartier, werde ich von den Mädchen, die am Abend vorher die Dolmetscher niedergeschrien hatten, direkt angegriffen: «Trotz allem, was Sie sagen, dürfen Frauen sich nicht auf Politik einlassen. Wenn wir politisch werden, müssen wir mit den Männern verhandeln. Frauen sollen nichts mehr mit Männern zu tun haben. Geschichte ist bis jetzt immer von Männern gemacht worden. Wir müssen die Männer loswerden und noch einmal von vorn anfangen. Nur Frauen dürfen von jetzt an Geschichte machen.»

Ich zittere inzwischen wegen einer Grippe oder Erkältung oder aus Angst vor meinem ersten Zusammenstoß mit richtigen Faschisten. Für derartiges Gerede bringe ich keine Geduld mehr auf, ob es nun Ausdruck eines unschuldigen, unreifen, pseudoradikalen Infantilismus oder mutwilliger Zerstörung ist. «Auf welche Insel wollt ihr fliehen, wo ihr ohne Männer leben könnt?» frage ich sie. «Wenn Frauen in Italien oder Amerika ein gutes Leben haben sollen, müssen wir mit Männern verhandeln, sie überzeugen, gegen sie opponieren, sie besiegen, wenn nötig; sie lieben, wenn möglich, und mit ihnen arbeiten an der Veränderung der Verhältnisse, die uns unterdrücken. Euer Land hat den Faschismus am Hals, und meins vielleicht auch. Wenn da die Energie der Frauen von der Lösung unserer eigenen Probleme und den wahren politischen Gefahren abgelenkt wird – dann spielt sich die Frauenbewegung in die Hände der Faschisten. Genauso wie männliche Anführer die Faschisten unterstützen, wenn sie die wahren Probleme der Frauen ignorieren oder sie verkaufen.»

Dann gehe ich mit den verantwortlichen Führerinnen in ein berühmtes römisches Restaurant zum Essen, aber ich habe keinen Hunger. Vielleicht die Grippe. Plötzlich wird mir klar, wie viele Konferenzen, die ich in Amerika mitorganisiert habe, unter dem Vorwand von «Nieder mit den Männern»-Sprüchen gesprengt worden sind. Ich frage mich, ob die wahren reaktionären Kräfte in Italien und Amerika – und die Medien, die sie kontrollieren – den männerfeindlichen Extremismus vielleicht sogar anheizen, um gerade zu *verhindern*, daß die Frauenbewegung die politische Macht erlangt, die uns von ihrer Kontrolle befreit. Die männerfeindlichen Extremisten sind nicht die wahren Radikalen der Frauenbewegung, wenn «radikal» die Macht zum echten Wandel bedeutet: Sie sind ihre reaktionären Feinde. Aber der Zorn, auf den sie bauen, ist ein verzweifelt echtes Symptom dafür, wie dringend nötig die Frauenbefreiung geworden ist.

Wir ignorieren unser Liebesbedürfnis zum eigenen Schaden

Vor einiger Zeit nahm ich an einer nichtöffentlichen Tagung über den «weiblichen Orgasmus» teil, die von einer professionellen Vereinigung von Eheberatern, Psychiatern und dergleichen abgehalten wurde. Nach allem, was man hörte, findet der weibliche Orgasmus nicht statt; vielleicht gibt es ihn gar nicht, wagten einige der Psychiater anzudeuten. Masters und Johnson beschrieben höchstpersönlich und detailliert ihre Methoden, die normalen sexuellen Reflexe bei impotenten Männern und frigiden Frauen zu stimulieren, zu erzwingen oder die Bedingungen dafür zu schaffen. Andere Sexualwissenschaftler berichten enthusiastisch von der orgasmus- und umsatzfördernden Potenz des Vibrators und einer anderen mechanischen sexuellen Vorrichtung, die so ähnlich wie eine Fahrradpumpe funktioniert. Die Berater wurden allerdings ermahnt, ihren Enthusiasmus für diese effektvolle Sexmaschine zu zügeln, weil sie zu einer «Bedrohung» des «menschlichen Penis» werden könnten.

Die wenigen anwesenden weiblichen Therapeuten sagten nicht viel. Ich warf die Frage auf, ob das, was den weiblichen Orgasmus verhindere, durch vibrierende Maschinen geheilt werden könne. Vielleicht habe das Leben, das die Frauen den Tag über führten, und der Einfluß, den es auf ihre Gefühle und das ihrer Männer habe, etwas mit ihrer sexuellen Frigidität oder Unersättlichkeit nachts im Bett zu tun. Mir schien, daß Masters und Johnson und andere die Frauen auf ziemlich die gleiche Art herabsetzten wie pornographische Werbeleute, indem sie sie buchstäblich als Sexualobjekte behandelten, losgelöst von ihrer menschlichen Existenz.

Dann vor kurzem hörte ich zu, wie ‹*J*›, die «sinnliche Frau»,

Frauen auf einem Wochenende für Alleinstehende erklärte, wie man sich «sexuell befreit». Ihre Rezepte, die Frauen zu sexuellen Manipulationen anregten, machten Sex langweilig und mechanisch und setzten die Männer herab.

Auf einer Frauentagung in Kalifornien glaubte ich zuerst, daß einige pseudoradikale Schwestern uns verschaukeln wollten, als sie die «Überlegenheit» des klitoralen gegenüber dem vaginalen Orgasmus verfochten, weil er «die Frauen in die Lage versetzt, auf die Männer zu verzichten». Sie schlugen sogar allen Ernstes vor, daß die Frauen, die sich immer noch mit Geschlechtsverkehr abgeben, auf ihre Rechte pochen und darauf bestehen sollten, «oben statt unten zu liegen». Ich wollte lachen oder weinen über das, was da dem Sex angetan wurde – das heißt, Männern und Frauen.

Ein Beobachter vom Mars, sähe er die Sex vermarktenden Filme an jeder Straßenecke, die Pornographie an den Kiosken, die literarischen Sex-Bestseller – *‹Die sinnliche Frau›*, *‹Der sinnliche Mann›*, *‹Alles, was Sie schon immer über Sex wissen wollten›*, *‹Jede Frau kann›* –, die Handbücher und Kolumnen über achtundachtzig Arten, sein Ehe- und Geschlechtsleben aufregender zu gestalten, Anzeigen für Orgien, Encounter-Gruppe für Paare, Partner, die in neuen Kombinationen «swingen» – von Intimsprays und Vitaminen zur Wiederbelebung des nachlassenden Triebes ganz zu schweigen –, er würde vermuten, daß etwas sehr im argen liege im amerikanischen Schlafzimmer. Warum ist eine solche Industrie nötig, um den Liebesakt erträglich zu machen?

Wie soll man die phantastische Scheidungsexplosion erklären, nicht nur unter den Paaren, die in den Jahren des Weiblichkeitswahns so jung geheiratet haben, sondern in meiner Altersgruppe, nach zwanzig oder mehr Jahren konventioneller, angepaßter Ehe? In den fünfziger Jahren, als mein Freund Si Goode seine genaue Untersuchung über Scheidung anstellte, war es fast in allen Fällen der Mann, der die Scheidung betrieb, egal, wer von beiden sie einreichte. Heute hat er den Eindruck, daß es ebenso oft oder noch öfter die Frauen sind, die aussteigen wollen.

Ein neues Buch, *‹Das erotische Leben der amerikanischen Hausfrau›*, führt in einem Fall nach dem anderen Dokumente einer entsetzlichen sexuellen Öde vor, eines offenen sexuellen Krieges sogar, zwischen der amerikanischen Hausfrau und ihrem Ehemann. Die meisten der interviewten, gut situierten Hausfrauen aus dem

Mittelstand schienen nichts anderes zu tun als in ungebändigten Wutausbrüchen ihre Männer anzufauchen, die doch den Luxus, ihr angebliches Lebensziel, heranschafften. Doch mit einem merkwürdigen logischen Schlenker gibt die Autorin Natalie Gittelson die Schuld an der sexuellen Vergiftung dieser Hausfrauen und ihrer Männer der Bewegung für Gleichheit, die wahrscheinlich die einzige Hoffnung auf ihre Besserung darstellt. Ihre Angriffe gelten den am wenigsten befreiten Frauen in unserer Gesellschaft; sie genießen keine Gleichberechtigung. Die verbitterten Männerhasserinnen, die sie von den äußersten Randgruppen der Frauenbewegung herbeizitiert, sind genau die, die den Weiblichkeitswahn so früh und so vollkommen für bare Münze genommen haben, daß sie das Gefühl hatten, um sich zu befreien, müßten sie sich von Ehe, Mutterschaft und jeder Spur ihrer eigenen Sexualität lossagen. Und deren schäumende Wut sowie das giftige Gezänk ihrer unemanzipiert gebliebenen Schwestern sind nicht die einzigen Bedrohungen der männlichen Potenz, die Natalie Gittelson mit Herrschaft gleichsetzt. Sie glaubt, diesem Durcheinander sei dadurch abzuhelfen, daß man zu eben jenen Rollen – Unterordnung der Frauen, Herrschaft des Mannes – zurückkehrt, die die Ungleichheit und die Quälereien verursachen.

Ich protestiere – zugunsten der Frauen und Männer und des sich immer mehr vertiefenden Respekts vor der Kraft und der Herrlichkeit und dem Geheimnis der menschlichen Sexualität. Ich protestiere; denn leidenschaftliche, sexuelle, menschliche Liebe kann nicht erfahren werden, wenn sie von unserem wahren Selbst getrennt wird. Diese überholten Vorstellungen von Männlichkeit und Weiblichkeit – die Masken, die wir getragen haben und die kein Selbstsein und keine Selbsterkenntnis zuließen –, sie machten es fast unmöglich, daß eins den anderen erkennt. Der biblische Ausdruck für sexuelle Liebe ist *Erkennen.*

Eingeschlossen in diese eisernen Masken, ersticken wir schließlich an ohnmächtiger Wut und werden für die gegenseitige Berührung unempfindlich. Oder wenn wir einander berühren, dann nur, um uns weh zu tun, einfach frustriert in unserem sehnsüchtigen Bedürfnis nach Liebe. Dieses Bedürfnis ist echt, Teil unseres menschlichen Wesens. Es wird nicht durch Masters und Johnson oder Vibratoren oder unpersönliche Orgien befriedigt werden – auch nicht durch panikartiges Agieren in den alten Rollen, wobei wir uns selbst für unser Doppelspiel verachten müssen und den, dem wir etwas vormachen, auch.

Wir befinden uns jetzt in einer Übergangsphase. Die Bitterkeit, die Wut unter der glatten Oberfläche, die wir früher an uns selbst und unseren Kindern und schließlich an den Männern im Bett ausgelassen haben, liegt jetzt offen zutage, macht uns Angst mit ihrer sengenden Intensität und treibt die Männer in die Verbitterung und Verzweiflung. Und jetzt lassen es auch die Männer aus sich heraus: Was sie wirklich von weiblichen Parasiten halten, vom Klotz am Bein, von den Alimenten, von dem sexuellen Nichts, der einsamen Lieblosigkeit des manipulierten Brötchenverdieners. «Mein ganzer Verdienst hat ihr gehört, und es hat nie gereicht», sagte ein geschiedener Mann auf jenem Wochenende für Alleinstehende, «und als sie angefangen hat zu arbeiten – um sich selbst zu verwirklichen –, da hat ihr Verdienst ihr gehört, und meiner obendrein.»

Das ist keine Gleichberechtigung, und Liebe ist es auch nicht.

Ich denke an Freunde von mir, die sich zwanzig Jahre lang die Mutter-ist-Hausfrau, Vater-ernährt-uns, Haushalt-mit-Gütesiegel-Ehe vorgespielt haben. Sie haben ihre Seelen und ihre Fähigkeiten und all ihre Träume verpfändet für ein bezauberndes Haus und ihre vier Kinder, von jedem zwei. Als kommerzieller Künstler konnte er das Geld verdienen, um den kostspieligen Haushalt zu unterhalten; der war der Grund oder der Vorwand dafür, daß er kein Risiko mit seiner Kunst einging. Von den Kollegen wurde er geachtet, doch sie gab ihm das Gefühl, ein Versager zu sein. In Wirklichkeit hatte sie ihn geheiratet, um sich, als Frau eines großen Künstlers, in dem Ruhm zu sonnen, den sie selbst mit einer eigenen Begabung nie zu erstreben wagte. Er liebte seine Kinder, an deren Leben sie ihn nur als nicht ganz zulängliche Geldmaschine teilhaben ließ. Sie pflegte damit anzugeben, wie gut sie im Bett sei – aber er hatte nie das Gefühl, daß es ihr mit ihm Spaß machte. Auch wenn sie alle Tricks der «sinnlichen Frau» durchspielte, fühlte sie sich nicht wohl genug in ihrer Haut, um lustvoll mit ihm zusammenzusein. Als die Wut durch die Maskerade hindurchbrach, wollte sie zuerst das Haus verkaufen und ihn verlassen, mit oder ohne Kinder. Er wehrte sich dagegen. Sie begann eine Ausbildung, um einen eigenen Beruf zu erlernen. Die aufgewühlten Emotionen zwischen den beiden schokkierten ihre Freunde, bei denen die Fassade ebenfalls angeknackst war, aber merkwürdigerweise half das alles den Kindern mehr, als daß es ihnen schadete. Vielleicht nahm die endlich eingekehrte Aufrichtigkeit den Kindern die Last der Vorstellung ab, die sie sogar an der eigenen Realität hatte zweifeln lassen. Ihr Groschenroman wird mit Ehrlichkeit und Respekt vor ihrem eigenen Leben enden, wenn nicht eine tiefverborgene Wurzel der Liebe oder einfach der Wille, zu retten, was zu retten ist, sie zu dem Punkt bringt, an dem sie sich wieder mit echter Lust berühren können.

In letzter Zeit halte ich es für nötig, in der Bewegung die nicht ganz ernst gemeinte Parole auszugeben: «Der Mann ist nicht der Feind, er ist ein Opfer wie wir»; einige meiner besten Freunde sind Männer, usw. Einige meinen, ich sage das für die Medien, um das Image der Bewegung zu verbessern. Andere sind sich nicht sicher: «Dein Fehler, Betty, ist, daß du die Männer wirklich magst.» *Sie vielleicht nicht?* Mache ich mir selbst etwas vor? Bin ich am anderen Ende der Frauenbefreiung angekommen?

Ich bin von keinem Mann abhängig – weder aus wirtschaftlichen noch aus Status- oder Identitätsgründen. Ich bin auf mich gestellt, und alle Welten stehen mir offen. Ich spiele niemandem mehr etwas vor, noch fühle ich mich gehemmt durch aufgezwungene Passivität. Ich bin ich selbst. Ich mag mich selbst und andere Frauen heute lieber – und plötzlich merke ich, daß ich auch Männer lieber mag, mich bei ihnen wohler fühle, mich sogar für sie begeistere.

Ich gebe zu, daß ich immer noch einen Mann brauche und ihn lieben und von ihm geliebt sein will. Würde ich mich endlich nach alldem wieder aus Liebe auf einen Mann einlassen, würde ich wieder heiraten? Oder ist das ein Rest überholter Sehnsüchte – ein Traum, der zusammen mit unseren Ketten abgeworfen werden muß? Ich bin nicht sicher. Der Teil von mir, der immer noch leidenschaftlich für die Bewegung engagiert ist, wird mehr denn je durch das explosive Tempo des politischen Jahres 1972 angespornt. Der andere Teil in mir entdeckt neue Gefühle für Männer. Ich bitte Jeanne d'Arc um Entschuldigung: *Was ich bin, will ich nicht verleugnen!*

Ich glaube, auf unserem Weg zur Gleichheit ignorieren wir auf eigene Gefahr die Realität des Bedürfnisses nach menschlicher Liebe. Dieses Bedürfnis läßt sich nicht dadurch befriedigen, daß man sich etwas vorspielt oder die veralteten männlichen und weiblichen Rollen vertauscht – genausowenig wie durch Orgien oder Vibratoren –, sondern indem wir so wahrhaftig wir selbst werden, daß wir einander wirklich erkennen und lieben können, ohne übertriebene Forderungen oder Opfer oder Rachegelüste. Ich bin nicht sicher, daß das Liebesbedürfnis in die vom Staat abgesegnete Ehe führen muß. Kann irgendeine staatliche oder moralische Billigung Ehen zusammenhalten, in denen wir uns nicht lieben und nicht wir selbst sein können?

Eine Freundin, zwanzig Jahre verheiratet, sagt: «Ich wollte die perfekte Ehe. Ich habe das Durcheinander gesehen, das meine Mutter mit ihrer ewigen Unzufriedenheit in ihrer angerichtet hat, und ich dachte, ich wüßte, wie ich es anzustellen hatte. Mit zwanzig hatte ich den Collegeabschluß und habe ein Fulbright-Stipendium nach Paris sausen lassen, um zu heiraten. Ich habe mich darauf konzentriert, eine gute Ehefrau und Mutter zu sein. Vor zwei Jahren habe ich mich im Traum sterbend in einem Krankenhausbett liegen sehen, und alle Leute standen trauernd um mein Bett herum, weil ich so eine gute Ehefrau und Mutter gewesen war. Da ist mir klargeworden, daß ich mein eigenes Leben retten mußte, bevor es zu spät war. Ich weiß nicht, wieweit ich meine Kinder verkorkst habe, indem ich mich derartig für sie aufgeopfert habe. Ich habe meinem Mann in den letzten Jahren das Leben sehr schwergemacht. Die ganze Feindseligkeit kommt zum Vorschein. Und jetzt ist er ein erfolgreicher Anwalt, er hat genug Geld verdient, er will seinen Spaß haben. Er will, daß ich mit ihm segle, Ski fahre, Parties gebe, und ich sitze auf der Schulbank und hole die verlorene Zeit nach. Mein Mann sieht gut aus und ist erfolgreich. Eine Menge Frauen sind hinter ihm her. Aber wenn ich zwischen meinem eigenen Leben und meiner Ehe wählen muß, dann muß ich mein Leben retten und die Konsequenzen tragen.»

Ist das wirklich die Wahl, vor der die Frauen stehen? Oder ist das falsche Rollenspiel, das uns solche verzweifelten Alternativen eingebracht hat, das eigentliche Übel, von dem die Frauen jetzt tatsächlich sich selbst und auch die Männer befreien? Unsere Kinder übernehmen füreinander klarer und ehrlicher Verantwortung, als wir es taten, und sie üben sie, indem sie Hausarbeit und Geld teilen, ihre Arbeit und ihre Träume gegenseitig respektieren, und zwar in Ehen, die durch nichts als Liebe besiegelt sind. Sie fordern nicht einmal die

Illusion der Sicherheit – daß es fürs Leben ist. In meiner eigenen Altersgruppe suchen auch die, die mit der Maskerade Schluß gemacht haben, immer noch die persönliche Bindung über die gelegentliche sexuelle Begegnung hinaus – alle außer den zutiefst verbitterten Frauen, den absolut geschlagenen Männern.

Hätte meine verbitterte Freundin, die jetzt wieder Jura studiert, eine solche Abneigung gegen den Erfolg ihres Mannes verspürt, wenn sie vor zwanzig Jahren ihr Jurastudium nicht für die «Gute Ehefrau und Mutter»-Fassade aufgegeben hätte? Sie hätten vielleicht die Zeit der harten Arbeit intensiver miteinander erlebt, und jetzt die Freiheit, sich mehr zu amüsieren. Ihre Kinder wären unter anderen Voraussetzungen auf die Welt gekommen und erzogen worden. Wenn der Zeitplan ein anderer ist, so wie unsere Kinder es vormachen, muß es genauso enden? Wird es für die Älteren anders sein, die mutig genug sind, es noch einmal zu versuchen? Wenn sie nicht die Masken tragen, die verhindern, daß wir uns je erkennen?

Ich sitze zu Hause im Wohnzimmer und höre einem Freund zu, der mir von einem verrückten Plan erzählt, der sich vermutlich nie als machbar erweisen wird; er denkt sich jeden Monat ungefähr zwölf neue Pläne aus, um die Welt oder sein eigenes Glück zu retten. Dennoch, zwei oder drei scheinen zu funktionieren. Vielleicht auch dieser – ich lache und mache ihm Mut, bin begeistert von seinem unbezähmbaren Geist. Sonderbar, wie skeptisch und ablehnend ich den verrückten Plänen meines Mannes gegenüber immer war. Aber damals verdiente ich kein Geld, ja versuchte nicht einmal, etwas aus meinen eigenen Begabungen zu machen; unsere ganze Mittelstandsfassade, unsere Illusion von Sicherheit hätte zusammenbrechen können, wenn sein Plan nicht funktionierte. Ich kann sogar meinen Freund trösten, wenn er wegen eines Plans, der nicht geklappt hat, an sich zweifelt, denn er ist kein Teil von mir, nicht ich habe versagt; er ist einfach ein Mann, den ich liebe und respektiere. Ist es also überhaupt falsch zu heiraten, oder nur falsch, aus einem anderen Grund zu heiraten als aus dem Wunsch zusammenzusein?

Wir setzen die Geschlechtermasken sehr früh auf. Mein Vater, der mich liebte, sah in mir Träume, die er der Umstände wegen nicht selbst verwirklichen konnte. Sein Panzer gegen den Schmerz, unter dem zu leiden ein Mann nicht zugeben darf, verdammte ihn zu einem frühen Tod, aber meinen Schmerz als Frau konnte er nicht ertragen. Er hat mich gehänselt, weil es mir schwerfiel, in Stöckelschuhen zu gehen, weil ich am Telefon keine weiblichen Tricks anwandte. Er wußte, ich würde die Maske tragen müssen.

Ich erinnere mich, wie ich bei Sonnenuntergang die Hauptstraße hinaufspazierte und wie der Junge, mit dem ich in der Schule eine Zeitschrift aufgezogen hatte, seinen Arm um mich legte und sagte: «Wenn du ein Junge wärst, wärst du mein bester Freund.» Damals war es mir nicht möglich, den Wunsch zu erkennen, er möge mich als Mädchen lieben und mich *gleichzeitig* als seinen besten Freund ansehen. Wenn ich in den folgenden Jahren mit Jungen ausging, und in den Jahren meiner Ehe lernte ich die Maske tragen, aber die Maske der Männer habe ich nie durchschaut.

Ich habe den Eindruck, als Mann ist man heute einsamer und verwundbarer als eine Frau. Ich habe mitangesehen, wie einer meiner Freunde im Wettlauf der Konzerne eine furchtbare Niederlage einsteckte – und nach diesem Schlag in die Magengrube holte er tief Luft und stürzte sich wieder hinein. Seine Frau war völlig abhängig von ihm – und er vielleicht abhängig von ihrer Abhängigkeit. Doch in dem Maße, in dem seine Welt sich erweiterte – und er liebte die Welt und stellte sich gern ihren Herausforderungen –, wurde die ihre immer leerer. Was auch immer ihre Abneigungen, Wünsche und Fähigkeiten waren, sie traute sich nicht mehr zu, etwas aus ihnen zu machen. Seine eigenen Schwierigkeiten konnte er meistern, aber ihre Hilflosigkeit mit den ihren brachte ihn fast um. Ich nehme an, daß die Scheidung ihre Rache dafür war, daß er ihr kein eigenes Ich geben konnte.

Während dieser ganzen Zeit hat er mich wegen der Frauenbewegung zur Gleichheit aufgezogen. Aber er lernt noch, jetzt über fünfzig – wie Männer eben lernen und wie jetzt auch Frauen lernen. Früher ist er wütend geworden, wenn seine Kinder seine Wertvorstellungen ablehnten. Heute hört er seine Kinder an, stimmt ihnen zu, manchmal ändert er sogar seine Vorstellungen. «Ich bin nicht sicher, ob ich danach noch strebe – nach Macht, Geld. Ich will das Leben fühlen, miterleben.» So stolz er auf seine hohe Position ist, er gibt zu, daß er es nicht gern hört, wenn ich ihn mit seinem Titel vorstelle, «als sei das der einzige Grund, warum du mich magst».

An einem frostigen Wochenende besuche ich ihn auf der Farm, wo er versucht, mit sich ins reine zu kommen. Dort finde ich plötzlich Frieden, abseits hektischer Anforderungen, innerer Kämpfe und Kraftproben, die jetzt auch die Frauen ertragen müssen, ohne Schmerz zu zeigen, da unsere Bewegung eine große Sache geworden ist. Ich freue mich an dem unverschmutzten Gebirgsbach, und wir fangen an, die Masken von zwanzig Jahren abzulegen und miteinander zu sprechen. Er ist für mich nicht der Wirtschaftsboss, und ich bin für ihn nicht die berühmte Frauenbefreierin; wir sind die besten Freunde.

Das Telefon läutet. Ich hatte diese Nummer nur für Notfälle bei meinem Auftragsdienst hinterlassen. Der Anruf ist für mich. Die Premierministerin von Indien würde mich gern heute abend um 19 Uhr in der Stadt treffen, um sich mit mir eine halbe Stunde über Frauenemanzipation zu unterhalten. Mein Gastgeber sagt mit bedeutungsvollem Blick, er werde mich zum nächsten Flughafen bringen. Aber so sehr ich die Premierministerin von Indien bewundere, ich will nicht von hier weg – von diesem rauschenden, friedvollen Gebirgsbach, den ich endlich erreicht habe. Statt dessen arrangiere ich für die halbe Stunde ein Telefongespräch mit ihr. Während die Einzelheiten geregelt werden, geht er hinaus und hackt Holz.

Wir machen einen Spaziergang auf den Berg. Er geht schneller als ich, hält aber dann und wann an, um mich nachkommen zu lassen. Ich habe schreckliche Angst vor Höhen, aber Berge besteige ich gern. Es macht Spaß, mit ihm zu klettern. Wir begegnen einem Trupp Pfadfindermädchen, angeführt von einem Mann, und tauschen Höflichkeiten aus. Als wir auf dem Gipfelfelsen sitzen und endlich wirklich miteinander reden, erscheint wieder der Pfadfindertrupp, und der Anführer kommt herüber und sagt: «Kennen wir uns nicht?» O Gott, denke ich, nicht hier. Und er ruft die Mädchen her. Ich wollte, ich hätte eine blonde Perücke aufgesetzt. Auf halbem Weg nach unten macht mein Freund eine arrogante Bemerkung über die Unmöglichkeit, Frauen zu lieben, die so bedeutend sind, daß sie sogar auf Berggipfeln noch erkannt werden. Und ich sage ihm, daß er immer noch einen entsetzlich doppelten Maßstab anlegt, weil er in seinem Beruf selbst eine ganz schöne Macht besitzt, und daß all das zwischen uns keine Rolle spielt. Und ich überlege mir, will ich wirklich für den Senat kandidieren?

Ein neuer Mann lädt mich zum Essen ein, und zwischen Meinungsaustausch über Scheidung und die zum Untergang verurteilte Institution Ehe – und Walter Mitty-Träumen darüber, zu den entlegensten Gebieten des Amazonas vorzustoßen – gibt er mir einen politischen Rat: «Ich fände es gut, wenn Sie für den Senat kandidieren würden», sagt er, und wir verabreden uns für nächste Woche zum Essen.

Kann ich also doch ich sein, alles, was ich bin, und trotzdem einen Mann lieben und von ihm geliebt werden? Es muß gehen, wenn die Frauenbefreiung echt sein soll. Denn das ist ein Teil von mir: dieses Bedürfnis, einen Mann zu lieben. Aber ich weiß jetzt, daß ich ihn nur lieben kann, wenn ich so sein kann, wie ich wirklich bin, und ihn wirklich ihn selbst sein lasse!

Im Heiraten liegt heute Hoffnung und Mut

Ich aß zu Mittag mit einem jungen Mann, den ich schon fast vierundzwanzig Jahre sehr gut kannte – so viele Jahre, wie er alt war. Ich hatte Vorträge in Princeton gehalten, wo er studierte, und ich war erfreut von dem deutlichen Interesse und der herzlichen Unterstützung, die die jungen Männer dort der Frauenbewegung entgegenbrachten. Es war kaum die Einstellung, die man von *‹male chauvinist pigs›* erwarten würde.

«Was ist daran so ungewöhnlich?» fragt mein junger Freund. «Auch wenn wir es anfangs nicht wollten, müssen wir doch für die Frauenbewegung sein. Ich meine, wir sind an sie gebunden, wir kleben an ihnen (er meinte die Frauen). Es ist nicht so wie mit dem Boss, der die Arbeiter abends vergessen kann, wenn er nach Hause geht. Dafür mag man sie mit der Zeit zu sehr.»

Ich erkundigte mich mit einigem Takt nach einer bestimmten Frau, an der er sehr gehangen hatte. Sie hatten zwei Jahre oder länger zusammen gelebt. Jetzt waren sie getrennt. Ich fragte mich, ob er es bedauerte, daß sie auseinandergegangen waren. Ich sprach behutsam, wie man es anfängt, wenn man mit den eigenen Kindern über Intimitäten spricht, von der neuen Einstellung seiner Generation zur Ehe – vom Zusammenleben, weil man keine Notwendigkeit zu staatlicher Sanktion verspürt. Ich erwähnte Erik Eriksons Standpunkt, daß Vertrautheit wirklich erst möglich wird, wenn man seine eigene Identität gefunden hat. In diesem Fall sei es besser, keine offizielle Ehe einzugehen, während man noch den Selbstfindungsprozeß durchmacht.

Doch zu meinem Erstaunen stimmte er nicht zu. «Das klappt, wenn nur *ein* Partner in einer Identitätskrise steckt», sagte er, «das kann man durchstehen. Aber wenn beide eine durchmachen, ist es besser, wenn sie etwas haben, das sie während dieser Zeit zusammenhält. Sonst geht es auseinander, sogar wenn man sich wirklich liebt.»

Er und Ellen hatten gut zusammengepaßt; er ist jetzt einsam ohne sie. «Ich habe ihr eine Zeitlang nicht sehr gutgetan», sagt er mit neuer, reifer Selbsterkenntnis. Er wünscht sich, daß sie die Art Beziehung gehabt hätten, die ihnen geholfen hätte, die schwere Zeit durchzustehen – er wünscht, sie wären verheiratet gewesen.

Es überrascht mich zu hören, daß seine Generation die Ehe verteidigt. Seine eigenen Eltern haben ihm die Jugend zur Hölle gemacht, haben sich angeschrien, geflucht und sind sogar gewalttätig geworden, bis sie sich schließlich scheiden ließen. Sie gaben ihm das Gefühl, keine Familie zu haben, die man lieben oder bei der man Trost suchen konnte, und keine Gewißheit darüber, ob er je selbst auf Liebe zählen könnte. Vielleicht hatten er und seine Freunde es deshalb nötig, so jung diese merkwürdig ernsthaften, monogamen inoffiziellen Ehen einzugehen – «spontane Verbindung» werden sie genannt, wie ich hörte. Es hatte mich gefreut, daß er von ihr die Wärme, den Beistand und die Liebe bekommen konnte, die ihm von seiner in ihrer eigenen Qual gefangenen Mutter vorenthalten worden waren. Er tat mir leid, als es vorbei war. Aber konnte er, nachdem er die grauenhafte Ehe seiner Eltern und das bittere juristische, finanzielle und emotionale Desaster ihrer Scheidung mitangesehen hatte, damit recht haben, daß es dennoch besser für ihn und Ellen gewesen wäre, verheiratet zu sein?

In den letzten Jahren konnte man die Totenglocke für die Ehe läuten, ohne überhaupt die steigende Zahl der Scheidungen heranziehen zu müssen. (Letztes Jahr gab es in manchen Städten ebenso viele Scheidungen wie Eheschließungen.) «Ehe als Institution ist zum Untergang verurteilt»: Das ist das Gefühl vieler Frauen in der Bewegung, und es sieht manchmal so aus, als sei für sie das Wesentliche der Frauenbefreiung die *Befreiung von der Ehe*. In Städten und

Vororten brechen Ehen auseinander wie Äste toter Bäume, die einem plötzlichen Unwetter keinen Widerstand leisten – brechen auseinander nach zehn, zwanzig, sogar dreißig Jahren. Und das erste Mal in der Geschichte sind es häufig die Frauen, die sagen: «Ich will aussteigen, ich mache nicht mehr länger mit. Was bringt mir das schon?» Aber die Frau, die «abspringt», ist nur deshalb etwas Neues, weil bislang nur der Mann genug psychologische und/oder wirtschaftliche Unabhängigkeit besaß, um aussteigen zu können. Jetzt fühlen sich zumindest beide stark genug, aus einer abgestandenen Ehe das Weite zu suchen.

Als ich vor kurzem den Vorort besuchte, wo wir in den fünfziger und frühen sechziger Jahren gewohnt haben, brachten mich meine ehemaligen Freunde und Nachbarn auf den neuesten Stand des Klatsches. Mit «Die Soundsos haben sich getrennt» hielten sie sich gar nicht mehr auf. «Die Jones sind immer noch zusammen» – das waren die echten Neuigkeiten.

Als ich mich vor vier Jahren scheiden ließ, war niemand in meinem näheren Bekanntenkreis jemals geschieden worden. Jetzt zerbrechen nicht nur die offensichtlich stürmischen Ehen, sondern auch die «idealen». «Es gibt keine echte wirtschaftliche Grundlage mehr für die Ehe», sagt mir ein Freund, der es wissen muß. «Als die Frauen die Männer wirtschaftlich brauchten und die Männer die Frauen, um den Haushalt geführt zu bekommen, als sie Kinder haben mußten, um ihre Altersversorgung zu sichern, war die Ehe etwas Reales und Sex außerhalb der Ehe nicht gestattet. Heute gibt es dafür keine reale Grundlage. Deshalb zerbrechen Ehen heutzutage, sobald die Kinder alt genug sind, oder schon früher.»

Aber bedeutet diese Scheidungsexplosion wirklich den Tod der Ehe?

An einem Sonntag esse ich mit zwei Freundinnen zu Abend; die eine, Mitte Vierzig, kommt von der Westküste und ist zu Besuch hier. Sie macht ihr Diplom in Psychotherapie nach zwanzig aufopferungsvollen Jahren als Ehefrau und Mutter von fünf Kindern. Sie beneidet uns zwei offen – Frauen in ihrem Alter, geschieden, erfolgreich im Beruf, die ihrer Meinung nach ein himmlisches, glanzvolles, freies und unabhängiges Leben führen. Sie ist darüber verärgert, daß sie sich beeilen muß, zum Flughafen zu kommen, um heute abend zu Hause zu sein – es gibt Schwierigkeiten mit ihrem jüngsten Sohn, und ihr Mann ist am Ende seiner Geduld, weil sie ihre Rückkehr mehrfach verschoben hat.

Die anderen beiden haben keine Eile, bestellen Cocktails und debattieren bei Hummer und Ente. Sonntag ist der längste Tag; die Kinder kommen nicht vor neun von den Vätern zurück. Die eine erzählt mit unbestimmbarem oder fehlendem Gefühl von einem Mann, mit dem sie schon den ganzen Sommer über ausgeht. Er ist geschieden, im richtigen Alter, außerordentlich erfolgreich, sehr reich, und sie will wieder heiraten – sogar an einem Abend wie diesem bricht sie in Panik aus bei der Vorstellung, allein zu sein. Aber sie mag ihn nicht wirklich. Nicht so sehr.

Die andere sagt scherzhaft, daß sie solch ein Problem nicht hat. Zur Zeit hat sie Verhältnisse mit zwei verschiedenen Männern in zwei verschiedenen Städten. In der letzten Woche hat sie sich mit beiden getroffen, mit dem einen zwei intensive Tage verbracht, mit dem anderen mehrere. Aber sie weiß nicht genau, wann sie einen von beiden wiedersehen wird. Das geht seit mehreren Jahren so. Keiner hat irgendein Interesse, seine Frau zu verlassen, auch würde sie nicht wirklich einen der beiden heiraten wollen. Abgesehen davon, daß keiner an Wochenenden, Sonn- und Feiertagen, für längere Urlaube oder um jeden Abend mit ihr zu essen, Zeit hat – ist ihre Beziehung zu beiden vollkommen. Erstaunlich intensive Gespräche, Sex, Gefühl, Abendessen, Briefe – sicherlich intensiver, als wenn sie jeden Tag zusammen wären. Sie ist überhaupt nicht eifersüchtig auf die Ehefrauen.

«Was könnte man sich Besseres vorstellen?» fragt die verheiratete Freundin. «Du kannst das alles genießen, das Beieinander, das Gefühl, den Sex, Spiel und Spaß – und du mußt sozusagen nie die Wäsche waschen oder deine eigene Arbeit unterbrechen, um ihm sein Abendessen zu machen. Du lebst dein eigenes Leben. Du brauchst nur an dich zu denken. Wie ich dich beneide!»

Ihre Freundinnen sehen sich an und zucken die Achseln. Wie soll man erklären, daß man sich gerade danach sehnen könnte, an jemanden anderen als sich selbst denken zu *müssen*. Eine von ihnen gibt bekannt, daß sie gerade eine Schlankheitsdiät angefangen hat, obwohl sie schon dünn ist. «Ich habe es einfach satt, mir in allem nachzugeben», erklärt sie. «Ich habe nie an jemanden zu denken, außer an mich selbst. Ich will Wegweiser, etwas Handfestes in meinem Leben. Es ist wie ein endloses Schokoladensahneeis.»

Merkwürdig, in letzter Zeit heiraten ausgerechnet einige meiner erfahrensten, zynischsten Freundinnen, während einige meiner konventionellsten Freundinnen sich scheiden lassen. Lois zum Beispiel und Nancy R. Beide schön, intelligent, erfolgreich – haben sie die Ehe tapfer und mit Erfolg umgangen, bis sie über dreißig waren, obwohl durch Eltern und Freunde konventioneller Druck auf sie ausgeübt wurde. An Männern fehlt es keiner von beiden. Beide kommen immer besser im Beruf voran. Beide sind in der Frauenbewegung sehr engagiert und stehen der Ehe als Institution tief skeptisch, wenn nicht rundweg ablehnend gegenüber.

Lois, eine hochgewachsene, feurige Rothaarige aus einer großen irisch-katholischen Familie, wurde meine Freundin und Verbündete im Kampf für das Recht der Frauen auf Abtreibung. Ihre Mutter starb jung an ihrer vierten Entbindung, so daß Lois ihre Jugend damit verbrachte, ihre jüngeren Geschwister aufzuziehen. Sie hat ihre Freizeit ebenso wie ihre Arbeitszeit dem Kampf gegen die Diskriminierung der Frauen gewidmet; sie hatte viel Freude an ihrer lohnenden Arbeit in der Medienbranche. Und jetzt plötzlich heiratet sie einen seit langem geschiedenen republikanischen Geschäftsmann.

An einem Samstagnachmittag gehe ich zu ihrer Hochzeit. Der Bräutigam, ein Endvierziger, die Verkörperung des idealen WASP (White Anglo-Saxon Protestant), trägt einen konventionellen Hochzeitsanzug. Seine graumelierten Koteletten sind nicht merklich länger als die seiner Geschäftsfreunde, politischen Gesinnungsgenossen und Fuchsjagdkumpane aus der konservativen republikanischen Gegend, in der sein Geschäft etabliert ist. Seine halbwüchsigen Söhne, die Geschwister und der Vater der Braut, ihre ehemaligen Chefs, ihre buntgewürfelten Freunde und Schwestern aus der Bewegung – alle sind sie da. Es ist eine glückliche Hochzeit.

In gebrochenem Weiß und mit Blumen in der Hand kommt die Braut die Treppe herunter. Doch die Trauzeremonie, wie sie der presbyterianische Pastor hält, ist persönlich, nicht konventionell, und von dieser «reifen Braut und dem reifen Bräutigam», wie sie sich ausdrückten, ebenso sorgfältig zusammengestellt wie die ausgefallenste individualistische Heiratszeremonie von jungen Hippies. Wozu Martin und Lois sich gegenseitig verpflichteten, ging über die Forderungen von Kirche und Staat hinaus. Sie ging endlich doch das Risiko der Ehe ein, der sie so lange ausgewichen war, er wagte es erneut, nach dem Scheitern einer langen Ehe. Sie ließen den Pastor beginnen:

«Wir sind heute hier zusammengekommen, um dabeizusein, wenn diese Frau und dieser Mann den Bund der Ehe schließen ... Es ist nicht gut, daß der Mensch allein sei ... Ihr habt Martin und Lois als Einzelpersonen gekannt. Von heute an werdet ihr sie als Familie kennen. Dies haben sie ausgedrückt, indem sie euch zur Hochzeit eingeladen haben. Ihr habt euren Willen kundgetan, in ihnen künftig eine Partnerschaft zu sehen ... Freut euch mit ihnen, daß sie einander gefunden haben.»

Dann geben Martin und Lois jeder eine «Erklärung frei gewählter Verantwortung» ab, daß sie erwarten, einen angemessenen Gewinn aus dieser Verbindung zu erfahren, daß sie bereit sind, «ihre eigene Freiheit zu beschränken auf das erforderliche Maß» ihres eigenen «freien Willens», aus Liebe zu einander «und aus keinem geringeren Grund».

Dann nahmen Lois und Martin einander «zu meinem angetrauten Mann» und «angetrauten Weib» und legten folgendes Gelöbnis ab: «Soweit ich mein Inneres beurteilen kann, will ich dir treu sein in Worten, Gedanken und Werken ... Ich verspreche, dir zu geben, wozu die Vergangenheit mich gemacht hat, und ich will von nun an in Partnerschaft mit dir wachsen und mich entwickeln ... Ich verspreche, dich anzuerkennen als Individuum in deinem eigenen Recht und gleichzeitig als die Hälfte meines Lebens. Ich will dich lieben und mit dir leben in guten und in schlechten Zeiten, in Freude und Leid, in Krankheit und Gesundheit, sollten sie uns getrennt oder gemeinsam treffen. Ich will mit dir leben ... bis daß der Tod uns scheidet.»

Während wir nach der Trauung auf dem Rasen stehen, uns unterhalten und Champagner trinken, wird der Inhalt des Gelöbnisses lebhaft diskutiert. Einige Männer scheinen schockierter als die Frauen darüber, wie unsentimental die klar gefaßte, sorgfältig bestimmte Verpflichtung für einander ist. Doch ich glaube, diejenigen, die den Tod ihrer eigenen Ehe miterlebt oder gefürchtet haben, daß die Ehe ihr eigener Tod sein könnte, meinen jetzt jedes einzelne Wort der gegenseitigen Verpflichtung todernst. Im Heiraten liegt heute Hoffnung und Mut, es ist keine bloße Konvention mehr.

Ich fahre zurück in die Stadt, um den «Hochzeitsschmaus» von John und Nancy mitzufeiern, die Mitglieder unserer Wochenendkommune sind. Sie ist eine lebenserfahrene Schriftstellerin und Fernsehjournalistin und hat sich immer geweigert, zu heiraten und Hausfrau zu werden. Sie schrieb gerade den Artikel ‹*Der Prozeß gegen die Mutterschaft*›, als wir uns anfreundeten. Drei Jahre lang hatten sie und John schicke Witze über ihre Beziehung gerissen. Sie waren *gut* zueinander, aber irgendwie sehr gespannt; er legte seine Ansicht von der Ehe als einer zum Untergang verurteilten, überholten, unnötigen und unnatürlichen Institution sogar noch lautstärker dar als sie, denn er hatte sich daran versucht, als er sehr jung, und noch einmal, als er nicht mehr so jung gewesen war, und war gescheitert.

Keiner von uns glaubte, daß sie Ernst machen würden, als sie nach Europa flogen, um zu heiraten, und uns zur Feier nach ihrer Rückkehr einluden. Es wird eine muntere, respektlose, lustige Feier. Die «Schmaus»-Gäste suchen an Braut und Bräutigam Zeichen der nahenden Katastrophe und sind über die sonderbare Tatsache erstaunt, daß beide weniger gespannt, gelöster und sicherer – ja glücklicher miteinander wirken als vor ihrer Heirat. Wie seltsam! «Überhaupt nicht», sagt die emanzipierte Braut. «Was uns früher nervös gemacht hat, war die Angst vor dem Heiraten. Jetzt, wo wir das hinter uns haben, können wir ruhiger sein.» Sie fühlen sich jetzt zusammen so wohl, daß sie manchmal sogar ihre Zärtlichkeit füreinander zeigen.

Als in Ira Levins Horrorroman ‹*Die Frauen von Stepford*› – der gruseliger ist als sein Buch ‹*Rosemaries Baby*› – die mittelständischen «Ehefrauen von Stepford» damit Schluß machen, immer nur Hausfrau zu spielen und anfangen, menschliche Laute von sich zu geben, sind die Männer so geschockt, daß sie die ungebärdigen wirklichen Frauen durch Disneyland-Roboter ersetzen, die ein warmes Frühstück zubereiten, den Fußboden bohnern, im Supermarkt einkaufen, autofahren und den Kindern Wiegenlieder singen, ja sogar wirkungsvoller Büstenhalter ausfüllen und Lippenstift auflegen können als Frauen, die Menschen sind. Genauso wie durch Roboter wird heute durch die Automatisierung der größte Teil der Muskelarbeit übernommen, die früher die Basis des maskulinen Machismo war. Doch die Ehen meiner Freunde, die an jenem Wochenende gefeiert wurden, mit ihren Erklärungen «frei gewählter Verantwortung», gründen sich nicht auf die alten wirtschaftlichen Rollen.

Weder Lois noch Nancy mußten heiraten, um wirtschaftlich versorgt zu sein, und sie werden sich auch nicht in die Hausfrauenrolle stürzen, wie andere meiner Bekannten. Ihre Ehen basieren auf menschlicher Gleichheit und menschlichen Bedürfnissen, wie es Lois und Martin in ihrem Gelöbnis formuliert hatten. Eine Unterstützung von der Art, die man nicht durch Roboter ersetzen kann, Verantwortung der Art, die meinen anderen Freunden über die schwere Zeit hinweghalf und sie in die Lage versetzte, sogar den aufgestauten Haß zu überwinden. Dies sind reale Bedürfnisse, und vielleicht werden unsere Söhne und Töchter sie in den kommenden Jahren stärker empfinden und klarer aussprechen. Das zunehmende Tempo in Wandel und Beweglichkeit der Massengesellschaft und unser Aufstand gegen alles Künstliche verstärkt mehr denn je unser Bedürfnis nach dieser geheimnisvollen, umfassenden Wärme und Kraft enger zwischenmenschlicher Vertraulichkeit – okay, nennen wir es Liebe –, die sexuell und schließlich persönlich ist – menschliche Sexualität.

Neulich abends sprach ich in Vermillion, South Dakota, in einem überfüllten Saal vor Einheimischen und Studenten. Ich gab meinem persönlichen Gefühl Ausdruck, daß die Frauenbewegung der sechziger und frühen siebziger Jahre nur der erste bewußte Schritt einer Revolution der Geschlechterrollen war, die Männer ebenso betrifft wie Frauen. Während meiner Rede sah ich hier und dort, wie eine Frau sich hinüberlehnte, um ihrem Mann die Hand zu streicheln, wie ein Mann seine Frau an sich drückte oder wie ein Student seinen Arm um die Schulter eines Mädchens legte.

Ich glaube, wir haben alle Angst, Männer ebenso wie Frauen, uns mit der Wut auseinanderzusetzen, die wir dem anderen aufgebürdet haben, und um so mehr Angst, als wir einander brauchen. Es war für jede Frau eine mutige Tat, wenn sie riskierte, unter der Decke des Weiblichkeitswahns hervorzukommen. Es ist auch eine mutige Tat, wenn Frauen und Männer, die es satt haben, sich etwas vorzumachen und bittere kleine Revanchen in ihrer Scheinehe auszutragen, heute aussteigen – und vielleicht noch mutiger, eine Ehe ohne Falsch zu riskieren.

Wenn ich an meine Freundin denke, die ihre Freiheit als «endloses

Schokoladensahneeis» empfand, kann ich nicht glauben, daß es kein Bedürfnis nach der Ehe mehr gibt. Es ist in einem notwendigen Wandel begriffen, und vielleicht geht es stärker denn je daraus hervor.

Weiblicher Chauvinismus ist gefährlich

Zunächst scheinen die Zeichen der Gefahr keinen Zusammenhang zu haben.

Auf einer Party in Beverly Hills läßt sich eine Frau um die Vierzig, in offensichtlich guten Verhältnissen, über die Frauenbefreiung in einer Weise aus, bei der mir ungemütlich wird. Sie hat ihren Mann vor einer Woche verlassen. Vorbild waren Frauen in einer kürzlich in *Life* erschienenen Titelgeschichte: *‹Die Ehefrau springt ab – Ein auffallendes Phänomen unserer Zeit ... Wanda Adams verließ Heim und Familie, um ein neues Leben zu beginnen.›*

Sie ist bestürzt, als ich sage, daß ich die «abgesprungene Ehefrau» aus *Life* – die mit ihrer Tochter in eine Frauenkommune gezogen ist und ihrem Mann die Erziehung ihrer Söhne überlassen hat – nicht als Heldin der Frauenbewegung sehe. Ich bin bestürzt, als sich herausstellt, daß sie das Aussteigen aus ihrer eigenen Ehe als heldenhaften Höhepunkt dieser ganzen Bewegung von Millionen von Frauen sieht. Es ist eine Art Märchenspiel, ein häuslicher Einakter mit ihr selbst als Heroine, die ihre Zeit am Swimmingpool vertrödelt und «Verabredungen» mit ihrem leidenden Mann trifft. Sie erzählt mir, daß sie ihren Mann bedauert, der einsam und traurig in seinem Hotelzimmer sitzt ... Sie schickt ihm wie bisher die Rechnungen ... Sie war außer sich, als sie am Abend vorher anrief und er nicht in seinem Hotelzimmer wartete. Er hat kein Recht, eine andere Frau zum Essen einzuladen! Wie lange kann sie erwarten, daß er – der Bösewicht in ihrem Stück – einfach nur dasitzt, leidet und sie ernährt?

Ein Brief *‹An Julie und Abigail›* erscheint auf der Leserbriefseite der *New York Times*, geschrieben von ihrer Mutter Shelley List, einundvierzig, «geschieden ... und ziemlich emanzipiert», wie sie sich selbst beschreibt. «Doch worum es mir jetzt geht, da Ihr zu jungen Frauen heranwachst und ich mich mehr und mehr als Schriftstellerin ‹verwirkliche›, sind . . . Prioritäten. Wenn Ihr mir sagt, wie neulich eine von Euch, als sie mir ein persönliches Geheimnis anvertraute, mit dem Arm über den Augen, um ihren Schmerz vor mir zu verbergen, während die Tränen unter dem Ellbogen hervor die Wangen hinunterliefen: Weißt Du, dies ist seit langer Zeit das erste Mal, daß Du wirklich mit mir gesprochen hast, und schon deswegen fühle ich mich viel besser, dann bin ich bestürzt . . . und ich denke an Gloria Steinem . . . Ich frage mich, was sie in solchen Momenten tun würde, wenn eine Tochter ihre Mutter einfach braucht und das, was diese Frau an Weisheit, an fraulicher Persönlichkeit zu bieten hat. Und als ich Deinen Arm von den Augen fortziehe und sehe, wie feucht sie sind, und die Tränen wegküsse, zweifle ich an der Frauenbefreiung . . . Ich zweifle an jenen Feministinnen, die einen heruntermachen, wenn man Ehemänner oder Väter für seine Kinder hat . . .»

Warum muß sie sich bei Gloria Steinem entschuldigen, wenn es Momente gibt, in denen es wichtiger ist, ihrer Tochter die Tränen abzuwischen, als sich selbst als Schriftsteller zu verwirklichen? Warum bedeutet «Befreiung» oder «Feminismus» für sie die Ausschaltung der Ehemänner und Väter und den Verzicht auf ein menschliches Verhalten als Mutter?

Als Bella Abzug bekanntgibt, daß sie bei den Vorwahlen der Demokraten in New York gegen den Kongreßabgeordneten William Fitz Ryan antritt, der seit langer Zeit durch seinen Einsatz für Frieden und Frauenrechte ausgezeichnete Wahlergebnisse erzielt hat und sich kürzlich einer Halsoperation unterziehen mußte, reagierten liberale männliche Journalisten und andere Männer, die zuvor die Frauenbewegung und auch Bella Abzug unterstützt hatten, mit einem «echten männlichen Gegenschlag, dem ersten in der politischen Geschichte Amerikas», wie es Shana Alexander ausdrückte. Warum gerieten sie wegen Bella Abzugs «kaltblütiger» Handlungsweise so außer sich?

Neulich abends, beim Kaffee in einem karg möblierten Apartment in New York, spielt der Fünfundvierzigjährige, den seine Frau vertrieben hat, gedankenverloren mit einem spitzen Brieföffner, als er von Gloria Steinems Verkündung der *sisterhood* in ihrer neuen Zeitschrift *Ms.* spricht. In einem Ton kalter, beherrschter Wut, der mich äußerst erschreckt (zuvor hatte er völlig mit der Frauenbewegung übereingestimmt), sagt er: «Ich denke, jetzt ist es langsam genug.» Ich bin nicht sicher, ob er den Brieföffner Gloria zugedacht hat oder der Frau in seinem eigenen Leben, die Glorias Vorbild folgt. Ich sage, er möge doch bitte den Dolch weglegen, und lese den Artikel noch einmal, um herauszufinden, warum er Mordgelüste in ihm erweckt. Ist es ein gewisser Ton, der andeutet, Frauen seien etwas Besonderes und Reines, und ewig werde ihnen von den Männern, den gemeinen Rohlingen, übel mitgespielt? «Ich habe das Gefühl, daß wir Urdu sprechen, und die Männer sprechen Pali . . .» heißt es in dem Artikel. «Die Frauen verstehen sich. Wir können Erfahrungen austauschen, Witze machen, Bilder malen und Erniedrigungen beschreiben, die Männern unverständlich sind, doch *die Frauen verstehen alles* . . . Man sollte jede Frau, die sich dazu entschließt, sich als vollwertiges menschliches Wesen zu verhalten, darauf vorbereiten, daß die Armeen des Status quo sie wie einen dreckigen Witz behandeln werden . . . Sie wird die *sisterhood brauchen.*»

Kann man *sisterhood* zu weit treiben?

Als unsere Bewegung noch klein und schwach war, glaubten wir, es sei nötig, innere Unstimmigkeiten zu verbergen: *Sisterhood is Powerful*; einzeln waren wir schwach, Solidarität ist unsere Stärke. Doch jetzt müssen wir die Verantwortung der Stärke auf uns nehmen und uns unseren eigenen Meinungsverschiedenheiten stellen. Was wir tun, hat zu viele Konsequenzen für das reale Leben der Frauen – und für das der Männer und Kinder. Diejenigen, die sich als Sprecherinnen einen Namen gemacht haben, dürfen sich nicht aus Angst, Anhänger zu verlieren, stillschweigend darein fügen, daß wir eine Richtung einschlagen, die uns vom Ziel fort in eine Sackgasse führt.

Wenn ich ein Mann wäre, würde ich mich scharf gegen die Behauptung zur Wehr setzen, daß die Frauen *als Klasse* den Männern moralisch oder geistig irgendwie überlegen sind oder daß den Männern *als Klasse* eine gewisse rohe Fühllosigkeit eigen ist. Dies ist die Umkehrung des männlichen Chauvinismus; es ist weiblicher Sexismus. Tatsächlich ist es weiblicher Chauvinismus; und diejenigen, die ihn predigen oder praktizieren, scheinen mir unsere Bewegung zur Gleichberechtigung zu unterminieren und einen Rückschlag heraufzubeschwören, der die sehr realen Verbesserungen gefährdet, die Frauen in den letzten Jahren erkämpft haben. Als Frau bin ich gegen weiblichen Chauvinismus, nicht nur weil er gefährlich, sondern weil er falsch ist. Ebenso wie es falsch ist, die Frauen als Klasse herabzusetzen, so ist es auch falsch, die Frauen durch eine andere geschlechtsbezogene Definition zu einer besonderen Klasse zu stilisieren, indem man eine konkrete Tatsache des menschlichen Lebens – die weibliche Sexualität – zur abstrakten Ideologie verzerrt. Solche geschlechtsbezogenen Definitionen, ob sie uns nun scheinbar herabsetzen oder in den Himmel erheben, sprechen uns die menschliche Identität, die persönliche Selbstfindung ab – das Recht, uns durch eigene Aktivität in der Gesellschaft als Menschen zu definieren; darum geht es in der Bewegung – und *nur* darum.

Der weibliche Chauvinismus verhindert, daß Frauen sich als ganze Menschen begreifen können, auch indem er die Gefahr einer reaktionären Gegenbewegung heraufbeschwört, von seiten der Frauen noch mehr als von seiten der Männer. Diejenigen, die das Geschlecht zur *abstrakten Ideologie* machen und damit die überholte Sprache des Klassenkampfes oder die extremen Separatisten des Rassenkampfes nachäffen, leugnen paradoxerweise die konkrete Realität der weiblichen Sexualität, ob sie nun trivial oder großartig, Last oder Lust ist, übertrieben oder, wie in der Vergangenheit, unterdrückt wird. Wenn Gloria Steinem in einer Rede von der League of Women Voters die Ehe als «Prostitution» abtut, heißt das doch, daß keine Frau je mit einem Mann ins Bett gehen wollte, wenn sie nicht ihren Körper für Brot oder einen Nerzmantel verkaufen müßte. Bedeutet das, daß jede Frau, die ihrem Mann gegenüber Zärtlichkeit und Leidenschaft zeigt, sich dem Feind verkauft hat? Ein weiblicher Chauvinismus, der eine Frau dazu bringt, sich für ihre Liebe zu Mann und Kindern zu entschuldigen – oder so tut, als würden «Selbstverwirklichung» und ein weibliches Dasein als Ehefrau oder Mutter einander ausschließen –, unterschlägt die wahren Gefühle von sehr vielen Frauen.

Ein ähnlicher weiblicher Chauvinismus hat die erste Welle der Frauenrevolution in Amerika scheitern lassen. Was als Kampf für Gleichheit begann, endete mit der Vorstellung von Frauen als einer reineren, moralisch höherstehenden Klasse, die Amerika säubern würde, wenn sie nur das Stimmrecht erhielte. Diese frühen Feministinnen hatten mehr Grund als wir, die sexuelle Wirklichkeit außer acht lassen zu wollen: Frauen waren Menschen, die durch sexuelle Beziehungen zu Männern Kinder bekamen, was dann die vollständige wirtschaftliche Abhängigkeit von den Männern bedeutete. Zuviel wurde ihnen ihres Geschlechts wegen vorenthalten; sie mußten zu lange kämpfen, um überhaupt Rechte zu bekommen. Ich denke, sie wurden es schließlich müde zu beweisen, daß sie ebensogut wie Männer waren, und sie rationalisierten ihre gesellschaftliche Isolierung und machten eine Tugend daraus; schließlich zogen sie nur noch gegen das Laster des Trinkens und die Verderbtheit der Männer zu Felde. So gewannen sie das Stimmrecht und vergeudeten es im Kampf für die Prohibition, statt weiterzumachen und die Gesellschaft so umzugestalten, daß Gleichheit möglich wurde.

Diese Arbeit machen wir jetzt, nach fast fünfzig Jahren, in denen die Frauen auf der Stelle traten oder sich rückwärts bewegten, während aus Feminismus weiblicher Chauvinismus und schließlich Weiblichkeitswahn wurde. Als ich vor sechs Jahren unsere Bewegung ins Leben rief, habe ich gesagt: Wenn die Gesellschaft sich nicht wandelt und Frauen mit Kindern erlaubt, sich vom bloßen Hausfrauendasein zu befreien und der Gesamtbewegung der Gesellschaft anzuschließen, dann würden die aufgewecktesten Frauen beginnen, Ehe, Mutterschaft, Kinder, sogar ihre eigene Sexualität abzulehnen. Der weibliche Chauvinismus ist eine Reaktion auf eben diese Erniedrigung der Frauen, die unsere Bewegung abzuschaffen versucht. Aber statt unsere Situation zu verändern, wird der weibliche Chauvinismus, fürchte ich, nur die alten Konflikte verschärfen, von denen wir ausgegangen sind.

Ich habe immer das Gerede abgelehnt, wonach die Frauenbewegung als Klassenkampf gegen die Männer aufzufassen ist – die Frauen als Klasse, die von den Männern unterdrückt wird. Ich glaube nicht, daß die Zustände, die wir zu ändern suchen, durch eine Verschwörung zur «wirtschaftlichen und sozialen Bereicherung der Männer als Gruppe» verursacht werden, wie es Gloria Steinem sieht. Die Ursachen sind komplexerer Art und belasten die Männer ebenso, wie sie ihnen Vorteile bringen. Meine Definition des Feminismus ist einfach, daß Frauen Menschen sind, im wahrsten Sinne des Wortes, die die Freiheit haben müssen, sich in der Gesellschaft als verantwortliche Bürger mit allen Privilegien und Chancen zu bewegen, die ihnen nach den Menschenrechten und der amerikanischen Verfassung zustehen. Dies bedeutet weder Klassenkampf gegen die Männer noch die Leugnung unserer sexuellen und menschlichen Bindungen an Männer, noch den Verzicht auf Kinder, die unsere menschliche Zukunft sind.

Mit scheint, daß *alles*, was die Frauenbewegung je war und je sein sollte, ein Stadium in der gesamten Bewegung für die Menschenrechte ist – daß sie lediglich eine weitere Gruppe, diesmal eine Mehrheit, in die Gesamtbewegung der Gesellschaft schleust, im klaren Bewußtsein all der Gefahren, Hoffnungen und persönlichen Risiken, die dies mit sich bringt. Nicht mehr, nicht weniger. Die Frauen mußten und müssen sich immer noch getrennt organisieren, um die Schranken zu durchbrechen, die unsere Partizipation als Menschen verhindern. Wir haben keinen Grund, uns in einen neuen Wahn der Überlegenheit zu verrennen und unsere Eigenschaften – einige gut, andere schlecht –, die aus unserer Isolierung in der Gesellschaft herrühren, als Tugenden in den Himmel zu heben. Kein Grund, eine abstrakte Religion zu gründen, die uns mit pseudorationalen Argumenten eine neuerliche Isolierung auferlegt und besondere Privilegien rechtfertigt, die uns ausnehmen von den Risiken und Anforderungen, die zur menschlichen Existenz gehören. Der weibliche Chauvinismus ist heute gefährlich, weil er uns davon abhalten könnte, die Verbesserungen, die wir erkämpft haben, zu nutzen und durch die Tür zu gehen, die wir aufgestoßen haben. Er könnte bewirken, daß uns die Männer die Tür vor der Nase zuschlagen.

Mein Freund, der drauf und dran ist, aus einem Freund der Frauenbewegung zu ihrem Feind zu werden, zahlt seiner ersten Frau jährlich 17500 Dollar Unterhalt. Er teilt sich mit ihr – tatsächlich kämpft er verbissen um – die persönliche Verantwortung für seine Kinder; ebenso teilt er mit seiner zweiten Frau die Verantwortung für Hausarbeit und ihre Kinder. Darin ist er anders als die meisten geschiedenen Männer – das tun nur wenige. Die Männer sind *keine* Klasse; mehr und mehr ältere Männer, die die alte maskuline Rolle in Ehe und Beruf gespielt haben, schließen sich den langhaarigen jungen an, die nein sagen zum brutalen und überholten Wahn männlicher Herrschaft.

Der Freund, von dem ich spreche, ist immer noch Kavalier. Er fördert und respektiert seine neue Frau beruflich sehr viel mehr als sie ihn. Er hatte immer angenommen, sie müsse auf Grund ihres

Geschlechts verletzlicher sein als er. Jetzt ist er sich nicht mehr so sicher: «Ich mag alles an ihr außer der Art, wie sie mich immer herabsetzt. Als ob sie die Freiheit brauche, wirklich sie selbst sein zu können – aber wenn ich nicht immer der große, starke, vollkommene Mann bin, tauge ich nichts. Ich habe es satt, immer als Feind, als Rohling behandelt zu werden, egal was ich mache. Ich will eine Frau, die mich wirklich mag. Meine erste Frau *mußte* mich mögen, sie war von mir abhängig. Das zählte nicht.» Er fragt mich, ob ich das Buch über den abgesprungenen Ehemann gelesen habe (*‹Letter to my Wife›*) von John Koffend, der beschreibt, wie er sexuell impotent wurde, Frau, Kinder und Managerposten verließ und nach Pago Pago flüchtete, «die Geschichte eines Mannes, der aufhören mußte, Ehemann zu sein, um wieder Mann werden zu können», wie es in der Ankündigung des Buchs hieß. «Pago Pago ist vielleicht etwas übertrieben», sagt mein Freund zu mir, «aber Impotenz ist die Rache der Männer.»

Wenn wir die Männer zu Feinden *machen*, schlagen sie mit Sicherheit zurück. Wenn wir ihnen nicht erlauben, ihre Menschlichkeit, ihr Liebesbedürfnis zu zeigen. Wenn wir auf unserer Freiheit bestehen, sie jedoch als Ernährer und Sündenböcke gefangenhalten ... Wenn wir faire und gleiche Behandlung von ihnen verlangen und sogar bekommen und trotzdem auf besonderen Privilegien bestehen – wie zum Beispiel auf der Befreiung vom Wehrdienst ... Oder wenn wir die Doppelmoral, nach der eine Frau doppelt so gut sein mußte wie ein Mann, um einen Job zu bekommen, durch eine andere Doppelmoral ersetzen, die besagt, einer Frau stehe der Job eines *jeden* Mannes zu, egal wie gut sie ist, nur weil sie eine Frau ist. Oder daß es ganz in Ordnung sei, wenn eine Frau unter die Gürtellinie schlägt, der Mann aber nicht zurückschlagen dürfe, weil sie eine Frau ist.

Die Frauenbewegung wird scheitern, wenn sie diesen Weg geht, denn unser Grundkapitel ist die Berechtigung unserer Sache. Die Männer brauchen unsere Liebe – und unsere Stimmen. Sie sind auch abhängig von unseren unter- oder unbezahlten Handlangerdiensten, doch die könnten auch Maschinen oder Männer übernehmen. Wir können die Unterstützung der Männer gegen das Unrecht, das uns als Menschen zugefügt wird, gewinnen, jetzt, da sie uns endlich als Menschen sehen können. Sie sehen sogar, daß sie aus ihrer

Einsamkeit herausfinden werden, wenn wir es schaffen, sie wirklich gern zu haben, anstatt nur von ihnen *abhängig zu sein.* Wenn wir jedoch im Namen unserer eigenen moralischen Überlegenheit nicht einmal an den einfachen Regeln von Ehre und Anstand festhalten, dann verdienen wir den Gegenschlag. Sie sehnen sich nach den weichen Eigenschaften, die sie im Namen der Männlichkeit in sich unterdrückt haben. Es wäre reine Ironie, wenn wir selbst diese Eigenschaften aufgeben würden – den einzigen Teil unserer Menschlichkeit, den wir freier ausdrücken konnten als sie –, während wir uns aus der aufgezwungenen Passivität der Weiblichkeit befreien.

Ist es schlimmer für eine Frau als für einen Mann, nach Macht zu verlangen und sie ohne Hemmung anzustreben? Vielleicht ist es gefährlicher wegen der unterdrückten ohnmächtigen Wut, die die Frauen an sich selbst und unterschwellig an ihren Männern und Söhnen ausgelassen haben, solange sie keine Möglichkeit hatten, Macht auszuüben, als über ihre Männer. Heute zögern wir sogar, einander zu kritisieren, weil wir wissen, wie destruktiv Frauen früher waren, als sie eine solche Verachtung für sich selbst empfanden, daß sie nicht einmal andere Frauen wählten und jede Frau, die etwas erreichte, ausschalten wollten.

Doch nur ein weiblicher Chauvinist würde sagen, daß Frauen sich immer für einen weiblichen Kandidaten einsetzen müßten, selbst wenn ein ausgezeichneter Mann zur Wahl steht, der sich für die Frauen und für den Frieden einsetzt. Das würde Männer dazu bringen, keine Frauen mehr zu wählen, einfach weil sie Frauen sind.

Frauen wie Männer müssen ihre politische Macht nach dem Prinzip der Anerkennung oder Unterstützung für diejenigen einsetzen, die für uns kämpfen, uns bei unseren Feinden rächen und sie besiegen. Wir müssen diejenigen Senatoren und Gesetzgeber bekämpfen, die versucht haben, die Verabschiedung des Gleichberechtigungszusatzes zur Verfassung zu verhindern und das Recht der Frauen auf Abtreibung rückgängig zu machen. Um mehr Frauen in den Kongreß zu bekommen und wirkliche Siege, nicht nur Schlagzeilen zu erringen, was Kindertagesstätten und das Recht der Frauen angeht, über Geburt und Abtreibung zu bestimmen, müssen wir Bündnisse mit den Männern eingehen. Der weibliche Chauvinismus schmälert unsere Chance, daß wir tatsächlich politische Macht erlangen, nicht mehr nur Kaffee kochen müssen. Denn er trennt die Millionen

Frauen, die am 26. August gemeinsam demonstriert haben, von den wenigen weiblichen Chauvinisten.

Ein gewisser männlicher Gegenschlag ist wahrscheinlich unvermeidlich. Einige Männer werden – freiwillig oder nicht – weichen müssen, wenn sich Frauen in größerer Zahl um Jobs und politische Ämter bewerben, die jetzt Männer innehaben. Doch wenn wir dem weiblichen Chauvinismus nicht anheimfallen und uns zumindest an die minimalen ungeschriebenen Gesetze halten, deren Verletzung sich auch die Männer untereinander nicht verzeihen – dann empfinden die Männer es vielleicht nicht als schlimmer, von einer Frau als von einem Mann geschlagen zu werden.

In der neuen Politik wird in Zukunft weiblicher Chauvinismus ebenso überholt wirken wie die Playboyhäschen. Ich habe für den Bundesparteitag der Demokraten kandidiert – nicht nur, um für die Frauenrechte einzutreten, sondern um in allen dringenden Problemen dieser faszinierenden, schnellebigen Zeit mitreden zu können. Politisch bin ich nicht in erster Linie Frau; wie Nora, als sie das Puppenheim verließ, ist meine Hauptverantwortung einfach eine menschliche. Darin unterscheide ich mich nicht von den Männern.

Wir sind jetzt unabhängig genug, um gelegentlich unser Bedürfnis nach Abhängigkeit zugeben zu können

Ich habe in den letzten Monaten zuviel Zeit im Flugzeug verbracht. Ich bin zu weit und zu schnell gereist, und ich fühle mich entwurzelt, haltlos. Ich sitze in einem Jumbo, der unbeweglich auf dem Flughafen von Detroit steht, weil in einem Teil des Computers eine einzige Sicherung kaputt ist, und wünsche mir nur, endlich zu Hause zu sein. Aber wo und was ist für mich zu Hause? Da gibt es meine Wohnung in New York und die Abendessen mit Emily, wenn Emily zufällig ebenfalls zu Hause ist. Meine Sechzehnjährige ist schon mit beiden Füßen durch die Tür und geheimnisvoll in Beschlag genommen von ihren «zwischenmenschlichen Beziehungen, Mami» – wie sie es mir mit der gereizten Geduld auseinandersetzt, die unsere Kinder uns gegenüber an den Tag legen, wenn sie flügge werden.

Während ich in diesem riesigen technischen Wunderwerk sitze, erzählt mir die Stewardess, daß sie zu denjenigen gehört, die man bei ihrer Eheschließung gezwungen hat, den Dienst zu quittieren, und daß sie jetzt wieder eingestellt wurde, obwohl sie inzwischen Mutter ist. Ich lächle, habe aber genug von Jumbos und von all den fremden Leuten, die meine Gefährten sind in dieser Schlacht, in der ich es anscheinend so weit gebracht habe. Konzepte, die zunächst nur Phantasien und Wunschvorstellungen von mir und anderen waren, werden als selbstverständlich akzeptiert, werden zur Regel. Ich fühle mich plötzlich desorientiert, ratlos, müde.

Zu Hause, in meiner leeren Wohnung, finde ich einen Stapel mit Hunderten von Briefen vor, die mir Frauen auf meine Attacken gegen den weiblichen Chauvinismus und die Sexualpolitik geschrieben haben. Ich habe keine Lust, zur Vorstandsversammlung von NOW oder zu den politischen Ausschüssen zu gehen. Ich habe es satt, in der Frauenbewegung gegen Machtkämpfe und Manipulation vorzugehen. Ich habe es sogar satt, zahllosen Reportern immer wieder unsere eigentlichen ideologischen Differenzen zu erklären.

Habe ich, das wäre undenkbar, in dieser Schlacht selbst die Orientierung verloren? Ein Song geht mir im Kopf herum, ich staube den Plattenspieler ab. Simon und Garfunkel singen: «Ich sitze im Bahnhof / mit einer Fahrkarte zu meinem Reiseziel, / jeden Abend ein neuer Auftritt, / mit Koffer und Gitarre in der Hand. / Jeder Aufenthalt ist sauber vorgeplant / . . . Jeder Tag ist eine endlose Kette / von Zigaretten und Zeitschriften. / Und eine Stadt sieht wie die andere aus, / die Kinos und Fabriken, / und jedes fremde Gesicht, das ich sehe, / erinnert mich an meine Sehnsucht . . . nach Hause zu fahren . . .»

Doch dann fange ich an, die Briefe der Frauen aus dem ganzen Land zu lesen, und meine Stimmung bessert sich wieder. Es scheint, als ob wir zur selben Zeit am selben Ort angekommen sind. Nach den vielen Veränderungen der sechziger Jahre sind wir außer Atem, müde nach fast zehn Jahren des Neinsagens. Nicht daß wir es wieder rückgängig machen, auslöschen, einfach nach Hause gehen wollen; keineswegs – was wir getan haben, mußten wir tun; so wie es war, konnte es nicht bleiben. Doch jetzt, wo der Wandel plötzlich mehr ist als *Gerede*, jetzt, wo etwas geschieht – suchen wir plötzlich etwas Vertrautes, an dem wir uns festhalten können. Uns wird klar, daß wir nicht alles regieren wollen, und das müssen wir auch nicht.

Die Erleichterung, von der ihr schreibt, erinnert mich an die plötzliche, fast überwältigende Erleichterung, die aus den Briefen sprach, die ich erhielt, nachdem 1963 ‹*Der Weiblichkeitswahn*› erschienen war. Damals habt ihr geschrieben: «Es hat mein Leben verändert, als ich es in Worte gefaßt sah.» Ihr schriebt, ihr wärt gern die Mutter eurer Kinder und die Frau eures Ehemanns, hättet aber dennoch Verlangen nach einem eigenen Leben, ihr hättet es satt, auf der Psychiatercouch Schuldgefühle darüber zu beichten, daß euch die Rolle als Mutter und Ehefrau nicht mehr glücklich mache. Dieses Bedürfnis, uns selbst als Menschen durch eigene Aktivitäten in der Gesellschaft zu verwirklichen, war dann als so sehr unterdrückt, daß ich es als «Problem ohne Namen» bezeichnete. Nur dadurch, daß es einen Namen bekam, wurde den Frauen klar, daß sie mit ihren Schuldgefühlen nicht allein waren, und sie konnten sich selbst ernster nehmen – einen Beruf ergreifen, wieder auf die Universität gehen, gegen Diskriminierung kämpfen und sich organisieren, um die Dinge in der Gesellschaft zu ändern, die geändert werden müssen, wenn wir echte Gleichberechtigung genießen wollen.

Fast zehn Jahre also hat sich unser Bewußtsein auf die Schranken konzentriert, die uns daran hinderten, vollwertige Menschen zu sein. Wir haben die Wut über die Erniedrigungen, die wir früher hingenommen hatten, in die Tat umgesetzt, und daß wir diesen Zorn öffentlich auslebten, brachte uns Schlagzeilen, Titelgeschichten und Partywitze ein. Wir haben Gesetze geändert und haben damit angefangen, Institutionen zu verändern: Colleges, Ämter, Gewerkschaften, politische Parteien – sogar die Art und Weise, wie wir im Fernsehen dargestellt werden. Eine Frau brauchte Mut, um auf diese Weise an die Öffentlichkeit zu treten, und manchmal schien es nötig, daß man sein altes Leben und die Menschen darin verließ, eine Ehe, ein Zuhause, einen Beruf aufgab. Die Konsequenzen und Resultate der Bewegung waren real und weitreichend, und nicht immer waren sie für jedermann angenehm.

Wir haben fast Angst, uns einzugestehen, daß es auch einen unangenehmen Aspekt gab, weil wir nicht riskieren wollen, dahin zurückzukehren, wo wir herkommen. Wir hatten das Gefühl, wir müßten unabhängiger werden, als ein Mensch es wirklich sein kann – völlig unabhängig von unseren Männern und Kindern. Ich glaube, es ist eine Erleichterung, daß wir jetzt zugeben können, daß wir Liebe und Zuhause brauchen, daß wir ebenso sanft wie hart zu unseren Kindern und Männern sein können, daß wir unsere Abhängigkeit von ihnen zugeben können, ohne unsere Identität aufzugeben. Wir sind jetzt unabhängig genug, um gelegentlich unser Bedürfnis nach Abhängigkeit zugeben zu können.

Jetzt, wo wir uns darüber klar sind, welchen Weg wir nicht gehen wollen, können wir den richtigen einschlagen; wenn wir uns darüber klar sind, was wir nicht verändern wollen, bekommen wir wieder Kraft für die wirklich nötigen Veränderungen. Was wir glaubten loswerden zu wollen, hat sich vielleicht durch unseren eigenen Wandel so verändert, daß wir erkennen, wie gern wir es eigentlich behalten möchten.

Eine Frau aus Philadelphia schreibt: «Ich bin eine Frau, Mitte Vierzig, die sich entschlossen hat, ‹Erfüllung› außerhalb vom Zuhause zu suchen. Als ich mich dann meinem Ziel näherte, schien etwas nicht zu stimmen. Unbewußt schob ich die ‹männliche Schulter› weg, an die ich mich früher in schweren Zeiten immer gelehnt hatte. Ich wollte ihn nun immer nur in meiner Nähe haben, wenn es *mir* paßte: beim Abwaschen, zur Unterhaltung, um die Rechnungen zu bezahlen, um mich zu verstehen, zu lieben, den Ausguß zu reparieren. Langsam ging er mir aus dem Weg. Während ich meine Ziele draußen erreichte, lockerte sich unsere Beziehung. Ich war nicht glücklich. Ich hatte Angst. Einerseits konnte ich nicht aufgeben, was ich außerhalb meiner Familie als Mensch erreicht hatte, andererseits war ich nicht fähig, von meiner Familie wegzugehen . . . Ich habe gesehen, wie viele meiner Schwestern in der Frauenbewegung etwas erreicht haben. Sie haben sich ihren Männern und Kindern entfremdet. Das scheint mir ein trügerischer Sieg zu sein . . .»

Eine Frau aus Sacramento, Kalifornien, schreibt, daß der neue Dialog «mir geholfen hat, viele Widersprüche zu lösen, mit denen ich mich herumgeschlagen habe. Da ich nicht glauben konnte, daß wir, weil wir Frauen sind, moralisch rein und die Männer herzlose Ausbeuter sind, lebte ich in der Furcht, ich sei nicht fähig, die Realität zu erkennen. Als ich von einem Mann gesagt bekam, daß ich doch unmöglich der Frauenbewegung angehören könnte, da ich zärtlich zu ihm sei und ihn glücklich machen wolle, habe ich mich gefragt, warum man eigentlich nur eins von beiden haben sollte: *entweder* einen Mann lieben *oder* von ihm als gleichberechtigt akzeptiert werden.»

Einige von euch befürchten, wir könnten, wenn wir uns die neuen Fragen eingestehen, unseren Vorsatz aufgeben, den wahren, noch nicht beendeten Kampf weiterzuführen. «Es ist ein Fehler, wenn Sie glauben, daß die Frauen insgesamt in den letzten Jahren wirklich echte Verbesserungen erreicht haben», schreibt eine. «Für die Mehrheit von uns hat sich wenig geändert.»

Die Mehrzahl eurer Briefe bestärken mich jedoch in dem Gefühl, daß viele Frauen und Männer, die heute die Gleichberechtigung der Frauen unterstützen, durch das Gerede vom Klassenkampf der Geschlechter abgestoßen werden – besonders die jungen, die nicht mehr mit den alten, absoluten Vorstellungen von Männlichkeit und Weiblichkeit aufgewachsen sind. Eine Frau aus Mount Kisco, New York, schreibt: «Ich bin sechsundzwanzig und seit kurzem verheiratet. Mein Mann ist einunddreißig. Wir sind einfach so in die Ehe hineingerutscht, nachdem wir uns schon zwei Jahre lang kannten und liebten. Wir heirateten mit dem bestimmten Gefühl, daß ich ich bin und er er! Er ermutigt mich dauernd, an meiner Karriere (Kunst) weiterzuarbeiten, und versteht und achtet meine Ambitionen. Sie haben es für meine Begriffe zutreffend ausgedrückt: Ich habe auch immer das Bedürfnis nach Liebe gehabt, und ich bin darüber glücklich, in einer Welt, in der man sich so viel vormacht, zu lieben und von meinem Mann geliebt zu werden, der unsere Individualität über alles stellt.»

Ende 1972 wurde die Gegenbewegung, die ich schon sechs Monate zuvor vorausgesagt hatte, spürbar. Zwei angesehene, ernsthafte Schriftstellerinnen, Joan Didion und Midge Decter, haben verheerende Attacken gegen die Frauenbewegung veröffentlicht, die sie mit dem Gerede vom Klassenkampf der Geschlechter gleichsetzen. Joan Didions Angriff gegen die Frauenbewegung (in *New York Times Book Review* vom 30. 7. 1972) gründete sich auf Schriften von Kate Millett, Germaine Greer, Shulamith Firestone und weniger bekannten radikalen Feministinnen wie auch auf die Zeitschrift *Ms.*: «Genau in dem Moment der Niedergeschlagenheit, als anscheinend absolut keiner mehr gewillt war, Proletariat zu spielen, kam die Frauenbewegung daher und die Erfindung der Frauen als ‹Klasse›. Wenn die Familie die letzte Bastion des Kapitalismus ist, dann laßt uns die Familie abschaffen ... Kleinkinder seien nur widerliche Mechanismen, die Nahrung verkleckern und verdauen und Frauen ihrer ‹Freiheit› berauben ... In zunehmender Weise galt offenbar die Abneigung dem Sexualleben der Erwachsenen: Es ist doch viel sauberer, wenn wir immer Kinder bleiben ...»

Midge Decter versucht in einem Buch mit dem Titel *‹The New Chastity and Other Arguments Against Women's Liberation›* («Die neue Keuschheit und andere Argumente gegen die Frauenbefreiung») die ganze Bewegung für Gleichheit mit der Begründung abzutun, daß sie sexualfeindlich, kinderfeindlich, haushaltsfeindlich, individualitätsfeindlich und freiheitsfeindlich sei. Sie schien überrascht, als ich die realen Ziele der Frauenbewegung aufzeigte: den Kampf um gute Stellungen und gleiche Bezahlung, Schwangerschaftsurlaub, Steuererleichterungen, das Recht auf Abtreibung und Kindertagesstätten, die Möglichkeit, eine Kreditkarte zu bekommen und eine Hypothek aufzunehmen, wirtschaftliche Absicherung bei Scheidung, sich für Ämter zu bewerben und Männern gegenüber man selbst zu sein. Midge Decter greift zwar das Gerede der sexualitätsfeindlichen weiblichen Chauvinisten an, doch als erfolgreiche Redakteurin und Frau eines der führenden Redakteure im literarischen Establishment identifiziert sie sich genausowenig mit der Mehrheit der amerikanischen Frauen, deren wahre Probleme im Beruf, in der Schule oder zu Hause nicht gelöst werden können, indem man so tut, als gäbe es sie nicht.

Am 26. August 1972, dem Jahrestag des Frauenwahlrechts, an dem vor zwei Jahren über 20000 Frauen, Männer und Kinder für die Gleichberechtigung der Frauen demonstriert hatten, kamen weniger als 5000. Radikale Lesbierinnen und andere Anhängerinnen des Geschlechterklassenkampfes führten die Demonstration an und verschreckten die mittelständischen Hausfrauen, Arbeiterfrauen, Fürsorgeempfängerinnen, Frauen aus den Kirchen und Schulmädchen, die sich vorher in nie erreichten Zahlen zusammengeschlossen hatten. Wenn jene, die das Dogma des Geschlechterklassenkampfes predigen, Erfolg haben und die Frauenbewegung an sich reißen, werden Midge Decters literarische Attacken milde sein – verglichen mit der Wut der enttäuschten und verschreckten Frauen, die bereit gewesen waren, die wahren Probleme in Angriff zu nehmen. Ihr, die ihr mir Briefe geschrieben habt, alle, die diese Worte lesen und verstehen, teilen die Verantwortung mit mir, damit dies nicht geschieht.

Im trübsten Augenblick, als ich mich selbst wie gelähmt fühlte, wurde ich gebeten, in Peoria, Illinois, meiner Heimatstadt, zu sprechen. Ich bin fast zehn Jahre nicht mehr dort gewesen.

Als ich vom Flughafen komme, erkenne ich die alten Straßennamen wieder, doch jetzt gibt es einen MacDonald's an der Western Street; gleich um die Ecke haben wir gewohnt. Die Bäume im Park sehen kleiner aus, die Straßenbahnschienen auf der Main Street sind verschwunden, das Hotel heißt jetzt «Peoria Hilton».

Ich spreche in der Turnhalle des Bradley College, und obwohl ich inzwischen große Menschenmengen gewohnt bin, kann ich kaum glauben, daß so viele Leute, sicher mehr als tausend, gekommen sind, um mich zu hören. Ich erkenne Gesichter in der Menge – Gesichter alter Menschen, Freunde meiner Eltern, Nachbarn. Ich sehe meinen kleinen Bruder am Gang sitzen: Er sieht sehr elegant aus mit silbernen Strähnen im Haar.

Der Gedanke, in dieser Funktion nach Peoria zurückzukehren, hatte mir Angst gemacht; nicht davor, wie man mich aufnehmen würde, sondern davor, daß ich mich zurückverwandeln könnte. Ich dachte immer, ich würde Peoria hassen, ich könne nicht schnell genug von dort wegkommen. Jetzt plötzlich fühle ich eine starke Emotion, die ich nicht einmal bezeichnen kann, und ich zittere, als ich sage: «Dies ist keine gewöhnliche Rede für mich. Ich bin hier aufgewachsen. Mein Vater kam als Junge aus Rußland hierher, und der Vater meiner Mutter ließ sich als junger Arzt hier nieder. Meine Mutter ist auf dieses College gegangen. Ich bin hier verwurzelt. Mein Sinn für das Machbare oder was sonst es in mir war, das die Frauen in Bewegung gesetzt hat, kommt von hier, aus Peoria. Man sagt, man kann nicht nach Hause zurückkehren. Und doch muß man nach Hause gehen, sich seiner Wurzeln vergewissern, wenn man neue Wege sucht. Es bewegt mich tief, daß diese Revolution, die zu führen ich mitgeholfen habe, mich endlich nach Hause, nach Peoria zurückbringt.»

«Homeward Bound» geht mir im Kopf herum, während ich, wieder zu Hause in New York, aus meiner trüben Stimmung herausfinde, meinen neuen Kurs am Temple College halte, eine Strategie zur Verteidigung des Abtreibungsgesetzes plane, mit Emily verschiedene Colleges in Erwägung ziehe und aufhöre, mit dem Mann, den ich liebe, unnötige Machtspiele zu spielen. Ich bin auch nicht mehr so hoffnungslos, was die Frauenbewegung – und Amerika – angeht. Als mein Vater und der Vater meiner Mutter und all die

Menschen aus Polen, Irland oder Italien ihren Weg in die Städte wie Peoria fanden, welches Rezept für die Zukunft hatten sie, um für sich und ihre Kinder einen «Way of Life» zu schaffen?

Gegen die Zukunftsschocks müssen wir in der Gegenwart und in dem, was uns die Vergangenheit vielleicht mitgegeben hat, verwurzelt bleiben. Wir müssen die Geborgenheit, Kraft und Liebe achten, die wir von Älteren und Jüngeren erhalten und ihnen geben. Schließlich müssen wir in der Lage sein, uns mit den Männern zusammenzutun, die wir heute als Freunde wie als Liebhaber kennenlernen und lieben können, und mit den Fremden, die zu Freunden werden. Wir nehmen unsere Wurzeln mit uns, wenn wir ins Unbekannte aufbrechen, und ich glaube, wir dürften stark genug sein, es zu schaffen, wenn wir eingestehen, daß wir unsicher und ängstlich sind und uns immer, einer den anderen, noch brauchen.

Frau Ministerpräsidentin

Eine Begegnung mit Indira Gandhi im Jahre 1966

Vorbemerkung aus der Rückschau

Eines der Probleme, mit denen wir als Frauen konfrontiert sind, ist: Wir haben nicht die geringste Erfahrung im Umgang mit der Macht. Bis vor kurzem hatten wir keine direkte Stimme bei weltpolitischen Entscheidungen. Und *eine* Folge davon war, daß wir zuviel indirekte Macht in der Familie auszuüben hatten. Ich kann überhaupt nichts anfangen mit der Idee, der Feminismus müsse aller Macht abschwören, weil Macht in der Welt bisher ausgeübt wurde von Männern, oder daß Frauen irgendwie auf geheimnisvolle Weise besser oder anders mit Macht umgehen würden als Männer. Frauen sind den konkreten Bedingungen der Macht in jedem System genauso unterworfen. Mit einem scherzhaften Wort möchte ich sagen: «Macht mag korrupt machen, und absolute Macht macht absolut korrupt, aber absolute Machtlosigkeit ist noch schlimmer.»

Als Indira Gandhi 1966 zur indischen Ministerpräsidentin gewählt worden war, fuhr ich nach Indien, um mit eigenen Augen zu sehen, wie sie diese Macht gebrauchen würde. Wie immer haben die Erfahrungen in Indien mehr Fragen aufgeworfen als beantwortet. An Indira Gandhi habe ich tatsächlich erlebt, daß eine Frau echte Autorität ausstrahlt in einer Art und Weise, die sich unübersehbar von der bei Männern üblichen unterschiedet. Und die indischen Männer wurden nicht in die Enge getrieben, sie reagierten auf diese Machtausübung nicht so, wie wir bislang immer angenommen hatten, daß Männer auf Macht bei Frauen reagieren müßten. Andererseits erlebte ich selbst in den wenigen kurzen Wochen, die ich mit Indira Gandhi durch das Land reiste, daß die Inder als Volk eine gänzlich andere Anschauung vom Männlichen und vom Weiblichen haben als wir in der westlichen Welt: nicht so polarisiert, nicht so unsymmetrisch.

Die indischen Männer führten sich nicht auf als «das starke Geschlecht» (*macho*). Die Beziehung zwischen ihrer Hochschätzung des Weiblichen – ihre Gottheiten sind sowohl weibliche als auch männliche Gestalten, oder halb weibliche, halb männliche Wesen – und ihrer Verehrung und Verherrlichung des Geschlechtlichen sowie die gewaltlose Macht, mit der sie die britische Kolonialherrschaft zu Fall brachten – all dies war für mich faszinierend. Gleichwertigkeit zwischen beiden Geschlechtern herzustellen war damals in Indien nicht das Kardinalproblem und ist es heute auch nicht. Andere Probleme sind viel drückender. In den Versuchen, irgendeines der vielschichtigen wirtschaftlichen und sozialen Probleme Indiens nach amerikanischen Maßstäben zu behandeln, sah und sehe ich eine wohl nicht zu vermeidende Arroganz. Diese Probleme sind nach dem, was ich seinerzeit gesehen habe, für amerikanische Begriffe in der ganzen Begriffswelt von Polarisierungen nicht zu lösen. Aber ich habe in Indien erlebt, wie eine Frau im Amt des Premierministers fertig wird mit derart komplizierten Aufgaben, ich spürte darin eine Weise des Denkens und Handelns, die sich abhebt von unseren westlichen Lösungen, in denen es nur um Gewinnen oder Verlieren, um Ja oder Nein geht.

Ich stieß bei vielen Indern auf schroffe Ablehnung der amerikanischen Arroganz und Macht. Obwohl ich wie die meisten Amerikaner gegen den Krieg in Vietnam war, blieb er doch für mich eine Angelegenheit, die mich wenig anging, einmal abgesehen von meinen Söhnen im wehrpflichtigen Alter. Wenn ich von Indern zu hören bekam: «Was wir euch vorwerfen, das ist eure Präsenz», dann wurde mir klar, daß es für sie wie für viele Völker der Dritten Welt nach Vietnam einfach keine «guten Amerikaner» mehr geben konnte, so wie es für viele von uns Amerikanern einfach keine «guten Deutschen» gab unter denen, die zu den Massenvernichtungen geschwiegen hatten.

Von Anfang an ist Frau Gandhi für mein Gefühl von den amerikanischen Massenmedien schlecht und ungerecht behandelt worden. Es gehört anscheinend zu einer Indien-Reise einfach dazu, daß man nachher zu Hause haarsträubende Dinge über die Armut, den Dreck, die Wertlosigkeit von Menschenleben erzählt. Denn dieses Elend erfüllt uns mit Unbehagen, und prompt sind wir böse auf die Inder, weil sie uns Unbehagen einflößen, und dabei verbirgt sich hinter unserer Gereiztheit nur die Weigerung, unsere Schuldgefühle wegen unseres Lebens im Überfluß anzunehmen. Ich glaube, amerikanische Presseleute und Diplomaten tun sich auch schwer mit dem nicht zu Polarisierungen neigenden «weiblichen» Denken der Inder. Auf jeden Fall taten sie sich schwer mit einem weiblichen Regierungschef.

Ich war begeistert und sehr eingenommen von Frau Gandhis Stil. Wir wurden Freundinnen, denke ich – ganz schlicht auf der Ebene von Frau zu Frau, aber auch auf höheren Ebenen. An meinem letzten Tag in Indien, nachdem ich über Frau Gandhi auf dem Parteitag der Kongreßpartei berichtet hatte, war ich unterwegs gewesen, um für meine Kinder Mitbringsel einzukaufen, und kam nun in mein Hotel zurück zum Kofferpacken. Da klingelte das Telefon. Es war der Sekretär der Ministerpräsidentin, er sagte vorwurfsvoll: «Wo waren Sie denn? Die Premierministerin hat Sie suchen lassen!» Ich malte mir natürlich sofort irgendwelchen schrecklichen, versehentlichen Verstöße gegen das Protokoll aus. Und was war es? «Sagen Sie mal», ließ sich im Verschwörerton die rechte Hand der Premierministerin vernehmen, «haben Sie nur einen einzigen Mantel auf die Reise mitgenommen?» – «Ja, nur den einen», sagte ich. «Zu schade», sagte der Adjutant. «Sagen Sie, wäre es wohl möglich, daß wir das Cape, das Sie auf dem Flug getragen haben, daß wir das für ein paar Tage ausleihen könnten?» Es handelte sich um ein Rudie-Gernreich-Modell, ein herrliches, aus dem Rahmen fallendes Ding von einem Cape, beidseitig zu tragen, die eine Seite schwarz, die andere Kamelhaar; ideal über dem Sari zu tragen. Aber es war das erste Modellkleidungsstück, das ich mir jemals gekauft hatte – zum halben Preis bei einem Saisonausverkauf unmittelbar vor meiner Indien-Reise –, und ich liebte das Ding. Sollte ich nun anbieten, es der Ministerpräsidentin zu schenken? «Aber nein», wehrte ihr Adjutant ab, «das ist nicht nötig, wir benötigen es nur für ein paar Stunden.»

Wieder zu Hause in Amerika rief ich Rudie Gernreich an, den ich schon immer bewundert hatte, und erzählte ihm diese Geschichte. «Und was soll ich jetzt Ihrer Meinung nach tun?» fragte er voller Interesse. «Ihr ein solches Original-Cape schicken», sagte ich. «Das muß für Sie doch ein faszinierender Gedanke sein, daß die erste Ministerpräsidentin der Welt ein Cape von Ihnen trägt, nicht wahr?» – «O je», seufzte er, «das ist doch ein Modell vom vorigen Jahr. Wir haben nur noch ein einziges Stück davon. Kann sie Größe sechs tragen?»

Ein paar Monate danach besuchte die indische Ministerpräsidentin die USA, es ging um Hilfe für ihr Land im Kampf gegen die Hungersnot. Ich fuhr nach Washington hinunter, um sie moralisch zu unterstützen. Ich stand mit anderen Journalisten wartend auf dem Rasen des Weißen Hauses, als Frau Gandhis Hubschrauber aufsetzte. Sie trug unser Cape, als sie ausstieg, um den Präsidenten zu begrüßen. Und als sie auf dem Weg in das Weiße Haus an den Presseleuten vorbeiging, sah sie, daß ich das gleiche Cape trug, und sie – ganz deutlich – zwinkerte mir zu.

Als die USA während des Bangladesch-Krieges Pakistan mit Waffen belieferten – und als die Soldaten in diesem Krieg Vergewaltigung als ein Kampfmittel einsetzten und damit viele bengalische Frauen in die Elendslage der Unberührbaren stießen –, da baten mich indische Frauen um Hilfe. Ich fuhr an der Spitze einer Frauendelegation nach Washington, um dort zu protestieren und zu Hilfsmaßnahmen für die Opfer von Bangladesch zu fordern und die Beendigung der amerikanischen Intervention. Jetzt bekam ich zu hören: «Verlangen Sie jetzt immer noch mehr politische Macht für die Frauen, wo die beiden Staaten, die von Frauen geführt werden, bereits in Kriege verwickelt sind?» Ich sah keine Veranlassung, Golda Meir oder Indira Gandhi zu verteidigen, nur weil sie Frauen waren – und doch habe ich mich ganz besonders darüber gefreut, daß dieser Krieg so kurz war, daß sie ihre Truppen in schnellen, kurzen Gefechten die pakistanischen Invasoren zurückschlagen ließ und daß die siegreichen indischen Soldaten aus lauter Lust und Freude in den befreiten Dörfern ihre Gewehre und Bajonette mit Blumen umkränzten, so daß sie ihren bedrohlichen Charakter verloren.

Im Sommer 1975 auf der Internationalen Konferenz zum Jahr der Frau in Mexico City haben meine indischen Freundinnen einen guten und wesentlichen Beitrag geleistet zu dem, wenn vielleicht auch nur geringen Fortschritt, den wir auf dem Wege zur Einigung und Gleichstellung der Frauen in aller Welt erzielen konnten. Sie waren genauso fassungslos wie ich, als die Lage in Indien sich zuspitzte und die Ministerpräsidentin die demokratischen Freiheiten aufhob und Kriegsrecht über das Land verhängte. Sie kehrten sofort in ihre Heimat zurück, um dort ihre eigenen Schwierigkeiten anzugehen. Ich weiß nicht, was in Indien zur Zeit wirklich geschieht. Aber ich glaube, es hat wohl kein Amerikaner das Recht, sich zum Richter über andere aufzuwerfen. Die Inder haben schon lange den Verdacht gehegt – und letzthin sind Machenschaften der CIA aufgedeckt worden, die solche Unterstellungen rechtfertigen –, daß die amerikanische und die britische Regierung irgendwie die Hand mit im Spiel hatten, wenn es darum ging, die Korruption, religiöse Streitigkeiten sowie Stammeszwistigkeiten und Schachzüge gegen Frau Gandhis Amtsführung in Gang zu setzen oder anzuheizen, also die nationale Einheit der Indischen Union zu untergraben und die Entwicklung des Subkontinents zu einer unabhängigen Macht möglichst zu stören. Ich war beeindruckt von der leidenschaftlichen Demokratie, die ich in Indien erlebt habe und die so voller Vitalität die vielschichtigen, ja scheinbar unlösbaren Probleme des Landes anpackte. Ich kann ihre Abkehr von der Demokratie nur zutiefst beklagen. Es dürfte zur Zeit eine der geringsten Belastungen für Frau Gandhi sein, daß sie eine Frau ist – aber ich möchte doch wünschen, daß die neue Qualität von Macht, die ich an ihr gespürt habe, sie irgendwie über die Runden kommen läßt und ihr hilft, beim Widerstand gegen die Supermächte, die sich – spalterisch und manipulierend – um den indischen Subkontinent raufen, und bei der Suche nach den dringend benötigten Nahrungsmitteln und Rohstoffen für ihr Volk, ohne daß sie die Freiheiten ein für allemal abschaffen würde, die ihr selbst so viel bedeuteten.

Frau Ministerpräsidentin

Es war ihre erste Woche im Amt. Ich hörte keinen Inder laut sagen, daß eine Frau nicht Premierminister sein sollte. Sie machten nur ihre Bemerkungen darüber, wie «zart» sie ausgesehen habe während der großen Parade am Tag der Republik in ihrem weißen Sari, der ihren Kopf halb bedeckte, wie es die Sitte vorschreibt und worin die Unterordnung der indischen Frau zum Ausdruck kommt. Als Hubschrauber Rosenblütenblätter verstreuten und als in strammer Haltung vorbeistolzierende indische Soldaten ihre Geschütze zur Schau stellten, mit denen sie die Grenzen ihres Landes gegen Pakistan und China verteidigt hatten, da hofierten die Politiker und Würdenträger auf der Ehrentribüne Kamaraj, den schnauzbärtigen Königmacher, der Indira Gandhis Wahl eingefädelt hatte.

Die Frau Ministerpräsidentin Indira Gandhi – mit ihren achtundvierzig Jahren noch jung in einem Land, wo die Alten die Macht haben – saß abseits allein. «Die Königmacher wollten einen schwachen König», hörte ich einen Spaßvogel sagen. «Sie ist mit Sicherheit zu schwach für die Probleme der größten Demokratie der Welt zu dieser Zeit.»

Die Berichterstatter und Fotografen, die mit dem Flugzeug aus London, Paris, Bonn, Toronto und New York herbeigeeilt waren, um als Beobachter beim Aufstieg dieser Frau in das hohe mächtige Amt dabeizusein, sie waren eher noch skeptischer. Ungläubig erlebten sie mit, wie sie am ersten Tag um acht Uhr früh ihre Politik des Darshan praktizierte, der huldreichen Hinwendung zu jedem Inder, der zu ihr kam mit irgendwelchen Sorgen. Jeden einzelnen begrüßte sie persönlich mit einem Namaste, die Handflächen wie zum Gebet vor der Brust zusammengelegt: Straßenkehrer aus der Kaste der Unberührbaren, empörte Slumbewohner, deren Elendsquartiere und Tempel einem Neubauprojekt zum Opfer fallen sollten, Schüler, die kämpferische Gedichte aufsagten, sowie Männer und Frauen vom Lande. Anschließend brachte sie binnen einer halben Stunde fünf verschiedene Fernsehinterviews mit ebenso vielen ausländischen Rundfunkanstalten hinter sich, alles in der prallen Sonne, und begab sich dann in ihr Büro in der grandiosen Roten Burg, wo die schwierigen Aufgaben, die sie mit dem Amt übernommen hatte, auf sie warteten: Hungersnot und Unruhen im Süden, Stopp der amerikanischen Hilfslieferungen, Abzug von Truppen von der pakistanischen Grenze, Indiens bedrohliche Bevölkerungsexplosion, die letzten Feinheiten des dritten Fünfjahresplanes und das sture Beharren der beiden Männer, die sie bei der Wahl geschlagen hatte und die nun, um nicht das Gesicht zu verlieren, unbedingt die erste Geige im Kabinett spielen wollten.

Gegen Mittag verließ sie unvermittelt ihre Minister und Berater und besuchte das Lager der Volkstanzgruppen, die aus ganz Indien nach Neu-Delhi herbeigeströmt waren. Als ich sie endlich eingeholt hatte, in einer Wolke von Staub und Fliegen inmitten der Ochsen, Esel, Ziegen, Männer, Frauen und Kinder, die zwischen den Zelten herumwimmelten, wurde sie gerade fotografiert mit den Tänzern aus dem aufständischen Bundesstaat Kerala. Plötzlich gab es einen ohrenbetäubenden Lärm, die Männer aus Kerala brüllten und sprangen auf, fuchtelten mit ihren Speeren haarscharf am Kopf der Ministerpräsidentin vorbei und tanzten im Kreis um sie herum. Mich überfielen Schreckensvisionen von Dallas, ich sah unser FBI gelähmt von einem kollektiven Herzschlag. Über die Köpfe der Fotografen hinweg, die in dem Gewühl vor Aufregung fluchten, konnte ich erkennen, wie die Ministerpräsidentin ihre Sicherheitsbeamten anfuhr, weil die sie mit dicken Seilen abzusperren versuchten. Und dann, mit einem Lächeln, frisch anzuschauen in all der Hitze, schüttelte die Ministerpräsidentin der größten Demokratie der Welt ihre Schuhe ab und reihte sich barfüßig in den Tanz ein – sie wirkte dabei ganz ungezwungen und kein bißchen ängstlich, gerade so, als ob sie, trotz ihrer feinen Oxford-Erziehung, daran einfach nur ihren Spaß hatte. Vielleicht wird sie noch für alle eine große Überraschung, dachte ich bei mir. Sie merkte, daß ich sie anstarrte, und blinzelte mir zu ...

Ich war nach Indien gekommen mit den Fragen, die wir in Amerika alle haben, wo der Gedanke einer Frau im Präsidentenamt noch immer so undenkbar ist, daß jede Andeutung in dieser Richtung nur als Witz verstanden wird. Wie konnte eine Frau zur Ministerpräsidentin ausgerechnet von Indien gewählt werden, wo die zwangsweise haremartige Absonderung der Frauen hinter dem Purdah-Vorhang, die Eheschließung zwischen Kindern und die Verbrennung von Witwen bei lebendigem Leibe auf dem Scheiterhaufen ihres toten Gatten christliche Missionare noch vor knapp hundert Jahren schockiert haben? In den Vereinigten Staaten, wo die Frauen sich angeblich schon seit langem emanzipiert haben zur Gleichstellung mit den Männern, kann eine Frau allenfalls danach streben, das Weiße Haus mehr oder weniger reizvoll zu verzieren als des Präsidenten Gemahlin, indem sie Schlagzeilen macht wegen ihres Sinn für modischen Chic. Sie kann sich auf humanitärem Gebiet betätigen, dem politischen Hader entrückt. Sie kann eine politische Kandidatur unterstützen als der «weibliche Vorsitzende». Sie kann sogar einen Posten bekleiden – der aber nur auf dem Papier steht und nur Scheinbedeutung hat. Aber könnte sie eigenständig als Frau ein Amt mit realer Macht übernehmen?

Natürlich: Indira Gandhi ist die Tochter von Nehru. Aber ist ein weiblicher Sproß der Familie Kennedy, Roosevelt, Eisenhower, Truman, Churchill, de Gaulle oder Adenauer überhaupt vorstellbar in einer vergleichbaren Lage? Sollte die Kongreßpartei, diese riesenhafte, nur lose verbundene Maschinerie des indischen Kampfes um Unabhängigkeit von England, heute in einer so tiefen Krise stecken, daß es keine Alternative gab zu Nehrus Tochter?

Ich wußte, daß in Indien wie überall auf der Welt der Kampf um die Macht mit rücksichtsloser Härte geführt wird. Ich dachte auch darüber nach, welchen Preis sie als Frau zu zahlen hatte in Kunkurrenz mit Männern und nach dem Sieg über Männer in dieser politischen Arena. Schlug sich die Mißgunst von Männern nieder in besonders erbittertem Widerstand gegen sie? Woher nahm sie die Kraft und die Fähigkeit, die man braucht, um ein Volk von 480 Millionen zu führen, um den gigantischen Staatsapparat einer modernen Nation politisch in den Griff zu bekommen, der bisher stets als die Welt des Mannes angesehen wurde? Ist sie, grob gesagt, so etwas wie eine «Walküre», die ihre Weiblichkeit abgeworfen hat und in allem bis auf den Namen zu einem Mannsbild geworden ist? Kommt es bei ihr zu starken inneren Spannungen zwischen der Ausübung von politischer Macht und ihrem Wesen als Frau? Hat sie als Frau und Mutter teuer bezahlen müssen? Mußte sie auf ihr Glück als eine Frau verzichten (denn das würde man in Amerika von einer Frau verlangen, die eine einflußreiche Position einnehmen will)? Oder erwachsen ihr aus der Tatsache, daß sie eine Frau ist, im Gegenteil einzigartige Kraftreserven und Fähigkeiten für ihr Leben in der Politik?

Und welche Aussicht hat sie schließlich, in diesem hohen Amt zu bleiben und andere Frauen als Nachfolgerinnen zu sehen auf dem Wege zur Macht? Es war gar nicht so abwegig, was ein Kommentator in jener Woche in der Londoner BBC zum besten gab: «Meine Damen, nur nicht so schüchtern! Warum will eigentlich keine von Ihnen in Downing Street Nr. 10 das Sagen haben?» Und im amerikanischen Fernsehen wurde von verschiedenen Seiten der vordem unerhörte Gedanke ausgesprochen: «Vielleicht ist es nicht nur ein Scherz, daß eines Tages eine Frau die Präsidentin der Vereinigten Staaten wird.»

In jenen spannungsgeladenen ersten drei Wochen des Machtwechsels in Neu-Delhi wurde mir unwahrscheinlich offenherzige, durch und durch aufrichtige und gewissenhafte Hilfe von indischer Seite zuteil, angefangen bei Indira Gandhis engsten Freunden bis hin zu ihren politischen Gegnern. Ich bekam fast Schuldgefühle wegen der Gefahr der «häßlichen amerikanischen» Arroganz, der ich mich aussetzte, indem ich sie zu diesem Zeitpunkt mit solchen Fragen belästigte, aber ihre ehrliche Begeisterung, die Art und Weise, wie sie mich nach Hause einluden und mir schlimme Dinge erzählten wie auch erfreuliche, das ließ wohl den Schluß zu, daß sie jedenfalls nicht der Meinung waren, ein weiblicher Ministerpräsident sei ein Witz – und daß sie entzückt waren, als sie merkten, daß es ein Gebiet gab, auf dem sie einmal weniger «rückständig» waren als die Amerikaner.

Zu guter Letzt bot sich mir die einmalige Chance, Indira Gandhi persönlich kennenzulernen. Ich bin mit ihr 3800 Kilometer kreuz und quer durch Indien gereist, mit dem Flugzeug, per Hubschrauber oder im Jeep. Es war ihre erste Rundreise durch das Land als Ministerpräsidentin. Ich war der einzige amerikanische Gast, außer mir gab es nur noch eine Frau in ihrer aus nur vierzehn Leuten bestehenden Begleitung. Sie hat mit mir ausführliche Gespräche unter vier Augen geführt: über ihr Leben, über ihre Eheprobleme als Folge ihrer steilen politischen Karriere, über ihre Einstellung zu Frauenfragen und zu ihrer Heimat.

Am meisten interessierte mich die Frage, ob Indira Gandhi nur deswegen Ministerpräsidentin geworden war, weil sie Nehrus Tochter war, oder ob in ihrem Werdegang nicht doch etwas liegt, was für Frauen allgemein Bedeutung hat. Kenner der politischen Verhältnisse in Indien neigten eher zu der Auffassung, wenn Nehru schon 1954 und nicht 1964 gestorben wäre, dann wäre seine Tochter niemals als Kandidatin für das Amt des Premierministers in Frage gekommen. Denn bis dahin, bis 1954, hatte zwar ihr Leben von Kindesbeinen an ganz im Zeichen der Politik und des Kampfes für die Unabhängigkeit Indiens gestanden, aber ihre Bedeutung hatte eigentlich nur darin bestanden, Nehrus Dame des Hauses zu sein, ihm das Haus zu hüten – und die Tür zu seinem Büro zu bewachen. «Ich habe sie unterschätzt», erzählte mir ein hochintelligenter Diplomat aus dem Westen. «Sie reagierte mit viel Fingerspitzengefühl auf jede Laune ihres Vaters, sie gab acht, daß er mit den passenden Menschen zusammenkam und daß die falschen Leute ihm erspart blieben. Die Vorzimmerdame eines großen Mannes übt eine große Macht aus. Ich meinte, sie würde von den Größen der Politik nur deswegen umschmeichelt, weil sie auf diesem Wege zu Nehru vorzudringen hofften, und daß es nach seinem Tode mit ihrem Einfluß sofort vorbei wäre. Es trat aber das Gegenteil ein: Ihre Macht nahm zu!»

Noch zu Nehrus Lebzeiten sagte ein amerikanischer Korrespondent, der lange in Indien tätig gewesen war, Indira Gandhi werde wahrscheinlich «in die lange Reihe namenloser Nachkommen von bedeutenden Vätern zurücktreten. Ich glaube nicht, daß ihr Vater sie dem Lande aufzwingen könnte, und wenn er es noch so entschlossen versuchen würde. Indien würde keinen zweiten Nehru im Amt des Premierministers hinnehmen. Nehru wird wissen, wie schnell die Kinder von Giganten, sogar durch ganz normale Sterbliche, in Zwerge verwandelt werden, sobald die Riesen von hinnen sind.»

«Wo sind Gandhis Söhne heute, da Gandhi nicht mehr lebt?» fragte Gopal Menon, eine der großen Figuren in der indischen Wirtschaft. «Wir haben sie nicht gerufen nach Nehrus Tod, als eigentlich alle Gefühle am meisten dafür gesprochen hätten. Sie ist aus eigener Kraft unsere stärkste Persönlichkeit auf dem Felde der Politik geworden und obendrein die beste, auf die wir uns einigen konnten, die einzige, hinter die sich das ganze Land einträchtig stellen konnte, falls es zum Krieg kommen würde.»

Einer der großen Alten der indischen Politik, der die Familie sehr gut kannte, erzählte mir, Nehru selber hätte der Gedanke ganz ferngelegen, seine Tochter könnte eines Tages Ministerpräsidentin werden. «In den Anfangsjahren hat Nehru seine Tochter Indira einfach grausam heruntergeputzt. Er raubte ihr jedes Selbstvertrauen. Sie war ein Nervenbündel. Erst in den letzten fünf oder sechs Jahren fing er an, sie als gleichwertig zu behandeln. Sie akzeptierte immer die Rolle, die er ihr auferlegte, welche es auch sein mochte; sie ließ das Geschimpfe über sich ergehen. Erst die Aufgaben, die sie selbständig übernahm, schienen sie mit Leben zu erfüllen. Ihr Vater wird ihr über die Schulter schauen, solange sie lebt. Immer wird sie sich selbst zu beweisen versuchen: ‹Das hat mir mein Vater nicht zugetraut, aber ich habe es doch geschafft!›»

Von Indira Gandhi selbst habe ich gehört: «Ich glaube, was mein Vater für Indien getan hat, was damals richtig. Aber man tut ja nicht eine Sache, nur weil ein anderer sie zuvor so getan hat. Man muß das tun, was jetzt an der Zeit ist. Ich habe meine eigenen Vorstellungen, und ich bin sehr stur, wenn es darum geht. Ich muß leider zugeben, daß dies zu meinen schlimmsten Verfehlungen rechnet. Ich bin ein sehr zielstrebiger Mensch – und ich mußte so sein, wenn ich nicht völlig zugrunde gehen wollte.»

«Kein Mann und keine Frau ist zum Premierminister geboren, nicht einmal Nehrus Tochter», sagte Krishna Menon, der Führer des linken Parteiflügels, der einen rasputinartigen Einfluß auf Nehru gehabt haben soll. Er hat Indira Gandhis Wahl nicht unterstützt, «bis sie praktisch gelaufen war», sagte mir ihr Wahlkampfleiter mit einiger Bitterkeit. «Er wußte, daß sie viel zu unabhängig war in ihrem Denken und daß er sie nicht so beeinflussen konnte, wie er es bei ihrem Vater getan hatte.» Nicht einmal ihr ärgster Gegner, Moraiji Desai, der bis zum Schluß gegen ihre Kandidatur angekämpft hatte, tischte das Argument auf, eine Frau könne nicht Premierminister werden. Seine Anhänger drängten ihn dazu, wie er sagt, aber er wollte lieber «verlieren als gegen meine Prinzipien verstoßen. Wir setzen auf die Gleichstellung der Frau.» Seine eigene Frau und genauso die Ehefrauen der anderen indischen Politiker wurden allerdings nie an der Seite ihrer Männer gesehen bei gesellschaftlichen oder politischen Anlässen.

Ich habe mit Frauen vom Dorf gesprochen, keine zwanzig Kilometer von Delhi entfernt, die noch immer im Purdah leben, denen es verboten ist, sich außerhalb der Frauengelasse des Hauses zu bewegen. Mit Mädchen habe ich gesprochen, die nicht einmal zum Schulbesuch das Haus verlassen durften. Mit einer Witwe, die mit dreizehn verheiratet worden war und mit siebzehn bei der Verbrennung ihres gestorbenen Mannes zwar nicht mehr lebend zu ihm auf den Scheiterhaufen mußte, der es aber gleichwohl von der strengen Sitte her untersagt ist, neu zu heiraten oder sich frei in der Gesellschaft zu bewegen. Kinderheirat ist heutzutage gesetzlich verboten, und doch weiß jeder, daß in bestimmten Teilen Indiens acht- bis zehnjährige Mädchen nach wie vor buchstäblich verschachert werden an ihre Ehemänner wegen der Mitgift und daß diese kleinen Mädchen sogar ermordet werden, ohne daß man deswegen ernsthaft eine Strafverfolgung zu fürchten hätte, nur damit der Ehemann oder seine Eltern auch noch die Mitgift einer weiteren Ehefrau einstreichen können. Der Einfluß des Purdah auf das Leben in Indien ist noch immer so stark, daß ich im nordindischen Jaipur in einer Grundschule eine Klasse nach der anderen sah, in der dreißig bis vierzig Jungen, aber nur drei bis sechs Mädchen saßen. Annähernd 90 Prozent der indischen Frauen sind noch Analphabeten, verglichen mit 65 Prozent bei den Männern.

In der Woche, als Frau Gandhi ihr Amt antrat, brachten die indischen Zeitungen ein Foto, das für die dortigen Verhältnisse durchaus nicht so ungewöhnlich ist: Die Frau eines Luftwaffenoffiziers küßt ihrem Gatten demütig die Füße. Frank Moraes, der Herausgeber der Zeitung *Indian Express*, erklärte mir dazu: «Wir können sehr wohl eine Frau im Amt des Premierministers anerkennen – das ist für uns nichts Ungewöhnliches. Frauen haben bei uns in der Politik immer eine große Rolle gespielt, schon seit Mahatma Gandhis Zeiten. Und trotzdem weigern sich die meisten indischen Männer, im Privatleben eine Frau als gleichrangig zu akzeptieren.»

Die Entwicklung der indischen Gesellschaft scheint aber stark in Richtung auf die Gleichstellung der Frau zu tendieren, so wie gebildete Frauen gleich Indira Gandhi sie schon heute ganz selbstverständlich praktizieren. Alle Inder, mit denen ich mich unterhalten habe, distanzierten sich vom Purdah: das sei, sagten sie zu ihrer Entschuldigung, ein «fremder» Auswuchs, den ausländische Eroberer den indischen Frauen aufgezwungen hätten.

Nach der alten hinduistischen Überlieferung, so wurde mir erklärt, ist die *Shakti*, das weibliche Prinzip, ein Synonym für Energie, Macht, Stärke. «Wir haben neben unseren zahlreichen Göttern ebenso viele Göttinnen – und zwar nicht nur die eine Gottesmutter des Jesuskindes, sondern selbständige Göttinnen der Weisheit, des Reichtums, des Lichts. In unserer Geschichte gab es viele tapfere Frauen wie die Fürstin (Rani) von Ihansi, unsere Jungfrau von Orléans, die ein indisches Heer in die Schlacht führte während eines Aufstands gegen die Engländer. Das war vor hundert Jahren, als im viktorianischen Europa die Frauen zu Hause dahinwelkten. Auf dem Lande, wo noch heute vier Fünftel der indischen Bevölkerung leben, arbeiten die Frauen Seite an Seite mit den Männern auf dem Feld. Sie werden sich zusammen mit den Männern aus den ärmlichen Verhältnissen emporarbeiten und das 19. Jahrhundert einfach überspringen.»

Eins steht fest, der Koalition der großen Bonzen aus den Bundesstaaten und Großstädten, die sich einhellig hinter Frau Gandhi stellte, lag überhaupt nichts an der Rolle der Frau, sondern diese Leute kalkulierten einzig und allein mit den Wahlkampfchancen dieser Frau bei der breiten Masse der 480 Millionen Inder. Darin zeigt sich also, daß die indische Bevölkerung nicht aus Überzeugung für ein politisches Idealprinzip, sondern aus Einsicht in die vorhandenen politischen Gegebenheiten eine Frau – und zwar diese bestimmte Frau – akzeptieren und respektieren kann in einer Art und Weise, wie sie nur die allerfortschrittlichsten Männer und

Frauen für den Westen zur Diskussion zu stellen wagten. Oder um es mit Indira Gandhis Worten zu sagen, die einmal auf die ewige Frage westlicher Journalisten, was es denn für ein Gefühl sei, Indiens «erster weiblicher Ministerpräsident» zu sein, spitz bemerkte: «Als Ministerpräsident bin ich kein Weib – da bin ich schlicht ein Mensch!»

Ein hochgewachsener, bärtiger Sikh drückte das so aus: «Manche Männer bei Ihnen drüben in Amerika machen mich ganz krank mit ihrem höflichen Türaufhalten beim Aussteigen aus dem Auto, als ob Frauen etwas ganz Besonderes wären, obwohl sie gleichzeitig die Frauen heraushalten aus all ihren wirklich wesentlichen Angelegenheiten. Einen weiblichen Vorgesetzten zu haben bedeutet ja noch lange keine Entmannung für mich.»

Was uns Amerikanern blühen würde, wenn bei uns eine Frau auf dem Präsidentenstuhl säße, das habe ich nur in einer einzigen indischen Zeitung gefunden, in dem Organ des Jan Sangh, das sich in die Vergangenheit zurücksehnt wie die John Birch Society in Amerika, das die überholten Haßgefühle und Vorurteile zwischen den Religionsgemeinschaften und Kasten wieder aufrichten möchte, mit denen die Engländer die Spaltung Indiens betrieben. In dieser Zeitung gab es Karikaturen von Männern in Frauengewändern; damit sollte zum Ausdruck gebracht werden, daß ja nun die Frauen die Hosen anhätten und die Männer weibische Schwächlinge werden müßten. Diese Gruppe lancierte die Flüsterpropaganda, Frau Gandhi sei zu «zart» und «gefühlsbetont». Tatsache ist, daß in Indien das Ringen um Freiheit und Gleichstellung der Frau nie abgeglitten ist in einen Kampf der Frauen gegen die Männer. Die Sache war gewonnen, als die Frauen aus dem Purdah heraustraten und an der Seite der Männer mitkämpften in dem Befreiungskampf der ganzen Nation. Nach meinen Gesprächen mit Frau Gandhi und anderen Indern wird mir langsam klar, daß wir hier im Westen uns mit Frauenfragen herumschlagen, die dort in Indien weder für Frauen noch für Männer überhaupt zur Debatte stehen. Sie gehen ganz einfach davon aus, daß die Lösung all solcher Fragen sich schon einstellen werde, wenn erst einmal die ganze Nation befreit sei aus dem Würgegriff des Aberglaubens und der Rückständigkeit. Und diesen noch fast ungebrochenen Gegenmächten hatte nun Indira Gandhi entschlossen den Kampf angesagt.

«Haben Sie nie Angst davor, Ministerpräsidentin zu sein?» fragte ich sie am ersten Nachmittag. Ich hatte an die Worte eines amerikanischen Präsidenten denken müssen, aus denen die furchtbare Einsamkeit dessen sprach, der weiß, daß nur er die letzte Verantwortung trägt. Gemeint ist Harry S. Truman, der an der Tür zu seinem Arbeitszimmer ein Schild hängen hatte mir der Aufschrift: *The buck stops here.* (Sinngemäß: «Hier laufen alle Schwarzen Peter zusammen, auf mich, den Präsidenten, schieben alle die Verantwortung ab – und ich übernehme sie auch! Ich sehe mich als die letzte Instanz an.» – Anm. d. Übers.) «Jetzt habe ich keine Angst mehr davor», gab sie zur Antwort. «Ich habe schon früher die Erfahrung machen müssen, daß jeder mir den Schwarzen Peter zuschob, obwohl kein Mensch sich je darum gekümmert hat. Alles was ich getan habe, war für mich immer wieder eine große Herausforderung. Und jedesmal erschien es mir als nahezu unmöglich, damit fertig zu werden, weil ich mich vorher noch nie an so etwas herangewagt hatte. Aber ich bin großgeworden in dem Glauben, daß das Wichtigste im Leben die eigene Courage ist. Das haben mir meine Mutter und mein Vater pausenlos eingehämmert.

Bis zu meinem sechzehnten Lebensjahr», so erzählte sie mir, «habe ich gedacht, es wäre viel schöner, wenn ich ein Junge wäre. Natürlich hätten alle es lieber gesehen, wenn ich ein Junge gewesen wäre. Mein Vater hatte keinen Sohn – so war ich ständig bei ihm. Ich bin auf Bäumen herumgeklettert. Als ich dann sechzehn wurde, fand ich heraus, daß es überhaupt kein Handikap bedeutete, wenn man ein Mädchen war. Es gab ja soviel wichtigere Dinge zu tun als auf Bäumen herumzuturnen. Meine Mutter setzte sich für alle Rechte der Frau ein, während sie sich am Kampf für die Unabhängigkeit Indiens beteiligte. Ich bin keine Feministin. Der Grund hierfür ist wahrscheinlich, daß ich nie etwas anderes kennengelernt habe als die völlige und konkret gelebte Gleichstellung der Frau. Meine Eltern sind beide viel im Gefängnis gewesen. Ich mußte also frühzeitig lernen, selbständig zu entscheiden und auf eigenen Füßen zu stehen.»

Das große Vorbild ihrer Kinderjahre war die Jungfrau von Orléans – und ihre eigene Mutter. («Gewaltlosen Widerstand habe ich von meiner Frau gelernt», hat Nehru wiederholt gesagt.) Aber zum Feministen ist ihr Vater erst durch Mahatma Gandhi geworden. Sie erklärt das folgendermaßen: «Gandhi war überzeugt, daß der

Kampf um die Unabhängigkeit von den Frauen ebenso getragen werden mußte wie von den Männern, nicht nur, weil die Hälfte des Volkes aus Frauen bestand, sondern auch, weil man kaum einen Mann dazu bringen konnte, ins Gefängnis zu gehen oder vor das Exekutionskommando hinzutreten, wenn seine Frau ausdrücklich dagegen war. Deswegen appellierte er direkt an die Frauen und übertrug ihnen die schwersten Aufgaben – nach dem Grundsatz: Wer nur den Zeh ins Wasser hält, wird niemals schwimmen lernen; wenn man dagegen gleich voll hineinspringt, dann kommt Angst gar nicht erst auf. Die Frauen wuchsen mit ihren Aufgaben und brachten Dinge zustande, die sie sich vordem niemals zugetraut hätten.»

Indira Gandhi hatte die Befähigung zum politischen Handeln niemals als eine «männliche» Eigenschaft betrachtet. Waren doch sogar die Methoden der gewaltlosen indischen Revolution für Frauen genausogut anzuwenden wie für Männer: die eigene Baumwolle selber zu spinnen, selber Salz aus dem Meer zu gewinnen, englische Waren zu boykottieren, die Indien wirtschaftlich am Boden hielten. Weil die Männer oft im Gefängnis saßen, mußten die Frauen die Verantwortung übernehmen und die Führung. Als Indira zehn Jahre alt war und ihre beiden Eltern in Haft waren, stellte sie aus eigenen Stücken eine Spitzelbande von Kindern auf die Beine, die in Lokalen und vor den Fenstern von wichtigsten Leuten spielten, um interessante Nachrichten aufzuschnappen – und die als Horchposten gute Dienste geleistet haben. Die Briefe, die sie von ihrem Vater aus dem Gefängnis erhielt, gipfelten alle in der Maxime: *Laß Dir nur nicht von der Geschichte den Schneid abkaufen!*

Sie trotzte ihrem Vater und setzte sich über die alte indische Sitte der von den Eltern arrangierten Gattenwahl hinweg, als sie es durchsetzte, ihren Kommilitonen aus der Studienzeit in London Feroze Gandhi (der mit dem Mahatma Gandhi nicht verwandt ist) zu heiraten, der zu der verachteten Parsen-Kaste gehörte. Ihr Hochzeitssari war aus selbstgesponnenem Khodi-Tuch, das ihr Vater im Gefängnis gewebt hatte. Ihre Flitterwochen waren nach drei Monaten zu Ende, weil sie verhaftet wurde wegen maßgeblicher Beteiligung an einer «Raus-aus-Indien»-Demonstration gegen die Engländer im Jahre 1943. Sie erhielt eine Freiheitsstrafe von dreizehn Monaten. Zusammengepfercht mit zweiundzwanzig Frauen hauste sie in einer Gefängnisbaracke unter primitivsten hygienischen Verhältnissen und praktisch ohne Schutz vor der unerträglich heißen

Sonneneinstrahlung. Die anderen Gefangenen durften Briefe, Pakete und Besucher empfangen, sie nicht.

«Das Schlimmste im Gefängnis war, daß alle Dinge nur eine einzige Farbe hatten: Lehmbraun», erzählte sie mir. «Als ich wieder frei war, konnte ich mich nicht sattsehen an allen möglichen Farben. Ich mußte alles, was ich sah, anfassen. Nach all den garstigen Sachen sehnte ich mich nun nach weichen Stoffen.»

Dann kam der Tag der Freiheit. Ihre Mutter war gestorben, ihr Vater war der erste Ministerpräsident der indischen Geschichte, und Nehru war für sein Land gewissermaßen der George Washington und Abraham Lincoln in einer Person. Nehru hatte die Angewohnheit, seine Tochter mit ihrem Mann und den beiden kleinen Jungen andauernd von ihrem Zuhause in Luchnow in die Hauptstadt zu zitieren: «Kommt sofort, wir müssen einen Empfang geben» – für Chruschtschow, für Nasser, für Mao Tse-tung oder für Mrs. Kennedy.

Sie lehnte es strikt ab, selber bei Parlamentswahlen zu kandidieren, obwohl man sie vor jeder Wahl dazu drängte – kein Wunder, bei *dem* Vater! Einmal schickte der Innenminister sogar ein Telegramm an Mahatma Gandhi, er solle ihr befehlen, sich aufstellen zu lassen. Aber sie hielt dem Mahatma entgegen, daß ihre Kinder noch klein seien und die Mutter nicht entbehren könnten, und außerdem lasse sie sich weder von ihm noch von sonst jemandem herumkommandieren.

«Ich habe eigentlich kaum etwas Eigenständiges getan, als meine Kinder noch ganz klein waren», sagt Indira Gandhi. «Mein Mann lebte in Lucknow. Ich verbrachte die Hälfte meiner Zeit damit, meinem Vater das Haus zu richten, die andere Hälfte war ich bei meinem Mann. Die beiden Jungen reisten immer mit mir hin und her, außer wenn ich unterwegs war im Wahlkampf für meinen Mann oder für meinen Vater. Ich halte nichts davon, wenn man die eigenen Kinder in fremde Hände gibt. Ich bin erst wieder selber aktiv geworden, als die Kinder zur Schule gingen. Und auch dann noch habe ich meinen Tag so eingeteilt, daß ich zu Hause war, wenn sie aus der Schule kamen.»

Sie betonte ferner, daß sie nicht «qualifiziert» gewesen sei. Usha Bhagat, die Kindergärtnerin ihrer Söhne und dann ihre Sekretärin, hat 1953 bei ihr angefangen, sie arbeitete mehrere Tage in der Woche, als Frau Gandhi gerade damit begonnen hatte, auf dem

Gebiet der Kinderbetreuung sozial aktiv zu werden; in diesem Rahmen sammeln ja die indischen Frauen – wie die amerikanischen auch – ihre ersten praktischen Erfahrungen, ohne die Arbeit selbständig zu planen, während ihr Hauptinteresse sich immer noch auf ihre eigenen Kinder richtet.

Usha erzählte mir: «Im Laufe dieser Jahre hat sie sich enorm verändert. Früher war sie beim Sprechen sehr unentschieden, ihr fehlten immer die richtigen Worte. Heute dagegen redet sie völlig ruhig und sicher. Als ich bei ihr anfing, war sie ganz schüchtern, sie ging nie aus sich heraus. Reisen tat sie nur in Gesellschaft ihres Vaters oder in den Ferien mit ihrem Mann – nie allein. Führungsqualitäten mögen bei ihr schon immer vorhanden gewesen sein, aber davon war noch nichts zu merken. Ich bin überzeugt, daß sie sich damals selbst nie als politisch aktiv, geschweige denn als führende Kraft angesehen hat. Wenn ihr Vater sie kommen ließ, um den Haushalt des Premierministers zu führen, dann kam sie aus Pflichtbewußtsein, und zwar nicht nur aus Gehorsamspflicht einer Tochter gegenüber ihrem Vater, sondern aus dem Bewußtsein dessen, was ihr Vater für das ganze Land bedeutete. Er hatte sein ganzes Leben dem Dienst für seine indische Heimat geweiht, vor ihm lagen noch viele große Aufgaben, denen er allein nicht gewachsen war. Sie hätte lieber für sich in einem eigenen kleinen Haus gelebt zusammen mit Feroze. Als Feroze ins Parlament gewählt worden war, aß und schlief er im Hause des Ministerpräsidenten, zum Arbeiten und Gästebewirten hatte er aber immer das Haus, das ihm als Parlamentsmitglied zugewiesen war. Er wehrte sich dagegen, nur als der Schwiegersohn des Regierungschefs dazustehen. Er hatte ein sehr empfindliches männliches Selbstbewußtsein und wollte sich auf keinen Fall im Ruhm anderer sonnen. Man kann sich lebhaft vorstellen, daß es in dieser Ehe bald zu erheblichen Spannungen kommen mußte.

Sie ist ein ungeheuer vielseitiger Mensch, ich kenne niemanden, mit dem sie auf *allen* Ebenen kommuniziert. Diejenigen, mit denen sie politisch zu tun hat, kennen die andere Seite ihres Wesens gar nicht. Die alten Freundinnen von früher, die sie zum Tee besuchen, sind typische Frauenfreundschaften – man kennt sich von der Schulzeit her, oder man hat gleichaltrige Kinder –, und sie will dann auch gar nichts anderes als ein bißchen klatschen und über die Kleinen reden. Da sind dann noch ein, zwei Menschen – ganz wenige –, mit denen sie sich in einem tieferen Sinne verbunden fühlt. Sie hat nämlich auch eine mystische Ader. Ihr Leben spielt sich auf ganz verschiedenen Ebenen ab. Sie verbringt so viel Zeit damit, anderen Menschen zuzuhören, die sich mit ihren Sorgen und Nöten an sie wenden, daß sie sich zwischendurch völlig auf sich selbst zurückziehen und allein sein muß. Ich habe schon erlebt, wie sie das sogar mitten in einer wimmelnden Menschenmenge getan hat. Sie ist ein sehr nachdenklicher Mensch, aber sie hat so wenig Zeit, daß sie intensiver nachdenkt als die meisten.

Alles was sie tut, tut sie intensiv, in sehr kurzen Zeitabschnitten. Zeit ist für sie überhaupt etwas anderes. Ich habe selber erlebt, daß sie ihre Aufmerksamkeit tatsächlich auf vier verschiedene Dinge zur gleichen Zeit richtet: Mir diktiert sie eine Aktennotiz über ein Betreuungsprojekt, am Telefon diskutiert sie mit jemandem über eine politische Veranstaltung, während vor ihr auf dem Schreibtisch die geplante Tischordnung für ein wichtiges Abendessen liegt. Und wenn die protokollarischen Regeln noch so streng eingehalten sind, kann das Ganze trotzdem falsch sein nach menschlichen Gesichtspunkten. Darum gibt sie sich immer die größte Mühe, möglichst jeden Gast neben jemanden zu setzen, mit dem er sich wirklich gern unterhalten möchte. Und plötzlich erspäht sie mit halbem Auge auch noch, daß die Rosen in der Vase nicht richtig angeordnet sind.

Genau denselben hohen Grad an Konzentration hatte sie beim Umgang mit ihren Kindern. Sogar als sie noch klein waren und ich sie in meinem Kindergarten hatte, konnte ich merken, daß sie ihre Kinder sehr lieb hatte, auch wenn sie nicht andauernd an ihnen herumhantierte, wie die meisten Mütter es tun. Mir ist aufgefallen, daß die anderen Mütter – die den ganzen Tag zu Hause bei ihren Kindern zubrachten und sich ständig in die Belange des Kindergartens oder der Schule einmischten –, daß diese Mütter es nie für nötig hielten, sich für ihre Kinder einmal wirklich zu interessieren. Wenn sie dagegen mit ihren Kindern zusammen war, dann brachte sie ihnen ganz intensives Interesse entgegen. Nachmittags ruhte sie sich aus, und wenn die Knaben aus der Schule kamen, legten sie sich mit ihr zusammen hin. Sie plauderte mit ihnen, erklärte ihnen vieles, hörte ihnen zu, ging auf sie so voller Anteilnahme ein, daß keinerlei Gefühl der Zurücksetzung aufkommen konnte, wenn sie schließlich aus dem Haus mußte.»

Soweit sie sich erinnern kann, fing es in dem Jahr an, als sie, obwohl sie selber noch nicht für ein Mandat kandidieren wollte, die Zusage gegeben hatte, ihr Vater werde für eine andere Kandidatin eine Rede halten, wenn der Wahlkreis eine Frau aufstelle. Als ihr Vater nun die Rede für diese Kandidatin doch nicht halten konnte – er hatte andere Verpflichtungen –, da nahm sie in ihrem Zorn darüber den nächstbesten Zug und hielt selber eine Ansprache – und machte die Erfahrung, daß die Menschen ihr *zuhörten*. Die betreffende Kandidatin gewann das Mandat mit einer gewaltigen Mehrheit, und Indira Gandhi wurde aufgefordert, im ausschlaggebenden Lenkungsausschuß der Kongreßpartei mitzuarbeiten. Das war, als sie fünfunddreißig war. Man mußte wenigstens *eine* Frau im Vorstand haben, und wie immer bei solchen Gremien und ihrer Vorzeige-Frau oder ihrem Vorzeige-Neger: Man betraute sie mit dem Frauenreferat, das es vorher gar nicht gegeben hatte. Sie nahm aber die Sache ernst. Es mußte etwas geschehen, um den Frauen Mut zu machen, sich als Kandidatin durchzusetzen und ihre Sache in verräucherten Sitzungszimmern auszufechten.

«Ich brachte den Lenkungsausschuß so weit, daß er meinem Vorschlag zustimmte: Jede Kandidatenliste in jedem Bundesstaat und in jeder Stadt soll zu fünfzehn Prozent aus Frauen bestehen», erinnert sie sich. «Zuerst dachten sie, das sei ein schlechter Witz. Sie sagten, kein Mann werde eine Frau wählen und die Frauen würden auch keine Frauen wählen. Gut, sagte ich, wir haben so viele Sitze im Parlament zu besetzen, warum wollen wir nicht einen Versuch machen? Ich habe nicht stur darauf bestanden, daß sie sich ganz genau und wörtlich an diese Regel hielten – der Durchschnitt lag nachher bei zwölf und nicht bei fünfzehn Prozent. Aber das war immerhin ein Anfang. Die anderen hatten natürlich erwartet, daß die Frauen sämtlich verlieren würden. Tatsächlich haben die Frauen aber nicht verloren. Überall, wo ein weiblicher Kandidat durchgefallen ist, lag das nicht daran, daß er eine Frau war, sondern daran, daß die Kongreßpartei in dem betreffenden Wahlkreis schlecht dastand. Aber man mußte sich schon auf die Hinterbeine stellen gegen sie. Erst sagten sie vielleicht: ‹Wir haben einfach keine tüchtigen Frauen zur Verfügung, also müssen wir den Sitz mit einem Mann besetzen!› Oder sie versuchten es damit, daß sie die ungeeignetsten Frauen in einem Wahlkreis nominierten, wo es genügend gebildete und begabte Frauen gab, die keine Angst hatten, auch mal den Mund aufzumachen. Oder da ebenfalls ein gewisser Prozentsatz der Kandidaten aus den Randgruppen stammen sollte – den Unberührbaren –, wollten sie sich um die ganze unangenehme Sache herumdrücken, indem sie eine unberührbare Frau aufstellten.»

Sie veranstaltete Übungskurse und Freizeiten, um den Frauen beizubringen, wie sie als Mitglieder der Legislative reden und handeln mußten – sogar Analphabetinnen. Heutzutage sitzen Frauen in allen Gemeinderäten oder Panchayats – und in einigen Fällen führen sie sogar den Vorsitz. Ich habe mit einer Frau gesprochen, die ganz frisch in einem Panchayat in Jaipur gewählt worden war. Das eine Ende ihres Saris bedeckte den ganzen Kopf, das gab ihr einen so unterwürfigen Anstrich, daß es mit ihrem Durchsetzungsvermögen wohl nicht sehr weit her sein konnte – dachte ich. Wie sich aber herausstellte, hatte sie ihren Sari aus Protest hochgeschlagen und bestand felsenfest darauf, daß von der Dorfgemeinde ein weiterer Lehrer angestellt wurde, damit die Mädchen ebenfalls die Schule besuchen konnten und nicht nur die Jungen. Inzwischen gibt es weibliche Mitglieder in den gesetzgebenden Körperschaften der indischen Bundesstaaten und in beiden Häusern des Bundesparlaments in Neu-Delhi – und zwar neunundfünfzig und nicht nur kümmerliche zwölf wie im Kongreß der Vereinigten Staaten. Es gibt weibliche Ministerpräsidenten und weibliche Gouverneure in den größten Bundesstaaten, es gibt weibliche Minister in den Teilstaaten, es gibt weibliche Planungskommissare, weibliche Magistratsbeamte und weibliche Abgeordnete. Indische Frauen waren Botschafter ihres Landes in Moskau, London und Washington – und nicht bloß in Luxemburg.

Dieser Kampf für die Rechte der Frau war nur ihre politische Lehrzeit.

«Jedes Mitglied des Lenkungsausschusses hatte die Pflicht, die Auswahl der Kandidaten in einem oder zwei Bundesstaaten zu beaufsichtigen. Ich bekam Assam, und es war sonnenklar, daß man dort die Minderheiten und Stämme nicht so berücksichtigte, wie es ihnen zustand. Ich rief den Parteivorsitzenden der Kongreßpartei an und schlug ihm vor, was zu tun sei. Das kommt mir so drastisch vor, sagte der! Das Ärgerliche an den meisten Politikern ist, daß sie sich zu gern um jede Entscheidung herumdrücken. Sie vermeiden unpopuläre Maßnahmen, indem sie die Dinge schleifen lassen. Ich mußte ihn förmlich anschreien, aber wir liefen ja tatsächlich Gefahr, uns die dortigen Bergstämme zu entfremden, wenn wir so weitermachten und keine Rücksicht nahmen auf ihre eigenen Vorstellungen und ihnen alles mögliche aufoktroyierten. Ich gab nicht nach; die Änderungen wurden durchgeführt, und die Lage in Assam hat sich bis heute doch entscheidend konsolidiert.»

«Sie besitzt wirklich Zivilcourage, sie verfügt über physischen Schneid», das bekam ich immer wieder zu hören, von jungen Reportern, von Soldaten, von abgebrühten Presselöwen, von altgedienten Leitartiklern, und alle nickten dazu typisch indisch ausdrucksvoll mit dem Kopf. Indira Gandhi kam nach Bombay während des Sprachenstreits und trieb die führenden Lokalpolitiker in die Enge, indem sie darauf beharrte, die Stadt müsse in Wahlbereiche eingeteilt werden entsprechend der Sprache der jeweiligen Wohnbevölkerung – und das war nicht die Sprache der reichen Leute, die die direkten Spenden in die Parteikasse einzahlten. Die politischen Lokalgrößen hatten Angst, die reichen Geschäftsleute würden wegziehen. Indira Gandhi war davon überzeugt, das würden sie nicht tun – und sie hat recht behalten.

Als sie 1959 zur Vorsitzenden der Kongreßpartei gewählt worden war – sie übernahm damit die Führung einer gewaltigen politischen Organisation, die nicht mehr von den Idealen der nationalen Freiheit zusammengehalten wurde, sondern behaftet war mit den Übeln der Korruption, des Opportunismus und der ewigen Streitereien zwischen den Spitzenpolitikern in den Bundesstaaten und Großstädten –, war ihre erste Amtshandlung, daß sie ihren Vater aus dem Parteivorstand ausscheiden ließ. Sie ersetzte ferner unproduktive Drohnen im Parteiapparat sowohl durch fähige junge Kräfte als auch durch exzentrische Köpfe, um die Einheit der Partei wiederherzustellen. Sie begab sich in den Süden nach Kerala, wo die Kommunisten eine Wahl gewonnen hatten, und fand heraus, daß man dort den Kindern neue Schulbücher gegeben hatte, in denen die Geschichte Indiens völlig umgeschrieben worden war, nämlich im Geiste Lenins und nicht Gandhis. Und obwohl sie selbst als eine «Linke» angesehen worden war, gab sie keine Ruhe, bis Neuwahlen stattfanden und die Kommunisten die Regierungsgewalt wieder abgeben mußten.

Während der chinesischen Invasion und später auch im Krieg gegen Pakistan ließ sie sich zum Schrecken der Behörden mit dem Hubschrauber an die Front fliegen. Die Truppen erkannten sie und brachen in Jubel aus, daß es über die Berge bis ins Tal von Assam hineinschallte. «Bei meinem zweiten Besuch dort oben hätten mich beinahe die Chinesen in Empfang genommen», sagte sie. «Ich trat den Rückflug um vier Uhr morgens an, weil ich den Chinesen nicht den Gefallen tun wollte, direkt in ihre Schußlinie zu laufen. Aber ich hatte versprochen, ich würde zurückkehren, wenn die Lage wirklich gefährlich werden sollte. Und ich bin froh, daß ich das getan habe. Ich brachte die Jugend dazu, eine Art Volkssturm zur Verteidigung ihres Landes aufzustellen. Es kommt ja entscheidend darauf an, die Menschen dahin zu bringen, daß sie selber etwas Konkretes tun zur Verbesserung ihrer Lage – das macht ihnen Mut.»

Als ihr Vater 1964 starb, lehnte es Indira Gandhi ab, das Außenministerium zu übernehmen. Sie war dafür nicht «qualifiziert», wie sie sagte. Sie wurde statt dessen Ministerin für Information und Rundfunkwesen. Unter ihrer Federführung wurden nicht nur die Rundfunk- und Fernsehsender ihrer bisherigen Funktion als Sprachrohr der Regierungspropaganda entkleidet, indem fortan auch nichtparteigebundene Stimmen zu Wort kamen – dazu gehörten auch Oppositionsmitglieder –, sondern sie hielt auch die Kampfmoral im Pakistan-Krieg auf hohem Niveau, ohne irgendwelche Anklänge an Haßparolen à la «Nieder mit Pakistan!» in den Programmen zu dulden.

Kann eine Frau all diese Dinge tun, und muß sie dabei nicht zur Walküre und Männerfeindin werden? Das kann sie, wie man sieht. Denn die einflußreichen Spitzenpolitiker, bei denen Moraiji Desais sture «Unbeugsamkeit» starke Ressentiments hervorgerufen hatte, fanden sich bereit, sich im Geist der Einheit hinter die neue Regierungschefin zu stellen. Usha stürzte ins Haus, als am Abend die Nachricht durchsickerte, daß Indira Gandhi Ministerpräsidentin werden würde. «Ich hatte gedacht, sie würde es mit Erschütterung aufnehmen – angesichts einer so ungeheuren Last der Verantwortung! Aber sie reagierte mit strahlender Begeisterung, als ob sie die Herausforderung des hohen Amtes akzeptiere, und gar nicht, als ob es ihr aufgebürdet worden wäre, sondern als wäre jetzt in ihr eine Kraft freigesetzt worden. Mit einemmal war sie für mich ein ganz anderer Mensch. Alle Ängstlichkeit war von ihr abgefallen.»

Ich bin mit ihr 3800 Kilometer nach Assam gereist in ihrer Viscount von der indischen Luftwaffe, in kleineren Maschinen, im Hubschrauber und im Jeep. Es war ihre erste Reise in die abgelegenen Landesteile der Indischen Union als Premierministerin. Sie hat fünf Reden gehalten; die erste vor der Menschenmenge, die den Flugplatz Behar förmlich belagerte, wo wir umsteigen mußten in eine kleinere Maschine (die Menschen waren immer noch da, als wir drei Stunden später wieder landeten). Dann sprach sie zu einer ungeheuren Menschenansammlung, es waren wohl um die fünfhunderttausend, die kilometerlang die sumpfigen Niederungen am Ufer eines mississippiartigen Stromes dicht an dicht bedeckten, alles hockte regungslos auf der Erde, Menschen über Menschen, so weit das Auge reichte, über ihren Köpfen wirbelte eine Staubwolke in der indischen Mittagshitze, und alle starrten erwartungsvoll auf die schlanke Gestalt im blauen Sari auf dem blumengeschmückten Podium. In ihrer Stimme – die völlig anders klang als die laute Sprechweise von einigen ihrer politischen Freunde – lag unüberhörbare Autorität. Sie war hoch, aber nicht schrill, manchmal geriet sie bei schwierigeren Gedanken ins Stocken, dann wieder kam sie trällernd gefällig daher, mit einer fast leidenschaftlichen Ehrlichkeit. Sie hat dreimal eine Rede gehalten auf unserer Fahrt immer weiter hinein in die Berge von Assam – unser Flug führte am Himalaja entlang in dem Korridor durch pakistanisches Gebiet, vorbei am Mount Everest. Die schmale Landstraße vom Flugplatz weg war gesäumt von Dschungeldickicht, Palmen, Mango-Gehölzen und endlos weiten Teeplantagen.

Als ich sie das erste Mal ihre kurze Ansprache reden hörte, war ihr Antlitz in das Rot der Abendsonne getaucht, und Tauben, Adler und Krähen umkreisten ihr Haupt. Ihr ganzes Aussehen verwandelte sich, wurde sprühend, warm, lebendig, als hätte ihre gewöhnliche Zartheit sich vollgesogen mit der glühenden Anteilnahme auf den Gesichtern der lauschenden Menge, die auf der nackten Erde gelagert war: der Männer in ihren windelartigen Dhotis (Lendentüchern) und der Frauen, die mit den Sarizipfeln ihre Kinder einhüllten. Dieses Hin- und Herströmen von Energien zwischen ihr und dem Volk ist der Ursprung ihrer Macht.

Der Inhalt ihrer Reden ist denkbar einfach: Die Inder hätten bei ihrem Kampf nichts anderes gehabt als ihren Willen zur Freiheit und ihre Entschlossenheit, sich der Freiheit würdig zu erweisen, und die Inder hätten sich wie *ein* Mann aufgerafft, um die Grenzen der Heimat gegen Invasoren zu verteidigen, und sie hätten den Sieg errungen. Wenn aber dieselben Inder jetzt nicht mit genausoviel Willensstärke und Einigkeit den Kampf aufnähmen gegen ihren wahren Feind – gegen ihre eigene Rückständigkeit, gegen Armut und Unwissenheit –, dann würden sie ihre Freiheit verlieren. Die Inder müßten ihren Bedarf an Nahrungsmitteln aus eigener Produktion decken und dürften nicht für alle Zeiten auf Auslandshilfe angewiesen bleiben. Die Inder müßten Untüchtigkeit, Bürokratie und Schlamperei abbauen und eine Industrie sowie viel mehr Schulen aufbauen. Dies könne nicht geschehen durch Regierungserlasse oder durch Heldentaten auf dem Schlachtfeld, sondern einzig durch das Volk – durch *sie*. Und das bedeute Mühsal und Arbeit und Festhalten an dem Geist der Selbstaufopferung eines Gandhi, eines Nehru, eines Shastri. Selbstkritik müßten sie wohl ständig üben – das Wichtigste aber sei, daß sie Vertrauen hätten zu sich selbst ... und zu Indien!

Wenn dann aus der Menge der Ruf «Jai Hind!» – «Es lebe Indien!» – aufklingt, dann spaßt sie milde mit ihren Zuhörern: «Das ist nicht laut genug.» Alles lacht und ruft: «Jai Hind!» – «Aber nein», sagt sie dann. «Das muß so laut kommen, daß es von hier bis zur Roten Burg in Delhi zu hören ist.» Und dann macht sich der fröhliche Nationalstolz Luft, den sie ihnen eingeimpft hat, und sie schreien mit voller Kraft: «Jai Hind!», und wenn sie sich abwendet, heißt es: «Indira Gandhi, ki jai!» – «Es lebe Indira Gandhi!»

In jener Nacht kamen zwölf Menschen ums Leben beim Massengedränge in dem betreffenden Dorf mitten im tiefsten Assam, als die Menschenhaufen sich immer dichter heranschoben, um Indira Gandhi ganz aus der Nähe zu sehen. Am nächsten Morgen bestieg sie um sechs Uhr einen Hubschrauber, der sie zu den Bergvölkern ins Grenzgebiet flog.

In dem aus Schilf gebauten Pendal – das ist das bei diesen Stämmen übliche Versammlungshaus auf Pfählen – bat sie mich nach hinten, wo mit roten und gelben Tüchern ein kleiner Raum abgeteilt worden war, in dem die weiblichen Senatsmitglieder aus dieser Gegend und führende Persönlichkeiten der Kongreßpartei ihr dabei behilflich waren, die traditionelle Stammestracht anzuziehen. (In dem klaren Bewußtsein, daß sie als Person das Symbol für Indien als Nation verkörpert, achtet die Ministerpräsidentin mit peinlichster Genauigkeit darauf, daß sie in jeder Ecke Indiens die dort landesübliche Frauentracht trägt – genauso wie sie geradezu gierig die örtliche Küche probiert und genießt. Wenn ihr jemand in diesem Zusammenhang gratulierte wegen bewiesener «Tapferkeit», dann wehrte sie ab: «Aber ich mag das gern – diese Vielfalt!»

Die assamesischen Damen nahmen einige Tücher von der Vorhangwand herunter, um damit mich einzukleiden. Die Ministerpräsidentin stutzte beim Anblick meiner Füße. «Fühlen Sie sich darin wohl?» Ich hatte regelrechte Strandlatschen an, was gar nicht gut paßte zu meinem schwarzseidenen Strickkleid, aber tags zuvor hatte ich beim Ein- und Aussteigen im Jeep und im Hubschrauber dauernd Ärger gehabt mit meinen hohen Absätzen. Ich wollte mich entschuldigen, aber da hob sie den Saum ihres Saris an und ließ mich die weichen ledernen Mokassin-Hausschuhe an ihren Füßen sehen. (In Delhi trug sie gewöhnlich offene Sandalen mit hohem Absatz.) «Wenn man solche Reisen macht, muß man sich *bewegen* können!»

Ministerpräsidentin hin, Ministerpräsidentin her: sie hat eine Ader für die kleinen weiblichen Dinge im Leben und freut sich daran genauso lebhaft wie jede andere Frau – ohne auch nur im geringsten die großen Linien der indischen Innen- und Außenpolitik aus dem Auge zu verlieren. «Einmal waren wir mitten drin in einer Erörterung von Detailfragen der Vereinbarung von Taschkent», so erzählte mir ein Kabinettsmitglied, «da sagte sie plötzlich: ‹Ich glaube, Sie bekommen eine Erkältung.› Sie zog eine Schublade heraus, entnahm ihr eine Schachtel Salmiakpastillen und gab mir eine zum Lutschen. Danach ging sie gleich zum nächsten Punkt des Vertragstextes über.»

Im Verlauf der politischen Gespräche mit den Stammesführern bemerkte Frau Gandhi zu ihrer Genugtuung, daß einige Frauen keine Nasenringe mehr trugen. «Jedesmal wenn ich hierherkam, habe ich kleine Andeutungen eingeflochten, daß Nasenringe wirklich nicht sehr hübsch aussehen», erzählte sie mir. «Bei meinem letzten Besuch haben die Frauen zum erstenmal zugegeben, daß Nasenringe doch sehr weh tun. Die Nase wird dick, und die häßliche rote Schwellung rundherum verdirbt doch das ganze Gesicht!»

Die übrigen von unserer Gruppe flogen voraus in einem regulären Militärhubschrauber, um sie nicht warten zu lassen – oder in einem wüsten Massengedränge steckenzubleiben, das sich oft um sie herum und hinter ihr bildete. So konnten wir hören, wie die Menge in Rufe ausbrach, und sehen, wie die Menschen von einer steigenden Spannung ergriffen wurden, wenn alles von den staubigen Lehmufern emporschaute zu dem Düsenhubschrauber mit der gläsernen Kanzel, in dem sie vom Himmel herabschwebte. Noch in der Luft wurde ihr sariumrahmter Kopf ausgemacht, und sie legte zum Gruß ihre Hände wie betend zusammen nach indischer Art. Ich bin mit dem Zählen nicht mehr nachgekommen, wie oft sie Reden hielt, Ehrenbezeigungen abnahm und aufrecht in ihrem Jeep von einem Ende zum anderen an den Mauern von Menschen vorbeidefilierte in jedem Dörfchen, auf jeder Landepiste. Es sollte keiner über viele Meilen herbeigekommen sein und dann doch die persönliche Begegnung, das Darshan, entbehren müssen, das ihr Kraft gibt wie auch den Menschen. In manchen Ortschaften und auf einigen Flugplätzen war keine Ansprache von ihr vorgesehen, aber die Erwartung der Massen war so gespannt, daß sie trotzdem das Wort an sie richtete. Sie sprach frei, brauchte nie einen Zettel und fand immer den richtigen Ton, aus dem ihre Überzeugung, Aufrichtigkeit und Stärke herausklangen – und dies auch noch bei der fünften Rede an einem Tag, wenn wir in ihrem Gefolge längst müde, verschwitzt und verschmutzt waren und schlechte Laune hatten.

Als wir am Mount Everest vorbei nach Delhi zurückflogen, fragte ich ihren Sekretär Kapoor, ob seiner Meinung nach die Ministerpräsidentin wohl zu angestrengt sei, um sich mit mir zu unterhalten. Immer wenn auf dem Hinflug, zwischen zwei Versammlungen, auf denen sie Reden hielt, ihre Kabinentür aufging, hatte man sie beim Aktenstudium gesehen. «Machen Sie die Tür einen kleinen Spalt auf», empfahl mir Kapoor, «und wenn sie nicht allzu sehr beschäftigt aussieht, dann können Sie zu ihr.» Ich warf einen raschen Blick hinein und sah sie in ihrem großen bequemen Liegesitz ruhen, und sie las das Heft mit meinem Aufsatz *‹Die Frau, die vierte Dimension›* im *Ladie's Home Journal*, das ich ihr in Delhi gegeben hatte.

Zögernd sagte ich: «Wenn Sie nicht zu sehr angestrengt sind, wenn Sie sich schon ein bißchen ausgeruht haben –»

«Wovon denn?» sagte sie lachend. «Solche Sachen strengen mich wirklich nicht an.» (Diejenigen, die sie seit langem kennen, meinen, die «Zartheit», die ihr alle Leute andichten, ist nichts anderes als der Ausdruck, den sie bekommt, wenn sie keine richtigen Aufgaben vor sich hat – so sieht sie aus, wenn sie «außer Betrieb» ist, wie ihr alter Freund Tara Baig es genannt hat. Morgens nach dem Aufstehen, fand ich, waren ihre Züge «dünn und spitz». Nach dem Darshan mit den Menschen oder nach einer lebhaften Auseinandersetzung mit Politikern wird die Dünnheit irgendwie fülliger. Es ist so, als ob sich ihre Energie aufstaut, je mehr sie davon verbraucht, und nicht etwa abnimmt.)

«Sie fühlen sich am wohlsten, wenn alle Ihre Kraft gefordert wird, nicht wahr?» fragte ich sie.

«Das stimmt wohl», sagte sie. «Aber wenn Sie meinen, dieser Ausflug habe mich so richtig gefordert . . .» Natürlich, für *sie* war diese kleine Reise eher eine Vergnügungstour, eine Ferienangelegenheit.

Und plötzlich ging mir auf, daß der so ganz natürlich wirkende Zug, den die Autorität bei Indira Gandhi hat, nicht nur von Erfahrung zeugt, sondern auch darauf zurückzuführen ist, daß sie eben nicht ihr wesensfremde, den Männern abgeschaute Fähigkeiten kultiviert, sondern voll und ganz solche Anlagen zur Geltung bringt, die sehr viel mit ihrem Wesen als Frau zu tun haben. Zum Beispiel wie sie in der Lage zu sein, Zeitaufwand und Konzentrationsfähigkeit genau einzuteilen, vier oder fünf Dinge gleichzeitig zu tun, das war von jeher das Geheimnis der Schöpferkraft bei einer Frau. Es ist noch nicht lange her, da kaufte Indira Gandhis jüngster Sohn seiner Mutter einen Schrittzähler – er wollte wissen, wie viele Meilen sie am Tag zurücklegte beim Umhergehen im Hause, während sie nachdachte, diskutierte, Entscheidungen fällte.

«Zehn Meilen hat er einmal bei mir gemessen», sagte sie zu mir.

Ich stellte ihr die Frage, ob es bei ihrer politischen Karriere zu Konflikten gekommen sei für sie als Frau. Von indischer Seite hatte ich verschiedentlich mit dramatischem Ausdrück erzählt bekommen, sie hätte «zu wählen gehabt zwischen ihrem Land und ihrer Ehe», sie «habe ihr persönliches Glück ihrer politischen Pflicht zum Opfer bringen müssen» und so weiter. Doch fiel es sehr schwer, den Eindruck freudiger Lebensbejahung, den sie gewöhnlich machte, in Einklang zu bringen mit einem derartigen Märtyrertum, ungeachtet der «Traurigkeit», welche man in ihren Augen immer dann finden wollte, wenn sie sich für eine Zeit ganz auf sich selbst zurückzuziehen schien.

«Schauen Sie, ich habe innerlich zwei Seiten, eine politische und eine unpolitische, und beide brauchen ihren Entfaltungsspielraum in meinem Leben. Genaugenommen bin ich von einer Lebensform so unmerklich in eine andere hinübergewechselt, daß ich eine eigentliche Wahl in diesem Sinne nie getroffen habe. Ich kenne diese Geschichten, meine Ehe sei zerrüttet gewesen, ich hätte meinen

Mann verlassen, oder wir hätten in Trennung gelebt. Das ist ja alles nicht wahr. Als ich damals im Jahre 1947 regelmäßig die Hälfte des Monats in Delhi verbrachte und meinem Vater das Haus führte, da wurde das ewige Hin- und Herreisen mit den Kindern so unleidlich, daß ich die Kinder ganz nach Delhi holte. Mein Mann führte seinen Parlamentswahlkampf von Lucknow aus, also ging ich nach Lucknow zurück, um ihm beim Stimmenfang zu helfen. Er gewann das Mandat und zog zu uns in das Haus meines Vaters. Unser Leben war nicht einfach, und unsere Ehe war nicht immer eitel Sonnenschein. Es gab Zeiten, in denen wir sehr glücklich waren. Es gab aber auch Zeiten, in denen wir uns furchtbar gestritten haben. Das kam zum Teil daher, daß wir beide unseren Dickkopf hatten, zum Teil waren es die Umstände, und schließlich war er innerlich genauso gespalten. Ich wäre niemals in die Politik gegangen, wenn er damit nicht einverstanden gewesen wäre. Aber alles, was ich tue, mache ich so intensiv, daß er sich wohl davor gefürchtet hat, ich könnte mich mit aller Kraft einzig und allein auf ihn konzentrieren. Er wollte mich beschäftigt wissen. Er war selber sehr beschäftigt mit seiner eigenen Karriere. (Er war einer der führenden Köpfe in der Opposition des Parlaments, als er 1960 starb.) Als ich aber an die Öffentlichkeit trat und Erfolge hatte, da wurde er hin und her gerissen zwischen Zustimmung und Ablehnung. Am schlimmsten waren die Außenstehenden – Freunde oder Verwandte. Sie fragten etwa: ‹Na, wie fühlt man sich denn so als Ehemann von der und der?› Daraufhin wurde er natürlich wütend. Und es brauchte oft Wochen, bis ich ihn wieder freundlich stimmen konnte. Der größte Fehler, den man in einer Ehe machen kann, ist nämlich, daß man das Selbstwertgefühl des Mannes erschüttert. Ich glaube außerdem, daß er mich nie richtig verstehen konnte. Er war nicht jemand, der über diese Dinge sprach. Er konnte vorzüglich reden, über alles, als politischer Redner, meine ich. Aber über solche Dinge wie Gefühle und dergleichen brachte er kein Wort über die Lippen. In der letzten Zeit hatten wir all diese Schwierigkeiten hinter uns gelassen und fühlten uns sehr eng verbunden. In dem Sommer vor seinem Tod hatten wir einen so gut wie idealen Urlaub miteinander.»

Ein alter Freund der Familie sagte dazu: «Wenn er es als seinen Vorteil angesehen hätte, der Schwiegersohn von Nehru zu sein, und sich nicht so leidenschaftlich dagegen aufgelehnt hätte, dann wäre vielleicht alles anders gewesen. Aber dann wäre er eben nicht Feroze gewesen! Er war ja schrecklich heikel in solchen Dingen wie, welchen Platz in der Tischordnung er bekam bei öffentlichen Empfängen. Sie war sehr in ihn verliebt und darum nur noch zerknirschter, wenn er wieder einmal seinen ganzen Zorn an ihr ausließ. Er konnte oft sehr gemein zu ihr sein, und das vor unser aller Augen und Ohren. Und nach einiger Zeit unterdrückte sie ihre Trauer und ihren Schmerz, und es kam zu einer Abkühlung bis zur Erstarrung.»

«Ich kann mir vorstellen, daß Sie sich nicht wieder in ein Hausmütterchen zurückverwandeln konnten», sagte ich.

Sie sah mich verdutzt an. «Genau das ist immer mein Ehrgeiz gewesen, wissen Sie», hielt sie meinen Worten entgegen. (Das muß bei ihr jedenfalls eine zählebige Illusion sein, hat sie doch in Wirklichkeit die ganze Zeit über immer mehr und immer gewichtigere politische Aufgaben und verantwortungsvolle Posten übernommen, die sie auf das Amt des Regierungschefs vorbereitet haben. Ihre engsten persönlichen Freundinnen haben mir samt und sonders mit viel Gefühl und Aufrichtigkeit anvertraut: «Wenn die Umstände es erlaubt hätten, dann wäre Indira damit vollkommen zufrieden gewesen, nur eben eine Hausfrau zu sein, immer nur im Hause herumzupusseln und für Feroze und die Kinder zu sorgen.»)

Es gab also keine einmalige Wahl, die alles weitere entschieden hätte, sondern eine Folge von vielen kleinen Einzelentscheidungen. «Im Leben geht alles immer so schnell, daß man gar keine Zeit zum Nachdenken hat. Ständig passiert etwas Neues, man wechselt von einer Situation in die andere, reagieren ist dann alles, was einem noch übrigbleibt. Daneben gibt es auch noch einen inneren Antrieb. Damals, als ich mich entschloß, selber nach Himachal Pradesh zu fahren und dort eine Rede zu halten, weil mein Vater nicht konnte – sechs Stunden später war ich da! Damals hat eigentlich alles erst richtig angefangen, weil ich merkte, die Menschen wollten mir zuhören. Warum bin ich nach Himachal Pradesh gefahren? Ein echter Inder würde sagen, es stand nicht in meinen Sternen, daß ich so ein Hausmütterchen werden sollte.»

Sie legte ihr Amt als Vorsitzende der Kongreßpartei sofort nieder, als ihr Mann seinen ersten Herzanfall hatte. Es war ein launischer Zufall, daß sie im Zug saß auf der Heimreise von einer kurzen Schlichtungsaktion für eine andere Politikerin, als ihr Mann ganz plötzlich die tödliche Attacke erlitt. Usah, die sofort ins Krankenhaus geeilt war, um an seinem Sterbebett zu sitzen, während andere am Flugplatz warteten, um Indira Gandhi auf schnellstem Wege herbeizuholen, erzählte mir: «Er hat immer wieder gefragt: ‹Wann kommt Indira zurück?› Sie hatten sich in der letzten Zeit sehr eng verbunden gefühlt. Es war schrecklich für sie, daß sie am Schluß nicht dabei war.»

Indira Gandhi ist nicht der Ansicht, daß es im Leben einer Frau vor allem anderen auf «Glücklichsein» ankomme. Sie drückt das mit den schlichten Worten aus, daß sie «unglückliche Zeiten und glückliche Zeiten» erlebt habe, aber deswegen noch lange keine «unglückliche Frau» sei. Sie hält es auch keineswegs für ausgeschlossen, daß Frauen wie sie selbst, die Wert darauf legen, «in erster Linie Menschen» zu sein, eine gute Ehe führen können. Sie äußerte sich dazu folgendermaßen:

«Ich habe deswegen nicht etwa weniger geliebt. Ich glaube, mein Mann hat mir sehr viel von sich gegeben in der letzten Zeit, und ich ihm von mir. Ich glaube, im Geben liegt das eigentliche Glück. Schließlich wird man zu dem, was man ist, durch all die Erfahrungen, die man in seinem Leben durchmacht, die Dinge, die einen formen. Wenn man als Mensch in sich ruht, kann einen nichts und niemand erschüttern. Wenn dagegen alles auf eine Prestigefrage hinausläuft, wenn man sich unsicher fühlt in seiner eigenen Haut, dann geht es bald nur noch darum, wer steht höher und wer steht tiefer. Ich kann mir nicht vorstellen, daß er sich zu der Persönlichkeit entwickelt hätte, die er gewesen ist, wenn er mit dem süßen Weibchen aus indischen Kinostücken verheiratet gewesen wäre. Er wäre dann wohl ein ganz braver Ehemann geworden. Ich glaube, dieser Konflikt hat ihn auch wachsen lassen.

Spannungen und Unglück sind nicht das Schlimmste, was einem passieren kann. Es hängt ganz vom einzelnen ab. Der eine geht daran zugrunde, der andere geht gestärkt daraus hervor. Es ist die Erfahrung, die man hat, welche einen zu dem macht, was man ist. Je umfassender die Erfahrung, desto stärker die Persönlichkeit.»

Wenn ein Mensch das Bewußtsein hat, persönlich die Verantwortung zu tragen für die Gestaltung der Zukunft seines Landes und seiner Geschichte, und wenn dieses Verantwortungsbewußtsein ganz fest in seiner Persönlichkeit verankert ist, dann ist «Glück» im üblichen Sinne nicht wichtig. Dieser Sinn für höhere Ziele ist genauso natürlich und elementar für sie als Frau wie die Lebensform einer Mutter oder Ehefrau. Überdies sehen die Inder die ganze Frauenfrage nicht unter dem Aspekt des Entweder-Oder-Denkens, wie es der Weiblichkeitswahn tut (Beruf kontra Ehe, Selbstverwirklichung kontra Liebe, individuelle Identität kontra Weiblichkeit usw.), weil sie den Menschen allgemein nicht unter diesem Aspekt sehen. Ein hochgebildeter junger indischer Systemplaner hat mir dazu folgendes erklärt: «Frauen werden bei uns nicht als das ganz andere betrachtet, weil es bei uns die gefühlsmäßige Verbindung zwischen Sexualität und Sünde nicht gibt – diese Ansicht, Sex sei etwas Niedriges, die in Ihrer jüdisch-christlichen Tradition vorherrscht. In unseren Tempeln, zum Beispiel in Konarak und anderswo, wird sexuelles Handeln in höchst lebensnahen Darstellungen gezeigt als Bestandteil des religiösen Festakts, der sprühenden Lebensfreude. Man denkt dabei keinen Augenblick an Pornographie, an etwas Unechtes, Schmutziges. Die Frau nimmt aktiv teil an dem sexuellen Festakt, sie ist keineswegs bloß das passive Opfer. Frauen werden auch als Wesen mit einer Seele angesehen und haben teilgenommen an der Feier unserer heiligen Mysterien und unserer uralten Überlieferung. Wir Hindus glauben, das menschliche Leben vollziehe sich auf verschiedenen Stufen. Danach ist die erste Stufe ehelos, weil das Leben dem Lernen gewidmet ist. Es folgt die Stufe, da die Familie der Hauptinhalt des Lebens ist. Sodann die Stufe, auf der man sich den großen Aufgaben der Allgemeinheit in seinem Wohnort oder im Staat zur Verfügung stellt. Am Ende steht die Stufe der Kontemplation. Wenn man das Leben in Stufen sich vollziehen sieht, dann denkt man nicht nach dem Schwarzweißschema des Entweder-Oder.»

Es wird also nicht von vornherein unterstellt, daß eine Frau, die sich in den Dienst einer größeren Sache stellt, unbedingt ihren Haushalt oder ihre Familie vernachlässige. Beide Bereiche stören sich in ihren Augen gegenseitig durchaus nicht: Eine Frau wird ja nicht für alle Zeit eine junge Mutter mit kleinen Kindern bleiben; sie wird zu anderen Reifungsstufen fortschreiten. Ein Inder meinte im Scherz: «Natürlich kann bei Ihnen in Amerika eine Frau niemals Präsident werden, denn keine amerikanische Frau wird jemals so alt, wie man es für dieses Amt sein muß, nämlich fünfunddreißig.»

Obwohl sie gelegentlich eine Phase persönlichen Unglücklichseins durchmacht, gibt es keinen grundsätzlichen Widerstreit zwischen Indira Gandhi als Privatmensch und Indira Gandhi als Politikerin. Beides erwächst aus dem Wurzelgrund ihrer Persönlichkeit als Frau. Daraus kann sie offensichtlich so viel echte Stärke ziehen, daß sie es sich leisten kann, sanft zu sein – so wie wahrhaft starke Männer nachgiebig sein können, die nicht in ihrer Persönlichkeit gespalten sind oder von Ängsten um ihre Männlichkeit geplagt werden, stark genug, um die Stärken bei anderen Menschen hervortreten zu lassen und sie nicht lähmen zu wollen. Und aus diesem Grunde gelingt es Indira Gandhi, daß Männer ihr Respekt entgegenbringen, was viele amerikanische Frauen nicht schaffen. In Amerika fühlt sich eine Frau, die sich an die Öffentlichkeit wagt, dermaßen verunsichert und benachteiligt, daß sie sich scheut, ihrer eigenen Berufung zu folgen, und nur noch eines im Sinn hat: zu werden wie ein Mann. Sie besitzt nicht die Freiheit, sich auf ihre eigene Kraft als Frau zu verlassen, wie Indira Gandhi das anscheinend kann.

«Sie kann hervorragend zuhören, gänzlich anders als manche Frauen, die immerfort reden müssen», hat mir ein Mitglied ihres Kabinetts erzählt. «Sie bezieht immer die Alternativen in die Überlegung mit ein, bleibt nicht stehen beim starren Entweder-Oder des Schwarzweißdenkens, sondern fügt die denkbaren Alternativen irgendwie zu einer Synthese zusammen – zwei Dinge, die als Gegensätze erschienen waren, werden irgendwie dazu gebracht zu koexistieren. Es ist erstaunlich, wie viele überfällige Entscheidungen sie auf diese Weise innerhalb weniger Wochen aufarbeiten konnte.»

Ihr alter Freund Pupul Jayocar hat in diesem Zusammenhang geäußert: «Sie verfügt über die nötige geistige Elastizität, um nicht immer sofort ein Urteil abzugeben, sondern erst einmal aufzunehmen. Wenn es in einem Lande sehr schroffe Gegensätze und Widersprüche gibt, wie das in Indien der Fall ist, dann bleibt nur ein Ausweg: Man muß das Gegensätzliche und das Widersprüchliche zugleich wahrnehmen und berücksichtigen, nur dann kann es Lösungen geben. Es gelingt nicht einmal, sie mit dem Etikett modern oder traditionsgebunden abzustempeln. Das zeitgenössische indische Denken muß – wie sie es vormacht – begreifen, beide Richtungen gleichzeitig wahrzunehmen und in das politische Handeln einfließen zu lassen. Ihre außerordentliche Begabung zur Genauigkeit im konkreten Detail – die sie von ihrer Mutter hat, nicht vom Vater – ist ebenfalls entscheidend wichtig für unser Land zum gegenwärtigen Zeitpunkt, wo man sich nur allzuleicht in abstrakte Ideologiestreitigkeiten verstrickt. Zum Schluß einigt man sich sogar auf eine abstrakte ideologische Aussage, aber irgendwie hat das keinerlei Folgen in der Praxis.»

Im übrigen ist sie eine «ungeduldige» Frau. («Deppen kann sie nun mal auf den Tod nicht leiden», hat das mal jemand genannt.) Und eitel ist sie und launenhaft und reizbar. Sie hat mit den Füßen aufgestampft und geschrien vor Wut über die quälende Lahmheit der indischen Bürokratie. Und parteiisch ist sie auch, wie mir eine Ministerin gesagt hat. «Sie will auf keinen Fall eine Feministin sein, so daß ich in ihr eine Leitfigur der Männer sehe und nicht der Frauen.» Als Frau delektiert sie sich unverkennbar an Schmeicheleien «von allen männlichen Wesen», aber dann sieht man sie zwischendurch ganz kurz darüber zwinkern.

Ich fragte sie, was sie als die größte Gefahr für Indien ansehe. Sie antwortete: «Die eigentliche Gefahr sind die Politiker. Ich habe nie daran geglaubt, eines Tages Ministerpräsidentin zu sein, nicht etwa, weil ich eine Frau bin, sondern weil ich zu rational denke für einen Politiker. Die indischen Männer sind sehr emotional, mehr noch als die Frauen. Für so manchen – nun ja, es ist sehr bequem, genau da sitzen zu bleiben, wo man sitzt. Die schwierige Aufgabe besteht darin, immer in Bewegung zu bleiben und das Volk von der Notwendigkeit zu überzeugen, immer in Bewegung bleiben zu müssen. Es ist ja sehr viel leichter, sich in sehnsüchtigem Lamentieren über die gute alte Zeit zu ergehen – oder die Gefühle der Leute aufzupeitschen bei einer religiösen Erweckungsversammlung.»

Ihr Image als Ministerpräsidentin ist nicht das von der Großen Mutter Indien, mit seinem Beigeschmack von hilflosen Kinderlein. Es wird geprägt von der Ungeduld einer jüngeren Generation, endlich aus den eingefahrenen Sackgassen und verschlissenen Denkgebäuden auszubrechen und neue Ziele anzustreben. Indira Gandhi hat gesagt: «In der Vergangenheit bestimmte der Maharadscha über das Volk wie ein Vater über seine Familie, und jedermann beugte sich unter seinen Willen. Die Inder als Volk haben nur eine Möglichkeit voranzukommen: Sie müssen für sich selber sorgen, sie müssen die Verantwortung für sich selbst übernehmen. Sonst muß einer das für sie tun. Die eigentliche Gefahr ist unser Bedürfnis nach Abhängigkeit. Ich denke mir, das kommt von den Gefühl der Unsicherheit, und das wiederum ist die Frucht unserer lang anhaltenden Verarmung und Ausbeutung und Knechtschaft unter einem fremden Regime in mehreren Jahrhunderten.»

Auf der Reise nach Assam haben mir zwei hohe indische Regierungsbeamte mit leidenschaftlichem Engagement auseinandergesetzt, was das dem indischen Volk zugefügt hat – die Jahre, in denen sie von den Engländern wie «Kinder» behandelt wurden, als ob «wir zu nichts anderem taugten als zum Holzhacken und Wassertragen – bis wir schließlich selber glaubten, wir könnten selber gar nichts».

Dortzulande wurde seinerzeit jedermann so behandelt, wie die Frauen hierzulande – im Westen – heute noch immer behandelt werden –, als unmündige Wesen, die von Natur aus unfähig oder vielleicht nur unwillig sein sollen, etwas anderes zu sein als eben «Wasserträger» oder – Hausfrauen. Die Inder haben an sich selbst ungeheuer viel auszusetzen. Aber weil ich eine Frau bin, kann ich sehr gut verstehen, warum die Inder schon die Vorstellung verabscheuen, die Vereinigten Staaten oder England oder sonst irgendwer könne ihnen sagen wollen, was sie hier und heute tun und lassen und anstreben sollen. Wenn wir zu ihnen sagen: «Sorgt ihr nur für eure Nahrungsgrundlage, das genügt! Für Industriegüter oder Atomenergie werden wir schon sorgen», dann macht das die Inder noch wütender als eine Frau, die von ihrem Mann zu hören bekommt: «Sorge du nur für ein schönes Zuhause und kümmere dich nicht um die Welt draußen.»

In den ersten drei Tagen des Parteitages der Kongreßpartei in Jaipur saß die Ministerpräsidentin mit verschränkten Beinen auf dem Boden im Hintergrund des Podiums, sie trug einen weißen Sari aus handgewebtem Tuch und war kaum zu erkennen inmitten der mächtigen Bonzen des «Syndikats», der Programmtheoretiker, der Kabinettsmitglieder der Bundesregierung in Delhi und der Ministerpräsidenten der großen Gliedstaaten der Indischen Union, die alle um sie herum und vor ihr auf der Strohmatte saßen, sich auf weiße Kissen aufstützten, auf Zigarren oder Betelnüssen herumkauten und mit gedämpfter Stimme unablässig politischen Klatsch austauschten und Kulissenschiebereien veranstalteten. Wenn Kamaraj und andere Redner sich dröhnend in dem traditionsgemäßen Schmierentheaterton politischer Rhetorik ergingen, dann zeigten die Delegierten, die mit untergeschlagenen Beinen in Reihen ebenfalls auf dem Boden saßen vor kleinen schemelartigen Pulten unter dem gewaltigen Baldachin aus bunten indischen Zeltbahnen, keinerlei Aufmerksamkeit. Resolutionen wurden anscheinend nur einstimmig verabschiedet. Es war kaum zu merken, wann sie abzustimmen hatten.

Am Freitag kam es dann ganz plötzlich zum Aufstand. Auf der Tagesordnung stand eine Resolution zur Ernährungspolitik, und ein Antragsteller weigerte sich, seinen Änderungsantrag zurückzuziehen. Kamaraj versuchte, diesen Tagesordnungspunkt durchzupeitschen. Da ging eine schöne dunkeläugige Frau ans Mikrofon und hielt eine leidenschaftliche Ansprache, die von den Delegierten mit zornigen Zwischenrufen aufgenommen wurde. «Na schön – stimmen wir ab», rief Kamaraj. «Wer mit Ja stimmen will, kommt auf diese Seite. Nein, bitte da drüben hin.» Keiner rührte sich vom Fleck. Die Ministerpräsidentin sah gedankenverloren aus, sie nahm alles in sich auf und blieb unverändert sitzen mit ihren gekreuzten Beinen.

Am Sonnabendmorgen ergab es sich so, daß Indira Gandhi ihren Sitz auf einem der Kissen an der Rampe des Podiums einnahm. Sie trug einen blauen Sari, der leuchtend hervortrat aus dem Weiß der Männer-Dhotis, und man sah ihr an, daß sie das Oberhaupt der Regierung war. Die Politiker, die Spitzenmänner der verschiedenen Parteiflügel und die Ministerpräsidenten der einzelnen Bundesstaaten, die zuvor alle bei Kamaraj herumscharwenzelt hatten, schienen mit einemmal ihre Gründe zu haben, sich neben *sie* zu hocken. Sie hörte mit ernstem Gesicht zu, nickte mit dem Kopf, lächelte, schloß die Augen zum Nachdenken, schüttelte den erhobenen Zeigefinger, lehnte sich nach hinten gegen das Kissen und sah die Delegierten groß an, wobei ihre Augen angesichts der ganzen Szene vor Freude funkelten wie beim Darshan im Garten, als die kleinen Schulbuben ihre Heldenlieder vortrugen und dazu die Arme schwangen und die Fäuste ballten.

Am Sonnabendabend gegen sechs Uhr war der letzte Antrag verabschiedet, und nun sprach die Ministerpräsidentin. Das riesige Zelt war voll besetzt. Zum erstenmal hörten die Delegierten bei einer Rede wirklich zu. Und sie hat auf eine durch und durch vornehme, damenhafte Weise den Herren mal ordentlich den Marsch geblasen.

«Es ist nicht gut für uns, wenn wir immerfort Hilfe aus dem Ausland fordern. Wir müssen uns selber die ganz simple Frage stellen, was wir selber getan haben, um unsere Lage zu verbessern – zum Beispiel um unsere eigenen Eßgewohnheiten zu ändern. Reis ist zwar knapp bei uns, aber wir hätten keinen wirklichen Mangel an Nahrungsmitteln, wenn wir das, was da ist, nur gerecht verteilen würden. Die Armut ist für uns genauso gefährlich wie der Krieg. Wenn die Amerikaner oder die Russen etwas tun wollen, was in ihrem eigenen nationalen Interesse liegt, dann diskutieren sie nicht lange, ob das nun kapitalistisch oder kommunistisch ist. Wir dagegen sind dermaßen verschüchtert geworden, daß wir sogar Fehler eingestehen, die wir gar nicht gemacht haben! Unsere große Schwäche ist, daß wir unsere eigene Stärke gar nicht wahrnehmen. Die Menschen werden fragen: ‹Was ist Neues bei diesem Parteitag herausgekommen?› Gar nichts Neues, sage ich dann. Wenn wir jedoch endlich einmal das, was wir uns vorgenommen haben, auch wirklich fertigbringen würden, das wäre in der Tat etwas Neues.»

Großes Gelächter auf allen Seiten, und ein Ruf wird laut: «Lang lebe Indira Gandhi!»

«Sie ist ein Mensch nach dem Herzen des Volkes», hatte mir Mukul Banerje gesagt, die treue, tüchtige Leiterin des Frauenreferats in der Kongreßpartei, «aber sie wirkt auch auf mich hinreißend.»

An einem der Nachmittage in Jaipur ließ Indira Gandhi die Parteipolitiker auf dem Podium allein und begab sich zu einer Versammlung in den Garten des Maharani College, wo eine Unmenge von Frauen zusammenströmte. An den Fußgängerwegen und Anfahrtstraßen waren Schülerinnen postiert in sehr hübschen dreiviertellangen Überkleidern aus Seide oder Baumwolle, unter denen sie knappsitzende Beinkleider trugen mit weichen Stauchfalten an den Fesseln, während ihr dunkles Haar in langen Flechten über ihren Rücken herabhing. Unaufhörlich strömten Frauen durch das Eingangstor – in Saris von leuchtendem Purpurrot und Rosa und eleganter goldbestickter Seide; schöne junge Frauen, kaum älter als die Schülerinnen, mit dem roten Fleck der Verheirateten auf der Stirn; eine dickliche Dame mit Kaschmirschal, der in Indien etwa das ist, was bei uns ein Nerzmantel bedeutet; Frauen mit Babies auf dem Arm; bejahrte Witwen mit zahnlosem Lächeln. Gutaussehende junge Verkehrspolizeigehilfinnen mit roter Baskenmütze zu ihrer Khakiuniform breiteten die Arme aus und drängten mit sanftem Druck die wogende schnatternde Mauer aus Frauen zurück, wobei sie zu mehr «Disziplin, Disziplin» aufforderten. Einige Frauen bildeten auch schweigende Gruppen, sie waren von Kopf bis Fuß in schwarze zeltartige Umhänge gehüllt, wie es sich für Frauen bei den seltenen Gelegenheiten geziemt, wenn sie einmal Ausgang haben, die sonst immer noch ihr Leben in der Abgeschiedenheit des Purdah zubringen.

Vor diesem Frauenpublikum sprach nun Indira Gandhi nicht etwa über die Probleme der Frau. Die Fragen, die sie anschnitt – Ernährung, Armut, Rückständigkeit, Frieden –, waren Fragen, die – wie mir plötzlich aufging – nicht zu lösen waren, ohne daß die Frauen gleichrangig mit den Männern ihren Platz in der Welt einnahmen. Die passive Unselbständigkeit, die wortlose Schicksalsergebenheit, die man der indischen Frau als hehre Ideale gepredigt hatte, das waren nunmehr eindeutig die größten Feinde für alle indischen Völker. Und für uns andere ebenfalls! Es gibt mit Sicherheit auch in Amerika Frauen, die einige volksnahe praktikable Ideen beizusteuern hätten zur Überwindung der theoretischen Sackgassen, in denen die Washingtoner Politik steckt, auch wenn wir nicht die sarigewandete Anmut besitzen wie Indira Gandhi.

Man sagt, Indiens Probleme seien so groß, daß kein Mensch sie lösen könne. Ich erwarte nicht, daß Indira Gandhi Wundertaten vollbringt, aber ihr Glaube an die Kraft des indischen Volkes könnte die nötige Begeisterung hervorrufen, um einen neuen Anfang zu machen. Indiens schlimmstes Problem besteht darin, daß das Wachstum der Bevölkerungszahlen viel zu schnell ist, um das Einkommen pro Kopf und Jahr von gegenwärtig weniger als 100 Dollar jemals anheben zu können. Indira Gandhi will die Familienplanung forcieren. Kurz vor meiner Abreise aus Indien tauchten überall im Straßenbild Plakatwände auf, die mit der ganzen raffinierten Verführungskunst einer rauschenden amerikanischen Werbekampagne den Leuten einhämmerte: «Eine kleine Familie ist eine glückliche Familie.» Dazu gab es zwei gleich große Häuser zu sehen: Das eine platzte schier vor lauter schreienden, schmutzigen Gören nebst ihren abgezehrten Eltern; in dem anderen Haus wohnten zwei fröhliche, saubere Kinder, ihr Vater war gut angezogen, und die Mutter schickte die Kleinen gerade zur Schule.

Eine reizende Ärztin, die ich auf ihrer Rundfahrt mit einer fahrbaren Familienplanungsklinik durch die Dörfer begleitete, gab Vitaminpräparate aus, um die Kinder, die am Leben geblieben waren, am Leben zu erhalten, und zeigte mir voll Stolz die Liste ihrer ersten tausend «Loops», das sind schlaufenförmige Intrauterinpessare aus Kunststoff, die sie zwei Monate früher als im Plan vorgesehen angelegt hatte. Ihr Mann war leitender Angestellter und wollte sie nicht in den Beruf gehen lassen. «Also habe ich ein paar Jahre lang keinen Dienst getan. Mein Leben bestand darin, schöne Kleider zu tragen. Und wenn mein Mann abends müde nach Hause kam, dann wollte ich andauernd mit ihm ausgehen. So viel Weiblichkeit, meinte er schließlich, war nun auch wieder nicht das Richtige für ihn.»

Über die neugewählte Regierungschefin meinte die Ärztin: «Es kommt entscheidend darauf an, ob sie der Bevölkerung das bringt, was sie zum Leben braucht, oder ob sie das nicht schafft.»

Die Frau, die das Intrauterinpessar angelegt bekam, sagte: «Sie muß es einfach schaffen. Wenn sie scheitert, werden alle sagen, das kommt daher, daß sie eine Frau ist. Alle werden wie die Geier darauf lauern, daß sie Schiffbruch erleidet, und zwar nicht nur bei der Opposition, sondern auch in ihrer eigenen Partei. Und vielleicht erweisen sich die Schwierigkeiten als zu groß.»

«In einem solchen Amt kann man keinen Schiffbruch erleiden», sagte die Ärztin. «Sie kann nur wachsen mit ihren Aufgaben. Wenn die Menschen auf einen angewiesen sind, dann kann man alles, was von einem erwartet wird.»

Besuch bei Papst Paul

Einleitung

Zu den Kräften, die der Frauenbewegung – und der sexuellen Befreiung überhaupt – am vehementesten entgegenwirken, gehört die Hierarchie der katholischen Kirche. Mit Hilfe ihres millionenschweren, steuerfreien Kirchenschatzes, durch Kanzelverlautbarungen und sogar Exkommunikationsdrohungen versuchte die Kirche, die Ratifizierung des Gleichberechtigungszusatzes in den USA zu hintertreiben und die Frauen an der Wahrnehmung ihres verbrieften Rechts auf medizinischen Beistand zu hindern, wenn sie sich dazu entschlossen haben, ein Kind nicht auszutragen, sondern abzutreiben. Neue Verlautbarungen des Vatikans beharren unversöhnlich auf dem Standpunkt, daß die nicht der Fortpflanzung dienende sexuelle Betätigung Sünde sei, und tun damit eine längst geübte Praxis zahlloser Katholiken (und Nichtkatholiken) in Acht und Bann – so wie ein früherer Papsterlaß den Katholiken verbot, sich in irgendeiner Weise der Geburtenkontrolle zu bedienen.

Und doch bin ich heute mehr denn je davon überzeugt, daß die kompromißlose Haltung der scheinbar so monolithischen katholischen Kirche sich früher oder später einer neuen Macht in der Welt wird beugen müssen – der Macht der Frauen, der Macht der jungen Menschen, der Macht der sexuellen Befreiung überhaupt.

Warum hat mich der Papst empfangen und sogar für mein Wirken im Dienst der Frauen ausgezeichnet? Die Schriften, die ich zusammen mit meinem Audienzgesuch vorlegen mußte, ließen keinen Zweifel an meiner aktiven Unterstützung des Rechts der Frauen auf Abtreibung und an meinem Einsatz für den Gleichberechtigungszusatz. Xavier Rynne, ein profunder Kenner der römisch-katholischen Kirche, schrieb in der *New York Times* vom 12. Oktober 1975, es sei «kein Zufall», wenn der Papst, kurz nachdem er «eine Erklärung über die eingeschränkte Rolle der Frau im katholischen

Kultus abgegeben hat, die Feministin Betty Friedan empfängt und ihr erklärt: ‹Wir möchten Ihnen danken und zu Ihrer Arbeit gratulieren.›» Während der Papst «in Dingen der Lehre seinen strikten Kurs beibehält», so fuhr Rynne fort, sei die Audienz, die er mir gewährte, Teil seiner Strategie der «glücklichen Synthese von Alt und Neu, Tradition und Reform, Bewahren und Erneuern.»

Tatsache ist, daß nicht wenige junge Priester und Nonnen jeden Alters entschlossen sind, den monolithischen Block der Kirche von innen her aufzubrechen. Die National Assembly of Women Religious, die Organisation der amerikanischen Nonnen, hat erklärt, daß sie den Gleichberechtigungszusatz bejaht – ebenso wie die Öffnung des Priesteramts für Frauen. Und aus meinen Diskussionen mit diesen Nonnen geht ganz klar hervor, daß es um die Lehre von der Sündhaftigkeit des nicht auf Fortpflanzung gerichteten Sex und um die Lehre von der Frau als der Gebärerin geschehen sein wird, sobald die Frauen endlich an den Entscheidungen in der Kirche mitwirken und auch in der Theologie ein Wörtchen mitzureden haben.

Sobald ich aus Rom zurück war, traf ich in Chicago mit Schwester Margaret Traxler und anderen führenden amerikanischen Nonnen zusammen. Sie fühlten sich durch meinen Empfang beim Papst in ihrer eigenen Militanz bestärkt. Letztes Jahr sprach ich im Mundelein College in Chicago – in derselben Woche, als der katholische Bischof von San Diego allen Mitgliedern von NOW die Exkommunikation androhte. Die Schwestern, die das College leiten, ließen sich von der örtlichen «Right-to-Life»-Gruppe nicht beeindrucken, die gegen mein Auftreten protestiert hatte. An jenem Sonntag saß ich mit ein paar Nonnen bei Brunch und Bloody Marys in der Gemeinschaftswohnung, die sie außerhalb des Klosters beim Michigan Drive besitzen. Wie sie mir erzählten, arbeiteten sie intensiv an sich selbst, um ihre «übertriebene Unterwürfigkeit» loszuwerden. Sie waren dahintergekommen, daß sie als Frauen in der Kirche einer gewissen ökonomischen Ausbeutung ausgesetzt waren, und wollten dies nicht länger hinnehmen. Als Staatsbedienstete bezogen sie eine Mindestbesoldung für ihre Schul- und Lehrtätigkeit, doch wurde nach den Regeln ihres Ordens von ihnen erwartet, daß sie diese Gelder an den Orden weiterleiteten – um dann eine winzige Summe für ihren eigenen Lebensunterhalt zurückzubekommen. Selbst wenn sie weiterhin willens waren, ihr Leben dem Dienst an der Kirche zu widmen – warum sollten nicht sie es sein, die darüber entschieden, wie und wofür das Geld ausgegeben wurde, das sie verdient hatten? Sie hatten auf einmal erkannt, daß ihre Leistungen – und das Geld, das diese wert waren – sie zu einer eigenen Stimme bei den Entscheidungen in der Kirche berechtigten. Die neue Macht, die in der Welt ist: diese jungen Nonnen besitzen sie bereits, wenn sie sich nur entschließen, sie zu nutzen.

Und jene 83 Prozent der amerikanischen Katholiken, die Geburtenkontrolle praktizieren, stehen auch der sexuellen Freiheit und Gleichheit weniger ablehnend gegenüber als die Priester der Kirchenhierarchie. Die Mehrheit unter ihnen unterstützt den Gleichberechtigungszusatz. Und die neuen Verfassungszusätze, nach denen Föten alle Bürgerrechte genießen – weshalb dann Abtreibung ein Verbrechen ist –, sind trotz allem Wehgeschrei noch nicht so weit gediehen, daß die Senatoren vor den 1976er Wahlen darüber abstimmen mußten. Bei aller zählebigen Macht der katholischen Hierarchie in den USA haben Senatoren, die um ihre Wiederwahl kämpfen, ein gutes Gespür für das Potential der weiblichen Wählerstimmen.

Besuch bei Papst Paul

Die Audienz beim Papst wurde mir so unverhofft und überraschend gewährt, daß ich keinen Aufschub riskieren wollte. Ich setzte mich in eine Nachtmaschine nach Rom, nachdem ich am Sonntagabend noch eine Vorlesung an der State University in Stony Brook gehalten hatte. Am Ende der Diskussion fragte mich eine Studentin: «Was ist Ihrer Meinung nach die radikalste Veränderung, die von der Frauenbewegung ausgehen wird?» – «Das kann ich Ihnen jetzt noch nicht sagen», erwiderte ich. «Sie würden es ohnehin nicht glauben. Es hat mit Theologie zu tun.»

War das der Grund, weshalb ich zu Papst Paul flog? In letzter Zeit denke ich oft, daß die Frauenbewegung tiefere Schichten berührt, als wir uns einzugestehen wagen. Das jüngste Indiz hierfür ist ihre Resonanz in der römisch-katholischen Kirche, dieser letzten Bastion der jüdisch-christlichen Überlieferung, die seit Jahrtausenden den Geist des abendländischen Menschen (oder des abendländischen Mannes?) geformt hat.

Ich selbst bin nicht religiös; das hätte ich jedenfalls bis vor kurzem behauptet. Ich bin die Tochter der «säkularen Stadt», ein Kind jener Generation, die das Inferno überlebte und mit der Gott-ist-tot-Theologie zurückblieb. Seit kurzem freilich ist mir, wie den Jüngeren, unbehaglich zumute beim hausbackenen Überlegenheitsdünkel einer Weltklugheit, die die übergreifenden Erfahrungen von Leben, Schöpfung und Geheimnis leugnet und die großen Fragen nach Anfang, Ende und Zweck als sinnlos abtut – jene Erfahrung also, die Religion ist, welchen Namen sie Gott auch geben mag.

In diesen Jahren, wo ich und meine Schwestern den übergreifenden Sinn ihres Lebens darin gesehen haben, unseren eigenen Namen als Frau zu schreiben, muß eine Religion, die Gott als Mann verehrt, irrelevant, ja für bewußt Gläubige feindselig erscheinen. In jenen Monaten vor zehn Jahren, als ich am ‹*Weiblichkeitswahn*› schrieb, trat in Rom das Zweite Vatikanische Konzil zusammen. Wenn auch keine einzige Frau an dieser historischen Versammlung teilnahm, konvergierte der Geist der Ökumene, der damals durch die Kirche wehte, doch irgendwie mit der Frauenbewegung draußen in der Gesellschaft. Wie viele der Probleme, die im Anschluß an das Vatikanum die Kirche und die Priesterschaft erschütterten, hatten nicht mit der Frau zu tun: Geburtenkontrolle, Pille, Abtreibung, Priesterzölibat, Scheidung, der wachsende Unmut der Nonnen und auch der bis dahin so getreuen Schar der katholischen Frauen selbst, der Protest gegen Entscheidungen, mit denen über ihren Körper und ihren Lebensalltag verfügt wurde, getroffen von Männern, deren priesterliches Zölibatsgelübde die Frau als Versuchung zur bösen Fleischeslust definiert.

Waren also beim Zweiten Vatikanum keine Frauen zugegen, so waren dafür in der Frauenbewegung von Anfang an, in großer Zahl und Militanz, die katholischen Frauen sehr sichtbar dabei. Ich bin in den letzten Jahren immer häufiger gebeten worden, in katholischen Colleges und Seminaren zu sprechen, darunter auch berühmten katholischen Männerinstituten, die den Entschluß faßten, Frauen zuzulassen. Am Sonntag vor dem 26. August 1970, als die Frauen für die Gleichberechtigung streikten, verlangten die Bostoner Frauen Zutritt zu den Kirchenkanzeln, und so hielt ich eine Predigt in der Arlington Street Church, zusammen mit Mary Daly, der katholischen Theologin, von der ‹*The Church and the Second Sex*› stammt. Allmählich verdichtete sich der Eindruck, daß der theologische Streitpunkt der siebziger Jahre nicht mehr hieß «Ist Gott tot?», sondern «Ist Gott Mann?» Denn in allen protestantischen Kirchen führten die Frauen, die bis dahin nur das Essen für die Gemeinschaftsfeste kochen durften, jetzt einen erfolgreichen Kampf um das Recht, Priester zu werden und in entscheidenden Gremien der Kirche mitzureden; im konservativen Judentum kämpften sie um das Recht, Rabbi zu werden und beim Minjan (Mindestzahl, nämlich zehn, einer Gemeindeversammlung) mitgezählt zu werden.

Und trotzdem schien in der Frage der Abtreibung die Konfrontation zwischen den Frauen und der katholischen Hierarchie unvermeidlich. Meine quälende Entscheidung, die ich als Führerin von NOW zu fällen hatte, betraf das Eintreten für die Abtreibung, für das Recht der Frau, selbst zu entscheiden, ob und wann sie ein Kind bekommen wollte, und über ihren Körper nach Maßgabe ihres eigenen Gewissens verfügen. Mir war klar, daß ich damit für katholische Frauen einen furchtbaren Gewissenskonflikt heraufbeschwor, aber es mußte sein. In dem Bundesstaat, in dem ich lebe, hat die katholische Hierarchie Millionen von Dollar dafür mobilisiert, um das leben-erhaltende Gesetz abzublocken und anzufechten, das der Frau das Recht auf medizinische Hilfe beim Schwangerschaftsabbruch zusprach. Als der Oberste Gerichtshof entschied, daß die Verfassung jeder Frau das Recht zubillige, in den mit Schwangerschaft und der sexuellen Privatsphäre zusammenhängenden Fragen zu entscheiden, und damit die mittelalterlich anmutenden Strafparagraphen zur Abtreibung in allen Bundesstaaten außer Kraft setzte, hatte die katholische Hierarchie nichts Eiligeres zu tun, als einen Verfassungszusatz zu fordern, der jedem Fötus vom Augenblick der Empfängnis an die vollen Bürgerrechte der USA garantiert. Die Hierarchie verschärfte ihre Kriegserklärung gegen alle Frauen noch dadurch, daß sie gegen die Ratifizierung des Gleichberechtigungzusatzes zu Felde zog.

Allmählich sah es wie ein Krieg bis aufs Messer aus. Neue Papstenzykliken verboten es den Frauen, die Kommunion auszuteilen oder als Ministrantin zu fungieren, geschweige denn das Priesteramt zu bekleiden; sie verboten die Anti-Baby-Pille und jede andere Form der Geburtenkontrolle; ja es wurde sogar den Nonnen verboten, ihre Lebensweise und die Abgeschiedenheit des Klosters aufzugeben und sich in das normale Leben zu integrieren, wie es immer mehr Nonnen in Amerika taten. Aber trotzdem . . .

Trotz der unnachgiebigen, unversöhnlichen Verlautbarungen des Papstes gab es Anzeichen dafür, daß sich irgend etwas vorbereitete. Es hatte mich schon stutzig gemacht, als ich 1973 in der Zeitung las, daß die Bischofssynode, die im Vatikan über «Gerechtigkeit in der Welt» konferierte, gefordert hatte, auch die Frau solle «ihre eigene Sphäre der Verantwortlichkeit und Teilnahme am gemeinschaftlichen Leben der Gesellschaft wie auch der Kirche» haben. Als am 3. Mai 1973 der Papst die Sonderstudienkommission über die Rolle der Frau in Gesellschaft und Kirche einberief, gehörten zu ihren fünfundzwanzig Mitgliedern dreizehn Frauen. Wie der *Osservatore Romano*, das offizielle Sprachrohr des Vatikans, mitteilte, hatte die Kommission die Aufgabe, «ausgehend von der grundsätzlichen Gleichheit von Mann und Frau» und unter Berücksichtigung der «Wünsche und Enttäuschungen» der Frau «die spezifische Rolle der Frau in der Gesellschaft und in der Beziehung zwischen Mann und Frau» zu untersuchen und zu klären, welche Einstellungen und Strukturen einer Veränderung bedürften, um «die wohlverstandene Förderung der Frau» zu garantieren. In amerikanischen Zeitungsberichten zitierte man einen ungenannten Sprecher des Vatikans mit dem Satz: «Dies bedeutet, daß der Vatikan sich mit Women's Lib arrangiert.» Die Kommission sollte ihre Arbeit im November 1973 aufnehmen.

Im September verbrachte ich einige Tage in Rom, wobei sich mein Eindruck verstärkte, daß es trotz der anscheinend unüberbrückbaren Kluft zwischen Kirche und den Frauen einflußreiche Kräfte im Vatikan gab, die davon überzeugt waren, daß das Überleben der katholischen Kirche als Institution von einem Durchbruch in den mit der Sexualität und der Frau zusammenhängenden Fragen abhing.

Pater Francis X. Murphy von den Redemptoristen sagte mir in Washington, als er mich mit den erforderlichen Empfehlungsschreiben an wichtige Persönlichkeiten des Vatikans versah: «In diesem historischen Augenblick wäre es vielleicht nicht schlecht, wenn Sie auch mit dem Papst sprächen. Wenn wir den Frauen nicht die Kontrolle über ihre eigene Zukunft zubilligen, verlieren wir sowohl die Kontrolle wie die Zukunft.»

In den verschwiegenen Räumen des Borgo Santo Spirito, des Hauptquartiers des weltweiten Jesuitenordens, hatte ich das seltsame Gefühl, Teil eines komplizierten, längst vorbereiteten Szenarios zu sein. Elena Bartoli, die Leiterin des Besucherbüros und eine der ersten Frauen, die einem Machtzentrum der Kurie wenigstens nahegekommen ist, nimmt den Hörer ab: «Padre, bei mir im Büro ist ...» beginnt sie in verschwörerischem Tonfall, der in ein rasches Italienisch übergeht. Ich werde an Rosemary Goldie verwiesen, eine zurückhaltende, besonnene Frau, die als eine der ersten zum Vatikanischen Konzil als «Beobachter» zugelassen und später an die Spitze der Laienkongregation gewählt wurde. «Das mußte auch in der Kirche einmal kommen, nachdem es sich bei den Frauen draußen durchsetzt», meinte sie achselzuckend. «Wenn eine Frau nicht Priester werden kann, dann wird sie auch niemals imstande sein, in der Kirche die Eucharistie zu feiern. Bedeutet das, daß die Frauen auch in der Politik der Kirche nichts zu sagen haben? Das ist eine Frage, die theologisch geklärt werden muß.»

Pater Vincent O'Keefe, der zweithöchste Mann des Jesuitenordens und einstige Präsident der New Yorker Privatuniversität Fordham, sagt mir: «Der Heilige Vater hat klargemacht, daß der Priesterzölibat nicht angetastet wird. Aber ist das eine dogmatische Frage, die sich aus der Lehre der Kirche ableitet, oder eine Sache der Praxis, die sich ändern kann? Wir sind ein rein männlicher Orden. Die Entscheidungsgremien bestehen nur aus Männern – Bischöfen, Kardinälen. Das galt bisher alles als selbstverständlich. Aber plötzlich ist das Dach eingebrochen. Die Nonnen, die die ganze Arbeit tun, die Schulen, Krankenhäuser und Colleges leiten – auf einmal haben sie es satt, sich von diesen finsteren alten Männern herumkommandieren zu lassen, die über Frauen nichts wissen, als wie man sie sich vom Leibe hält ... als Gefahr und Versuchung, das geht bis auf das Paradies zurück. Ohne die Nonnen läuft aber nichts. Man muß ihnen ganz ehrlich entgegenkommen; entweder wird die Arbeit der Kirche mit ihnen gemeinsam gemacht, oder sie wird gar nicht gemacht. Bei uns im Orden hat die ganze Frauenfrage oberste Priorität unter den großen Fragen der Zeit, wie man zu einer Situation kommt, in der jeder die Chance hat, sich als Mensch voll und ‹ehrlich zu Gott› zu entwickeln. Die jüngeren Priester halten wir dazu an, mit den Frauen als Menschen, von gleich zu gleich, umzugehen. Nicht um den Frauen einen Gefallen zu tun, sondern weil es ganz praktisch um das Überleben der Kirche geht!»

In Borgo Santo Spirito hatte ich das deutliche Gefühl, daß diese gewitzten Jesuiten an die Zukunft denken, entschlossen, die Kirche für die moderne Welt zu retten, und entsetzt über das Edikt, das den Katholiken den Gebrauch der Pille und der Geburtenkontrolle untersagte und damit «eine von Papst Johannes gepflanzte» Hoffnung vernichtete. «Sehr viele Männer wie auch Frauen haben darin einen Rückschlag gesehen, einen Fehler, mit dem sie nicht leben konnten. Aber die Kirche muß und wird damit auf irgendeine andere Weise zu Rande kommen.»

Ich gehe von einem Büro zum nächsten, durch mächtige, dunkle, leere Marmorkorridore, über den weiten Petersplatz, verschwinde hinter den Steinmauern dieses jahrhundertealten, schwerreichen Staats im Staate, der so ausschließlich Männersache gewesen ist, und ich spüre Besorgtheit, Gereiztheit, Unruhe um mich her. Die einzigen Röcke hier sind die Röcke der Priester. Der verbindliche Kardinal Pignedoli rauscht in seinen langen Gewändern herein, der Sekretär für die Nichtchristen, den manche für den künftigen Papst halten, und sagt: «Ich weiß nicht, was Sie von mir wollen. Mit Frauen habe ich nichts zu tun. Ich bin nur für die Nichtgläubigen zuständig, für Hindus, Moslems und Juden. Frauen gehen mich nichts an.»

Bischof Gagnon, der an der Spitze der Familienkommission steht, beantwortet meine Frage über Frauen nervös, ungeduldig, fast unwirsch. «Würde es die Frau wirklich freier machen und ihr mehr Würde und Verantwortung geben, wenn man ihr in diesen Dingen alle Freiheiten ließe?» fragt er mich. Frauen freilich würden sein Verdikt über sie wohl kaum akzeptieren. «Wir können die Frauen nicht mehr länger nur als Mütter betrachten.»

Warum reagieren sie auf die kleinste Frage so gereizt? Die Erklärung liefert der holländische Expriester Marc Reuver, der früher der Sprecher des Vatikans für die englischsprachige Welt war: «Psychologisch und theologisch herrscht eine Situation der Furcht, eine Panikstimmung, die der Vatikan nicht mehr unter Kontrolle hat. Wenn früher der Papst etwas gesagt hat, sind ihm alle Gläubigen gefolgt.»

Heute ist es laut Statistik so, daß die Mehrheit der Katholiken die Geburtenkontrolle praktiziert und daß mehr Katholiken als Nichtkatholiken einen Schwangerschaftsabbruch vornehmen lassen. Die eigentliche Krise der Kirche aber – so lernte ich in Rom – ist «die Kirche der Priester»: Zwischen 1964 und 1969 haben mehr als 13 000 Priester den Priesterrock abgelegt. «Diese Angst ist praktisch der Gegenpol zur Frauen- und Sexualfrage», erklärte mir Reuver. «In der Frau wird primär die Bedrohung des Zölibats gesehen. Seit dem fünften Jahrhundert wird von den Priestern, den Mönchen und den Nonnen erwartet, daß sie ihr ganzes Leben dem Herrn weihen. Sie sind leichter unter Kontrolle zu halten, wenn sie nur Gottes Braut und Gottes Bräutigam sind. Die Sache hat auch einen praktischen Aspekt. Priester, die verheiratet sind und Familie haben, verändern die finanzielle Situation der Kirche von Grund auf. Wenn die Nonnen nicht mehr nur die Braut des Herrn sind, wird man sie besser bezahlen müssen. Auch das steht hinter der Angst vor der Sexualität und der Frau. Und wenn die Frauen, wie Sie es propagieren, nach eigenem Gewissen über ihren Körper und ihr Leben verfügen, wird ihnen dann ein Priester überhaupt noch so leicht wie bisher sagen können, was sie zu tun und zu lassen haben? Deshalb sagt der Vatikan zwar rein abstrakt, daß Mann und Frau gleich sind, aber wenn man näher zusieht, was das in der konkreten Wirklichkeit bedeutet, dann sieht die Sache anders aus!»

Und er fährt fort: «Die neue Frauen-Kommission hat von Anfang an ausdrücklich darauf verzichtet, sich mit der Frage des weiblichen Priesteramtes, der Geburtenkontrolle, der Anti-Baby-Pille und der Scheidung zu befassen. Die Kluft zwischen der Kirche als Institution – dem Vatikan, der Hierarchie – und der Kirche der Gläubigen, einschließlich der Priester und Nonnen, wird von Tag zu Tag tiefer. Der Grund dafür sind genau die genannten Themen. Theologisch ist gegen das Priesteramt der Frau nichts einzuwenden, aber die römisch-katholische Kirche ist eben eine Männergesellschaft; die Rolle der Frau erschöpft sich im Beten, Geldspenden und Zuhören. Das Ergebnis Ihrer Bewegung wird eine Rebellion sein, weil die Kirche nur die Frauen in abstracto zur Kenntnis nimmt und mit den Realitäten des Lebens nicht klarkommt.

Viele Priester haben eine Geliebte, aber die Frau bleibt für sie ein Objekt für wenige Stunden, genauso wie der Zölibatär in der Frau nur die Sexualität und ein wenig verdrängte Liebe sieht. Damit ist den Frauen nicht gedient; das manipuliert sie nur. Und dabei gründet unsere Theologie auf dem Respekt vor der Personalität des Menschen! Der Grund für die unveränderte Haltung der Kirche in diesen Fragen ist, abgesehen von finanziellen Bedenken, die praktische Befürchtung, daß der Kirche die Kontrolle über die Katholiken entgleitet.»

Reuver selbst hat 1971 seine Mitarbeiterin geheiratet («sechzehn Jahre lang schüttelten wir uns leidenschaftlich die Hand»), und beide traten aus ihrem jeweiligen Orden aus, doch verzichtete Reuver nicht auf das Priesteramt. Heute residiert er in einem Büro über der prächtigen Piazza Navona, wo er als Generalsekretär der IDOC tätig ist, einem weltweiten ökumenischen Kommunikationszentrum für alle, die die Kirche zu erneuern suchen.

In der machiavellischen Atmosphäre des Borgo Santo Spirito sagt Elena Bartoli: «Früher waren es die Frauen, die in die Kirche gingen – wie viele Männer haben Sie zur Kommunion, zur Messe gehen sehen? Das war einfach nicht Männersache. Heute wagen es auch die Männer, religiös zu sein. Früher gingen die Frauen wegen des Blabla in die Kirche. Heute weiß man, was man von der Kirche erwartet. Die Frauen sind nicht mehr so dumm, wegen des Blabla in die Kirche zu gehen.»

Reuver hatte mir gesagt, daß «viele Männer im Vatikan über diese Dinge sehr viel liberaler denken, als es der offiziellen Linie der Kirche entspricht». Und so fragte ich Elena Bartoli, ob ich eine Audienz beim Papst haben könne. «Um das zu sagen, was gesagt werden muß», erwidert sie, «bedürfte es eigentlich einer Form der Audienz, wie sie gewöhnlich nur Staatsoberhäuptern gewährt wird. Bloß den Ring zu küssen hat ja keinen Zweck.» Ich faßte auf vier Seiten die Stationen meines Lebens und meiner Arbeit zusammen. Davon berührt so vieles Dinge, die der geistigen Krisenstimmung im Vatikan zugrunde liegen, daß ich nicht ernsthaft damit rechnete, die Audienz zu bekommen.

Zehn Tage nach meiner Rückkehr kam der Telefonanruf aus Rom. «Sie sagten, Sie würden wiederkommen, sobald der Heilige Vater Sie empfangen würde», sagte Elena Bartoli. «Er ist bereit dazu. An welchem Mittwoch wollen Sie kommen?» – «Am nächsten Mittwoch», sagte ich.

Ich wurde nach Kräften präpariert. Mein priesterlicher Berater in Washington wurde in der Protokollfrage konsultiert: «Es kommt nicht darauf an, was Sie sagen; die Audienz ist die Botschaft. Kaufen Sie sich ein elegantes Kleid; betrachten Sie das Ganze als diplomatische Mission. Legen Sie einen Schleier über den Kopf und küssen Sie seinen Ring.» Die diplomatische Mission akzeptierte ich; was jedoch den Schleier betraf, so meinten meine Berater von der Frauenbewegung, daß jede Art von Schleier oder Kopfbedeckung als ideologische Aussage gewertet werden würde: Gerade der Schleier ist ja in der jüdischen und islamischen, aber auch in der christlichen Welt das Hauptsymbol für die Unterordnung und inferioren Status der Frau gewesen. Andererseits gab mein Freund Joe Mulholland, der Dekan der Universität Fordham, zu bedenken, daß sogar Golda Meir per Flugzeug ihren Hut holen lassen mußte, als sie den Papst aufsuchen wollte. Mary Jean Tully sagte: «Diplomatisch und zugleich ideologisch vertretbar wäre es, wenn Sie einen Hut tragen könnten, der Ihren Kopf nicht bedeckt.» Wir zogen Mr. John, einen berühmten Hutmacher, zu Rate. Viele Hüte und Arrangements wurden durchprobiert, die bei Lichte besehen immer noch *Schleier* waren, bevor Mr. John und seine Assistentinnen erfaßt hatten, worauf es ankam: ein Hut, der ein Nicht-Hut war und den Kopf nirgends bedeckte. Schließlich fand sich eine Art Band oder Gloriole, die den Kopf buchstäblich nicht berührte, sie wurde an einem Kamm festgenäht, um überhaupt zu halten.

In Cambridge macht Harvey Cox, der bedeutende Theologe der Harvard Devinity School, den Vorschlag: «Warum bringen Sie ihm nicht etwas mit? Hat die Frauenbewegung nicht dieses Symbol, das wie ein Kreuz mit Gleichheitszeichen aussieht?» Aus Ohio schickte mir Elizabeth Farians, Vertreterin des neuen Standes der weiblichen katholischen Theologen, eine Zusammenstellung aller biblischen und kirchlichen Äußerungen bis hinab zum Apostel Paulus, in denen das Person-Sein der Frau bestritten wird.

Am Abend vor meiner Audienz beim Papst hatte ich im Loyola-Seminar am Stadtrand Roms ein Gespräch mit amerikanischen katholischen Studenten, die ein Studienjahr in Rom verbrachten, und mit italienischen und anderssprachigen Seminaristen, die zur Vorbereitung auf ihre Tätigkeit als Priester Englisch lernten. Ich hatte das Bedürfnis, mit jemandem über die theologischen Implikationen der Frauenbefreiung zu sprechen; die bevorstehende Begegnung mit dem Papst hatte mich sehr nervös gemacht. Ich sprach über die Personalität der Frau. Die Studenten waren begierig, über dieses Thema etwas zu erfahren; bei der anschließenden Diskussion stellten sie dann hartnäckig unbequeme und konkrete Fragen.

Als ich am Mittwochmorgen über den großen Petersplatz in Richtung Vatikan ging, hielt mich ein junger Student mit einer Büchertasche unter dem Arm an. «Ich bin Seminarist und habe gestern abend Ihren Vortrag gehört», sagte er. «Wir möchten Ihnen sagen, daß wir uns freuen, daß Sie den Papst sehen werden. Wir hoffen, daß er Sie hört.»

Ich ging über den Petersplatz zu der eisernen Pforte an der Seite der großen Audienzhalle und mußte die Schweizer Garde in ihrer gestreiften mittelalterlichen Uniform und den erhobenen Speeren passieren. Ich kam mir sehr einsam und verlassen vor, als ich durch die vatikanischen Gärten ging, vorbei an den Heiligenstatuen und den Kirchenfenstern; deprimiert und erdrückt von der goldenen Barockpracht der Kirche und den steinernen Bildnissen, die der Mensch seit fast zweitausend Jahren zum Zeichen seiner Andacht errichtet hat. Trotz ihrer akuten Probleme herrscht diese riesige Institution noch immer über ein Sechstel der Menschheit. Was hatte ich hier verloren?

Eine Szene aus Xavier Rynnes *‹Briefe aus der Vatikanstadt›* kam mir in den Sinn: Die bronzenen Tore öffnen sich zum Zweiten Vatikanum, und «Reihe um Reihe ziehen die Bischöfe ein, in fließende weiße Damastumhänge und Mitren gekleidet, herabschreitend von den päpstlichen Gemächern . . . in Sechserreihe eine schier unübersehbare Schar von Prälaten . . . und die scharlachroten Reihen der heiligen Kardinäle.» Alles Männer. Und irgendwo in meinem Hinterkopf die seit alters überkommenen Worte, daß die Stimme der Frauen in der Kirche nichts gilt.

Der Prediger Salomo: «Und fand, daß ein solches Weib, welches Herz Netz und Strick ist, und ihre Hände Bande sind, bitterer sei denn der Tod. Wer Gott gefällt, der wird ihr entrinnen; aber der Sünder wird durch sie gefangen» (7 : 27).

Jesus Sirach: «Alle Bosheit ist gering gegen der Weiber Bosheit; es geschehe ihr, was den Gottlosen geschiehet . . . Die Sünde kommt her von einem Weibe, und um ihretwillen müssen wir alle sterben» (25 : 25.32).

Paulus: «Eure Weiber lasset schweigen unter der Gemeinde; denn es soll ihnen nicht zugelassen werden, daß sie reden, sondern untertan sein, wie auch das Gesetz sagt. Wollen sie aber etwas lernen, so laßt sie daheim ihre Männer fragen» (1. Korinther 14 : 34.35).

Clemens: «Jede Frau sollte vor Scham vergehen bei dem Gedanken, Frau zu sein.»

In der Halle des Palastes für Privataudienzen komme ich an einer schönen Muttergottesstatue vorüber. Wäre ich vor kaum zweihundert Jahren über diese ausgetretenen Steine durch diese Tore getreten, so hätte man mich – bei dem, was ich gesagt habe und dem Papst zu sagen beabsichtige – als Hexe verurteilt; «verurteilte Hexen aber wurden erwürgt, gehängt, geköpft und ins Feuer geworfen; oft wurden sie lebendig verbrannt».

In dem Salon, wo diejenigen warten, die beim Papst Privataudienz haben, sitze ich zwischen einer Personengruppe, die offenbar eine offizielle Delegation aus Indonesien darstellt, und einem fülligen Geschäftsmann aus Amerika, der über Watergate jammert. Plötzlich ist meine Nervosität verflogen. Die Frauen machen schließlich die eine Hälfte der Menschheit aus, und die andere Hälfte ist das wachsende Heer der Jungen, die dabei sind, jene sexuellen Barrieren zu überwinden, die uns so lange Zeit eingeengt haben. Die Kirche hat keine Überlebenschance, wenn sie sich hinter diese Kampflinien zurückzieht. Ich weiß, was ich zu sagen habe.

In der Gruppe vor uns machen die verschleierten Frauen einen Knicks, neigen den Kopf und küssen den päpstlichen Ring. Die Indonesier gehen an mir vorbei zum Ausgang. Schließlich werde ich herangewinkt und gehe auf dem weichen Läufer zu dem thronartigen Stuhl, auf dem der Papst sitzt, flankiert von Priestern in schwarzen Gewändern. Er wirkt einschüchternd mit seinen Symbolen von Größe und Macht. Ich gehe dicht heran an die ehrfurchtgebietende Gestalt, an das Machtsymbol, das die kühnsten Visionen und schlimmsten Ängste des menschlichen Geistes verkörpert, und ich sehe einen *menschlichen* Mann, schon betagt, der die Hand ausstreckt, halb zum Gruß, halb zum Segen, seine Augen strahlen Autorität aus, wie man es von einem Mann erwartet, der das höchste Amt eines so einflußreichen politischen Kosmos erklommen hat, sehen mich an, mustern mich. Man hatte mir gesagt, daß er als erster das Wort ergreifen würde. Er winkte einem der Helfer und ließ sich ein Juwelenkästchen bringen. Und Papst Paul VI. überreichte mir das Kästchen und sagte auf englisch zu mir: «*We want to express our gratitude and appreciation for all you have done for the women of the world*» («Wir möchten Ihnen Unsere Dankbarkeit und Anerkennung für alles ausdrücken, was Sie für die Frauen in aller Welt geleistet haben.») «Ich habe Ihnen auch ein Geschenk mitgebracht», sagte ich und überreichte ihm die Kette mit dem goldenen Symbol der Gleichberechtigung. «Das ist das Zeichen der Frauenbewegung – das biologische Zeichen für das Weibliche, durchkreuzt von dem Zeichen absoluter Gleichheit. Wie Ew. Heiligkeit sehen, entsteht eine andere Art von Kreuz, wenn die Frauen den Männern vollkommen gleich sind.»

Ich übergab mein Kreuz dem Papst mit der Bemerkung, ich bringe es ihm «in der Hoffnung und der Gewißheit, daß die katholische Kirche ein von Grund auf neues Verhältnis zur Personalität der Frau gewinnen wird und daß dann die Kirche und die jüdisch-christliche Überlieferung, die seit vielen Jahrhunderten eine die Frauen hemmende Kraft gewesen sind, eine Kraft zum Nutzen der Frauenbefreiung werden möge».

Kurzes Geflüster mit dem Dolmetscher; dann redete der Papst auf italienisch zu mir. «Wir möchten Sie wissen lassen, daß der Weg der Kirche kein radikaler sein wird», sagte der Dolmetscher, «denn die Kirche hat stets die Würde der Frau in Ehren gehalten.» – «Das ist keine Frage der Radikalität, Ew. Heiligkeit», sagte ich zum Papst. «Wenn die Kirche ein befriedigendes Verhältnis zur völligen Personalität der Frau (*full personhood of women*) gewinnt, so wie zur völligen Personalität des Mannes, dann wird das etwas Neues sein – und viele Probleme, die die Frauen seit langem bedrücken und heute die Kirche quälen, werden in einem völlig anderen Licht erscheinen und lösbar sein.»

Der Papst, der offenbar verstanden hatte, was ich sagte, beriet sich mit seinem Dolmetscher über das Wort *personhood* und verwikkelte noch einen dritten Helfer in eine auf italienisch geführte, kurze Debatte über die richtige Übersetzung von *the full personhood of women.*

Der Papst setzte seine Brille auf, um die Kette und das Gleichheitskreuz zu prüfen, das ich ihm geschenkt hatte. «Ist das für mich?» Worauf ich erwiderte, ich wisse, daß in seiner Amtszeit mehr getan worden sei, um den Frauen Gehör zu verschaffen als in den vorangegangenen 1900 Jahren, daß dies aber nicht genüge. Und daß ich hoffe, es werde der von ihm berufenen Kommission über die Rolle der Frau in Gesellschaft und Kirche gelingen, alle die konkreten Hindernisse zu beseitigen, die der vollen Gleichheit und Beteiligung der Frauen in allen Bereichen der Gesellschaft und der Kirche entgegenstehen. Und daß dies von nicht zu überschätzender Bedeutung für Millionen nichtkatholischer Frauen sei, wie auch für die katholischen Frauen in aller Welt.

Der Papst wiederholte, daß die Kirche stets die Würde der Frau in Ehren gehalten habe, daß sie aber nunmehr dabei sei, die Situation der Frauen ernsthaft zu studieren, und zwar nicht nur in der Familie, sondern auch am Arbeitsplatz, damit sich die Frauen wirklich entsprechend ihren Vorstellungen entfalten und die ihnen zukommende Rolle spielen könnten.

Er sagte, es liege ihm daran, mir begreiflich zu machen, daß er persönlich alles verurteile, was zur Unterdrückung der Frau beitrage, und daß es ihm geschmerzt habe, in der Zeitung von einem neuen Fall von Frauenunterdrückung zu lesen. Wie mir führende Vertreterinnen der italienischen Frauenbewegung, mit denen ich vor und nach der Papst-Audienz sprach, erzählten, hatten die italienischen Zeitungen in jener Nacht über die Verhaftung der «drei Marias» in Portugal auf Grund ihrer Gedichte und ihrer Aktivitäten bei der Organisierung der Frauen berichtet.

Der Papst ergriff meine Hand mit seinen beiden Händen, wie um zu zeigen, daß es ihm mit der Sorge um die Frauen ernst sei. Er wirkte irgendwie viel menschlicher, als ich erwartet hatte, warm und anteilnehmend; offenkundig wickelte er nicht einfach ein Routinezeremoniell mit mir ab; er wirkte auf merkwürdige Weise gespannt, neugierig, an unserem Gespräch interessiert, das schon viel länger dauerte, als man mich hatte vermuten lassen.

Er forderte mich auf, das Kästchen zu öffnen. Es enthielt eine bronzene Gedenkmünze, die ihn, mit dem gleichen gespannten Gesichtsausdruck, in seinem Ornat und mit dem päpstlichen Szepter zeigte. Sie trug die Inschrift: «Paulus VI P. M. Anno XI.» Ich dankte ihm, und da man mir eingeschärft hatte, nicht zu viel zu reden, wiederholte ich nur noch einmal, was ich ihm zu sagen gekommen war: daß es der Kirche, wenn sie ein neues theologisches Verhältnis zur vollen Personalität der Frau gewinne und die volle Beteiligung der Frau an der Kirche bewirke, gelingen werde, Probleme in einem neuen Licht zu sehen, die sowohl für die Frauen wie auch für die Kirche belastend geworden seien. Er breitete seine Arme aus – wohl um mich zu segnen –, und ich war entlassen. Als ich auf den Petersplatz hinaustrat, waren die Tauben, die sich dort getummelt hatten, verschwunden, und es hatte angefangen zu regnen.

Am nächsten Tag traf ich dann mit verschiedenen Oberinnen und anderen Vertretern des Vatikans zusammen, denen daran liegt, daß es in der Kirche in der Frage der Beteiligung und Personalität der Frau einen wirklichen Durchbruch gibt und daß es nicht bei frommen Bekundungen bleibt.

Teresa McLeod, die an der Universität Löwen zum Doktor promovierte, ist die erste Frau, die am Päpstlichen Institut in Rom ein Theologiestudium abschloß. Sie ist Oberin von Regina Mundi, einer Ausbildungsstätte, an der heute, in Zusammenarbeit mit der altehrwürdigen Gregoriana, dreihundert weibliche Theologen aus vierzig Ländern unterrichtet werden. Sie «bedauert», daß es der Frauen-Kommission, noch bevor sie überhaupt die Arbeit aufnahm, durch ein «Veto» des Vatikans verboten wurde, sich mit Kernproblemen wie dem weiblichen Priesteramt oder der Geburtenkontrolle zu befassen. «Ich weiß nicht, ob es wieder nur auf eine Reihe frommer Erklärungen hinausläuft. Ich bin etwas skeptisch, ob nicht in den wichtigsten Dingen die Diskussion von vornherein unterbunden worden ist.» Ihrer Meinung nach ist die Frage der Öffnung des Priesteramtes für Frauen auf jeden Fall bedeutsam, unabhängig davon, wie viele Frauen wirklich Priester werden wollen. «Wichtig ist, daß die Möglichkeit dazu gegeben ist. Das Priesteramt hat nicht nur mit dem Gottesdienst, sondern auch mit Macht zu tun, und wer Macht besitzt, gibt sie nicht immer gern ab. Dazu kommt noch, daß gerade diejenigen, die die Macht besitzen und sie möglicherweise verlieren könnten, auch diejenigen sind, die die Macht haben, eine Veränderung zu bewirken. Manche sind beim Gedanken an weibliche Priester absolut entsetzt – als ob das den Verlust irgendwelcher Privilegien bedeuten würde.»

Mutter McLeod und die meisten anderen meiner Gesprächspartner betrachteten die theologischen Argumente nicht als das eigentliche Hindernis auf dem Weg zum weiblichen Priesteramt. «Die Argumente der Schrift und vor allem das, was Paulus sagt, basieren auf den gesellschaftlichen Verhältnissen der damaligen Zeit. Daß Jesus zum Beispiel keine Frauen unter seinen Aposteln hatte, liegt daran, daß es für Frauen damals unmöglich war, mit einer Gruppe von Männern mitzuziehen. Es ist unvorstellbar, daß es Jesus freigestanden hätte, in der Gestalt einer Frau zu erscheinen; eine Frau hätte nicht tun können, was er getan hat. Komplizierter ist ein anderes Argument, das der Tradition. Nicht die Tradition im Sinne von Sitten und Gebräuchen; solche Traditionen können sich wandeln. Aber die Tradition im Sinne der Überlieferung, wie sie von Christus her durch das Lehramt der Kirche auf uns gekommen ist – das ist ein schwieriges Kapitel. Jede religiöse Überzeugung hat eine Seite, die nicht völlig im Rationalen aufgeht und davon abhängt, daß man die Überlieferung akzeptiert. Tastet man *eine* der diese Überlieferung tragenden Grundüberzeugungen an, dann gerät das ganze Gebäude ins Wanken.

Papst Paul fühlt sich in hohem Maße verantwortlich dafür, daß solche wesentlichen Traditionen nicht abgebaut werden. Ich bin mir nicht sicher, daß diese Durchbrüche noch zu seinen Lebzeiten erfolgen. Manche Männer glauben, wir würden uns mit einer Art von Sonderweihe für Frauen abfinden – eine Art ‹Reservierung› der Frauen für das Amt der Lehrerin, Krankenschwester usw. –, als Trostpflaster für die Priesterwürde. Dazu kann ich nur sagen: Was würden Sie von Sonderriten halten, durch die bestimmten Männern das Amt des Omnibusfahrers reserviert wird, statt daß man sie Priester werden läßt? Manche Männer merken gar nicht, wie unruhig die Nonnen sind und daß wir uns nicht länger wie Kinder behandeln lassen.»

Vielleicht ist es wirklich so, wie Mutter McLeod vermutet: daß «keiner der Männer um den Papst ihm das gesagt hat, was Sie ihm gesagt haben». Aber selbst wenn sich die Kommission zunächst von den entscheidenden Streitfragen abwendet, wird Mutter McLeod zusammen mit den zwölf anderen Frauen und sogar einigen der zwölf Männer in der Kommission darauf dringen, daß die Frauen wenigstens proportional in all jenen Kommissionen vertreten sind, in denen die Kirchenpolitik festgelegt wird – in den Kommissionen für kanonisches Recht, Theologie, Liturgie, Familie. «Schon daß dann Frauen in den Kommissionen sitzen und die Entscheidung über Frauenfragen nicht nur zölibatären Männern überlassen», würde die Kirche zwangsläufig in ein neues theologisches Verhältnis zur Personalität der Frau bringen.

Der hübsche junge Pater Ivern, der ebenfalls der Kommission angehört, macht an Hand einer Statistik seiner Empörung darüber Luft, daß zwar den 1,5 Millionen katholischen Nonnen in aller Welt nur 300000 Mönche gegenüberstehen, daß aber die obersten Entscheidungsgremien ausschließlich von Männern besetzt sind, während die Frauen drittrangige Aufgaben als «Beraterinnen» oder *servottore* (Sekretärinnen) erfüllen. Er selber, als Berater des Ordensgenerals der Jesuiten in sozialen Fragen, dringt darauf, mehr Frauen als Berater zuzulassen. «Jetzt, wo wir begonnen haben, mit Frauen zusammenzuarbeiten und uns selbst zu ändern, werden auch die Probleme anders angepackt; viele Dinge lassen sich auf intuitive Weise viel leichter lösen als durch Super-Rationalität. Diese ganze Dimension hat uns bisher gefehlt.»

Wie alle diese Fragen tatsächlich in einem neuen Licht erscheinen, sobald Frauen als aktive Partner an der Diskussion teilnehmen, zeigt sich an den neuen weiblichen Theologen.

Schwester Mary Linscott, die Präsidentin des internationalen Verbandes der General-Oberinnen, verschafft mir eine Einladung zum Mittagessen in der Weltzentrale eines der angeschlossenen Orden, außerhalb von Rom. Bei einem Glas Wein wischen die Nonnen, mit denen ich spreche, die theologischen Argumente gegen das Priesteramt der Frau als kaum diskutabel vom Tisch. «Es geht nicht um das Theologische, sondern allein um die Zweckmäßigkeit – im Augenblick wären diese Dinge einfach unklug. Die unterentwikkelten Länder, in denen der Priesterbedarf am größten ist, sind zugleich die Gebiete, wo die Frauen gesellschaftlich am wenigsten akzeptiert werden. Je näher eine Epoche oder eine Kultur noch dem Niveau ist, wo es auf brutale Gewalt ankommt, desto stärker ist dort die Überlegenheit des Mannes. Je weiter man sich von diesem Punkt entfernt, desto stärker wird die Stellung der Frau. Aber ich glaube, in der Kirche lernen heute alle Beteiligten, daß die menschliche Psyche immer nur ein begrenztes Quantum an Veränderung erträgt.»

Dann schildert man mir die Empörung der Nonnen namentlich in Amerika, Belgien und England, als der Vatikan auf ihre Versuche, sich unter dem Eindruck des Konzils verstärkt der modernen Welt zuzuwenden, mit Anweisungen über die Länge der Nonnengewänder und die tägliche Gebetsordnung reagierte. Der Vatikan war erschüttert, als die Oberinnen mit Briefen an die Presse antworteten und sich in Rom versammelten, um «in absolut ehrerbietiger Weise zu erklären, daß wir darum bäten, in Fragen, die unsere Lebensführung betreffen, gehört zu werden, *bevor* einschlägige Erlasse herausgehen».

Zwei amerikanische Orden waren so aufgebracht, daß sie sich der Kontrolle des Vatikans gänzlich entzogen und sich im Rahmen einer größeren Gesellschaft neu etablierten. Heute bilden sie eine Gruppe mit verheirateten und unverheirateten Nonnen samt Männern und Kindern, die im übrigen der Gemeinschaft dieselben Dienste leisten wie zuvor unter der Botmäßigkeit des Vatikans.

Diese akademisch gebildeten Nonnen sind sich klar darüber, daß sie heute nur deshalb auf ihre eigene Identität und ihren Selbstwert pochen können, weil sie zum erstenmal über eine den Männern gleichwertige Ausbildung sowie über wirtschaftliche Unabhängigkeit und eine gute Verhandlungsposition verfügen. «Zumindest die amerikanischen Nonnen mußten in kurzer Zeit eine immer bessere Ausbildung anstreben, um mit der Laienkonkurrenz in der Sozialarbeit mithalten zu können und katholische Jungen ins College zu bekommen. Ihre berufliche Qualifikation erhöhte natürlich ihr Selbstwertgefühl in einer Zeit verstärkter Marktnachfrage. Wenn man die erforderliche Ausbildung und den Umstand bedenkt, daß es bisher immer noch billiger ist, eine Nonne zu finanzieren als eine beruflich qualifizierte, verheiratete Frau bzw. einen Mann, dann steht ein Bischof einer Oberin gegenüber, und wenn der Bischof dann noch anfängt, den Nonnen Belehrungen darüber zu erteilen, wie sie ihren Mathematikunterricht zu gestalten haben, dann gehen die Nonnen einfach . . .»

In immer größerer Zahl werden weibliche Theologen an der Regina Mundi und anderen Universitäten ausgebildet, in immer größerer Zahl trennen sich Männer von Priesterrock und Zölibat – die Schrift steht sichtbar an der Wand.

Dazu kommt, daß die Frauen, die heute Theologie studieren und lehren – Mary Daly in Boston, Rosemary Reuther in Washington, Elizabeth Farians im Mittleren Westen, Teresa McLeod in Rom –, bereits an einer den konkret-historischen Lebenstatsachen verpflichteten Theologie für die Frau arbeiten, die derzeit unlösbar scheinende Probleme in ein neues Licht taucht.

Ehrfurcht vor dem Leben mag ursprünglich einmal die Einstellung der Kirche gegenüber Geburtenkontrolle und Schwangerschaftsabbruch bestimmt haben – die neuen Theologen sprechen von der «Lebensqualität» und der Bereitschaft der Eltern, die Verantwortung für ihren Nachwuchs zu übernehmen, der in eine Welt der Umweltverschmutzung und Überbevölkerung hineingeboren wird.

«Sie müssen sich nach Ihrem Gewissen richten; es soll Ihnen sagen, was Sie zu tun haben», erklären heute junge Priester den jungen Eltern. Was die Scheidung angeht, so erhalten heute schon Seelsorger von ihren Bischöfen den Wink, junge heiratswillige Katholiken (von denen die Frau meist schwanger ist) zum Standesbeamten zu schicken – so groß ist die Wahrscheinlichkeit, daß die Ehe zerbricht, bevor die Partner 25 sind. Auf diese Weise ist eine Neuverheiratung ohne Einwände der katholischen Kirche möglich. In der Scheidungsfrage stimmen die neuen Theologen – Männer und Frauen – darin überein, daß das Wesentliche an der Ehe die «Zweisamkeit» und die «echte Liebe» ist, nicht die «Unauflösbarkeit». (Die katholische Einstellung zur Scheidung diente, wie vatikanische Fachleute erklären, im allgemeinen dem Schutz der Frau «zu einer Zeit, da der Mann nach Lust und Laune Frau und Familie verstoßen konnte, während die Frau hilflos war».)

Die weiblichen Theologen meinten: «Plötzlich dämmerte uns, daß bestimmte Dinge, die man von uns als Nonnen erwartete bzw. nicht erwartete, gar nichts mit Religion, sondern mit der Gesellschaft zu tun hatten und auf Gepflogenheiten jener Zeit beruhten, als die Kirche als Institution ihren Anfang nahm. Zum Beispiel schon die Einrichtung des Klosters, das die Nonne nicht allein verlassen darf – daran war überhaupt nichts Religiöses, sondern das war einfach die Situation der anständigen Frau, die sich damals in diesen Ländern aus Gründen der Sicherheit und der Schicklichkeit nicht allein auf der Straße zeigen durfte. Aber diese Tradition hat sich nicht geändert, als sich die gesellschaftlichen Konventionen wandelten, und deshalb wirken wir heute malerisch, aber antiquiert. Unser Leben hat stagniert, während sich das Leben draußen fortentwickelt hat – es wird Zeit, daß wir Anschluß an die Frau von heute finden.»

In der Frage der Geburtenkontrolle weist Teresa McLeod darauf hin, daß «die katholische Auffassung der Kontrazeption zu einer Zeit Gestalt gewann, als man die Fortpflanzungsmechanismen noch nicht genau durchschaute. Heute wirkt es unangemessen, von einem Ehepaar zu verlangen, daß es sich bei seiner Entscheidung darüber, wann und wie oft es ein Kind will, nur auf die unfruchtbaren Tage verlassen soll und nicht auf die Pille. Das Argument, die eine Methode sei ‹natürlich›, während die anderen, von der Wissenschaft geschaffenen ‹unnatürlich› seien, wird immer unglaubwürdiger. Sind denn zwölf Goldfüllungen im Gebiß natürlich? Trotz des offiziellen Standpunkts der Kirche gibt es viele Priester, die den mit diesen Problemen belasteten Frauen oder Paaren sagen: ‹Das ist eine Entscheidung, die ich Ihnen nicht abnehmen kann›.»

Elizabeth Farians sieht es so: «Ehrfurcht vor dem Leben hatte in der ersten Menschheitsepoche den Sinn, die Erde zu bevölkern. Man brauchte viele Kinder für die Feldarbeit und für das Militär, zu einer Zeit, als der Krieg die einzige Methode zur Regelung von Streitigkeiten war. Die meisten Kinder starben, bevor sie das Erwachsenenalter erreichten. Was zählte, war Lebensquantität. Heute, im nachindustriellen Zeitalter, ist das anders. Die meisten Kinder bleiben am Leben; die Frauen haben eine Lebenserwartung, die die Zeit ihrer Fruchtbarkeit weit überschreitet; es müssen nicht mehr so viele Kinder geboren werden. Das Kindergebären braucht daher nicht länger als die Hauptfunktion der Frau angesehen zu werden; die Frau kann als eigenständige Person aufgefaßt werden . . . während die Kinder als unverwechselbare Individuen gelten können. Wir stehen heute vor dem Problem des Überlebens in einer übervölkerten Welt, weil wir nicht imstande waren, aus unserer Ehrfurcht vor dem Leben die Sorge um die Lebensqualität, statt der Lebensquantität zu machen.»

Die neuen weiblichen Theologen sind auch dem Ursprung der kirchlichen Einstellung auf die Spur gekommen, wonach die Frau nicht «nach dem Bilde Gottes geschaffen» ist. Schwester Albertus Magnus McGrath weist darauf hin, daß im ursprünglichen Schöpfungsbericht der Mensch das Bild Gottes ist («Und Gott schuf den Menschen ihm zum Bilde, zum Bilde Gottes schuf er ihn; und er schuf sie einen Mann und ein Weib»; 1. Buch Mose 1 : 27). Die kirchliche Forderung nach Unterwerfung der Frau unter ihren Mann gründet dagegen auf der Äußerung des heiligen Paulus, daß die «Frau nicht zum Bilde Gottes geschaffen» sei.

Schwester McGrath fährt fort: «Auch das Gut-sein kommt der Frau nicht zu, und zwar wegen der archetypischen Vorstellung von Eva als der schwachen, listigen, sündigen und ewigen Verführerin, die weniger Person als Sexualobjekt ist. Auch an Schöpferkraft mangelt es ihr, weil die Humangenetik bis ins 19. Jahrhundert hinein von falschen Vorstellungen ausging – dem Gedanken nämlich, daß alle Eigenschaften des Kindes mit dem männlichen Samen vererbt würden, während die Mutter das passive Instrument der Empfängnis war, die den Samen in ihrem Schoß wachsen ließ, als ‹gute Erde›, in die der allmächtige Same fällt. Diese anonyme Funktion konnte von jeder Frau erfüllt werden, so daß es auf die Auswahl der Mutter nur deshalb ankam, damit die Legitimität des Kindes gesichert war.» Nach Schwester McGraths Meinung war diese «gleichsam pflanzliche Auffassung der Frau ausschlaggebend dafür, daß man den Mädchen jahrhundertelang jede Ausbildung vorenthielt und auch heute noch die Frau psychologisch darauf konditioniert, sich selbst als minderwertig und unterwürfig, als reinen Gebrauchsgegenstand zu empfinden.»

Diese neuen weiblichen Theologen teilen meinen Verdacht, daß die Leugnung der «vollen menschlichen Personalität der Frau nach dem Bilde Gottes» zusammenhängt mit «der Geringschätzung der menschlichen, genauer gesagt, der weiblichen Sexualität, was als Symptom und Ursache einer psychischen Krankheit zu betrachten ist, an der die Kirche seit Jahrhunderten leidet».

Dieser theologischen entspricht meine eigene psychologische Hypothese, daß die aufgestauten sexuellen und menschlichen Energien, die damit von ihrem Ziel abgelenkt wurden, den Mann in Aggressivität und die Frau in eine passive Gefügigkeit hineinmanipulierten, die mit Selbstaggressivität identisch ist. Das aber ist der Triumph des Todes, das Gegenteil jener Ehrfurcht vor dem Leben, unter deren Zeichen jede Religion antritt.

Die Nonnen und Priester, mit denen ich in Rom, Chicago und St. Louis zusammentraf und die versuchen, diese große Spaltung zu überbrücken, versichern mit Nachdruck: «Unsere Revolte ist im wahrsten Sinne des Wortes religiös.» Sie sind der Ansicht, daß die Kirche als Institution weder zu überleben vermag noch zu überleben verdient, wenn sie den Frauen nicht die volle Personalität und den Männern ihre menschliche Sexualität zurückgibt. Und sie werden nicht das hinnehmen, was Elena Bartoli das «Blabla» einer abstrakten Religion nennt, die an der konkreten Lebenswirklichkeit vorbeigeht.

Weibliche Theologen wie Elizabeth Farians, denen es nicht erlaubt war, «in der Gemeinde zu reden», sprechen heute bereits von der «Wiederkunft der Christa – der Wiederkunft der Frau». «Durch die Wiederkunft der Frau werden wir endlich Menschen werden, weil wir das sogenannte weibliche Prinzip in unserer Natur akzeptieren werden – das Männliche und das Weibliche in uns allen wird dann in Gleichheit und Harmonie zur Wirkung kommen. Wir alle werden frei sein, wir selbst zu sein. Kein sexuelles Rollenschema wird uns mehr einengen und verkürzen. In der unendlichen Vielfalt der Individuen wird sich in uns das Bild Gottes spiegeln. Die Wiederkunft der Frau wird die endgültige Humanisierung der menschlichen Art bedeuten. Mann und Frau werden zum erstenmal in eine wahrhafte Beziehung zueinander treten.»

«Die künftigen Diener des Worts werden die Frohe Botschaft verkünden – es gibt eine Bewegung, es gibt die Wiederkunft der Frau.»

Angesichts der Trotzreaktionen verunsicherter Priester in der vatikanischen Hierarchie und im amerikanischen Klerus kann ich nur hoffen, daß meine Audienz beim Papst ein Signal der Kirche ist, daß sie der Wiederkunft der Frau entgegensieht, um zu überleben. Als eine der ersten Frauen, die gegen Ende des Konzils von Papst Paul als «Beobachter» zugelassen wurden, erinnert sich Rosemary Goldie: «Bischöfe und Kardinäle starrten uns fassungslos an – Frauen im Petersdom! Beim nächsten Vatikanischen Konzil werden Frauen ganz normal mitarbeiten. Man wird in uns nichts anderes sehen als gewöhnliche Angehörige des Volkes Gottes.»

Ein Gespräch mit Simone de Beauvoir – 1975

Vorbemerkung aus der Rückschau

Ich glaube, was mich zu Simone de Beauvoir zog, war die Hoffnung, *irgend jemand* wisse die richtige Antwort, *irgend jemand* stehe dafür gerade, daß alle Frauen, die die alten Landkarten weggeworfen hatten, in die richtige Richtung gingen, *irgend jemand* werde klarer als ich erkannt haben, welche der neuen Wege Irrwege sind.

Die Frauenbewegung hatte sich immer mehr gegen sich selbst gekehrt und ihre ideologischen Waffen aus dem Arsenal anderer Revolutionen entlehnt. Das Ergebnis war eine Lähmung jeglichen Handelns – oder ein unreifer, rhetorisch aufgeputschter Aktionismus, der keine neuen Möglichkeiten für das praktische Leben eröffnete. Mir aber lag daran, die Frauenbewegung auf ihrem eigenen, existentiellen Kurs zu halten, der darauf beruhte, die Wahrheit in der Realität unserer eigenen Existenz zu entdecken. Aber es ist für die Menschen schwer, sich selbst in dieser Weise zu trauen – namentlich auf einem neuen Weg.

Ich war Simone de Beauvoir vorher nie begegnet, aber meinen eigenen Existentialismus verdanke ich ihr. Es war ihr Buch ‹*Das andere Geschlecht*›, das mich für das existentialistische Verständnis von Realität und politischer Verantwortung gewann, mich vom Schubfachdenken einer verordneten Ideologie befreite und mich zu dem befähigte, was mir an eigenständiger Analyse der weiblichen Existenz etwa gelungen sein mag.

Als ich ‹*Das andere Geschlecht*› zum erstenmal las, Anfang der fünfziger Jahre, antwortete ich noch, befangen im Weiblichkeitswahn, auf die Frage nach meinem Beruf: «Hausfrau». Die Lektüre wirkte derart deprimierend auf mich, daß ich am liebsten wieder ins Bett gegangen wäre (nicht ohne vorher den Kindern ihr Frühstück zu machen) und mir die Decke über die Ohren gezogen hätte. Ich mußte noch ein Dutzend Jahre so weiterleben, ehe ich analysieren konnte, was denn mich und andere amerikanische Frauen in diese Depression gestürzt hatte. Dann jedoch sah ich darin etwas, was man nicht hinzunehmen brauchte, sondern ändern konnte.

Simone de Beauvoir hat erst vor kurzer Zeit zur Frauenbewegung gefunden. Sie erklärt, der radikale Feminismus sei als ideologische Basiskonzeption dem marxistisch-leninistisch-stalinistischen Kommunismus überlegen. Vielleicht, so dachte ich, kann Simone de Beauvoir uns jene Autorität geben, die wir brauchen.

Es ist dann doch anders gekommen.

Ich reiste nach Paris und suchte sie mit zwei Dolmetschern – einem französischen und einem englischen – in ihrem Salon auf.

Der Raum präsentierte sich in verschlissener, aber selbstbewußter Bohemien-Eleganz – orientalische Tapisserien, Porzellankatzen, Tücher, Figuren, Bilder, Kissen – Andenken an die Reisen mit Sartre in alle Welt. Simone de Beauvoir sah gepflegter, korrekter, etablierter aus, als ich erwartet hatte, irgendwie steifer. Im Geist muß ich sie immer noch als das junge Mädchen gesehen haben, das mit Sartre über die Dächer von Paris springt, wie sie es in ihrer Autobiographie schildert, die ich mit Vergnügen gelesen hatte. Trotzdem überlief es mich bei dem Gedanken, dieser Repräsentantin unserer Kultur- und Geistesgeschichte gegenüberzustehen. Nach einer wohlwollenden Begrüßung legte sie dann, fast wegwerfend, jene Autorität an den Tag, um deretwillen ich glaubte gekommen zu sein. Aber diese Autorität, mit der sie über die Frauen sprach, wirkte kalt und steril, wie eine Abstraktion, die keinen Bezug mehr zum realen Leben der Frauen hatte. Ich kam mir fast wie ein Trottel vor, mit meinen weltlichen Problemen aus dem Lebensalltag der Frauen und der Strategie der Frauenbewegung. Diese Fragen schienen sie überhaupt nicht zu interessieren. Irgendwie schien sie sich nicht mit gewöhnlichen Frauen zu identifizieren, die aus sich etwas Neues machen wollen. Deren Alltagsprobleme berührten sie offenbar überhaupt nicht. Und trotzdem erging sie sich in den schicken radikalen Phrasen gegen das «Elite-Denken» und zum abstrakten Lobpreis der anonymen Frau aus der «arbeitenden Klasse».

Ihrer Ansicht nach ist es für die Frauen völlig irrelevant, die sexuelle Diskriminierung zu beseitigen, um zu besseren Arbeitsplätzen, beruflichen Aufstiegsmöglichkeiten und leitenden Positionen zu kommen. Man muß einfach das ganze System vernichten. Aber wovon sollen die Frauen dann leben, fragte ich sie – woher sollen sie die beruflichen Fertigkeiten und die Erfahrung nehmen, um bei der Systemveränderung überhaupt gehört zu werden? Sie brauchen ja nicht die *guten* Jobs zu haben, um zu leben, sagte Simone de Beauvoir über die anderen Frauen. Sie selbst freilich hat ihr Leben lang ungewöhnlich gute Jobs gehabt und es in einem angesehenen Beruf zur Berühmtheit gebracht. Andere Frauen sollen nicht dem Ruhm nachjagen oder Zeitungsartikel unter ihrem Namen publizieren wollen, sagte sie, während sie selbst natürlich auch in Zukunft unter ihrem eigenen, berühmten Namen schreiben und die Honorare und Einflußmöglichkeiten nutzen wird, die ihr dieser Name eingetragen hat. Die Bequemlichkeiten einer Familie, die hübsche Ausgestaltung der eigenen Wohnung, Mode, Ehe, Mutterschaft – das alles ist frauenfeindlich, erklärte sie. Es geht nicht einmal darum, die Frau selbst entscheiden zu lassen – alles, was die Frau ermutigt, Mutter zu sein oder ihr die Wahl läßt, ist falsch. Die Familie ist abzuschaffen, sagte sie mit autoritärem Ton. Wie soll dann das Menschengeschlecht überdauern? Es gibt ohnehin schon zu viele Menschen, sagte Simone de Beauvoir. Soll ich das ernst nehmen?

Aber es ging sowieso kaum um das Leben wirklicher Frauen. Nicht einmal um Simone de Beauvoirs eigene Wirklichkeit da in ihrem Salon. Sie wirkte unkonzentriert, antwortete mechanisch, als ob sie sich im Geist mit ganz anderen Dingen befaßte. Man hatte mir gesagt, daß Sartre krank sei und daß sie nur eine Stunde Zeit für mich haben werde, weil sie ihn dann im Krankenhaus besuchen müsse. Ich habe Verständnis für eine solche Bindung. Aber wenn man ein ganzes Leben lang in solcher Abhängigkeit von einem Mann gelebt hat wie sie – und die Bindung durch den demonstrativen Verzicht auf die bürgerliche Ehe noch fester gemacht hat, als sie bei anderen ist, die normal verheiratet sind –, wie kann man dann dafür plädieren, einen Mann zu lieben und von ihm geliebt zu werden, auf die Sicherheit und den Reiz eines Zuhause, auf die Möglichkeit, ein Kind haben zu wollen? Oder rang sie immer noch mit ihrer eigenen, uneingestandenen Abhängigkeit, wenn sie andere Frauen beschwor, unabhängiger als die Männer zu sein?

Und dann fielen mir die autoritären Untertöne der angeblich maoistischen Parteilinie auf, die ich schon von den Jungsemestern der selbsternannten radikalen Feministinnen in Amerika kannte. Wie ich höre, liebäugelt Sartre mit dem Maoismus in der französischen Politik, und Simone de Beauvoir tut es ihm nach wie einst beim Existentialismus ... Vielleicht ist die existentielle Autorität, die ich bei Simone de Beauvoir suchte, etwas, was sie in der Realität ihrer eigenen Erfahrung, geschweige denn der Realität anderer Frauen, gar nicht mehr sucht.

Wie auch immer: ich wünsche ihr alles Gute. Sie hat mir einen Weg gewiesen, den ich weitergehen werde, auch wenn es ein beschwerlicher Weg ist. Wir alle müssen jetzt einfach auf diesem Weg weitergehen und Vertrauen zu uns, unseren Erfahrungen und Fragen haben. Es gibt weder Götter noch Göttinnen, noch Autoritäten von außen – wie radikal sie sich auch gerieren. Wir brauchen keine andere Autorität, können keiner trauen, als unserer persönlichen Wahrheit. Die einzige Probe auf unsere Bewegung ist die, ob sie den realen Frauen – uns selbst – das reale Leben eröffnet.

Ein Gespräch mit Simone de Beauvoir

Friedan: Ich halte unser Gespräch gerade zum jetzigen Zeitpunkt für wichtig, und zwar aus folgendem Grund: Die Frauenbewegung, die wir wohl beide mit unseren Büchern und unseren Gedanken beeinflußt haben, hat sich in den siebziger Jahren als die größte und am schnellsten wachsende, vielleicht sogar als die entscheidende Bewegung im Interesse eines grundsätzlichen gesellschaftlichen Wandels erwiesen. Sie hat jedoch in Amerika und wohl auch in anderen Teilen der Welt einen gewissen Höhepunkt erreicht und tritt auf einem bestimmten Niveau ein bißchen auf der Stelle.

De Beauvoir: Ja. Ich glaube, das ist hier in Frankreich genauso.

Friedan: In den letzten beiden Jahren haben sich in Amerika die Kräfte in einem internen, ideologischen Richtungsstreit zersplittert. Die Frauen fingen an, ihre politische Macht zu erkennen, als 1972 kurz vor der Präsidentenwahl der Gleichberechtigungszusatz durchging und der Oberste Gerichtshof seine Entscheidung in Sachen Abtreibung fällte. In diesem Augenblick inszenierte die äußerste Rechte einen gut finanzierten Kampf, um die Ratifizierung des Gleichberechtigungszusatzes in den Staaten zu verhindern und die Abtreibungsentscheidung abzuwürgen. Auf Grund von Zeugenaussagen bei den Watergate-Hearings haben wir auch den Verdacht, daß es in den Reihen der Frauenbewegung Agents provocateurs gab, die Zwietracht und Extremismus schürten und die Sexualpolitik in ein Instrument der Spaltung umfunktionierten: «Nieder mit den Männern, dem Kinderkriegen und der Mutterschaft!» Der Versuch, aus sexuellen Neigungen, aus weiblicher Homosexualität eine politische Ideologie zu machen, hat unsere Kräfte vom politisch Wesentlichen abgelenkt und das politische Gewicht der Frauenbewegung herabgemindert.

De Beauvoir: Ich weiß nicht recht. Sind Sie der Meinung, daß die Forderung «Nieder mit dem Kinderkriegen, es lebe die lesbische Liebe» ein Manöver war, um die Frauenbewegung zu ruinieren?

Friedan: Sie legt die Bewegung politisch lahm. In einem bestimmten Umfang gibt es natürlich echte ideologische Differenzen. Einige Frauen in der Bewegung sind ehrlich der Ansicht – die ich nicht ohne weiteres teile –, daß dies ein Klassenkampf gegen die Männer ist und daß Kinderkriegen, Mutterschaft und Sex die wahren Feinde der Frau sind. Ich habe aber den Eindruck, daß diejenigen, die an der politischen Lahmlegung der Bewegung interessiert waren, in übertriebenem Maße die sexuellen Fragen und die Sexualpolitik akzentuiert haben und nicht die Lebensbedingungen der Frau in der Gesellschaft ganz allgemein. Nach Meinungsumfragen von Gallup und Harris unterstützt die Mehrheit der amerikanischen Frauen, auch die Mehrheit der Männer, im Prinzip die Gleichberechtigungsbestrebungen für die Frau in der Gesellschaft. Aber wenn man dann den Eindruck erweckt, als müsse die Frau auf die Liebe zu einem Mann oder auf Kinder verzichten, dann stößt man die Mehrheit der Frauen vor den Kopf . . .

De Beauvoir: Ich verstehe.

Friedan: . . . und überflüssigerweise auch die Mehrheit der Männer. Übrigens bin ich sehr froh, daß Sie selber sich jetzt Feministin nennen. Sie sind jetzt, wie ich weiß, der Meinung, daß eine Veränderung des ökonomischen Systems, wie zum Beispiel im Kommunismus, nicht autonomisch schon die Befreiung der Frau mit sich bringt. Wie sehen Sie den Zusammenhang zwischen dem Frauenkampf und dem umfassenden, politisch-ökonomischen Kampf?

De Beauvoir: Ich glaube in der Tat, daß die kommunistischen oder sozialistischen Systeme so, wie sie heute praktiziert werden, diesem Bedürfnis in keiner Weise gerecht werden. Ich meine aber, daß ein sehr enger Zusammenhang besteht zwischen dem ökonomischen Kampf und der feministischen Bewegung, zumindest was Frankreich betrifft. In der Uhrenfabrik Lip hat es einen Streik gegeben, bei dem achtzig Prozent der Streikenden Frauen waren. Die Führung des Streiks lag in den Händen der Frauen, er dauerte sechs Monate und führte den Frauen ihre ökonomische, und also politische Macht vor Augen. Diese Frauen waren nun zwar beim Streik sehr aktiv dabei, aber wenn es darum ging, die Nachtwache zu übernehmen, und ihre Männer das nicht haben wollten, dann sagten die Frauen: «Also gut, wir tun schon genug für den Streik, ohne daß auch noch unsere Ehe in Gefahr gerät.» Also auch in ihrem Aktivismus blieben sie dem Mann untertan und waren sich des Zusammenhangs mit der Lage der Frau generell überhaupt nicht bewußt. Das große Problem der MLF besteht bei uns darin, diese ökonomischen Kämpfe mit dem feministischen Kampf zu verbinden.

Friedan: Bewegt sich die MLF in eine mehr am Ökonomischen orientierte Richtung?

De Beauvoir: Sie ist sehr gespalten. Es gibt Feministinnen, die sich nur mit dem befassen, was Sie gerade erwähnten: Aufstand gegen den Mann, Lesbierinnentum und so weiter. Aber es gibt auch viele andere, die den einzelnen sozialistischen Bewegungen nahestehen und versuchen, den Kampf der Geschlechter mit dem ökonomischen Klassenkampf zusammenzubringen und mit den Arbeiterinnen zu arbeiten.

Friedan: Nun, in meinem Land hat sich das Bewußtsein für diese Dinge enorm geschärft, aber wir stehen vor einer wirtschaftlichen Krisensituation, in der dauernd Frauen entlassen werden. Mit den Einsparungen bei Universitäten und Unternehmen geht auch Terrain verloren, das die Frauen bereits gewonnen hatten. Wir bekommen zu hören: «Wie können wir uns jetzt an die Regel halten, mehr Frauen einzustellen, wo es so viele Arbeitslose gibt?»

De Beauvoir: Bei uns ist das, jedenfalls gegenwärtig, etwas anders. Man versucht den Eindruck zu erwecken, daß die Frauen voll integriert werden. Frauen werden zur Polytechnique zugelassen, Frauen werden zu Universitätspräsidenten ernannt. Aber die besten erkennen, daß das alles nur Feigenblattfunktionen für die reaktionären Kräfte hat. Kürzlich ist eine Frau von einem hohen Posten zurückgetreten, weil sie kein Feigenblatt sein mochte.

Friedan: Nach unserer Auffassung sollten die Frauen jeden Job nehmen, den sie bekommen können, solange sie nur weiter darum kämpfen, die Tür für die Frauen weiter aufzustoßen, und solange sie sich darüber im klaren sind, daß diese symbolischen Gratifikationen einen wirklichen Durchbruch verhindern sollen.

De Beauvoir: Dieser Standpunkt ist in Frankreich sehr umstritten. Gewisse Frauen denken so, aber sie werden sehr häufig als «Karrierefrauen», als «elitär» und «privilegiert» kritisiert. Die Sympathie gehört denjenigen, die nicht mitmachen, weil sie nicht erwarten, die Tür aufstoßen zu können, sondern damit rechnen, als Alibi mißbraucht zu werden.

Friedan: Würden Sie zustimmen, daß es hier nicht bloß darauf ankommt, die unverhüllte sexuelle Diskriminierung zu überwinden, sondern daß es notwendig ist, die Spielregeln, das Grundgefüge des Arbeitslebens zu verändern – die Klassentrennung zwischen Sekretärin und Chef, Krankenschwester und Arzt?

De Beauvoir: Allerdings. Deshalb glauben ja viele Frauen, sie sollten dieses Spiel nicht mitmachen, jedenfalls nicht in seiner gegenwärtigen Form.

Friedan: Und wovon sollen sie leben?

De Beauvoir: Sie müssen ja nicht die leitenden Stellungen haben. Sie müssen nicht Universitätspräsidentin werden. Es genügt ja, wenn sie einfache Lehrerin sind.

Friedan: Stimmen Sie dem zu?

De Beauvoir: Das frage ich mich auch. Ich glaube, es ist etwas Wahres dran. Wenn man wirklich die Gesellschaft verändern will, dann erreicht man das nicht dadurch, daß man «ehrenvolle» Tätigkeiten oder wichtige Posten annimmt.

Friedan: Aber wenn andererseits die Frauen in die Lage versetzt werden sollen, die Gesellschaft zu verändern, dann müssen sie die Selbstsicherheit und die Fertigkeiten besitzen, die sie brauchen, um sich in einer fortgeschrittenen technologischen Gesellschaft zu bewegen! Und wie sollen sie die erwerben, wenn sie nicht die gegen sie errichteten Barrieren einreißen und sich wirklich in der Gesellschaft umtun? Ihr Argument kann man doch leicht dazu mißbrauchen, den Status fortdauernder Inferiorität zu rationalisieren – und das ganze Bildungswesen abzutun, weil es den Stempel des Systems trägt.

De Beauvoir: Das Bildungswesen ist ein anderes Thema. Man kann eine Ausbildung genießen, um in den Besitz des Instruments zu gelangen, sich aber weigern, es nur zu gebrauchen, um sich Zutritt zur «Elite» einer Gesellschaft zu verschaffen, die wir ablehnen. Viele von uns glauben, daß eine Veränderung der Gesellschaft nicht von oben, sondern nur von der Basis her erfolgen kann.

Friedan: Wir sind Schriftstellerinnen. Wir können uns eine höhere Stellung in der Gesellschaft verschaffen, indem wir kritisch über diese Gesellschaft berichten. In Ihrer Position können Sie durch Ihr Wort Millionen beeinflussen. Würden wir der Sache der Frau einen Dienst erweisen, wenn wir uns dieser Macht nicht bedienten?

De Beauvoir: Auf Grund der Art meiner Erziehung und der Situation zu meiner Zeit, als es noch keinen Feminismus gab, herrschte damals der Gedanke, die Frau müsse dem Mann gleich sein. Heute gibt es zahllose Frauen, die so überzeugte Feministinnen sind, daß sie es ablehnen, dem Mann gleich zu sein. Das Ziel ist nach ihrer Ansicht nicht, in dieser Gesellschaft Rang und Namen zu erreichen, sondern diese Gesellschaft zu bekämpfen und zu vernichten. Es gibt zum Beispiel eine allgemeine Ablehnung dessen, was man das «Star-System» nennt. Diese Feministinnen unterzeichnen ihre Beiträge zu feministischen Blättern nicht mit ihrem Namen. Das funktioniert als kollektives System, in dem niemand mit seinem Namen unterzeichnet. Diese Frauen lehnen Vorstellungen wie Konkurrenz, männliche Ruhmsucht und männlichen Ehrgeiz ab.

Friedan: Werden Sie Ihre Bücher künftig ohne Ihren Namen erscheinen lassen?

De Beauvoir: Nein, natürlich nicht. Aber mein Werdegang war auch ein anderer. Ich habe unter einem ganz anderen System begonnen, und was ich erreicht habe, dessen werde ich mich bedienen. Aber ich habe Verständnis und Sympathie für alle, die nicht mit ihrem Namen zeichnen.

Friedan: Meines Erachtens würde das ganze «Star-System» verschwinden, wenn es tausend Simone de Beauvoirs und tausend Betty Friedans gäbe. Wenn *wir*, die wir einen Namen haben, den anderen raten, namenlos zu bleiben, verschwindet das Star-System doch nicht!

De Beauvoir: Ich würde es bedauern, wenn es tausend Simone de Beauvoirs gäbe. Denn die grundsätzliche Aufgabe, die vor den Frauen liegt, ist nicht, daß sich jede Frau auf eigene Faust einen Namen machen kann.

Friedan: In der Frauenbewegung, in der Studentenbewegung und, wie mir scheint, auch in der Bewegung der Schwarzen hat der Vorwurf des Elitären dazu gedient, demokratische Strukturen und eine leistungsfähige Führung abzubauen und wirksames Handeln zu manipulieren oder zu verhindern. Damit wird aber Macht nicht beseitigt, sondern nur manipulierbarer gemacht, weil keine klare, verantwortliche Führungsstruktur mehr vorhanden ist. Auf diese Weise ist die Studentenbewegung kaputtgegangen.

De Beauvoir: Ich glaube, in Frankreich ist die Frauenbewegung viel spontaner. Sie ist bei all den jungen Frauen, die ihr Frau-Sein anders zu leben versuchen, ganz real und fundamental. Natürlich bringt es Mißlichkeiten mit sich, wenn man auf Strukturen und Hierarchien verzichtet. Das kann zur Zersplitterung führen und die Aktionseinheit untergraben. Aber der Verzicht auf Bürokratie und Hierarchie hat den Vorteil, tendentiell jeden Menschen zu einem *ganzen* Menschen zu machen und die männliche Vorstellung von lauter kleinen Paschas auszuschalten.

Friedan: Ich bin auch nicht dafür, daß die Frauen durch den männlichen Machtapparat manipuliert oder mit ein paar Renommierposten abgefunden werden. Aber eine Guerilla-Armee ist schwieriger an die Macht zu bringen. Man braucht ein Maximum an Autonomie für die lokalen Gruppen und trotzdem eine hinreichende Struktur auf Landesebene, um massive und im ganzen Land wirksame Aktionen starten zu können.

De Beauvoir: So haben wir es bei der Abtreibung gemacht. Es ist uns gelungen, Paris zu mobilisieren, die Provinzen – das ganze Land. Aber das ist auch ein Thema, das alle Klassen der Gesellschaft interessiert. Alle Frauen – Bäuerinnen, Arbeiterinnen, aber auch die Bürgerlichen – sind davon betroffen. Es gibt andere Themen, wo es viel schwerer ist, diese Einigkeit aller herzustellen. Etwa die Frage der Hausarbeit, die mir für Feministinnen sehr wichtig scheint. Die Arbeit im Haushalt nimmt so viel Zeit weg, sie ist nicht bezahlt, sie ist die Ausbeutung der Frau durch den Mann. Diese Frage weckt ein Echo bei den Frauen der unteren Mittelschicht, sicherlich bei den Intellektuellen und vielleicht auch bei arbeitenden Frauen. Aber von den nichtberufstätigen Frauen von Arbeitern ist keine Unterstützung zu erwarten. Die Hausarbeit ist ihr ganzer Lebensinhalt. Das wird eine große Spaltung unter den Frauen hervorrufen.

Friedan: Ich habe eine «ökonomische Denkfabrik für Frauen» aufgebaut, und eine der Fragen an diese Denkfabrik ist, wie man eine Mindestlohn-Entsprechung für die Haushaltsarbeit festlegt. Die müßte bei der Sozialversicherung, bei der Rente und bei der Güterteilung im Scheidungsfall berücksichtigt werden. Damit würden sich die Hausfrauen der unteren und mittleren Schichten zweifellos identifizieren.

De Beauvoir: Damit bin ich ganz und gar nicht einverstanden. Dieses Konzept ist spalterisch und kettet die Frau nur noch mehr ans Haus. Ich und meine Freunde von der MLF können dem keinesfalls zustimmen. Es bedeutet ein Festhalten am Ideal des häuslichen Weibes, und ich bin entschieden dagegen.

Friedan: Aber solange die Frauen die Hausarbeit nun einmal tun, vor allem, wenn Kinder da sind: Meinen Sie nicht auch, daß diese Arbeit irgendwie bewertet werden müßte?

De Beauvoir: Warum die Frauen? Das ist doch der springende Punkt! Soll man davon ausgehen, daß die Frauen für ewige Zeiten zu Hause bleiben?

Friedan: Sie sollten nicht zu Hause bleiben *müssen*. Die Verantwortung für die Kinder sollte zu gleichen Teilen bei beiden Eltern liegen – und bei der Gesellschaft. Aber heute *haben* eben sehr viele Frauen ausschließlich die Hausarbeit getan, solange die Kinder groß wurden, und diese Arbeit ist nicht einmal zu einem Mindestsatz anerkannt worden, weder bei der Sozialversicherung noch bei der Rente, noch bei der Güterteilung. Man könnte ein Buchungssystem einführen, durch das die Frau ihren Beitrag zu den Kosten der Kindertagesstätte zahlt, wenn sie Kinder haben und trotzdem ihrem Beruf oder ihrer Ausbildung nachgehen will. Wenn sie lieber selber ganztägig für ihre Kinder sorgt, bekommt sie das Geld selber.

De Beauvoir: Nein. Wir sind der Ansicht, daß keine Frau diese Möglichkeit haben sollte. Die Frau sollte nicht das Recht haben, zu Hause zu bleiben, um ihre Kinder aufzuziehen. Die Gesellschaft muß völlig anders werden. Keine Frau sollte diese Möglichkeit haben, und zwar gerade deshalb nicht, weil zu viele von ihr Gebrauch machen würden, wenn es sie gäbe. Das dient dazu, die Frauen in eine ganz bestimmte Richtung zu zwingen.

Friedan: Ich verstehe, was Sie meinen, aber politisch kann ich mich dem zum gegenwärtigen Zeitpunkt nicht anschließen. Wir haben in den Staaten viel zu wenig Kindertagesstätten. Wir kämpfen darum, daß es mehr werden. Aber es gibt eine Tradition individueller Freiheit in Amerika, die so stark ist, daß ich niemals sagen würde, jede Frau *muß* ihr Kind in solche Tagesstätten geben.

De Beauvoir: Wir sehen das nicht so. Wir sehen das als Teil einer globalen Reform der Gesellschaft, bei der die alte Spaltung zwischen

Mann und Frau, Häuslichkeit und Außenwelt keinen Platz mehr hat. Nach unserer Auffassung soll jeder einzelne, Mann wie Frau, außer Haus arbeiten und die Möglichkeit haben, durch Kommunen, Kollektive oder sonstige Organisationsformen der Familie das Problem der Kindererziehung zu lösen. Also nicht das System der Kinderkrippen beibehalten, sondern das ganze System so ändern, daß die Alternativen andere werden! Etwas Vergleichbares wird ja gerade in China erprobt. An einem bestimmten Tag kommen alle Menschen eines Wohnviertels zusammen – Männer, Frauen und Kinder, soweit sie dazu imstande sind – und waschen gemeinsam die Wäsche oder stopfen Strümpfe. Das sind dann alle Strümpfe, und die Ehemänner stopfen mit. Wenn man die Frauen ermutigt, zu Hause zu bleiben, verändert man die Gesellschaft nicht.

Friedan: Meine Überlegungen gehen eigentlich mehr in Richtung einer pluralistischen Situation mit echten Alternativen. Mir scheint, daß das Gefühl für die Werte der Individualfamilie und der Mutterschaft in den Menschen so stark ist, daß ich keinen gangbaren oder auch nur sinnvollen politischen Weg sehe, dieses Gefühl zu übergehen. Wer sich für das Leben in einer Kommune nach der Art entscheidet, wie Sie es skizziert haben, der sollte die Möglichkeit dazu erhalten. Aber ich würde mir die Schaffung neuer gesellschaftlicher Institutionen doch lieber so vorstellen, daß der Mann und die Frau, die das Leben in einer Kernfamilie vorziehen, von den rigiden Geschlechtsrollen befreit werden, in die wir sie in puncto Haushalt, Kindererziehung und so weiter hineingepreßt haben. Und wer gern die konventionellen Rollen beibehalten möchte, sollte die Möglichkeit dazu haben. Das Problem war bisher, daß es keine andere Möglichkeiten gab.

De Beauvoir: Nach meinem Dafürhalten wird die Frau so lange unterdrückt sein, solange mit der Familie und dem Märchen von der Familie und dem Märchen von der Mutterschaft und den Mutterinstinkten nicht Schluß gemacht ist.

Friedan: Hier gehen unsere Ansichten offenbar auseinander. Ich sehe in der Mutterschaft mehr als nur ein Märchen, auch wenn man sie gern mit einem falschen Heiligenschein umgeben hat.

De Beauvoir: Sobald man als kleines Mädchen zur Welt kommt, wird einem die Mutterrolle als Berufung gepredigt. Denn was die Gesellschaft in Wirklichkeit will, ist, daß man Teller spült, und das ist keine Berufung. Um das Mädchen zum Tellerspülen zu bringen, impft man ihr die Berufung zur Mutterschaft ein. Der Mutterinstinkt wird im kleinen Mädchen schon durch die Art ihres Spielzeugs und so fort herangezüchtet. Solange das nicht beseitigt wird, hat sie überhaupt nichts gewonnen. Meines Erachtens sind auch die Abtreibungskampagnen als solche noch gar nichts wert, außer daß sie zur Zerstörung des Bildes von der Frau als der Fortpflanzungsmaschine beitragen.

Friedan: Sie finden also, Frauen sollten keine Mütter werden?

De Beauvoir: Das habe ich nicht gesagt. Aber da Sie immer von Alternativen reden, so sollte man das kleine Mädchen nicht von Kindheit an darauf konditionieren, Mutter werden zu wollen. Ich sage auch nicht, Männer sollten keine Väter werden, aber ich finde, das sollte das Ergebnis einer Alternative und nicht das Ergebnis einer Konditionierung sein.

Friedan: Ich bin mit Ihnen der Meinung, daß es eine Alternative sein sollte und daß die Frau die Wahl haben sollte, *wann* sie Kinder haben will, wenn sie welche will. Wir versuchen, die Gesellschaft so zu verändern, daß die Frauen, die nun einmal die Gebärerinnen sind, in dieser Gesellschaft vollwertige Menschen sein können. Man muß eine völlig neue Einstellung zur Kinderaufzucht schaffen – nicht mehr nur Mutter, sondern Mutter, Vater, die Gesellschaft als ganze, wenn Sie wollen, auch die Situation in der Kommune, die Kindertagesstätte und so weiter. Ich glaube, daß sich dann viele Frauen freudiger und verantwortlicher Kinder wünschen werden. Ich glaube, die Mutterschaft ist etwas Gutes im Leben. Jedenfalls sind das meine Erfahrungen. Bestimmt haben viele Frauen . . .

De Beauvoir: Aber warum muß die Mutterschaft an den Haushalt gebunden sein? So wertet man doch nur die Hausarbeit durch eine symbolische Verklärung auf – Mutterschaft. Wir sind *nicht* Ihrer Meinung. Denn während Sie die Frau für die Hausarbeit entschädigen wollen, bin ich der Auffassung, daß man sie von der Hausarbeit befreien muß. In welchem Alter soll sich das Mädchen nach Ihrer Meinung entscheiden? Wenn sie von Geburt an auf den Gedanken konditioniert wird, daß sie Kinder haben *muß*, hat sie mit zwanzig überhaupt keine Wahl mehr.

Friedan: Sie sollte andere Möglichkeiten haben, aber schließen Sie doch das als *eine* Möglichkeit nicht aus! Als Sie Ihren philosophischen Doktor gemacht haben, waren Sie unter den Frauen eine Ausnahmeerscheinung. Sie waren die einzige Frau in einem Zirkel von Intellektuellen. Heute ist die Gesellschaft ein wenig anders. Könnte es nicht sein, daß man in Ihrer Generation die Mutterschaft noch so sehr als etwas angesehen hat, was die Frau daran hinderte, ihre Chancen in der Gesellschaft wahrzunehmen, daß man sich zwischen dem einen oder dem anderen entscheiden mußte?

De Beauvoir: Ich glaubte, keine Kinder haben zu sollen, weil ich schreiben wollte. Aber wir kommen vom Thema ab. Wenn man die Hausarbeit bezahlt, führt das meines Erachtens dazu, daß man sich mit der Sonderstellung der Frau und der Gesellschaftsstruktur abfindet, die die Frau durch die Mutterschaft zur Hausarbeit verdammt. Dagegen bin ich entschieden.

Friedan: Sie würden der Arbeit, die die Frauen geleistet haben, keinen Wert beimessen?

De Beauvoir: Dieser Wert ist es, daß die Männer – überhaupt alle Menschen – daran beteiligt werden und die Frauen nicht gezwungen werden sollten, sie allein zu tun.

Friedan: Das finde ich auch . . .

De Beauvoir: Aber dann braucht diese Arbeit nicht eigens bezahlt zu werden. Die Gesellschaft sollte so organisiert sein, daß diese Arbeit als Gemeinschaftsaufgabe angegangen wird – als öffentliche Dienstleistung vielleicht. Ein Chinese hat einmal gesagt: «Ich putze mir selbst die Zähne und lasse das nicht meine Frau tun.» Mit dem Sockenstopfen sollte es genauso sein. Es sollte einfach keinen speziellen Sektor Haushaltsarbeit geben – das ist es, was ich so skandalös finde. Es könnte beispielsweise zentrale Wäschereien geben, die die Wäsche eines ganzen Gebäudes waschen. Auf diese Art von spezialisierter Arbeitsteilung bewegen wir uns immer mehr zu.

Friedan: Reden wir über die Gesellschaft heute oder über irgendeine ferne Zukunft? In einigen kommunistischen Ländern ist man, anstatt die Arbeitsplätze mit Rücksicht auf die Mutterschaft der Frauen umzustrukturieren, dazu übergegangen, den Frauen eine Prämie zu zahlen, wenn sie zu Hause bleiben, und den Männern, wenn sie ihre Frauen zu Hause behalten. Ich halte das für einen reaktionären Schritt. Aber das hat nichts damit zu tun, daß Frauen in Amerika, die zehn oder zwanzig Jahre lang zu Hause gesessen haben, nicht das Recht auf Sozialversicherung oder Altersrente haben sollten. Irgendwie sollte die Arbeit anerkannt werden, die sie geleistet haben.

De Beauvoir: Wenn Sie es in der Vergangenheitsform sagen, ja.

Aber die Gesellschaft muß verändert werden. So wie man niemanden dafür bezahlt, daß er sich die Zähne putzt oder die Hände wäscht, genauso wird jeder seine Arbeit selbst tun: seine Teller selbst spülen, sein Zimmer selbst in Ordnung halten, sein Bett selbst machen und so weiter. Auf diese Weise wird der Begriff «Hausarbeit» verschwinden.

Friedan: Noch einmal zur Mutterschaft! Ich glaube, es ist weder gut noch unbedingt wünschenswert, jeglichen Wert der Mutterschaft zu leugnen, solange man die Wahl hat und solange das Mädchen nicht darauf konditioniert wird zu glauben, sie müsse oder solle ihr ganzes Leben in dieser Rolle zubringen. Unter diesen Umständen kann man die Werte betonen, die in der Mutterschaft wirklich gegeben sind.

De Beauvoir: Es gibt auch Werte der Vaterschaft, aber davon ist nie die Rede. Sicher, es gibt Werte, aber es sind zweifelhafte, dubiose Werte, weil man gleichzeitig sehen muß, wie das Kind behandelt wird. Die Befreiung des Kindes ist eine hochinteressante Idee. Heutzutage wird das Kind zum Objekt seiner Eltern. Das Verhältnis zwischen Eltern und Kindern ist sehr diffizil.

Friedan: Wie soll sich das Menschengeschlecht Ihrer Ansicht nach fortpflanzen?

De Beauvoir: Es gibt schon genug Menschen auf der Erde!

Friedan: Ich möchte kurz auf Liebe, Ehe und Sexualität in ihrem Verhältnis zur Frauenbewegung zu sprechen kommen. Ich denke, die sexuelle Beziehung zu einem Mann ist nicht notwendig etwas Schlechtes oder Negatives oder der Frauenbefreiung Abträgliches. Man sollte fähig sein, eine solche Beziehung wirklich zu genießen. Was den Sex korrumpiert, ist die inferiore Rolle der Frau in der Gesellschaft, ihr Mangel an Selbstwertgefühl. Die Entmenschlichung des Sex, die Ausbeutung des Sex, der Machismo der Männer sind eine Frucht der Ungleichheit der Frau. Sobald das anders ist, kann die echte sexuelle Befreiung einsetzen.

De Beauvoir: Man muß zu einer sexuellen oder zu einer Liebesbeziehung kommen, die nicht unterdrückend ist, die nicht mehr die Merkmale einer Beziehung zwischen verschiedenen Kasten trägt. So wie es jetzt ist, ist die Zweierbeziehung die Beziehung einer höheren zu einer niedrigeren Kaste.

Friedan: Wenn die Frauen wirklich ökonomisch unabhängig sind, wenn wir unsere eigene Identität haben, wenn wir uns als

Menschen in unserer Haut ebenso wohl fühlen, wie dies den Männern erlaubt ist – was auch dazu beitragen kann, daß sich die Männer wohl in ihrer Haut fühlen –, dann können wir auf einer Basis der Gleichheit und des gegenseitigen Respekts vor der Persönlichkeit des anderen verkehren. Würden Sie dann nicht glauben, daß das Bedürfnis nach Liebe und sexueller Intimität und die Möglichkeit dazu erfüllbar sind?

De Beauvoir: Natürlich, aber wir sind von der sexuellen Gleichheit noch sehr weit entfernt!

Friedan: Mir scheint, die Lösung der sexuellen Frage liegt für Sie in der Lösung der Frage der Gleichheit, nicht darin, daß Sie den Frauen Liebe oder sexuelle Beziehungen verbieten oder verbieten möchten.

De Beauvoir: Natürlich nicht, aber in einer Welt, in der Gleichheit herrscht, kann eine Frau einen Mann oder eine Frau lieben, ganz wie sie will. Solange diese Gleichheit nicht da ist, geht sie ein großes Risiko ein.

Friedan: Ich habe häufig etwas zitiert, was ich zuerst bei Ihnen gelesen habe. Sie sagen einmal, eine Frau fühlt sich in der Sexualität erniedrigt, weil sie unten liegt. Sie meinen dazu, und dem pflichte ich bei, daß dieses Gefühl nur den Groll darüber ausdrückt, daß die Frau in der Gesellschaft generell unten liegt.

De Beauvoir: Sicher. Das ist eine kulturbedingte Tatsache.

Friedan: Es ist also nicht die Sexualität, die die Frauen herabwürdigt, sondern die Gesellschaft.

De Beauvoir: Unbedingt. Aber die Sexualität wird zum Symbol dafür, wie sich eine Gesellschaft auswirkt.

Friedan: Wenn wir die Gesellschaft verändern, können wir unsere Sexualität frei wählen.

De Beauvoir: Sehr richtig.

Friedan: Noch einmal zum Politischen: Es ist meine Auffassung, daß die Frauen, sobald sie sich einmal aus ihrer Passivität befreit haben, sich nicht mehr so leicht manipulieren lassen werden und nicht länger eine konservative, reaktionäre Macht darstellen. Hierin liegt meines Erachtens die Bedrohung für die etablierten Machtgruppen. Können sich die Frauen aber befreien, wenn sie nicht auch Stellung zu den größeren politischen Fragen der Zeit beziehen?

De Beauvoir: Politik, so wie sie heute existiert, interessiert mich eigentlich nicht. Ich persönlich beteilige mich auch nicht an Wahlen.

Was mich interessiert, ist das, was bestimmte feministische Bewegungen und bestimmte junge, revolutionäre Bewegungen erreichen können – das herrschende Regime anzapfen, ohne sein Spiel mitzuspielen. Diese Politik besteht darin, die Politik zu meiden. Diese Frauen sind der Ansicht, daß feministische Politik sich nicht am Kampf des Mannes beteiligen darf. Bis zu einem bestimmten Punkt teile ich diese Meinung. Das kommt auf den jeweiligen Kampf an.

Friedan: Aber wenn Feminismus bedeutet, sich nicht an der Politik zu beteiligen: Was wird aus den Frauen, wenn die Männer zu Faschisten werden oder einen Atomkrieg entfesseln?

De Beauvoir: Bis zu einem bestimmten Punkt, habe ich gesagt. Wenn ich Amerikanerin wäre, hätte ich natürlich auch gegen den Krieg in Vietnam gekämpft. Aber es gibt Möglichkeiten, sich nicht in den Kampf der Männer, in ihre politischen Geschäfte einzumischen, und das ist sehr feministisch.

Friedan: Nämlich?

De Beauvoir: Das ist eine viel zu schwierige Frage. Wie man auf richtige Weise gegen den Atomkrieg kämpft – das würde uns wirklich zu weit führen. Bevor man alle diese Fragen, die Sie angeschnitten haben, zurechtrücken kann, muß sich erst einmal die Gesellschaft ändern.

Friedan: Aber wie soll das geschehen?

De Beauvoir: Wir nähern uns diesem Ziel. Es gibt die Bewegung der Schwarzen, der jungen Völker, der Frauen. Das sind keine Minoritäten. Auch die Frauen sind keine Minorität – keine marginale Kraft, wenn Sie so wollen.

Friedan: Genau darauf wollte ich hinaus: daß wir unsere Kräfte mit denen anderer Bewegungen, die im Dienst des menschlichen Lebens stehen, verbünden sollten, um in der Gesellschaft etwas zu bewegen. Andernfalls bleiben wir draußen, und es kommt, fürchte ich, zum Faschismus.

De Beauvoir: Nein, keine Verbindung! Sondern jeder sollte an seiner Stelle, auf seine Weise, in seiner Gruppe tun, was er kann ... Jede Gruppe wird ihren Wirkungsbereich umkrempeln. Notwendig ist die Zusammenarbeit zwischen den verschiedenen Gruppierungen, um die Sache voranzutreiben, zum Beispiel die Sache der Frauen.

Friedan: So oder so werden wir die Gesellschaft erschüttern!

Ein offener Brief an die *wirklichen* Männer

Einführung

Mein Aufruf von 1973 an die Schwestern von NOW, sie sollten statt der Nabelschau lieber die Öffnung nach außen betreiben, kam anscheinend verfrüht. Die neuen radikalfeministischen Sprecherinnen der *women's lib* in ihrer starren Position des ständigen, berufsmäßigen Hasses gegen die männlichen Unterdrücker ließen den Vorschlag denn auch voller Verachtung unter den Tisch fallen. Tatsächlich sprachen jedoch immer mehr Frauen in einem anderen Ton mit den Männern. Immer mehr Männer, darunter sogar solche, die zuerst Gegner der *women's lib* gewesen waren, weil sie sich von ihr angegriffen gefühlt hatten, hörten den Frauen nun mit neuer Aufmerksamkeit zu und nahmen sie ernst.

Unter der Zuhörerschaft meiner Vorträge überall in den Vereinigten Staaten sah ich ständig mehr Männer. Manchmal sprach ich vor ehedem reinen Männergruppen – einer Versammlung leitender Angestellter in Minneapolis, dem Presseklub in Detroit, dem Verband von Beschäftigten am Waffenarsenal der amerikanischen Streitkräfte in den Adirondacks-Bergen, einem exklusiven Klub von Geschäftsleuten in Philadelphia –, wo als einzige Frauen ein paar Ehefrauen oder Freundinnen der Männer anwesend waren oder auch vereinzelte, aus optischen Gründen speziell meinetwegen eingeladene Kolleginnen. Ich sprach in einem College für junge Männer in Virginia und in einem Jesuitenseminar in Texas, wohin ich von Männern eingeladen worden war, die ihre Isolierung den Frauen gegenüber selbst durchbrechen wollten.

Mehr als die Feindseligkeit vieler Männer der Frauenbewegung gegenüber hat mich von Anfang an die entschlossene Unterstützung überrascht, die ebenfalls vorhanden war. 1973 gab es schon fast keine feindseligen Pfiffe und groben Witze mehr. Nach Meinungsumfragen befürwortete die *Mehrheit* der amerikanischen Männer, damals sogar mehr Männer als Frauen, die Gleichstellung der Geschlechter, den Gleichberechtigungszusatz zur Verfassung und ganz allgemein die Ziele der Frauenbewegung. Die ersten Befürworter waren ganz klar die sanften jungen Langhaarigen und die älteren Männer, die unter ihrem eigenen Abweichen vom «Männlichkeitswahn» gelitten hatten: die Priester des Greywood-Seminars, Künstler und Schriftsteller, die sich nicht wie Hemingway oder Norman Mailer aufspielen wollten im Stil «Auf in den Kampf, Torero!» Homosexuelle kamen aus ihrem Versteck. Da waren der Arzt aus Syracuse im Staat New York oder der Discjockey aus Los Angeles, die ihre Mutter oder ihre Frau unter der Isolierung vom Leben hatten leiden sehen, die unter der Abhängigkeit der Frau und unter ihrer Rache selbst gelitten hatten. Ein langhaariger junger Reporter von der Ostküste sagte mir, wieviel leichter die Beziehung zu einer Frau nun für ihn sei, da er ihr nichts mehr vorzumachen brauche. Da war schließlich der Discjockey von der Westküste, der vom Nervenzusammenbruch seiner Frau sprach und davon, wie anders alles nun mit seiner zweiten Frau sei, die wie er arbeiten ging und mit der er sich in die Hausarbeit teilte.

Und dann begann sich diese Atmosphäre von Verständnis, Hilfsbereitschaft und Erleichterung an den unwahrscheinlichsten Orten bemerkbar zu machen – unter Arbeitern, Managern, aufrechten Durchschnittsamerikanern und Rotary-Club-Mitgliedern – in der Kernzone des Machismo.

Man hatte mich gebeten, vor dem Verband von Beschäftigten am Waffenarsenal der amerikanischen Streitkräfte in Watervliet, New York, zu sprechen. Wie ich hörte, jagten sich den ganzen Nachmittag die Anrufe: Würde die «Emanze» Pornos zeigen? Vielleicht die Familie in Grund und Boden verdammen? Die Männer waren nicht mehr die jüngsten, Arbeiter wie Angestellte darunter, von unterschiedlicher ethnischer Abstammung, und keiner hatte langes Haar. Ihre Frauen sahen müde und vernünftig aus, und beinahe bei jedem Satz nickten sie zustimmend. Am Anfang saßen die Männer einfach nur etwas nervös da. Dann auf einmal geschah etwas – der Kontakt war hergestellt. Von nun an griff eine Frau hie und da nach der Hand ihres Mannes, oder er tätschelte leicht ihre Schulter.

Als ich einen Vortrag in Augsburg, Minnesota, hielt, an einem kleinen kirchlichen College, erfuhr ich vom Tod eines Mannes, der mir sehr nahegestanden hatte. Kaum mehr als vierzig Jahre alt, hatte er sich bei seinen Versuchen, sich gegen den Machismo zu behaupten, der ihm immer das Gefühl der Unzulänglichkeit und Verletzbarkeit, des ausweglosen Versagens gegeben hatte, durch Alkohol und gefahrvolle Abenteuer wie Fallschirmspringen schließlich selbst zerstört. An jenem Abend empfand ich zum erstenmal, welche Wunden Männer wie Frauen im Kampf der Geschlechter davontragen, den keine Seite jemals gewinnen kann.

Die jungen Mädchen, an diesem College erst seit kurzem zugelassen, beklagten sich darüber, daß die Männer sie links liegen ließen und sie «Muschis» nannten. Nur zu gut konnte ich die Gekränktheit und die Betroffenheit der Mädchen nachfühlen. Aber warum waren diese Jungen aus dem Mittleren Westen, die als erste aus ihrer Familie zum College gehen konnten, so aufgebracht, warum fühlten sie sich durch die Mädchen so bedroht, daß sie so brutal reagierten? «Muschis» – ich dachte dabei an katholische Mütter und Großmütter, für die Sex stets eine ungewollte Schwangerschaft und die Last eines weiteren zu versorgenden Kindes bedeuten konnte und die deswegen überhaupt nichts mehr damit zu tun haben wollten, und ich dachte an Nonnen, für die Sex eine Sünde war, so daß sie schon den kleinen Jungen das Gefühl gaben, sie seien schmutzig – und deswegen allein und nicht wert, geliebt zu werden. Wer wegen eines blaugeschlagenen Auges weinte, war ein Waschlappen. Man durfte sich nicht unterkriegen lassen. Was kümmerte es einen Jungen, was die Frauen dachten? Und da waren dann auf einmal Mädchen im gleichen Kurs, so gescheit wie man selber, manche sogar gescheiter, und ihnen durfte man kein blaues Auge hauen. Vielleicht gefielen sie einem sogar, so daß man sich seiner weichen Gefühle schämen mußte . . . «Muschis».

Als ich dann meinen Vortrag hielt – die Trauer um den Verlust meines Freundes zurückdrängend, denn dafür war jetzt keine Zeit –, wiederholte ich jenen beißenden Ausdruck «Muschi» immer wieder; der Beleidigung, Herabsetzung und Benachteiligung, mit der die Frauen in den Familien und in der Gesellschaft aufwuchsen, stellte ich Punkt für Punkt ihren Schmerz, ihre Einsamkeit und Wehrlosigkeit gegenüber, aber auch das Verlangen, kräftig zurückzuschlagen, das in vielen Frauen gewachsen war. Ich sprach von den Jungen, die von verkrüppelten, verbitterten und resignierten Müttern um die Liebe betrogen werden, die sie brauchen, und die sich dann als die Männer, die sie unter dem Einfluß dieser Mütter in dieser Gesellschaft werden, selbst nicht lieben können. Was sie an Enttäuschung zurückbehalten, drängt diese Männer in die Einsamkeit, läßt das Verlangen nach Liebe, das unausweichlich in allen Menschen, Männern wie Frauen, steckt, unerfüllt bleiben. Diese Rede in Augsburg hatte ich so nicht geplant, aber als ich damit zu Ende war und zurück ins Hotel und zu meinem eigenen Kummer gehen konnte, da weinten einige der Quäler der «Muschis» ganz offen, und die Mädchen sahen sie ungläubig an.

In jenem Frühjahr sollte ich in der Akademie der Luftwaffe in Colorado sprechen. Die jungen Offiziersanwärter, die mich vom Flugplatz abholten, erzählten mir, daß sie kurz vor offenem Aufbegehren gegen das Verbot langer Haare stünden. Wie ihre übrigen Altersgenossen draußen in den Colleges wollten diese künftigen Obersten und Regimentskommandeure an den neuen Werten teilhaben. «Amerika wird jung», verkündete Charles Reich laut, zur Verlegenheit vieler. Die Offiziersanwärter in Colorado, die intelligentesten der zukünftigen amerikanischen Soldaten, rebellierten gegen den Machismo in der Außenpolitik der USA, der sich in militärischen Überfällen auf fremde Staaten und der Unterjochung schwächerer Völker kundtat. Sie hatten das Gefühl, in ihrer modernen Festungsschule ginge das Leben an ihnen vorüber. Unter ihren Offiziersprofessoren gab es etliche, die ihnen zustimmten und schon dem Tag entgegensahen, an dem die Militärakademien nicht mehr umhinkonnten, auch Frauen zuzulassen und mit ihnen neue Werte, jene Werte, die man bislang als weiblich verachtet hat.

Es gab ein paar schrille Pfiffe, als ich in den Speisesaal geleitet wurde, in dem mehrere tausend junge Männer zu Abend aßen, Männer unter Männern. Nach meinem Vortrag jedoch erhob sich kräftiger Beifall! Aber als ich noch in der gleichen Woche in Colorado versuchte, die örtliche *women'slib*-Gruppe zur Fortsetzung des Kontakts mit den jungen Offiziersanwärtern zu bewegen, die ernsthaft an einer weiteren Diskussion der Fragen interessiert waren, die ich bei meinem Besuch aufgeworfen hatte, erhielt ich eine Abfuhr.

Wie viele, allzu viele Vertreter und reisende Geschäftsleute starb mein Vater früh an dem Herzleiden, das er sich auf der unablässigen Jagd nach Geld und Erfolg geholt hatte. Es gelang ihm nie, aus den Schulden herauszukommen; gegen seine eigene Ausbeutung durfte er sich nicht wehren; dazu gesellte sich die Unrast einer niemals zufriedenen Ehefrau. In unserer Familie hatte anscheinend meine Mutter die ganze Macht in den Händen. Erst in späteren Jahren verstand ich, woher diese Macht kam und warum meine Mutter sie gegen meinen Vater verwenden mußte. Ich verstand ihre Verbitterung über ihre wirtschaftliche Abhängigkeit und die fehlende Identität, über die sinnlose Vergeudung aller ihrer Fähigkeiten und Kräfte, die sich in Hausarbeit und Gästebewirtung, in Einkaufen und Chauffieren nicht erschöpften. All die jüdischen Mütter, die katholischen, irischen, italienischen, mittelamerikanischen, die weißen, angelsächsischen, protestantischen Mütter – sie beherrschten ihre Familien offen und versteckt einfach aus Mangel an konstruktiven Aufgaben für ihre Tatkraft, und so wurde ihre Macht für sie selbst, für ihre Ehemänner und ihre Kinder zerstörerisch. Die Herrschsucht der amerikanischen Mütter war die Gegenreaktion auf ihre Abhängigkeit, eine weibliche Spielart des Machismo, unter der sich Verletzlichkeit und Schwäche verbargen und Verstörung bei ihren Söhnen hervorbrachte, gegen die die Söhne sich mit Machismo zur Wehr setzten. In *‹Liebende Frauen›* beschreibt D. H. Lawrence den Teufelskreis: In der Fühllosigkeit des jungen Zechenbesitzers spiegelt sich die Kälte seiner Mutter, die sich, obwohl von ihrem Ehemann abhängig, von ihm abwandte und auch von ihrem Sohn; der Sohn kann nicht lieben, auch die lebensvolle freie junge Frau nicht, deren Unabhängigkeit es beiden ermöglichen könnte, sich gegenseitig volle Liebe zu schenken.

Der Männlichkeitswahn, das hören wir jetzt von vielen Männern, das sind die kleinen Jungen, die sich unter den Strafen jener abhängigen verbitterten Mütter ducken und aus Rache alle liebevollen Gefühle für sie unterdrücken, die kleinen Jungen, die nun ihren Kumpeln ewig ihre Härte demonstrieren. Es ginge an der komplizierten Wirklichkeit, den realen Machtverhältnissen und wirtschaftlichen Gegebenheiten vorbei, Machismo als Ursache aller Kriege zu betrachten; aber wir können ihn heute von echter Stärke unterscheiden und erkennen ihn etwa in Johnsons Auftrag an die «Boys», den «Gelben gründlich das Fell über die Ohren zu ziehen», in Kennedys Verhalten im Russischen Roulette der Kuba-Krise, in dem er lieber die nukleare Katastrophe riskierte als vor Chruschtschow wie ein «dummer Junge» dazustehen, und schließlich in Nixons Bemühungen, Amerika durch Polizeistaatmethoden vor den weichlichen, schwulen liberalen Intellektuellen und der langhaarigen Jugend zu schützen.

Ist es mehr als bloße Hoffnung, von der Frauenbewegung den Ausweg aus dem Kampf der Geschlechter zu erwarten, die Überwindung der Extreme von Machismo und abhängiger Weiblichkeit und ihrer Ausbeutung für Krieg und Gewalt in der Welt? Im Dezember 1975 erschien eine «Absage an den Machismo» in der New Yorker Wochenzeitung *Village Voice*, geschrieben von dem markigen ehemaligen Sportberichterstatter Pete Hamill aus Brooklyn. Was er als alten Hut ansah, ging so:

> «Er ist ein toller Bursche,
> Er ist hart, wird niemals zahm,
> Er ist der Schnellste, der Gemeinste, der Beste!
> Er schießt einfach,
> Alles andere läßt ihn kalt.
> Er ist der Retter des Westens!
>
> ROBERT COOVER: THE KID

Der tolle Bursche – das war Machismo, meine ich. Nun ist er beinah ganz verschwunden, und verdammt noch mal, ich glaub, ich werd ihn doch vermissen.

Sein Stil war voll übertriebener Männlichkeit und Gockelstolz, rücksichtsloser Eitelkeit und den Ausdrücken ewiger kleiner Jungen ... Immer trug der tolle Bursche die Maske der Ritterlichkeit, er erschien stahlhart, erfinderisch, tapfer und immer als Einzelgänger, und seinem Bild eiferte Generation auf Generation junger Amerikaner nach, meine eingeschlossen. Staatsmänner wie Schweißer, Preisboxer wie Präsidenten, Infanteristen wie Harvard-Gelehrte – nur wenige waren immun.

Nun endlich ist es vorbei, ist die ritterliche Maske gefallen. Am Ende sahen wir Richard Nixons verzerrte Züge; wir sahen die Toten allzu vieler Kriege in den Augen des tollen Burschen; wir sahen in bitterer Enttäuschung aufgelöste Ehen, Leichen in den Straßen von einem Dutzend Städten, die Machismo-Kraftmeier in den Gefängnissen. Alles geschah unter dem Schutz der Maske. Der tolle Bursche konnte das Licht des Tages nicht vertragen. Durch beharrliche Attacken von seiten der weiblichen Bevölkerung belästigt, der entscheidenden Unterstützung eines Teils der Männer beraubt und, schlimmer noch, zur Witzfigur heruntergekommen, reitet er nun von dannen in einen vielleicht niemals endenden Sonnenuntergang ...

Der neueste James-Bond-Film war kein Kassenerfolg.»

So rief also 1973 eine junge Frau bei mir an und fragte mich mit Dringlichkeit in der Stimme, ob ich bereit sei, den «richtigen» Männern einen offenen Brief zu schreiben. Es ging um die Leser des Magazins für männliche Männer, *True*, das sich vor allem an Jäger und Fischer wendet – an einsilbige, aufrechte, kernige Burschen. Die junge Frau war die Assistentin des Herausgebers der Zeitschrift; ich glaube, sie war gerade erst in die Redaktion aufgerückt. Sie gehörte selbst der Frauenbewegung an und erklärte mir, daß die kleinbürgerlichen männlichen Leser ein falsches Bild von *women's lib* hätten und daß es sich lohnen würde, sie aufzuklären. Wenn ich überhaupt daran interessiert sei, schlichte Durchschnittsamerikaner zu überzeugen. Wichtiger noch: falls ich mir einen Überblick darüber verschaffen wolle, wie solche Männer der Frauenbewegung und ihren Zielen gegenüberstünden, würde die Zeitschrift die von mir zusammengestellten Fragen abdrucken und auswerten, und ich könnte in einem zweiten Artikel auf die Antworten der Männer eingehen.

Bevor die ganze Sache abgemacht wurde, wollte mich der Herausgeber von *True* jedoch persönlich sprechen. Er war ein aufrechter ernsthafter Mann, ein Konservativer, aber kein glühender männlicher Chauvinist, und er erschien mir sogar bemerkenswert aufgeschlossen, als er einmal entdeckt hatte, daß ich weder eine bitterböse Hexe noch sonderlich daran interessiert war, ihn herauszufordern oder zu schockieren, sondern bloß meinen Brief an die «wirklichen Männer» schreiben und auf ihre Antworten warten wollte.

Der offene Brief an die Leser von *True* erschien denn auch im Januar 1974, und das Echo, das er bei diesen breitschultrigen, ja stiernackigen Männern fand, übertraf meine Erwartungen. Ellies Boss, dieser anständige, aufgeschlossene, veränderungsbereite männliche Chauvinist, wurde jedoch kurz darauf entlassen. Bis heute ist mir nicht klar, ob er hinausgeworfen wurde, weil er vom Machismo Abschied nahm, indem er eine der Führerinnen der Frauenbewegung in seiner Zeitschrift zu Wort kommen ließ, oder weil der Machismo selbst inzwischen seine Anziehungskraft auf die amerikanischen Männer so rasch verlor, daß die Schwierigkeiten, in die die Zeitschrift geriet, eingreifendere Maßnahmen erforderten.

Auf jeden Fall schaffte Ellie es irgendwie, ihren Job zu behalten. (Solange Frauen reine Zuarbeiter und Assistenten sind, überdauern sie alle Machtwechsel; nichts als ihr Unternehmungsgeist hält die Unternehmen am Laufen.) Ellie besorgte mir also die Resultate der ersten tausend von den «wirklichen Männern» zurückgesandten Fragebogen.

«Was halten Sie wirklich von der Frauenbewegung?» hatte ich als erstes gefragt. Nur etwa neun Prozent dachten: «das Ganze ist ein Witz», nur sechs Prozent: «das sind alles BH-verbrennende Männerhasserinnen». Vier Prozent empfanden «Unbehagen» der Frauenbewegung gegenüber, und bloß zwei Prozent betrachteten sie als «eine Bedrohung aller Männer, die aufhören muß». Die große Mehrheit der Leserschaft entschied sich jedoch für «ich stimme über weite Strecken damit überein, nicht jedoch mit den Extremistinnen» (45 %), oder «sie bringt Verbesserungen für Männer wie für Frauen» (20 %) und dafür, daß sie «für Frauen notwendig und wichtig ist, obwohl sie den Männern das Leben schwermacht» (10 %).

Die Mehrheit der Männer war der Ansicht, ihre Ehefrauen, Töchter oder Mütter hätten sich durch die Frauenbewegung «zu ihrem Vorteil» verändert, während sie sich dessen bei ihren «Freundinnen» nicht so sicher waren.

Weiter hatte ich gefragt: «Was meinen Sie dazu, daß Ihre Ehefrau oder Ihre Freundin arbeiten geht oder sich eine Arbeit sucht?» Die große Mehrheit – 75 Prozent – waren «stolz auf sie» oder dachten: «das erleichtert ihr, mir und auch den Kindern das Leben», oder sie waren «erleichtert, weil ich nun nicht die ganze Last allein zu tragen brauche». Etwa zehn Prozent sagten, «für sie ist es gut, aber nicht für mich und die Kinder».

Wenn ihre Frau eine «gleichwertige oder bessere Arbeit als Sie» bekäme – auf diese Möglichkeit reagierte die Mehrheit (75 %) mit «Stolz» oder mit einem «ich weiß nicht recht, aber es ist ein ganz interessanter Gedanke», oder auch mit dem Satz: «Das könnte mir die Chance geben, etwas Neues anzufangen, was sonst zu riskant wäre». Vier Prozent nur hatten das Gefühl, «das schadet meinem Ansehen als Mann».

Wie stand es mit der «Bereitschaft» dieser harten Burschen, ihren Anteil an der Hausarbeit zu übernehmen? Die Antwort, die die meisten (etwa die Hälfte) ankreuzte, war: «Wir sind beide in gleicher Weise für die Kinder und unser Zuhause verantwortlich, und jeder respektiert die Verpflichtungen des anderen in seinem Beruf, aber es läßt sich nicht immer reibungslos machen.» Die Mehrheit der übrigen sah sich als «hilfsbereit beim Abwaschen und Einkaufen, beim Müllruntertragen und gelegentlichen Beaufsichtigen der Kinder», meinte aber, «im wesentlichen ist der Haushalt jedoch ihre Sache». Vier Prozent nur meinten eindeutig: «Es ist Frauensache, das Haus sauberzuhalten und sich um die Kinder zu kümmern – kein wirklicher Mann würde dabei Hand anlegen.» Acht Prozent schließlich würden «mit Freuden zu Hause bleiben, putzen, kochen und die Kinder versorgen, wenn sie eine Arbeit bekäme, von der wir alle leben könnten».

Fast die Hälfte der befragten Männer gab an, sich manchmal «einsam» zu fühlen, selbst wenn sie mit Frau und Kind zusammen waren. Die *meisten* dieser «wirklichen Männer» sah «ihre Hauptaufgabe ihrer Frau und ihren Kindern gegenüber» darin, «der Ernährer, der Mann, der die Rechnungen bezahlt», zu sein. Nur einer von vieren gab an, daß es ihm etwas «ausmache», und einer von dreien, daß er sich «manchmal Sorgen mache, weil er allein die Verantwortung für die ganze Familie trage». Aber sechs von sieben «würden gern um ihrer selbst willen geliebt und gebraucht».

Die Antwort «Ich habe meine Frau als Mensch gern» kam öfter als «Meine Frau hat sich selbst gern» oder «Meine Frau hat mich wirklich gern»; «ich gehe gern mit meiner Frau ins Bett» häufiger als «sie genießt es, mit mir ins Bett zu gehen». Die überwältigende Mehrheit der Männer – über 75 Prozent – glaubte, die Männlichkeit eines «wirklichen Mannes» liege in «seiner Fähigkeit, immer voll und ohne Hemmungen er selbst zu sein». Nur sieben Prozent sahen sie in «seiner körperlichen Stärke», sechs Prozent in «seinem Durchsetzungsvermögen gegenüber anderen Männern», ebenfalls sechs Prozent in seiner «sexuellen Potenz», vier Prozent darin, «wieviel Geld er verdient», und drei Prozent, «wie er die Frauen auf ihren Platz verweist». Nur 50 Prozent glaubten dagegen, die «Weiblichkeit einer wirklichen Frau» sei an ihrer Fähigkeit, «immer voll und ohne Hemmungen, sie selbst zu sein», zu messen – für etwa ein Drittel war Weiblichkeit gleichbedeutend mit «körperlicher Attraktivität», für etwa zehn Prozent mit «Mütterlichkeit». Wenn ihnen bei der Bewerbung um einen Posten eine «wirklich verdammt gute Frau vorgezogen» würde, hätten acht von zehn Männern «kein schlechteres Gefühl» dabei, als wenn man ihnen einen «ebenso guten Mann» vorgezogen hätte. Für drei Prozent allerdings wäre dies «ein Angriff auf meine Männlichkeit».

Die letzte Frage war: «Die amerikanischen Männer sterben sehr viel jünger als die Frauen. Wenn nun durch die Befreiung der Frau der verschleißende wirtschaftliche Druck verringert würde, so daß Sie Ihr Leben genießen könnten – wären Sie dann dafür, selbst wenn das hieße, das die Frauen in berufliche und politische Positionen gelangten, die bisher gewöhnlich den Männern vorbehalten blieben?» Dazu sagten vier von fünf Männern ja.

Aufgefordert, ihre persönliche Meinung zur Frauenbewegung zu äußern, sagte ein fünfzigjähriger Polizeibeamter: «Mehr Macht den Frauen.» Ein vierundzwanzigjähriger Elektriker: «Man muß immer etwas mehr verlangen, um das zu bekommen, was einem zusteht.» Ein vierundzwanzigjähriger Rechnungsprüfer: «Eine stolze, unabhängige Frau empfinde ich als *gleichrangig*. Den großsprecherischen Idiotinnen gegenüber, über die dauernd in den Zeitungen berichtet wird, fühle ich mich überlegen.»

Ein einunddreißig Jahre alter Speditionskaufmann sagte: «Ich sehe mit Freude, wie die Frauenbewegung den Frauen geholfen hat, einen Sinn für ihre eigenen Möglichkeiten zu entwickeln.»

Ein achtundvierzigjähriger Viehzüchter: «Die Frauen sind nicht gleich!» Wenn ihm «eine wirklich verdammt gute Frau vorgezogen» würde, wäre er «ärgerlicher, als wenn ein ebenso guter Mann die Stellung bekommen hätte».

Dann ein Eisenbahnarbeiter: «Jeder das Ihre.» Ein Hilfsarbeiter: «Weiter so!» Ein Inspektor: «Frauen sind schließlich genauso Menschen wie Männer.»

Ein sechsundvierzigjähriger Gasableser: «Wenn man als Mann genügend Selbstvertrauen hat, macht es einem nichts aus, wenn Frauen als Gleiche behandelt werden.»

Ein Elektroniktechniker: «Es ist eine erfrischende Veränderung im Verhalten der Frau, die der ganzen Menschheit Nutzen bringen kann.»

Und ein achtunddreißigjähriger Leichtathletiktrainer: «Insgesamt ist die Frauenbefreiung positiv, aber manche Frauengruppen sind schon wieder so exklusiv wie Männerklubs. Wir brauchen aber den Dialog zwischen den Geschlechtern.»

Ein offener Brief an die *wirklichen* Männer

Es heißt, daß Sie sich durch die Frauenbefreiungsbewegung bedroht fühlen. Zuerst hielten Sie sie für einen Witz, aber nun kommen Sie doch damit in Berührung – durch Ihre Frau, Ihre Freundin, Ihre Tochter, selbst Ihre Mutter, von den Frauen im Büro, die nicht mehr *girls* genannt sein wollen, ganz zu schweigen.

Nun, die Frauenbefreiung ist kein Witz, und Sie können die Bewegung wohl kaum noch aufhalten. Ich glaube allerdings nicht, daß Sie das überhaupt noch wollen, sobald Sie erfahren haben, wie sich die Frauenbewegung für Ihr eigenes Leben auswirken kann – daß sie Ihnen zu der Freiheit verhelfen kann, als Mann mehr als jemals zuvor Sie selbst zu sein.

Zuvor möchte ich Ihnen jedoch noch sagen, daß ich selbst ein Risiko auf mich nehme, indem ich Ihnen diesen Brief schreibe. Für manche meiner Schwestern sind Sie nämlich der Feind, in welchem Fall es Zeitverschwendung oder gefährlich oder Verrat ist, sich solchermaßen ins Feindesland vorzuwagen. Und manche von Ihnen sind tatsächlich unsere Feinde, zumindest halten Sie sich selbst dafür. Ich glaube jedoch, daß Sie keinen Grund haben zur Feindseligkeit gegenüber der Frauenbewegung. Denn gäbe es einen Klassenkampf der Frauen gegen die Männer, könnten ihn die Frauen niemals gewinnen, nicht nur deswegen, weil die Männer zu stark wären – was der Wirklichkeit entspricht –, sondern weil den meisten Frauen an einem solchen Kampf gar nicht gelegen ist. Die meisten Frauen wollen nicht ohne Männer leben, die meisten möchten Männer lieben können.

Was die Frauenbewegung für uns alle, Männer wie Frauen, wirklich bringt an Veränderungen, Risiken, Verheißungen, ist jedoch in der Tat ernst genug und womöglich sogar ein wenig beunruhigend für uns alle. Bevor wir uns auf feste, unverrückbare Positionen zurückziehen, hätte ich gern von Ihnen gehört, was an der Frauenbewegung Ihnen Angst einjagt, was Ihnen auf die Nerven geht, und umgekehrt möchte ich Ihnen offen sagen, warum die Frauen immer zorniger geworden sind. Mir scheint nämlich, daß wir uns bald in einer Sackgasse verrennen, wenn wir weiterhin nur zu der eigenen Seite sprechen – Männer zu Männern, Frauen zu Frauen. Wenn es jedoch gelingt, aufrichtig über unsere Ängste, unseren Groll und unsere Wünsche zu reden, werden die festen Fronten zwischen den

Geschlechtern für uns alle bald anders aussehen.

Zuallererst: Was Sie bisher über die Frauenbewegung gehört haben, hat vielleicht nur entfernte Ähnlichkeit mit dem, was sie für mich und die meisten Frauen in Amerika tatsächlich bedeutet. *Women's lib* – ein Haufen verschrobener Büstenhalterverbrennerinnen? Enttäuschte alte Jungfern, die es nun allen Männern heimzahlen wollen, oder schmuddelige Hippies, die die Verantwortung für Heim und Kinder scheuen? So etwa wurde *women's lib* bisher in den Medien dargestellt, obwohl meines Wissens keine Frau in der Bewegung jemals einen Büstenhalter verbrannt hat. (Eine Reihe von Rechercheuren und Reportern wurde im Auftrag der großen Nachrichtenagenturen und von Konversationslexika ausgeschickt, die Einzelheiten des ursprünglichen Büstenhalterverbrennens zu erkunden, und sie fanden keinerlei Beweis, daß es überhaupt jemals stattgefunden hat.) Was die «Oben-ohne-Mode» angeht, so wurde sie von einem *männlichen* Modeschöpfer in der Mitte der sechziger Jahre erfunden, als die Frauenbewegung allmählich in den Schlagzeilen auftauchte. Die Frauenbewegung wurde nicht von Hippies begründet, sondern von Frauen in ihren Vierzigern oder Fünfzigern oder Dreißigern, von Hausfrauen mit Kindern, die zurück in den Beruf gingen oder eine Ausbildung machten, und von Frauen, die jahrelang berufstätig gewesen waren. Die meisten waren verheiratet, manche ledig, geschieden, Witwen; sogar Nonnen waren darunter. Zu Anfang waren es vor allem Weiße mittleren Alters, aus der Mittelschicht – wirkliche Durchschnittsamerikanerinnen –, obwohl es auch einige wenige schwarze Frauen unter den Gründerinnen gab. (Damals engagierten sich die meisten schwarzen Frauen in der schwarzen Bürgerrechtsbewegung.) Dann begehrten immer mehr junge Frauen, darunter auch Hippies, gegen die Rolle auf, die den Frauen in der Studentenbewegung zugewiesen wurde – sie waren die «Miezen» an den Kopiergeräten.

In der Mitte der sechziger Jahre breitete sich die Frauenbewegung mit atemberaubender Geschwindigkeit über die USA aus – nicht weil ich oder eine der Hexen von Salem (Anm. d. Ü.: In Salem, Massachusetts, wurden 1692 mehrere «Hexen» verbrannt) glückliche, zufriedene Hausfrauen verführt hätten, die ohne unsere Ideen vielleicht auch heute noch mit falschen Wimpern ihren Küchenfußboden auf Hochglanz brächten, sondern diese Frauen kamen, weil sie es nicht länger ertrugen, nur durch Ehemann und Kinder zu leben. Die Lebenserwartung der Frauen beträgt heute fünfundsiebzig Jahre, und der größte Teil dieser Lebensjahre ist nicht mehr durch Kindererziehung ausgefüllt. Hinzu kommt, daß zu viele Ehen geschieden werden, als daß die Frauen auch heute noch damit rechnen könnten, durch die Heirat bis ans Ende ihrer Tage versorgt zu sein. Die Verlagerung vieler Arbeiten, die früher im Haus verrichtet wurden – der Unterricht der Kinder und die Krankenpflege, das Brotbacken, Schlachten, Einkochen und Schneidern –, auf spezielle Betriebe und Einrichtungen, die ständig steigende Preise dafür verlangen, zwingt die Frau, gleichgültig, ob sie Kinder hat oder nicht, beweglicher zu werden, nun wie die Männer und Kinder für den größten Teil des Tages das Haus zu verlassen, arbeiten zu gehen und Geld zu verdienen.

Allmählich nahmen sich die Frauen selbst ernst und wurden sich darüber klar, daß sie nicht absonderlich waren, wenn sie es übelnahmen, daß man sie zu Hause oder bei der Arbeit benachteiligte, ausbeutete und ausnutzte. Wir fingen an, uns zu organisieren, wobei wir von den Schwarzen und den Arbeitern die erfolgreichen legalen Taktiken der Demonstration und Konfrontation übernahmen und unsere eigenen Taktiken dazuerfanden.

Aber die Forderung nach Gleichberechtigung der Frau – nach Chancengleichheit, Menschenwürde, individueller Identität, Freiheit der Wahl –, Forderungen, für die bisher in allen amerikanischen Revolutionen gefochten wurde, fällt nicht in die gleiche Kategorie des Klassenkampfes wie ein Arbeiterstreik für höheren Lohn oder ein Sitzstreik von Schwarzen, die sich Zutritt zu Imbißstuben «Nur für Weiße» erzwingen wollen. Der Vorwurf blinden Männerhasses, der der Frauenbewegung vielerorts gemacht wird, geht zu einem gut Teil auf das Konto der extremistischen Ideologie des Geschlechterklassenkampfes und der sporadischen Ausbrüche offener Feindseligkeit, aus denen sie ihre Rechtfertigung bezieht. In ihrer Gier nach Sensationen stellen die Medien freilich die Radikalen und ihre aufsehenerregenden Taktiken so stark in den Vordergrund, wie es ihrer wahren Bedeutung innerhalb der Frauenbewegung als ganzer keineswegs entspricht.

Nach zehn Jahren ihres Bestehens ist die Frauenbewegung inzwischen zu groß, als daß sie sich noch mit einer einzigen Organisation oder einer einzigen theoretischen Richtung gleichsetzen ließe. Bis heute haben etwa drei Millionen Frauen mein Buch ‹*Der Weiblich-*

keitswahn› gekauft, von dem viele meinen, daß es den Stein 1963 ins Rollen gebracht hat; diese Frauen halten sich selbst für «emanzipiert», sie haben ihre Lebensführung und ihr Selbstbild verändert, gleichgültig, ob sie sich in Frauengruppen organisiert haben oder nicht. Kürzlich durchgeführte Meinungsumfragen zeigen, daß die Mehrheit der Amerikanerinnen heute mit der grundlegenden Forderung der Frauenbewegung nach voller Gleichberechtigung übereinstimmt, darunter auch jene Frauen, die von sich sagen, daß sie *women's lib* nicht mögen.

Die wirkliche Frauenbewegung, das sind nicht die Gerüchte und das von den Medien aufgebaute Image der *women's lib*, sondern die vielen gemeinsamen Aktionen von Frauen der letzten Jahre zur Veränderung ihrer Lebensbedingungen. Die Frauenbewegung – das sind die Frauen in der Telefongesellschaft, die früher nie außerhalb der Vermittlung beschäftigt wurden und die sich nun vor Gericht 100 Millionen Dollar an rückwirkender Gehaltserhöhung erstritten haben, für die besseren Jobs, zu denen sie nun endlich auch zugelassen sind. Das sind die Stewardessen, die nicht mehr mit dreißig oder fünfunddreißig Jahren oder bei ihrer Heirat ausscheiden müssen. Gegen Universitäten und andere Institutionen laufen über tausend Klagen – sie stehen vor der Wahl, ihre Regierungsaufträge zu verlieren oder Frauen nicht länger von höheren Positionen fernzuhalten. Im Mittleren Westen, auf dem flachen Land, können nun die kleinen Mädchen auch in der Baseball-Jugendliga spielen oder den Läufer- oder Tennismannschaften der Schulen angehören. In vielen Staaten verbietet nun das Gesetz, Frauen bei Hypotheken, Krediten, Anleihen zu benachteiligen, für die Zulassung zu Colleges und Universitäten für Männer und Frauen unterschiedliche Quoten und Qualifikationen festzusetzen, Frauen den Zutritt zu bestimmten Restaurants, wo Geschäftsessen «Nur für Männer» stattfinden, zu verwehren. Die Frauenbewegung ist dabei, in den Gewerkschaftsverträgen Mutterschafts- und sogar Vaterschaftsurlaub durchzusetzen und die Forderung nach Kinderkrippen und Horten in die Programme beider großen Parteien einzubringen. Sie verlangt Steuererleichterungen für die besonderen Aufwendungen der arbeitenden Frauen für Kinderbetreuung und Hilfe im Haushalt, entsprechend dem Recht der Männer, Geschäftsessen abzusetzen, wendet sich gegen Pensionsregelungen und Sozialversicherungsgesetze, die Männern und Frauen nicht das Recht geben, im gleichen Alter und mit dem

Anspruch auf gleiche Versorgung aus dem Berufsleben auszuscheiden, und die dem Ehemann einer verstorbenen Arbeiterin, die ihr ganzes Leben lang Sozialversicherungsbeiträge bezahlt hat, nicht die gleiche Rente gewähren wie der Witwe eines Arbeiters.

Die Frauenbewegung – das sind die Frauen aus Texas und Georgia, die vor dem Obersten Gerichtshof der USA einen historischen Prozeß ausgefochten und gewonnen haben, nach dem es nun das in der Verfassung verbriefte Recht jeder Frau ist, selbst und vor ihrem eigenen Gewissen zu entscheiden, ob und wann sie ein Baby haben möchte, und nach dem ihr die von Ärzten ausgeführte Abtreibung erlaubt ist. Das sind die Menschen weiblichen Geschlechts, die sich «Frau» nennen, ohne Rücksicht darauf, ob sie verheiratet, ledig oder geschieden sind, so wie es bei den Männern nur den «Herrn» gibt. Das sind die Proteste gegen Lesebücher und Kinderprogramme im Fernsehen, die die Frau immer nur in der Schürze am Herd und im Kreis ihrer Kinder zeigen, niemals jedoch als Ärztin, Rechtsanwältin oder Raumfahrerin. Das sind die jungen Amerikanerinnen, die nun Jura, Medizin oder Betriebswirtschaft studieren, noch lange nicht in gleicher Anzahl wie die Männer, aber doch eine um ein vielfaches größere Gruppe als die vereinzelten Studentinnen, die man bisher in diesen Fächern fand. Das sind die zahlreichen Töchter von Polizeibeamten – und nicht wie bisher nur die Söhne –, die in diesem Jahr in New York in den Dienst treten, die Mädchen, die sich den bisherigen Ausschluß von den Hauptsportarten, den Sportprogrammen der Universitäten und dem sportlichen Training von der Grundschule an nicht länger gefallen lassen, die Frauen, die nun als Pfarrer, Prediger, Diakone und Rabbis ordiniert werden; das sind doppelt so viele weibliche Delegierte auf beiden Parteitagen als bisher. Frauen werden in Staatsämter gewählt, für die sie noch nie kandidiert hatten und bewerben sich ernsthaft um Präsidentschaft und Vizepräsidentschaft – und in allen Parteien fordern sie die Chance, «Politik zu machen, nicht Kaffee».

Die Frauenbewegung, das sind auch die jungen Paare, die damit begonnen haben, Arbeit und Vergnügen im Haus und mit den Kindern wirklich zu teilen. Die Schulmädchen, Studentinnen und jungen Berufstätigen schließlich, die nicht mehr erwarten, daß beim Ausgehen immer der Mann bezahlt . . .

All das ist mehr als «gleicher Lohn für gleiche Arbeit» oder als der Wunsch, so zu sein wie die Männer.

Was folgt daraus für die Männer? Ist es wirklich eine Bedrohung für Ihre Männlichkeit, Ihre Macht, Ihr Selbstgefühl, für alles, was einem Mann das Leben lebenswert macht? Mir scheint, daß alles, was letzten Endes für Sie als Männer dabei herauskommen wird, manche Bürde erleichtert, an der Sie bisher fast zu schwer zu tragen hatten. Ich denke, die Lebenserwartung der Männer wird steigen. Manche Zwänge, die einem Mann bisher das Leben in der Familie, im Büro oder in der Schule erschwert haben, wird es nicht mehr geben. Vielleicht werden Sie sich auch nicht mehr so krampfhaft um ihre Männlichkeit zu sorgen brauchen, weil Sie ganz Sie selbst sein können und sich dabei auch mehr ernst genommen fühlen.

Wenn die Ehemänner bisher gewöhnlich zehn Jahre vor ihren Frauen starben, an Herzanfällen und Magengeschwüren, so war das das Ergebnis der Bürde, die sie ganz allein zu tragen hatten, des harten Berufskampfes, der sie ständig in Trab hielt, der Tränen und Ängste, die sie unterdrücken mußten. Sie wuchsen auf in dem Wissen, daß Sie einmal ganz allein für sich selbst, Ihre Frau und die Kinder würden sorgen müssen, bis zu Ihrem Tod, oder zumindest, bis die Kinder aus dem Haus gingen. Eine Frau erwartete ganz selbstverständlich, daß sie für ihr ganzes Leben versorgt wäre – das war ungerecht, aber auch ungerecht für die Frau, die, wenn der Traum durch Tod, Scheidung oder andere Wechselfälle zu Ende ging, ohne das nötige Selbstvertrauen und die Fähigkeit, sich selbst durchzubringen, dastand. Nur wenn von Unterhaltszahlungen die Rede ist, hat diese Ungerechtigkeit Sie bisher gestört. Aber gibt es nicht selbst in einer guten Ehe Zeiten, wo Ihre Verantwortung Ihnen Angst einjagt? Wäre es keine Veränderung zum Guten, wenn Ihre Frau arbeiten ginge und so viel verdiente, daß der wirtschaftliche Druck verringert würde? Oder wenn Sie dadurch endlich die Hände frei hätten für Dinge, für die bisher einfach keine Zeit blieb?

Was nun die Beziehung zu Ihrer Frau – oder einer beliebigen Frau – angeht: Haben Sie noch nie das Gefühl gehabt, daß Sie einfach nie das Richtige tun . . . daß sie niemals wirklich befriedigt ist . . . daß nichts, was Sie ihr geben können, genug ist? So als ob sie Ihnen insgeheim ständig Vorwürfe machte? Oder fühlen Sie sich manchmal, wenn Sie mit ihr und den Kindern zu Hause sind, dennoch allein und unbehaglich, als ob Sie gar nicht dazugehörten, so daß es viel mehr Spaß macht, mit den Kumpels wegzugehen? Vielleicht brächte es Ihnen mehr Erleichterung, wenn Ihre Frau mit sich selber besser zurechtkäme. Wenn man sich selbst wie ein Nichts vorkommt, dann kann man auch andere nicht gern haben. Kürzlich hat man bei einer Untersuchung über Hausfrauen in Long Island festgestellt, daß sie ihren Mann vor allem als Geldverdiener, als Vater, als Ehegatten und erst zuallerletzt als den Menschen sehen, der er ist. Erst wenn die Frauen nicht mehr von ihren Männern abhängig sind, wenn sie sich selbst nicht mehr so geringschätzen, daß sie auch an den Männern nichts Liebenswertes mehr finden können, erst dann werden die Frauen Sie um Ihrer selbst willen lieben. Erst dann wird auch mit dem ewigen Nörgeln, den Schuldgefühlen und den Problemen Schluß sein, und Ihre Frau wird Sie mehr lieben, so daß Sie sich bei ihr zu Hause fühlen.

Nun zu der angeblich bedrohten Männlichkeit: Wäre es nicht angenehmer für Sie, wenn Ihr Mannsein nicht mehr an jener großmäuligen Muskelprotzerei gemessen würde, die sowieso nicht jedem liegt und die alle so reizbar macht, oder am Erfolg im Kampf um Statussymbole, in dem Sie von vornherein im Nachteil sind? Der Zwang, ständig Stärke und finanziellen Erfolg unter Beweis stellen zu müssen, gibt vielen Männern das chronische Gefühl, unzulänglich zu sein. Ich bin sicher, es ist für wirkliche Männer genauso wohltuend, endlich die eiserne Maske fallen zu lassen, die Sie so unnötig verletzbar und zu Feinden aller anderen Männer macht, wie für uns Frauen, die gekünstelte, ewig dümmlich lächelnde und empfindliche Maske abzuwerfen, unter der soviel Verachtung, für uns selbst wie für andere Frauen, steckte, soviel ohnmächtige Wut auf die Männer. Unter dem falschen Miteinander dieser Masken ist jeder von uns allein.

Natürlich haben Sie gehört, die *Women's-lib*-Bewegung sei darauf aus, Ehe, Familie und Mutterschaft abzuschaffen und die Männer zu unterjochen, hetze die Frauen gegen ihre Ehemänner, ihre Kinder, ihr Heim, selbst gegen Sex auf. Sehr viel angestaute Verbitterung, sehr viel Zorn bricht heute aus den Frauen heraus, mit gutem Grund. Die Feindseligkeit mag sich zeitweise gerade gegen den Mann und die Kinder, die Ehe und das Heim richten, für die die Frau doch ausschließlich leben sollte. Eine Frau mag sogar eine Zeitlang Sex ganz ablehnen, weil sie nichts mit Männern zu tun haben will. Die Frauenbewegung ist nicht schuld am Zorn der Frauen; vielleicht stellt sie die einzige Hoffnung dar, ihn zu heilen. Denn all die Feindseligkeit ist nur ein Zeichen dafür, wie hohl die

Institutionen von Ehe und Familie heute im Innern sind, weil sie auf den Pfeilern jener scharf getrennten, überlebten und ungleichen Rollen ruht, die Männer und Frauen zu spielen versucht haben.

Medizinische und psychiatrische Fachleute haben hervorgehoben, daß die Ehe in ihrer heutigen Form den Männern sehr viel besser bekommt als den Frauen, unabhängig davon, daß die Männer früher sterben. Untersucht man Zufriedenheit und das Gefühl allgemeinen Wohlbefindens, so zeigt sich, daß verheiratete Männer und ledige Frauen sehr viel besser abschneiden als verheiratete Frauen. Von Polizei und Detektivbüros werden immer mehr weggelaufene Ehefrauen gemeldet. In einem Fall wurde der Ehemann aufgefordert, seine Frau zu beschreiben. «Hm. So Durchschnitt.» – «Welche Augenfarbe?» – «Blau, nehm ich an, oder braun?» Er konnte sich nicht erinnern, es war schon zu lange her, daß er sie wirklich als Person wahrgenommen, sie wirklich gesehen hatte. Wenn eine Frau sich wie ein «Niemand» fühlt – «wie eine Tankstelle», sagte einmal eine Frau in einem Interview zu mir –, dann kann ihr Verhältnis zu Mann und Kindern davon nicht unberührt bleiben, selbst wenn es sie nicht so bedrückt, daß sie wegläuft. Dies Gefühl wird auch beeinflussen, was sie nachts im Bett mit ihrem Mann empfindet, oder eben nicht empfindet. Die ganzen Sexhandbücher, Pornofilme, Anregungsmittel und Vibratoren, Playboyhäschen und wissenschaftlich getesteten Sextechniken werden nicht in Ordnung bringen, was nachts in den amerikanischen Schlafzimmern vor sich geht. Kann man damit denn die Lebensbedingungen der Frauen ändern, das gleichförmige Einerlei ihrer Tage zu Hause oder im Büro, die sie zur Verzweiflung getrieben haben? Nur für die Radikalen ist es eine klare Sache, daß die Befreiung der Frau den Untergang von Ehe und Familie bedeuten muß. Aber wenn wir uns als einzelne und gegenseitig aus den alten Rollen befreien, werden sicherlich Veränderungen in Ehe und Familie, in der Erziehung und sogar in der Bauweise der Häuser die Folge sein. Ich glaube zuversichtlich, daß die Frauen wieder mit Freude Mütter sein werden, wenn sie einmal nicht mehr ausschließlich für ihre Kinder und durch ihre Kinder leben und wenn sie sich selbst gern haben. (Für die Kinder ist es vielleicht auch besser, mit dem Bus zu fahren, sich die Brote allein zu schmieren und die Hausaufgaben selbst zu machen, anstatt sich von ihrer Mutter fahren und bedienen zu lassen.) Ich glaube, daß die Ehen wieder stabiler werden und daß wir darin an Liebe, Wohlbefinden,

Vertrautheit, Ruhe und Stütze finden, was wir auch heute noch brauchen und beieinander suchen, jedoch so selten nur finden.

Können Sie schließlich Ihre Frau mit neuen Augen ansehen, wie Sie sie noch nie angesehen haben? Nicht als die Alte, die morgens den Kaffee macht, oder als die Mutter ihrer Kinder oder als Sexualobjekt, sondern als den Menschen, der sie für sich selbst ist? Haben Sie als wirklicher Mann davor Angst? Nun, dann möchte ich Ihnen sagen, daß Ihre Frau davor sogar noch mehr Angst hat als Sie. Solange wir nur Ehefrauen und Mütter zu sein hatten, brauchten wir uns niemals als einzelne den prüfenden Blicken der Welt zu stellen. Es ist viel leichter, Ihnen die ganze Verantwortlichkeit zuzuschieben, als uns in dieser sich rasch verändernden Welt ganz allein auf die Probe stellen zu lassen, wer wir sind. Sie können uns die Bewährung nun nicht mehr abnehmen, wir müssen für uns selbst einstehen. Erst wenn wir als Frauen wissen, wer wir wirklich sind, können Sie als Männer wirklich Sie selbst sein. Wenn wir die Rollen abwerfen, die uns daran gehindert haben, wir selbst zu sein, und uns, Frau und Mann, so kennengelernt haben, wie wir sind – dann erst werden wir die wirkliche Befreiung der Geschlechter erreichen und die Einsamkeit überwinden, und Frauen und Männer werden sich lieben können, ohne gegeneinander zu kämpfen.

Beängstigende Aktionen in Mexico City

Einführung

Wenn die Wirklichkeit gespenstischer erscheint als die beklemmendsten Alpträume, setzt das Urteilsvermögen aus. Der vorliegende Bericht über die Konferenz zum Internationalen Jahr der Frau in Mexiko, im Juli 1975 unmittelbar nach meiner Rückkehr geschrieben, atmet noch die undurchschaubare, entsetzlich frustrierende Atmosphäre jener Konferenz, so wie ich sie erlebt habe. Erst später jedoch ist mir klargeworden, wie schändlich die Frauen von denjenigen, die die Vereinten Nationen beherrschen, mißbraucht worden sind. Führte doch der Schachzug, den Weltaktionsplan für die Frauen an die Beseitigung des Zionismus zu binden, dazu, die UNO auf ihrer Vollversammlung vom Dezember 1975 in großem Rahmen zur Sanktionierung einer neuen, weltweiten Judenverfolgung einzuspannen. Das Forum in Mexiko, auf dem ich und andere Feministinnen gegen den Mißbrauch der gerechten Sache der Frauen Protest eingelegt hätten, war also nicht zufällig gesprengt worden; meine Ahnung, daß etwas Unrechtes vor sich ging, war nicht reiner Verfolgungswahn. Ich hatte Mühe, Golda Meir in diesem Winter davon zu überzeugen, daß nicht *die Frauen* für diese Koppelung unserer Sache an die neue Welle gegen Israel verantwortlich sind. Wie auf jeder Regierungskonferenz stimmten auch auf der offiziellen Konferenz die Frauen so ab, wie sie es gesagt bekamen, während diejenigen unter uns, die im Namen der neuen Macht der Frauen sprachen, buchstäblich aus der Stadt gejagt worden waren.

Es ist alles andere als beruhigend zu wissen, daß es gegenwärtig Regierungen gibt, die versuchen, die Frauenbewegung zu manipulieren, zu schwächen oder zu unterwandern. Wie wird man mit diesem Wissen fertig, ohne sich in seiner Handlungsfähigkeit lähmen zu lassen oder die zum Weitermachen notwendige Energie und Willenskraft mit Verdächtigungen zu vergeuden? Als ich kurz vor meiner Abreise nach Mexiko gebeten wurde, dort eine Pressekonferenz zu geben, um die Verbindungen zwischen Gloria Steinem und der CIA aufzudecken, die vor kurzem durch die Gruppe der «Redstockings» nachgewiesen und veröffentlicht worden waren, weigerte ich mich. Ich hatte mit diesen Nachforschungen und ihrer Bekanntmachung nichts zu tun gehabt, war beunruhigt über die Auswirkungen, hatte aber persönlich Angst davor, die Sache anzufassen. Liz Holtzman, mit der ich darüber gesprochen hatte, hielt das Ganze für ernst zu nehmend. Ich erklärte ihr: «Wenn die Spionagesonderausschüsse jetzt entdecken, wie FBI und CIA sich in den letzten Jahren in so gut wie jede auf soziale Veränderungen hinarbeitende Bewegung eingeschleust haben, dann sollen sie auch herausfinden, wo in der Frauenbewegung die Agenten saßen oder noch sitzen. Wir können uns nicht auf einmal alle gegenseitig verdächtigen.» Wer der Frauenbewegung Respekt entgegenbringt und ihre Integrität achtet, muß solche Vorwürfe ernst nehmen. Aber wessen Interesse konnte es dienen, am Vorabend der Konferenz in Mexiko öffentlich von einer Verbindung zu reden, die anscheinend zwischen der amerikanischen Frauenbewegung und der CIA bestand?

Die Angelegenheit mit Gloria Steinem verfolgte mich weiter. In Telegrammen und Ferngesprächen aus den Vereinigten Staaten wurde ich angewiesen, von Mexiko aus zu erklären, daß schon eine Diskussion dieser Sache Verrat an der *sisterhood* sei. Als ich am Wochenende zwischen den beiden Konferenzwochen auf einer Hazienda in einem von Bergen umschlossenen Tal eine Atempause einlegte, klopfte in einem Gewitter eine fremde Frau um Mitternacht an die Tür meiner Gastgeberin. Sie sagte, sie wisse, ich sei hier, und sie hätte mir dringende Nachrichten zu überbringen. Was für dringende Nachrichten? Daß ich das Gerede über Gloria Steinem zum Schweigen bringen müsse. Woher wußte diese Frau überhaupt, daß ich hier war? (Sie entpuppte sich als die Korrespondentin von *Ms.* in Mexiko.)

Nach meiner Rückkehr verstärkte sich der Druck. Meine Freundinnen wurden mit telefonischen Warnungen belästigt, daß ich «kaputtgemacht» würde und ernstlich in Gefahl geriete, wenn die Fragen nach Gloria Steinem nicht bald ein Ende hätten. Warum ausgerechnet ich? fragte ich immer wieder. Ich habe die Fragen nicht in die Welt gesetzt, ich treibe sie auch nicht voran. Falls es euch jedoch um meine Verantwortung gegenüber der Frauenbewegung geht – es sind ernste Fragen. Während dieser Zeit bekam ich auch obszöne Anrufe, in denen mir mit der Veröffentlichung von sexuellen Gerüchten gedroht wurde über mich und meinen Mann in Mexiko, von dem ich bezweifelte, daß er überhaupt existierte. Ich war tief beunruhigt, als UPI in Washington einen Anruf erhielt, ich hätte einen schweren Herzanfall gehabt.

Ich habe keine Ahnung, ob Gloria Steinem mit diesen Anrufen etwas zu tun hatte und ob CIA oder FBI tatsächlich im Spiel waren; ich weiß jedoch, daß die Frauen, die die Drohungen an mich weiterleiteten, aufrichtig in Sorge waren um die Einigkeit der Frauenbewegung und meine persönliche Sicherheit. Sollten sich die Vorwürfe als berechtigt herausstellen, dann ließen die Folgen und Gefahren für die Bewegung jedoch durch keinen Appell an die *sisterhood* aus der Welt schaffen und man würde mich nicht so weit einschüchtern können, daß ich alle Fragen unterdrückte. Manchmal schien es mir, als leide ich an Verfolgungswahn – nur daß eben alles wirklich geschah und gerade zu der Zeit, als neue Zeugen vor der Kommission von Senator Church aussagten, daß Martin Luther King vor seiner Ermordung ähnliches erlebt habe.

Die Frauenbewegung ist wichtig, doch sterben möchte ich nicht dafür. Ich möchte das «neue Ja» schon selbst leben.

Immer noch kommt mir das Ganze unwirklich, schlecht erfunden vor, wie die dürftige Nachahmung eines James-Bond-Romans oder des Films ‹Z›. Der müßte dann heißen «Die Feministinnen, die sich ins Feuer begaben» – ein neuer geheimnisumwitterter Spionagethriller voll internationaler Verwicklungen und Schauergeschichten, in denen Frauen wie üblich die hilflosen Opfer spielen, die dem finsteren Schurken unschuldig zwischen die Pranken rennen ...

Diesen Sommer (1975) fuhr ich nach Mexico City, um am Fortschritt des weltweiten Kampfes der Frauen um Gleichberechtigung mitzuarbeiten. Während die offizielle, von den Vereinten Nationen getragene Weltkonferenz zum Internationalen Jahr der Frau auf der Stelle trat, half ich auf dem Forum am anderen Ende der Stadt, unter fünftausend Frauen, die zum größten Teil auf eigene Kosten hierhergekommen waren, «globale Aussprachen» zu organisieren. Trotz aller erdenklichen Versuche, die Überwindung der zwischen den Frauen bestehenden Gegensätze zu verhindern (einschließlich gewaltsamer, durch die Medien inszenierter Störungen), schlossen wir Frauen uns in Mexico City zusammen – Frauen aus der Dritten Welt, Lateinamerikanerinnen, Afrikanerinnen mit Turbanen, Inderinnen in Saris, Antifaschistinnen aus Griechenland, Feministinnen aus Japan, Australien, Mexiko, Frauen aus Nigeria und Ekuador, die nicht «Feministinnen» genannt werden wollten, sowie schwarze, braune und weiße Amerikanerinnen – um darauf zu bestehen, daß die Gleichberechtigung der Frauen nicht bis zu einer «wirtschaftlichen Neuordnung» warten könne.

Bis heute weiß ich nicht, aus welchen Gründen unbekannte weltpolitische Mächte einen Zusammenschluß der Frauen in Mexico City so sehr fürchteten, daß sie bewaffnete Männer schickten, um unsere «globalen Aussprachen» zu verhindern. Bis heute erscheint es mir unglaublich, daß ich in Mexico City beschattet und vom mexikanischen Generalstaatsanwalt verhört, nach Mitternacht in meinem Hotelzimmer eingeschlossen wurde, während mich draußen in der Halle ein unerkannter Agent angeblich vor Entführung beschützte, eine Warnung erhielt, mein Leben sei in Gefahr und schließlich von drei Frauen aus Detroit in Sicherheit gebracht wurde, als die bewaffneten Männer auftauchten . . .

Ein paar Erläuterungen dazu mögen von Nutzen sein. Als die Vereinten Nationen 1975 zum Internationalen Jahr der Frau erklärten, funkten unsere Horchposten bei der UNO SOS, weil eine große Konferenz, wie sie in Stockholm für die Umweltfragen stattgefunden hatte, nicht einmal geplant war. Arglos wie ich bin, ging ich selbst zum Generalsekretär der Vereinten Nationen Kurt Waldheim, um ihn davon zu überzeugen, wie wichtig eine solche Weltfrauenkonferenz für die Vereinten Nationen sei. Unmittelbar vor der entscheidenden Abstimmung in der UNO erhielt ich eine seltsame Einladung zum Mittagessen von einer Frau aus der altehrwürdigen kommunistischen Frauengruppe, der Internationalen Vereinigung Demokratischer Frauen. Die anderen Gäste waren weibliche sowjetische Delegierte. Sie sagten mir, eine UNO-Konferenz wäre doch uninteressant, ob ich nicht Lust hätte, statt dessen mit ihnen für den Herbst 1975 einen wichtigen internationalen Frauenkongreß in Ostberlin vorzubereiten? Und nebenbei, ob ich denn eigentlich wisse, daß sie die Resolution eingebracht hätten, 1975 zum Internationalen Jahr der Frau zu erklären? Zwar hatte ich das nicht gewußt, antwortete aber, daß meiner Ansicht nach ein Weltfrauenkongreß weder von den Vereinigten Staaten noch von den Kommunisten beherrscht werden dürfe. Die einzige Möglichkeit, das zu verhindern, liege bei der UNO. Dennoch hatten arabische und russische Delegierte gegen eine ursprünglich in Kolumbien geplante Konferenz gestimmt. Zweimal versuchten die Araber, sie abzusagen. Dann bot sich Mexiko als Gastgeberland an; Prinzessin Ashraf aus dem Iran begann mit der Errichtung eines Fonds. Gerüchte gingen um, daß Luis Echeverría, der Präsident von Mexiko, neuer Generalsekretär der Vereinten Nationen werden wolle ...

Um mich vorzubereiten, fuhr ich im letzten Sommer zur Weltbevölkerungskonferenz nach Bukarest. Ich erlebte dort eine seltsame Allianz von Vatikan, kommunistischen und Dritte-Welt-Staaten (vor allem Lateinamerikanern und Arabern), von der die Gleichberechtigung der Frau und ihr Recht, selbst über ihren Körper zu bestimmen, als «nicht von Belang» abgetan wurde. Unsere feministischen Ansteckplaketten «Mein Körper gehört mir» wurden von den rumänischen Frauen begierig übernommen. In ihrem Land ist die Abtreibung als meistpraktizierte Form der Geburtenkontrolle ungesetzlich, außer für Frauen, die mindestens vierzig Jahre alt und Mütter von vier Kindern sind. Von kommunistischen Frauen in Bukarest erfuhr ich aus erster Hand, wie erschöpft und müde sie sich fühlten durch die Doppelbelastung im Beruf, wo ihnen die schlechtesten Schichten und schmutzigsten Arbeiten zugeteilt wurden, und im Haushalt, wo danach noch die ganze Arbeit auf sie wartete; während von Kampagnen gegen die Benachteiligung der Frauen oder von Appellen an die Männer, ihren Anteil an der Hausarbeit zu übernehmen, nicht die Rede war – weil angeblich Kommunismus an sich schon genüge, die Frauen zu befreien. Damals begriff ich, daß die Befreiung der Frau in einem Land, in dem die Frauen sich nicht für ihre eigenen Ziele organisieren dürfen, wohl nicht möglich ist.

Sowohl in Bukarest als auch in den Monaten vor der Konferenz in Mexico City erhielt ich mehrere seltsame Briefe, in denen ich davor gewarnt wurde, da zu sprechen, wo ich «unerwünscht» sei, oder man würde mich «zunächst als Amerikanerin und dann als Jüdin» denunzieren. Den Vertreterinnen von NOW bei den Vereinten Nationen wurde ebenfalls mitgeteilt, daß amerikanische Feministinnen in Mexico City unerwünscht seien.

Nach außen hin tat Mexico City alles, um die Weltfrauenkonferenz willkommen zu heißen. Überall an der Reforma verkündeten riesige

Leuchtschriften über die ganze Fläche von Wolkenkratzern, Bürohäusern und Banken: «Año Internacional de la Mujer 1975», prunkte die fette Taube mit dem Weiblichkeitszeichen auf der Brust und dem Gleichheitszeichen als Schwanz in Neonröhren wie Bierreklame: «Igualdad, Paz y Desarrollo». Aber von Anfang an erwiesen sich die Versuche, in Mexiko wirkliche Frauen aufzubieten, ohne ihre Ansteckung durch die Ideen der *igualdad* zu riskieren, als Fehlspekulation. Auf dem Weg vom Flughafen in die Stadt erfuhr ich von mexikanischen Feministinnen, daß Marktfrauen, die sonst in den Straßen von Mexico City Zigaretten und allerhand Flitterkram verkauften, angeheuert worden waren, um bei den Eröffnungsfeierlichkeiten im Olympiastadion den eintreffenden Delegierten Blumen vor die Füße zu streuen. Diese Geste sollte für die ganze Konferenz die Tonart angeben: Echeverría, der Held der armen Frauen der Dritten Welt. Es ergaben sich jedoch Verzögerungen, und da Regenzeit war in Mexiko, wurden die Frauen beim Warten naß und froren, und sie wollten deshalb hineingehen zu der Konferenz, die sie ja ohnehin begrüßen sollten, um sich aufzuwärmen und auch um zu erfahren, worum es denn eigentlich ging. Blauuniformierte Polizistinnen, die, so erfuhren wir später, speziell auf den Umgang mit unseresgleichen gedrillt worden waren, hatten ihre Schwestern vom Land mit der nötigen Kraftanwendung zurückgehalten. Die Marktfrauen mit ihren Spruchbändern «Frauen der Welt, willkommen in Mexiko, dem Land der Freiheit», «Planen Sie Ihre Familie!» oder «Gleichheit» oder auch «Nein zum Machismo» waren von der mexikanischen Regierung aufgestellt worden. Sie brachten das Drehbuch durcheinander, sobald sie sich wie richtige Frauen benahmen.

In der Tat waren auch Esperanza und Anilu, unsere feministischen Freundinnen, vom Generalstaatsanwalt in Mexiko engagiert worden, um die mexikanischen Frauen für die Konferenz zu organisieren. Als sie ihn jedoch beim Wort nahmen, gerieten sie bald in Schwierigkeiten. Sie hatten an einen Marsch der Mexikanerinnen gedacht, ähnlich wie unserer damals in Amerika. Dazu hatte der Generalstaatsanwalt gemeint, wenn sie so etwas versuchten, werde es zwangsläufig zu Gewalttätigkeiten kommen. Falls gar weltbekannte Feministinnen mit ihnen marschierten, könnten mexikanische Machismo-Polizisten womöglich das Land blamieren, indem sie uns vor den Augen der Welt erschössen! Also hatte der Generalstaatsanwalt Frauen speziell darin schulen lassen, etwa sich bildende Demonstrationszüge aufzulösen, so sagten uns die beiden warnend. Nun, mein eigener Sohn hatte in Mexiko studiert; seine Freunde und Lehrer hatten mir genug über die Studentendemonstrationen 1968 und während der Olympischen Spiele berichtet, bei denen Studenten erschossen und eingesperrt worden waren. Damals war Echeverría Minister für innere Sicherheit.

Zwei Wochen vor Beginn der Konferenz waren erneut zwei Studenten von Polizeikugeln in den Hinterkopf getroffen worden; die beteiligten Polizisten standen unter Weisung des Generalstaatsanwalts von Mexiko. Der nämliche, Pedro Ojeda Paullada, war soeben ohne Gegenstimme zum Präsidenten der Konferenz ernannt worden (eine mexikanische Zeitung druckte immerhin eine Karikatur, auf der man einen Mann mit Handschellen drohend über den Frauen an der Konferenz aufragen sah). An meinem ersten Tag in Mexico City wurde ich von mindestens einem Dutzend Frauen aus verschiedenen Ländern angehalten, die mir ihre Empörung angesichts der Ernennung eines Mannes, noch dazu eines Polizisten, zum Präsidenten der ersten Weltfrauenkonferenz versichern wollten. Keine einzige Delegation hatte dagegen protestiert. Rita Hauser, die glänzende Juristin, Feministin, Republikanerin aus New York, fühlte sich so angewidert, daß sie abzureisen beschloß.

Der entscheidende Punkt war, daß zwar – zum erstenmal auf einer UNO-Konferenz – die Mehrheit der Delegierten Frauen waren, in den Delegationen der Dritten Welt und der kommunistischen Länder jedoch immer dann ein Mann die Leitung übernahm, wenn eine einigermaßen wichtige Sache auf den Tisch kam. (Für viele der Frauen war dies die erste internationale Konferenz, manche wußten nicht einmal, was eine Resolution ist. Viele der Delegationen wurden von Präsidentenfrauen angeführt.) Bei den offiziellen Delegierten stimmten Männer wie Frauen so ab, wie es ihnen gesagt wurde.

Auf diese Weise konnte Echeverría den Anstrengungen der Frauen, innerhalb des Systems mehr Rechte zu erlangen, unter tosendem Beifall eine Absage erteilen und die Frauenbefreiung von der «Umgestaltung der Weltwirtschaftsordnung» und «globalen Revolution» abhängig machen. Im Stil von «Fascinating Womanhood» (Weiblichkeitskurse in Kalifornien, in denen Ehefrauen zum Beispiel lernen, bei Meinungsverschiedenheiten mit dem Ehemann «auf entzückende Weise mit dem Fuß aufzustampfen», Anm. d. Ü.) sagte Ismelda Marcos, die Frau des Philippinen-Präsidenten Marcos, daß die Frauen ihres Landes nichts weiter wünschten, als ihre eigene Weiblichkeit und gottgegebene Andersartigkeit zu genießen (was für die hochbegabten Philippino-Frauen peinlich war, die an der Erstellung des Weltaktionsplans mitarbeiteten). Die sowjetische Kosmonautin Walentina Tereschkowa verkündete die volle Verwirklichung der Gleichberechtigung der Frau in der Sowjetunion, schwieg sich aber darüber aus, wie viele Frauen außer ihr in den obersten Regierungsgremien sitzen. Als Frau Sadat, die die hohe Stellung der ägyptischen Frau seit den Göttinnen der Prähistorie, ausgenommen zu Zeiten von Fremdherrschaft, gepriesen hatte, die Frauenfrage mit der «Befreiung» Palästinas durch die Araber verknüpfte, bereiteten die Konferenzteilnehmer ihr eine Ovation. Niemand schien zu hören, als die Australierin Elizabeth Reid warnte: Wenn die Nationen sich nicht bald den wirklichen Problemen der Frauen zuwendeten, wäre diese Konferenz nichts als eine Verhöhnung der Frauen.

Ich brauchte fast eine Stunde, um von der offiziellen UNO-Konferenz in Tlatelolco zu dem medizinischen Zentrum zu kommen, wo ich an jenem ersten Freitag vor dem inoffiziellen Forum sprechen sollte. War es Absicht, das Forum fünf Kilometer von Tlatelolco am anderen Ende der Stadt einzurichten, so daß die Tausende von Frauen, die aus echtem Interesse an den Lebensbedingungen der Frauen nach Mexiko gekommen waren, nicht dahingelangen konnten, wo die wirklichen Entscheidungen fielen? Von vornherein war festgelegt worden, daß das Forum der nichtstaatlichen Organisation (der «Inoffiziellen») keine Aktionen durchführen durfte. Der Zuschnitt der uns von UNO- und mexikanischen Beamten zugewiesenen Räume hinderte die Frauen daran zusammenzukommen. Nur ein Raum faßte über tausend Menschen, obwohl fast fünftausend angemeldet waren. Als man endlich auch die Mexikanerinnen zuließ, waren es siebentausend. Jedesmal gab es ein «Rahmenprogramm» mit Vorträgen von «Experten», nicht selten über Dinge wie «Ernährung» oder «häusliche Gewerbe»; «wie in einer großen Hauswirtschaftsklasse», murrte eine verärgerte Delegierte. Gleichzeitig angesetzte Podiumsdiskussionen verteilten die Frauen auf Räume für hundert Menschen oder weniger. Die notwendigen Simultanübersetzungsanlagen wurden nur bei großen offiziellen Sitzungen bereitgestellt. Vom ersten Tag an waren die Frauen grenzenlos frustriert. Bei einem Podiumsgespräch über «Feminismus» an jenem ersten Freitag bekam ich zwanzig Minuten Redezeit – man wollte es wohl hinter sich bringen, bevor die meisten Delegierten überhaupt angekommen waren.

Ich sagte, ich spräche nicht als Delegierte meiner Regierung, sondern für die Frauenbewegung, die in den sechziger Jahren in den Vereinigten Staaten entstanden war. Niemand hätte uns die Gleichberechtigung gegeben; wie in jeder Revolution mußten wir darum kämpfen, und wir täten das in einer einzigartigen Bewegung, die Frauen über die Schranken von Rasse, Erziehung, Generation, Klasse und der von Männern gemachten Politik hinweg vereinte. Ich sagte, daß die Befreiung der Frau sicherlich nicht losgelöst von der allgemeinen wirtschaftlichen und politischen Situation in einer Gesellschaft erreicht werden könne; daß Frauen, die in äußerster Armut leben müßten, auf der Flucht vor Bomben, in faschistischen oder anderen Diktaturen, sich nicht befreien könnten; daß es jedenfalls die Frauenbewegung in den USA ohne Meinungsfreiheit und das Recht auf freien Zusammenschluß nicht gegeben hätte. Ferner: der Mann sei nicht als der Feind schlechthin anzusehen; unsere Bewegung sei allmählich auf die wirklichen Feinde gestoßen, nämlich die reaktionären Mächte in Staat, Kirche und Konzernen, die sich zusammengeschlossen hätten, um unseren Verfassungszusatz über die Gleichberechtigung zu blockieren und die Entscheidung des Obersten Gerichtshofes aufzuheben, die uns das Recht zugesprochen hatte, in Sachen Geburt und Abtreibung selbst zu entscheiden. Die Frauen als stärkste Bevölkerungsgruppe, sagte ich, seien von jeher mühelos durch Diktatoren, Demagogen, Priester und Profitmacher manipuliert worden; so wirke auch unsere Bewegung von Passivität hin zu aktiver Selbstbestimmung heute auf alle jene bedrohlich, die uns bisher in allen Regierungen und Systemen beherrscht und ausgebeutet hätten.

Ich warnte vor etwaigen Versuchen der die Regierungen der Vereinten Nationen beherrschenden Mächte, das Internationale Jahr der Frau dazu zu benutzen, sich Einfluß auf die Frauenbewegung zu verschaffen, um sie unter Kontrolle zu bekommen. Wenn wir Frauen aus aller Welt uns hier in Mexico City zur Verteidigung unserer eigenen Interessen zusammenfänden, so entstünde damit eine ganz neuartige, politische Macht.

Ich erhielt überraschend viel Beifall, wenn man die Aufspaltung der Frauen bedenkt, die doch in Mexiko zutage treten sollte. Die Russin, die ich schon früher getroffen hatte, kam zu mir und meinte scherzhaft: «Sie sind einfach zu beredt! Ich stimme nicht mit Ihnen überein. Ich glaube, Sie können gefährlich werden.»

Auf der nachfolgenden Pressekonferenz wurde ich gefragt, in welcher Weise unsere Erfahrungen in Amerika der Befreiung der Frauen in den Entwicklungsländern zugute kommen könnten. Es fiel mir nicht ein, den Frauen anderer Länder sagen zu wollen, wie sie sich befreien könnten, antwortete ich; sie könnten jedoch aus unseren Erfahrungen immerhin ableiten, daß «Entwicklung» allein nicht genüge. Müssen wir Frauen des technologisch am höchsten entwickelten Landes doch immer noch gegen konkrete Benachteiligung der Frauen in allen Bereichen ankämpfen. Auf dieser Pressekonferenz wurde ich auch nach Gloria Steinem und Versuchen der CIA gefragt, die feministische Bewegung zu unterwandern und in den Griff zu bekommen. Das Dokument der «Redstockings», das Gloria Steinem und das Frauenmagazin *Ms.* mit der CIA in Verbindung brachte, war vor meiner Ankunft in Mexiko veröffentlicht worden; Gloria Steinem hatte daraufhin die Konferenz verlassen. Ich sagte dazu, ich wüßte nicht, ob die Anschuldigungen wahr seien, daß aber die wachsende Zahl der Beweise für Infiltrations- und Manipulierungsversuche von seiten der Regierung alle Verantwortlichen in der Frauenbewegung mit Besorgnis erfüllen müßten. In Lateinamerika gilt CIA-Verdacht noch in viel stärkerem Maße als Bannfluch wie in den Vereinigten Staaten. Er wurde dazu benutzt, den gesamten amerikanischen Feminismus in Mißkredit zu bringen.

Allein Amerikanerin zu sein war schon schlimm genug. Dauernd mußte man wiederholen: Ich und die Feministinnen überhaupt sind keine Agentinnen des amerikanischen Imperialismus ... Wir werden von denselben multinationalen Konzernen ausgebeutet, die auch euch ausbeuten ... Wir sind gegen die Außenpolitik der USA ... haben gegen den Vietnam-Krieg protestiert ... Wir anerkennen euer Recht, selbst über eure Rohstoffe zu verfügen. Ich konnte mich sogar damit brüsten, sowohl auf Johnsons als auch auf Nixons «Feindliste» gestanden zu haben.

Dennoch bleibt die Tatsache, daß ich Amerikanerin bin. In Mexico City wurde mir dies Bewußtsein ständig aufgedrängt. Wohl war ich mir bisher darüber klargewesen, daß die Scham über das von unserem Land begangene Unrecht aus der Verpflichtung gegenüber seinen Werten erwächst. Aber in Mexiko erkannte ich zum erstenmal, wie stark die ganze Frauenbewegung auf den Werten der amerikanischen Demokratie ruht – dem Glauben an Würde und Freiheit des einzelnen, an Gleichheit, Selbstverwirklichung und Selbstbestimmung – wie auf der Meinungsfreiheit und dem Recht der Bürger, Vereinigungen zu bilden.

Am Samstagmorgen verkündeten Schlagzeilen und sogar Leitartikel der mexikanischen Zeitungen, «la Feminista Friedan» habe den Präsidenten von Mexiko mit ihrer Anschuldigung beleidigt, die Ernennung des «Procurador General Pedro Ojeda Paullada zum Vorsitzenden der Weltfrauenkonferenz» sei ein Zeichen von Machismo. Ich hatte bloß wiederholt, was jede andere Frau auch über die Ernennung eines Mannes zum Leiter der Frauenkonferenz sagte – daß sie «symbolisch» sei für die eben nicht ganz aufrichtige Haltung zur Gleichberechtigung der Frauen; aber vielleicht sei es schon genug des Fortschritts, daß im Land des Machismo überhaupt eine Frauenkonferenz stattfinden konnte. (Damit mächtige Mexikaner «Machismo» überhaupt als Beleidigung auffaßten, mußte sich ihr Bewußtsein schon ein Stück weit verändert haben.)

Allmählich entstand der Eindruck, als seien auf der mexikanischen Konferenz die amerikanischen Feministinnen die wirklichen Feinde. Dieses Bild kam zum Teil wohl aus (wenn vielleicht auch berechtigtem) Ressentiment gegen die USA zustande, zum Teil jedoch aus anderen Gründen. Am Samstagmorgen wurden alle amerikanischen «Inoffiziellen» von der US-Delegation zu einem informellen Gespräch in die Botschaft eingeladen. Als ich hinkam, ließen gerade eine Reihe brauner, schwarzer und weißer Frauen ihrer Enttäuschung darüber freien Lauf, daß sie auf der Konferenz überhaupt nicht zu Wort kämen, von dem zu Hause an ihnen begangenen Sünden einmal ganz zu schweigen. Einige waren unzufriedene Funktionärinnen von Chicana- (US-Amerikanerinnen mexikanischer Abstammung) und schwarzen Bürgerrechtsgruppen, einige unwillige Feministinnen – Carole de Saram, Präsidentin der New Yorker Gruppe von NOW, Ronnie Feit vom National Women's Political Caucus, Jan Peterson und Thelma Daley von der Coalition of Labour Union Women, Dorothy Height vom National Council of Negro Women und Dorothy Haener von der U.A.W. Da waren jedoch noch andere, deren Gesichter ich nicht kannte, die nur darauf erpicht schienen, die USA schlechtzumachen – nicht nur die offizielle Delegation, sondern auch mich und andere amerikanische Feministinnen.

Keiner begriff, wozu diese Frauen überhaupt zu der Konferenz gekommen waren, denn sie sprengten unweigerlich jede Versammlung, jeden Ausschuß, jede Besprechung, sobald mit der Diskussion der tatsächlichen Probleme der Frauen begonnen wurde. Um keinen Preis wollten sie verraten, wo sie herkamen. «Ich bin eine Bürgerin der Welt», wiesen sie sich aus oder erklärten: «Ich bin Afrikanerin, lebe aber in San Diego, Kalifornien.» Eine Gruppe gab an, sie gehörten zu CORE (Congress of Racial Equality), was die schwarzen Feministinnen jedoch bezweifelten. Sie bewohnten eine kostspielige Suite im Fiesta Palace-Hotel, spendierten Alkohol aus schier unerschöpflichen Vorräten, und die Männer der Gruppe schrieben den Frauen die Reden. Auf seine Frage, woher sie ihr Geld bekämen, erhielt ein NBC-Korrespondent die Antwort, Oberst Idi Amin, der ugandische Diktator, «helfe» ihnen. Als eine braune Feministin aus Ekuador dazukam, wie ein Mitglied dieser Gruppe eine weiße amerikanische Feministin an den Rand der Tränen brachte mit der Behauptung, alles Reden über Gleichberechtigung der Frau sei «imperialistisch und rassistisch», fragte sie ihre schwarze Schwester: «Bist du eine Frau oder nicht?» – «Ich bin ein Opfer des amerikanischen Rassismus und Imperialismus», erklärte die andere, worauf ihr die Ekuadorianerin zu verstehen gab: «Aber dann bist du auf der falschen Konferenz, Mäuschen. Wie ist's denn möglich, daß du soviel Geld für die Reise und das Hotel bezahlst, wenn du über die Probleme der Frauen gar nicht erst reden willst?»

Das hätte man auch die offiziellen Delegierten in Tlatelolco oftmals gern gefragt, die diese angeblich historische Frauenkonferenz als bloßen Vorwand für ihre eigenen politischen Pläne mißbrauchten. Bald ging die Rede, daß die Gruppe der 77 (die kommunistischen und Entwicklungsländer) die Aufstellung eines Weltaktionsplans auf der Konferenz verhindern würden.

Ich saß ganz hinten im Plenarsaal in Tlatelolco, als Lea Rabin aus Israel ans Rednerpult ging, und arabische und kommunistische, afrikanische und asiatische Delegierte daraufhin massenweise den Saal verließen. Die ruhige mutige Haltung, mit der Frau Rabin auf den Auszug reagierte, war bewundernswert. Unter denen, die mit einem verächtlichen Lächeln den Saal verließen, war auch jene Frau, die mir in Bukarest und vor der Konferenz in Mexiko gedroht hatte, ich würde «zunächst als Amerikanerin und dann als Jüdin» denunziert werden, wenn ich da, wo ich «unerwünscht» sei, für die Frauen zu sprechen wagte. Dem Vernehmen nach baute sie im Auftrag von AID (Agency for International Development) eine Abrechnungsstelle für alle Frauengruppen der Dritten Welt auf – oder wer sonst finanzierte wohl ihr «Internationales Frauennetz»?

Empört über diesen Affront gegen Frau Rabin, ging ich durch den ganzen Saal nach vorn, um ihr die Hand zu schütteln. Als Frau war ich empört über diesen Mißbrauch der Frauenkonferenz; ich war nicht die einzige, die so dachte. Auf unserem Forum wetterte die Nigerianerin Victoria Mojekwu unter ihrem Turban: «Soll dies eine Konferenz für die Frauen der Welt sein, wenn man mir als Afrikanerin sagt, ich solle den Saal verlassen wegen einer Frau aus Israel – wann werden sie wegen mir ausziehen, weil ich Afrikanerin bin?»

Fast eine ganze Woche lang, während die offiziellen Delegierten Obstruktion betrieben, harrten die fünftausend Frauen des inoffiziellen Forums bescheiden in ihren getrennten Podiumsdiskussionen, Hotels und in ihren vermeintlich unüberbrückbaren kulturellen Gegensätzen aus. Bei den Versuchen, ein «feministisches Organisationskomitee» zu gründen, befand man sich zunächst unter lauter Amerikanerinnen.

Wieder andere Amerikanerinnen spielten die erste Geige bei den Zusammenkünften einer «Koalition der nicht repräsentierten Frauen» nachts in kleinen Hotelzimmern. Das waren jene Frauen, deren Hauptinteresse darin bestand, die Abordnung der USA als «elitär» anzuprangern. Ich hielt das für eine nutzlose Verschwendung der Energie der Frauen auf dieser internationalen Konferenz – so als ob die USA im Guten wie im Bösen der einzige strittige Punkt wären. Sicherlich hatte die Regierung der Amerikaner sich hier nicht durch die militantesten Feministinnen vertreten lassen. Aber die Mehrzahl der Delegierten, Stellvertreterinnen und Ratgeberinnen hatten schon am Aufbau und der Leitung von Frauenausschüssen im Außen-, Justiz- oder Arbeitsministerium mitgearbeitet oder sich innerhalb der Republikanischen Partei, der Gewerkschaften und der Vereinigungen der Richter und Rechtsanwälte für die Frauen eingesetzt. Die US-Delegation würde im Interesse der Frauen abstimmen, weil sie sich angesichts der Stärke der Frauenbewegung in den USA etwas anderes einfach nicht erlauben konnte; dabei half das Eintreten der amerikanischen Regierung für die Frauen auf einer UNO-Konferenz jedoch nicht gerade sehr viel.

Die ganze Woche verweigerten uns die für das Forum Zuständigen die Erlaubnis, den einzigen Raum, in dem immerhin die Hälfte der fünftausend Frauen Platz gefunden hätte, zu benutzen. So bewiesen am Montagmorgen ein paar hundert im kleinen Saal 3 zusammengepferchte, schwitzende, frustrierte Frauen auf der ersten «globalen Aussprache», daß sie den vermeintlichen Abgrund zwischen ihren Welten überbrücken konnten, sobald sie aufhörten, hohle politische Allgemeinheiten von sich zu geben und statt dessen über ihre eigenen Erfahrungen als Frauen sprachen. Das war die einzige Regel, die ich aufgestellt hatte – und daß Angehörige einer Nation (d. h. meine amerikanischen Schwestern) nicht ein zweites Mal sprechen durften, solange nicht andere an der Reihe gewesen waren. Dann übergab ich den Vorsitz an Sudha vom Allindischen Frauenkongreß und setzte mich wieder auf meinen Platz.

Zuerst klappte es ganz und gar nicht. Die geheimnisvollen «Bürgerinnen der Welt» brachten den ganzen Saal in Aufregung, als sie sich auf die Saalmikrofone stürzten, um die alten politischen Phrasen – «Feminismus», «Rassismus», «Elitarismus», in eins zusammengerührt zu US-Imperialismus – herunterzubeten. Zornbebend kämpfte Sudha: «Wir wissen alle, daß es in den Vereinigten Staaten Rassendiskriminierung gibt, aber egal ob ihr Schwarze oder Weiße seid, euch geht es besser als uns. In meinem Land müssen Frauen und ihre Familien mit einem Pro-Kopf-Einkommen von sechs Dollar im Monat leben. Können wir uns nicht als Frauen verstehen, die überall auf der Welt gegen Benachteiligung kämpfen?»

Dann begannen Lateinamerikanerinnen, «einfach für uns als Frauen» zu sprechen. «Ich, eine Frau aus Peru, verlange das Recht, über meinen Körper zu bestimmen. Aber meine Regierung sagt, das ist eine imperialistische Verschwörung zur Geburtenbeschränkung, wir Frauen müssen warten, bis Peru höherentwickelt ist, bevor wir selbst entscheiden, wie viele Kinder wir wollen.» Eine Frau aus San Diego stellte sich ihr zur Seite, indem sie von der Drohung ihres Bischofs berichtete, Hausfrauen, die das Recht forderten, selbst über ihren Körper zu verfügen, zu exkommunizieren.

Eine Kanadierin bekannte, daß ihre Delegation Weisung erhalten habe, sich nicht auf Diskussionen über eine «neue Wirtschaftsordnung» einzulassen; daß sie persönlich aber der Meinung sei, daß die meisten Frauen erst nach der wirtschaftlichen Entwicklung ihrer Länder auf Gleichberechtigung hoffen könnten. Eine andere Frau sprach über «die große Demut, die jede weiße Amerikanerin bei dem Gedanken empfinden muß, daß Regierung und Konzerne unseres Landes für Ausbeutung und Unterdrückung in der Welt verantwortlich sind. Es steht fest, daß die Frauen in den Vereinigten Staaten heute deswegen einen höheren Lebensstandard genießen, weil die USA in der Vergangenheit die Rohstoffe Chiles und Boliviens ausgebeutet haben. Ebenso steht fest, daß im Namen dieses Imperialismus die Farbigen in den Vereinigten Staaten unterdrückt und die große Mehrheit der Frauen ausgebeutet werden, schließlich, daß weder Imperialismus noch Ausbeutung der Frau auf die Vereinigten Staaten beschränkt sind.»

Am gleichen Abend wurde bei einem Treffen von etlichen hundert NOW-Mitgliedern im Del-Prado-Hotel wieder der Gedanke eines Marsches aufs Tapet gebracht, allerdings nicht von mir. Es war ein schöner Gedanke – «Frauen, die mehr als die Hälfte der Welt sind», sollten mit den Fahnen ihrer Nationen nach Tlatelolco marschieren, so wie wir in New York am 26. August 1970 die Fifth Avenue hinuntergezogen waren. Aber hier in Mexico City, gab ich zu bedenken, wäre es für Amerikanerinnen unverantwortlich, so eine Demonstration zu organisieren – nach den Warnungen der mexikanischen Feministinnen und alldem, was wir über die kürzlich erschossenen Studenten gehört hatten. Wichtig wäre es, einen Platz zu finden, wo die Frauen aller Länder am Forum sich gemeinsam versammeln könnten, und nicht Kugeln zu riskieren. Die Märtyrerrolle liegt mir nicht.

Immer noch in den kleinen Saal Nr. 3 im medizinischen Zentrum gepfercht, begannen wir am nächsten Morgen die eigentliche Arbeit. Jaqui Ceballos und eine Chicana-Führerin namens Graciella, die, um die fehlenden Dolmetscher zu ersetzen, zwischen Englisch und Spanisch hin- und herwechselte, teilten die Frauen des Forums in sechs Gruppen ein, in denen die Einzelheiten eines Weltaktionsplans erarbeitet werden sollten, von dem auf der offiziellen Konferenz bisher noch nicht einmal die Rede gewesen war. Da kam plötzlich Marcia Bravo, die ansonsten unerschütterliche Leiterin des Forums, in wilder Erregung in den Saal gestürzt, als sei sie auf alles gefaßt, nur nicht auf Frauen, die sich über Schriftstücke beugten, und rief mir zu herauszukommen. Der Generalstaatsanwalt wünschte mich zu sehen, und zwar unverzüglich. Gerüchte gingen um, ich würde einen fünftausend Frauen starken Demonstrationszug zum Präsidentenpalast führen, um die Absetzung des Generalstaatsanwalts als Vorsitzenden der Konferenz zu fordern. Als ich zurückkam, um den Frauen darüber Bericht zu erstatten, verweigerten mir die blauuniformierten Polizistinnen den Zutritt. Für einen Augenblick verlor ich die Fassung . . .

Der Generalstaatsanwalt von Mexiko, ein milder Mann, ließ mich weder schlagen noch foltern. Er befragte mich nur eindringlich, ob mir in New York, womöglich von Mexikanern, vorgeschlagen worden sei, hier eine Demonstration zu organisieren. Das sei nicht der Fall, gab ich ihm zur Antwort, ich hätte keinerlei Absicht, einen Marsch anzuführen, um seine Absetzung zu verlangen; ich wäre sogar gern bereit, jenem Gerücht entgegenzutreten, wenn er mir nur morgen zu diesem Zweck den großen Raum des Forums überlassen könnte. Unsere «globalen Aussprachen» wanderten also von Saal 3 hinauf nach Saal 2. So prompt, als sei es abgesprochen gewesen, sagte Jan Peterson aus Brooklyn, kaum daß ich von den Anschuldigungen des Generalstaatsanwalts berichtet hatte: «Warum sollen wir eigentlich nicht doch marschieren? Sonst haben die Frauen am Ende überhaupt nichts von dieser Konferenz.» Drüben in Tlatelolco bestanden China und der Ostblock inzwischen darauf, daß es keinen Weltaktionsplan für die Gleichberechtigung der Frau geben könne, solange nicht Kolonialismus, Neokolonialismus, Rassismus und das System der «Einflußsphären» beseitigt seien.

Ich sagte, die Verantwortlichen täten gut daran, uns den großen Raum 1 sofort zu geben, damit wir im Interesse all der Frauen, deren Belange von den UNO-Delegierten nicht vertreten würden, einen Aktionsplan beschließen könnten – sonst müßten wir am Ende doch marschieren.

Am Mittwochmittag um ein Uhr versammelten wir uns zu guter Letzt im großen Saal und verabschiedeten in gesammelter Ruhe und ohne Störungen Abschnitt für Abschnitt die Einzelheiten eines Zehnjahresprogramms für eine Weltaktion, einschließlich der nötigen Bestimmungen zur weltweiten Abschaffung der Geschlechtsdiskriminierung in Erziehung, Beruf und Politik sowie zum Verbot sonstiger Benachteiligung von Frauen. Acht Frauen aus sechs Kontinenten – darunter weiße und schwarze Amerikanerinnen – übernahmen abwechselnd den Vorsitz. Pat Keppler von der Harvard University und Ronnie Feit koordinierten die Arbeitsgruppen, deren Sprecherinnen sich an den Saalmikrofonen aufreihten. Im Laufe von zwei Stunden erzielten am Forum mehrere tausend Frauen – Rechts- wie Linksstehende aus allen vier Welten, unter- wie überentwickelten – in den konkreten Fragen des Weltaktionsplans für Frauen Übereinstimmung, während unsere offiziellen Gegenspieler in Tlatelolco nun schon den siebten Tag auf der Stelle traten. Niemand verließ die Sitzung, um essen zu gehen, keine Frau kämpfte ums Mikrofon, Haarspaltereien und leere politische Parolen gab es nicht. Als wir endlich über das konkrete Handeln zum Nutzen der Frauen sprachen, bestand überraschende Einmütigkeit.

Als wir erfuhren, daß ein Komitee lateinamerikanischer Frauen für sich ebenfalls an einem Aktionsplan arbeitete, sandten wir eine Abordnung zu ihnen, damit ein einziger gemeinsamer Entwurf zustande kam. Bevor wir den Saal wieder abgeben mußten, verlangte die Versammlung einmütig, daß die «gemeinsame Stimme der Frauen des Forums» vor der UNO-Konferenz Gehör finden müsse. Es wurde vorgeschlagen, daß «alle Frauen» gemeinsam in Bussen nach Tlatelolco fahren sollten, um als riesiger Geleitzug vor der Konferenz zu warten, bis eine Delegation unseren Plan dem Generalstaatsanwalt übergeben hätte oder der Generalsekretär des Internationalen Jahrs der Frau, Helvi Siipila, deren herablassendes Verhalten anderen Frauen gegenüber viele von uns verärgert hatte.

Die auf jener Hauptsitzung des Forums erreichte Einigkeit war für die Tausende, die dabei waren, ein politisches Schlüsselerlebnis. In der Presse wurde jedoch nicht darüber berichtet. Unsere Einigkeit paßte nicht zu dem Bild, das von Mexico City vermittelt wurde, dem eines lächerlichen, internationalen Weibergezänks. Peggy Simpson von Associated Press sagte mir, sie habe einen Bericht über unsere Sitzung schreiben wollen, jedoch die Anweisung erhalten, statt dessen Einzelheiten zu einem Foto vom nächsten Tag zu liefern, auf dem zwei lateinamerikanische Frauen ums Mikrofon kämpften. Die unerwartete Einheit der Frauen muß offenbar mancherorts als sehr störend empfunden worden sein; man durfte sie nicht zulassen . . .

Als wir uns am Donnerstagmorgen um neun Uhr vor dem Forum trafen, waren auf einmal die Dutzende eigens gemieteter Busse, die täglich zwischen Forum, Tlatelolco und den Hotels hin und her pendelten, spurlos aus den Straßen verschwunden. Drei Taxen brachten deshalb die Abordnung und einen symbolischen Geleitzug nach Tlatelolco, während die anderen Frauen den großen Saal besetzt hielten, damit wir dort um Mittag Bericht erstatten könnten.

Auf der Fahrt las Dr. Marjorie Bean aus Bermuda uns – Victoria aus Nigeria, Sudha aus Indien und mir – ihre Rede vor. Unsere Delegation, so begann sie, repräsentiere die «vereinigten Frauen des Forums, Feministinnen und andere Gruppen». «Nicht Feministinnen», schrie die früher so militante Victoria dazwischen. «Ich sagte: Feministinnen und andere Gruppen», wiederholte Dr. Bean im hochmütigsten Oxfordakzent. Es war herrlich zu hören, wie eine schwarze Frau darauf bestand, den Begriff «Feministin» zu gebrauchen, ohne sich dafür zu entschuldigen.

Helvi Siipila nahm unser Dokument entgegen; sie schien jedoch schockiert über unsere «unerhörte» Forderung, selbst vor den Vereinten Nationen zu sprechen. (Sicher ist die Frauenbefreiungsbewegung keine offizielle staatliche Organisation, aber vor gar nicht allzu langer Zeit hatte die UNO einen bewaffneten Arafat als Repräsentanten der Palästinensischen Befreiungsfront empfangen.)

Auf der Rückfahrt zum Forum saß ich im Bus, der auf einmal wieder aufgetaucht war, neben einer neuen feministischen Freundin aus Ägypten. Die Nacht vorher hatte ich auf dem Empfang der Israelis mit Lea Rabin zusammen Borschtsch gegessen. Die idealisierende Vorstellung von den Frauen als besonderer Friedensmacht hatte mir bisher nie so richtig eingeleuchtet. Aber sobald die Rede auf die für uns als Frauen notwendigen Aktionen kam, waren sich auf dem Forum sofort alle einig, daß weder auf unsere Regierungen noch auf die Vereinten Nationen wirklich Verlaß sei, bevor wir uns nicht in unseren jeweiligen Nationen und über die politischen Gegensätze zwischen unseren von Männern gemachten Welten hinweg selbst organisierten. Am Donnerstagmittag um zwölf wurden von allen Seiten gleichzeitig Anträge eingebracht, ein ständiges Weltforum der Frauen zu schaffen, das die überwältigende Einheit, die wir hier endlich erreicht hatten, auch künftig repräsentierte.

Am Abend besorgte ich mir einen Wagen mit Fahrer, heftete meine Pressenadel an meinen elegantesten schwarzen Hosenanzug und warf mich in den Trubel der Empfänge und Essen, die für die offiziellen Delegierten gegeben wurden. Auf dem indischen Empfang lief ich dem amerikanischen Botschafter Jova in die Arme, der mich zu einem Sofa führte und mir mit strahlendem Gesicht erzählte, der mexikanische Minister für Innere Sicherheit habe ihn telefonisch gebeten, *mir den Mund zu stopfen*. Dazu der Botschafter humorig: «Ich habe ihm erklärt, daß wir das in unserem System mit einer Privatperson, die nichts verbrochen hat, nicht so einfach machen können. Und daß es sich zudem als sehr unproduktiv erweisen könnte, wenn ich Ihnen befehlen würde, hier den Mund zu halten.» Ob mir denn auch klargeworden sei, daß die Vorsicht des Generalstaatsanwalts der Grund für die verschwundenen Busse am Morgen gewesen sei? Er wollte kein Risiko eingehen. «Er hat nicht geglaubt, daß Sie nicht marschieren würden. Man wäre in jeder Weise vorbereitet gewesen, so sagte er mir, Sie zu beschützen, komme, was wolle.»

«Sie wollen also sagen, wir hätten doch marschieren können?» fragte ich den Botschafter und gab mir selbst einen Rüffel für meinen Kleinmut. Er lachte und zuckte die Achseln. Beschützen wollte er uns – *wovor?* «Vor den Terroristen, die man beschuldigt hätte, wenn Sie erschossen worden wären», sagte ein mexikanischer Journalist.

Auf einem Galadiner, das mein Freund, der Generalstaatsanwalt, im anthropologischen Museum für 3000 Gäste gab (und zu dem ich, wenn man's genau nimmt, nicht eingeladen war), unterstützte ich Jill Ruckelshaus von der amerikanischen Delegation in dem mühevollen Versuch, mit den weiblichen Delegierten aus der Volksrepublik China ins Gespräch zu kommen. Die Chinesinnen trugen blaue Uniformen und keine Schminke, und die Delegationsführerin hatte kurzes, eckig abgeschnittenes Haar, die junge Frau neben ihr dünne Zöpfe. Flankiert wurden sie von Männern in den gleichen Uniformen. Mit Hilfe des Dolmetschers erfuhren wir, daß die Delegationsleiterin Bürgermeisterin und Vizevorsitzende eines Provinzsenates war, und wir brachten darauf einen Toast aus. Sie hatte auch eine Tochter, genau wie ich; also tranken wir als nächstes auf unsere Töchter. Dann fragte ich sie, ob sie von unserer amerikanischen Frauenbefreiungsbewegung gehört habe. «Unter der Herrschaft des Kapitalismus hat es für die Frauen keinen Sinn, sich zu befreien», sagte sie. Es sei in jedem System notwendig und richtig, daß die Frauen sich befreiten, gab ich ihr zur Antwort, und auch durch unsere Bewegung würde das kapitalistische System verändert. Wäre es nicht denkbar, daß in hochentwickelten Industriegesellschaften wie den USA heute die Frauenbewegung in gleicher Weise eine revolutionäre Kraft darstellen könne wie die Arbeiterklasse, das Proletariat, in den Tagen von Marx und Lenin? Sie schaute etwas verwirrt drein und wandte sich an den Mann neben ihr, den chinesischen Botschafter. Er gab ein paar barsche Töne von sich, respektgebietend, worauf sich die drei Frauen, die vorher ebenso auf ein Gespräch erpicht gewesen waren wie Jill und ich, deutlich zurückzogen. Die Führerin antwortete nicht mehr, sie lächelte nur sarkastisch, als ob sie zu sich selbst sagte: «Kapitalistenschwein.»

Aber trotzdem war sie immer noch eine Frau. Ich wollte nicht akzeptieren, daß es nicht möglich sein sollte, mit ihr zu sprechen. Wenn ich neben ihr säße, würden wir uns vielleicht doch von Frau zu Frau ein bißchen verständigen können. Ich bat einen UNO-Dolmetscher, mit mir den Platz zu tauschen, und stand auf, um mich neben die chinesische Frau zu setzen. Da war plötzlich der chinesische Botschafter auf den Füßen und schob sich wie ein Fußballspieler, der einen Angriff blockiert, mit seinem ganzen Körper zwischen die Chinesin und mich. Und wie aus dem Boden gewachsen tauchte urplötzlich der Generalstaatsanwalt an unserem Tisch auf und umarmte die chinesische Schwester so liebevoll, daß ich jeden Versuch, mit ihr zu reden, aufgeben mußte. Ich lächelte den Generalstaatsanwalt an: «Trotz allem sind wir nicht gegen Sie marschiert, verstehen Sie – noch nicht.» Damit war die Party vorbei.

Von da ab häuften sich sonderbare Zwischenfälle, die die Einigkeit der Frauen des Forums zerschlagen sollten. Der Generalstaatsanwalt sowie die mexikanische Presse hielten mir jetzt vor, ich «manipuliere» das Forum. Mehrmals schaltete sich, als ich von ausländischen Fernsehanstalten interviewt wurde, dieselbe Frau ein, die mich gewarnt hatte, nicht für die Frauen zu sprechen, wenn ich nicht als Jüdin denunziert werden wolle. «Sie spricht nicht für die amerikanischen Feministinnen», erklärte sie einem dänischen Kameramann. «Ich spreche für mich selbst», sagte ich. «Und Sie?»

Immer wieder lotsten mexikanische Feministinnen mich und andere NOW-Führerinnen in ihre eigene Tagung, die in einer riesigen protzigen Bank stattfand, wo es alle die Kopfhörer, Übersetzer und aufwendig gedruckten Programme gab, die uns am Forum fehlten.

(Wir mußten unsere Sitzungsnotizen selbst schreiben und verteilen.) Nur waren dort offenbar nie mehr als ein Dutzend Mexikanerinnen, ausgesprochen gut angezogen und höflich, anwesend. Am Abend nach unserer Aussprache im Forum bestanden sie darauf, daß Jaqui und ich sie weit draußen in den Lomas zu einer, besonderer Umstände wegen plötzlich angesetzten Diskussion treffen sollten. Als wir ankamen, öffnete nach langem Warten ein alter Hausmeister das Tor zu einem stockfinsteren Landhaus. Eine einzige mexikanische Feministin war da. Was waren die besonderen Umstände? Daß wir in unseren Hotels nicht sicher seien, weil dort abgehört würde; wir sollten hier herauskommen, um ein bißchen «Ruhe» und «Alleinsein» zu finden, sagte Celia Negretti. Wie in aller Welt sollten wir von hier aus das Forum und die Konferenz erreichen? Die mexikanischen Feministinnen hätten alle Autos, sagte sie begütigend. Die ganze Idee war so ungeschickt, man hatte uns vom Forum weggelockt, und jetzt war es zu spät für ein Bad und fürs Abendessen – ich war über das alles so erbost, daß ich mich zunächst gar nicht fragte, ob das wirklich Feministinnen waren und nicht Agentinnen mit dem Auftrag, uns zu beobachten und vom Ort des Geschehens abzuhalten.

Freitagmittag fuhr ich mit der düsteren Neuigkeit zum Forum zurück, daß nun auf der Konferenz selbst die Australierinnen jede Hoffnung auf einen Aktionsplan aufgegeben hatten, es sei denn, er würde angenommen, ohne die Zusätze auch nur in Erwägung zu ziehen. Vor dem medizinischen Zentrum überfiel mich eine Gruppe von Frauen – einige kannte ich von dem Störmanöver in der amerikanischen Botschaft her –, die ein Kamerateam bei sich hatten und es nun ins Fernsehen bringen wollten, daß ich eine «Rassistin» sei, weil ich am Morgen nicht zu einem Treffen mit schwarzen Frauen erschienen sei und weil ich Lateinamerikanerinnen und Chicanas durch meine «Sprache» beleidigt hätte. Setzen wir uns auf die Mauer dort drüben und besprechen das in Ruhe, sagte ich, ohne Fernsehen! Von einer Verabredung mit schwarzen Frauen an diesem Morgen wußte ich nichts, Spanisch konnte ich auch nicht, aber wenn ich unabsichtlich jemanden gekränkt hatte, wollte ich mich aufrichtig dafür entschuldigen. (Vielleicht hatte ich die Chicanas tatsächlich gekränkt, denn ich sprach dauernd von «schwarzen und weißen» Amerikanerinnen, obwohl sie sich bemüht hatten, mir statt dessen «schwarz, weiß und *braun*» beizubringen.) Die Fernsehleute filmten jetzt gerade ein großes Spruchband «Lesbierinnen raus», das urplötzlich aufgetaucht war.

Als ich endlich in die Sitzung kam, ging es bei den «Vereinigten Frauen des Forums» im großen Saal drunter und drüber: zwei anscheinend lateinamerikanische Frauen schienen zu versuchen, sich gegenseitig das Mikrofon zu entreißen – jene Szene, die in den Medien der Welt als typisch für die Uneinigkeit der Frauen in Mexico City hingestellt wurde. Nur daß sich dieser Auftritt nicht *ereignete*, er war inszeniert.

Die «Vereinigten Frauen» hatten in Ruhe ihren Aktionsplan durchgesehen, während sie auf Frau Siipila warteten, als wie auf ein verabredetes Zeichen hin eine Lateinamerikanerin in den Lautsprecher sprach: «Die lateinamerikanischen Forderungen fehlen in diesem Dokument.» Daraufhin strömte der Krähenschwarm von draußen in den Saal, füllte ganze Stuhlreihen, die Seitenflügel und nahm die Bühne in Beschlag. Jemand mußte dem mexikanischen Fernsehen Bescheid gesagt haben, daß dies geschehen würde, denn die Kameraleute waren schon da, an strategischen Punkten. Eine der Frauen, die um das Mikrofon kämpften, war dem Vernehmen nach die Schwiegertochter von Präsident Echeverría, Rosa Luz, eine Kommunistin. Die andere erkannte ich als eine der gutgekleideten Feministinnen aus der Bank. Versuchten die beiden, die Sitzung wieder zur Ordnung zu rufen, oder wollten sie die Störtrupps anfeuern? Offenbar war das Übersetzungssystem ausgefallen. An beiden Seiten des Saals schienen zwei Männer in Arbeitskitteln, um die Störer zu dirigieren und ihnen Zeichen für ihre Parolen zu geben. Eine der Frauen unter ihnen wurde als prominenter rechtsstehender Flüchtling erkannt, andere waren rechte kubanische Flüchtlinge. Wie vorher schon war die Mischung aus linksradikalen und rechtsextremen Parolen verwirrend. Ein UNO-Beamter fand später tatsächlich einen Universalschraubenschlüssel hinter dem Rednerpult, mit dem offensichtlich Marjorie Beans Mikrofon abgeschaltet worden war.

«Die hätten dich erschossen, wenn du da oben gewesen wärst und die Sitzung weiter durchgezogen hättest», sagte Carole de Saram heiter. In diesem Augenblick erschien Helvi Siipila, und wieder wie auf Verabredung hielten die Störer inne und überließen die Bühne wieder Dr. Bean und den übrigen unserer sich abwechselnden Vorsitzenden. (Allen außer mir und Emily Moore, meiner schwarzen amerikanischen Schwester. In unausgesprochener Übereinkunft blieben wir im Saal auf unseren Plätzen.) Frau Siipila gab die Entscheidung bekannt, daß die Frauen des Forums nicht gehört werden könnten, «weil Sie nicht einig sind». Kaum hatte sie den Saal verlassen, als auch schon die Störtrupps wieder in Aktion traten, noch gewalttätiger als zuvor. Die geplante Diskussion über die Errichtung eines Weltforums konnte nicht stattfinden.

Ich setzte mich draußen auf eine der Steinbänke an der Wand, und fortwährend kamen Frauen aus anderen Ländern zu mir hin und fragten, es sei doch nicht alles vorbei, oder, warum könnten wir nicht weitermachen und ein Weltforum der Frauen aufbauen, und dabei erwarteten sie, ich wüßte, was zu machen sei. Und ich saß da und versuchte, so zu tun, als liefen mir nicht die Tränen übers Gesicht – nicht, wie Gerüchte wissen wollten, weil mich einer der Störer mit dem Knüppel geschlagen hatte, sondern aus Wut, aus hilfloser, enttäuschter Wut über diejenigen, die, wer immer sie sein mochten, sich soviel Mühe gaben, die wundervolle Einigkeit, die die Frauen des Forums erreicht hatten, zu zerstören. Später fragte ich Dorothy Height vom National Council of Negro Women, warum man auf einmal eine «Rassistin» aus mir machen wollte. «Das gehört alles zum gleichen Spiel», sagte sie.

Es war um Mitternacht, als ich mit Catherine East, der wackeren Feministin aus Washington, die der US-Delegation als technische Beraterin angehörte, von einer Party der mexikanischen Feministinnen zurückkam (wieder eine andere Gruppe, es mußte mindestens fünf davon geben; diese hier wollte NOW beitreten). Als wir in der Angel-Bar im Zwischengeschoß des Maria-Isabella-Hotels auf kleinen Hockern um ein Tischchen bei einem Drink saßen, spähte Catherine mehrmals über ihre Schulter. «Wir werden beobachtet», sagte sie, «ich glaube, wir werden beschattet.» Am Fuß der Treppe in der menschenleeren Halle standen zwei Männer in der Nähe der ausgestorbenen Portierloge. Sie taten nichts weiter, sahen nur immer zu uns hin.

Als wir aufstanden, verschwanden die beiden sofort. Dann, als wir die Treppe herunterkamen, sahen wir den einen Mann bei den Aufzügen, den anderen draußen vor dem Hoteleingang. Catherine brachte mich zu einer Taxe, und ich sah sie nach dem Nummernschild Ausschau halten: Dies mußte ein spezielles Hotelauto sein, es führte kein Taxenzeichen. Am Ende der Hoteleinfahrt bog der Fahrer rechts ein – genau in die falsche Richtung. *Jetzt ist es aus,* dachte ich. Vielleicht war es eine Einbahnstraße. Jedenfalls brauchte diese Taxe eine Viertelstunde bis zum Montejo-Hotel, eine Strecke, die ich in fünf Minuten zu Fuß ging. Einerlei – als ich zur Portierloge kam, war Catherine schon am Telefon. Die Männer, die uns beobachtet hatten, waren mir mit einem gelben, auf dem Mittelstreifen der Straße abgestellten Wagen hinterhergefahren! Catherine meinte, jetzt wäre ich bestimmt in Mexico City nicht mehr sicher. Ich fragte den Hotelsekretär, ob er mich mit dem Reservierungsbüro der Fluggesellschaft verbinden könne.

«Nicht vor morgen früh.» Er merkte, daß ich außer Fassung war. «Haben Sie keine Angst, ein Agent ist hier, um Sie zu beschützen!» Dabei zeigte er auf einen Mann in einem Sessel in der Ecke der Halle, der sich das Fernsehprogramm ansah. Erst jetzt wurde mir bewußt, daß er jedesmal, wenn ich durch die Halle gegangen war, dort gesessen hatte.

In meinem Zimmer schloß ich die Tür ab und schob den Riegel vor, dann machte ich die Fensterladen zu und setzte mich auf den Bettrand. Ich versuchte, eine der Frauen von NOW zu erreichen, aber die Leitung war tot. Schreckliche Träume quälten mich in den wenigen Stunden, die ich in jener Nacht schlief. Ich hatte wirkliche Angst. Es war wie das Spiel «Wer hat Angst vorm Schwarzen Mann?» Das war kein Scherz mehr – CIA-Agenten, der KGB, Spione, die aus der Kälte kamen –, wie es zuerst ausgesehen hatte; dies alles geschah wirklich. Die Zeitungen hatten in letzter Zeit immer mehr Berichte über Entführungen, Geiselnahmen, politische Erschießungen, Terrorismus gebracht. Ich wollte kein Feigling sein, aber genausowenig verspürte ich Lust, in Mexico City entführt zu werden. Wer würde für mich Lösegeld bezahlen?

Am nächsten Tag konnte ich keinen Flug nach New York bekommen. Wenn jedoch die beiden angesehenen Journalistinnen, die ich zum Frühstück treffen sollte, mein Bleiben für gefährlich hielten, würde ich nach Texas fliegen. Genau das wolle «man» ja erreichen, sagten die mexikanischen Journalistinnen – und «man» wäre wahrscheinlich die mexikanische Regierung, deren faschistischer Kern hinter einer linken Fassade verborgen ist. Sie erkannten das vertraute Muster wieder, nach dem in Mexiko Bewegungen zerschlagen werden – staatlich organisierte an Stelle echter feministischer Gruppen, vorgebliche Radikale, die von der Regierung zum Stören von Versammlungen angeheuert werden und die ihr einen Vorwand liefern, die wirklichen Führer mundtot zu machen, einzusperren oder zu erschießen. Aber solange ich nirgendwo allein hinginge, würde ich wohl nicht erschossen, meinten sie.

Die Journalistinnen wiesen mich darauf hin, daß ich schon vor meiner Ankunft in Mexiko als Feind aufgebaut worden sei und daß all die Gerüchte sicherlich nicht bloß zufällig kursierten. Aber ungeachtet aller Entstellungen und falschen Gerüchte hätten wir immer noch eine gewaltige Wirkung auf die mexikanischen Frauen, mit der man wohl nicht gerechnet habe. So erzählte die Journalistin Helena Fabian, bei ihrem Friseur habe am Morgen eine Frau in den Siebzigern einen Zeitungsbericht über die Tagung gelesen. Als Helena ihr sagte, daß sie mit mir frühstücken würde, meinte die ältere Señora stirnrunzelnd: «Mit dieser Revolutionärin!» Die Friseurin aber hatte eingeworfen: «Aber wissen Sie, recht hat sie doch!» Daraufhin beschloß ich zu bleiben.

Im sonnigen Hof des Cortes-Hotels bestellte ich Knoblauchsuppe und Tequila mit scharf gepfeffertem Sangrita zur Stärkung, und dann brachte ich meine amerikanischen Schwestern auf den neuesten Stand. Ich sagte ihnen, es müsse uns nun gelingen, unsere Eifersüchteleien loszuwerden und die Reihen zu schließen gegen den Feind, der hier gegen uns kämpfte, wer auch immer das sei, denn für die weltweite Frauenbewegung sei dies wahrscheinlich ein ebenso entscheidender Augenblick wie 1966 für die amerikanische. Ich erzählte ihnen, wie mich das Gerücht über meinen angeblichen «Rassismus» aus der Fassung gebracht und wie sehr mich der Vorwurf der «Manipulierung» getroffen hatte; ich sagte ihnen auch, daß die ganzen persönlichen Anschuldigungen der letzten Woche mir allmählich meine Selbstbeherrschung geraubt hatten. Wir hätten nicht genügend Zeit gehabt, miteinander zu beraten, als es mir gelungen war, die Vorwürfe des Generalstaatsanwalts dazu zu nutzen, uns Zugang zum großen Saal des Forums zu verschaffen. Die Medien hätten sich viel stärker auf meine Person konzentriert als mir lieb sei, und ich wüßte wohl, daß das ihnen auf die Nerven ginge. «Aber seht ihr denn nicht, daß euer wahrer Gegner die Frauenbewegung ist, daß sie uns spalten wollen und mich als Symbolfigur aufgebaut haben? Aber solange ich allein bin, kann ich überhaupt nichts dagegen ausrichten.» Verdammt noch mal, da weinte ich schon wieder. Aber vielleicht wurde den anderen dadurch wohler.

Danach gingen wir alle zu einem Mittagessen, das die Spirituosenfirma Domecq zu Ehren der mexikanischen Feministinnen und des Internationalen Jahrs der Frau gab. Wir überredeten die mexikanischen Feministinnen dazu, am Montag auf einer Pressekonferenz klarzustellen, daß die Frauen des Forums sehr wohl einig seien; und wir, zumindest ich, würden uns fernhalten. Mittlerweile kümmerte es mich nicht mehr, ob diese mexikanischen Feministinnen die von der Regierung organisierten waren; sie waren auf jeden Fall Feministinnen. (Sie wollten ihre kleinen Töchter mit mir zusammen aufnehmen, selbst die blauuniformierten Sicherheitsbeamtinnen wollten mit mir zusammen fotografiert werden!) Einer der leitenden Angestellten bei Domecq sagte zu mir: «Haben Sie überhaupt eine Vorstellung davon, wieviel Geld in dieser Woche in unserem Land ausgegeben wird, um die Wirkung, die ihr auf die Mexikanerinnen ausübt, zu neutralisieren?»

Am Montag brachten auf der offiziellen Konferenz in Tlatelolco die arabischen, kommunistischen sowie einige afrikanische und asiatische Nationen den Entwurf ein, den Zehnjahresplan einer Weltaktion für die Frauen an die Abschaffung von «Imperialismus, Neokolonialismus, Rassismus, Apartheid und Zionismus» zu binden. Eine europäische Delegierte sagte mir: «Das ist klarer Antisemitismus. Damit wollen wir nichts zu tun haben.» Genauso klar richtete es sich gegen die Frauen. Die weiblichen Angehörigen der amerikanischen Delegation waren bitter enttäuscht, denn wie konnten die USA den Weltaktionsplan unterstützen, falls diese Erklärung aufrechterhalten wurde? Eine herbe Randbemerkung: als die temperamentvolle Delegierte aus Neuseeland sich bemühte, «Sexismus» unter die Übel einzureihen, die die Welt erst ausmerzen müsse, bevor die Frauen frei sein könnten, stieß sie auf den Widerstand der kommunistischen, lateinamerikanischen und noch ein paar anderer Länder. Die Männer erklärten, «sie wüßten nicht, was Sexismus sei». «Dann haben Sie auf einer Konferenz über Frauen nichts verloren», entgegnete die Sister aus Neuseeland.

Während ich hinauseilte zum Gehsteig, um zu sehen, ob mich jemand zum Forum mitnehmen könnte, rannte eine Reporterin neben mir her, deren Presseabzeichen ich nirgendwo entdecken konnte, und die mich ausgerechnet danach fragte, ob ich vorhätte, in diesem Herbst zur Frauenkonferenz in Ostberlin zu fahren. «Bisher hat mich meines Wissens niemand dazu eingeladen», sagte ich. «Nach dem zu schließen, was hier vorgeht, haben die Kommunisten für Feminismus nicht viel übrig.»

«Aber wenn man Sie einlädt, werden Sie dann fahren?»

«Das würde davon abhängen, ob ich ungehindert sprechen könnte», antwortete ich, «oder ob ich nur als Lockvogel für andere Frauen benutzt würde.»

Die letzte unserer globalen Aussprachen wurde von der Mexikanerin Esperanza Marti eröffnet. «Es hat Gerüchte gegeben, die Frauen dieses Forums seien zerstritten», begann sie. «Wir sind nicht zerstritten. Wir mexikanischen Frauen wissen, daß wir nicht darauf warten können, bis unser Land entwickelt ist, bevor wir die Gleichberechtigung fordern. In jeder denkbaren Weise hat man uns davon abzuhalten versucht, uns mit unseren Schwestern aus den Industrieländern zusammenzuschließen, weil sie angeblich unsere Feinde sind. Man behauptet, Frauen im Kapitalismus und Frauen im Kommunismus und Frauen, die sich aus den Fesseln des Kolonialismus befreien, hätten nichts miteinander gemein. Aber niemand kann mir weismachen, daß die Befreiung der Frau in irgendeinem System bereits eingebaut ist. Ich bin eine Feministin!»

In diesem Moment trug eine von Männern angeführte Gruppe ein Transparent im Bettuchformat mit der Aufschrift «Mujeres y Imperialismo» aus dem Korridor in den Versammlungssaal. Mit lauten Gebrüll marschierten sie in Formation um die seitlichen Stuhlreihen herum und zur Tür hinaus, kamen unter lautem Rufen wieder herein und drängten allmählich immer näher zu den hinteren Stuhlreihen, wo wir saßen.

Eine Japanerin erklärte: «Diese Konferenz wird manipuliert, um den Eindruck zu erwecken, Frauen könnten sich nicht zusammenschließen. Wir japanischen Frauen sind zur Zurückhaltung erzogen. Wir sind tief enttäuscht über diese Versuche, uns gegen andere Frauen aufzuhetzen.» Sie wurde von dem Störtrupp niedergeschrien.

Dann rief eine Griechin leidenschaftlich aus: «Ich habe in der Widerstandsbewegung gekämpft. An der Seite ihrer Männer haben die Griechinnen gegen den Faschismus gekämpft, aber als die Diktatur an die Macht kam, waren sie auf einmal nicht mehr gleich . . . Die feministische Bewegung will die Frauen auf der ganzen Welt zu Streiterinnen gegen Faschismus und Diktatur machen. Man versucht uns einzureden, daß amerikanische Frauen, Feministinnen, die gegen den Faschismus kämpfen, unsere Feinde seien. In unserem Land haben wir erlebt, wie bezahlte Agenten auf genau die gleiche Art Versammlungen gesprengt haben.»

Jetzt führten die Männer die Störerinnen den Mittelgang hinauf. Einer drohte mir im Vorbeigehen mit der Faust. Dorothy Height erklärte: «Wir schwarzen Frauen wissen, was Unterdrückung ist, was es bedeutet, diskriminiert und ausgebeutet zu werden – wir wissen, daß wir die Gleichberechtigung brauchen, Schwestern aller Hautfarben, aller Rassen – wir können vereint arbeiten!» Sie wurde noch infamer niedergeschrien als die anderen.

Dann packte mich jemand am Arm und sagte, die für das Forum Verantwortlichen wollten, daß ich den Saal verlasse, es wäre hier für amerikanische Feministinnen nicht mehr sicher. Man hatte entdeckt, daß die Männer, die die Störerinnen anführten, Waffen trugen.

Aber schon wurde ich gegen die Wand gedrückt, ein Fernsehscheinwerfer richtete sich auf mich, und ein mexikanischer Fernsehmann wollte unbedingt eine Erklärung von mir, in der ich meine Niederlage eingestand. War es jetzt nicht eindeutig, daß die Lateinamerikanerinnen unsere Botschaft der Gleichberechtigung nicht wollten? Sein Ton war ziemlich bösartig. Ich sagte ihm, eindeutig sei, daß jemand die Frauen in Lateinamerika wie in der ganzen Welt daran hindern wolle, sich für die Gleichberechtigung zusammenzuschließen. Es gebe keine Niederlage; erst gerade wegen der starken Einigkeit der Frauen des Forums werde diese gewaltsame Störung ja inszeniert – aber niemandem werde es gelingen, die Frauenbewegung davor zurückzuhalten, sich nach Mexico City über die ganze Welt auszubreiten.

Da tauchten am Rand des Scheinwerferkegels Dorothy Haener von der U.A.W., ihre Freundin Sarah Powers und eine schwarze Stadträtin aus Detroit auf; die schwarze Frau sagte, ich solle mich bei ihr einhaken, und zusammen brachten sie mich in ein Büro, dessen Wände halb aus Glas, halb aus Mauerwerk bestanden. Sie sagten, ich solle mit dem Kopf unterhalb der Glasfläche bleiben, damit mich niemand sehen könne. Ich merkte, sie meinten es ernst, also gehorchte ich, obwohl ich von den Waffen noch nichts wußte.

Ich bin mir immer noch nicht schlüssig darüber, was wir falsch gemacht haben und was nicht. Eine ruhige Frau von der Weltzentrale des Christlichen Vereins Junger Mädchen sagte zu mir: «Die richtige Erklärung ist so verrückt, daß du sie nicht glauben wirst. Das Ganze ist passiert, weil du die Frauen, auch die aus der Dritten Welt, tatsächlich zur Einigkeit geführt hast. Als du dann auch noch angefangen hast, über ein Weltforum der Frauen zu reden – da war es aus. Jetzt planen die Kommunisten ihre riesengroße Frauenkonferenz in Berlin. Verstehst du, sie wollen die Frauenbewegung unter ihre Kontrolle bringen, dazu haben sie auch das Internationale Jahr der Frau ausgerufen!»

Am nächsten Morgen reiste ich ab. Der Weltaktionsplan wurde verabschiedet, ohne daß die zusätzlichen Durchführungsbestimmungen überhaupt diskutiert worden wären; die Erklärung von Mexiko band den Plan an den Sieg über Imperialismus, Zionismus . . . usw., so daß die USA am Ende dagegen stimmten und andere Länder, die für einen konkreten Aktionsplan für die Frauen eingetreten waren, sich ganz der Stimme enthielten.

Jaqui Ceballos und Carole de Saram machten nach der letzten Aussprache im Forum den Versuch, mit einigen der bezahlten Störerinnen zu sprechen. Und genau wie die Marktfrauen, die für das falsche Willkommen am ersten Tag angeheuert worden waren, begannen auch diese Frauen sich wirklich für die Sache zu interessieren. Schließlich waren auch sie Frauen – braune, schwarze, weiße Frauen. Den bewaffneten Männern paßte das nicht, und auf spanisch herrschten sie meine Freundinnen an: «Hört auf, unsere Frauen durcheinanderzubringen!»

Nein, das ist keine James-Bond-Story. Es ist Wirklichkeit, obwohl ich immer noch nicht begreifen kann, wie die Frauenbewegung, die wir vor zehn Jahren aus Verzweiflung über unseren Alltag als Frauen gründeten, zu einer echten Bedrohung der Mächtigen der Welt, der Linken wie der Rechten, werden konnte. (Vielleicht ist es ganz aufschlußreich, daß Echeverría sich vor der Frauenkonferenz zu einer Unterredung mit dem Papst traf und daß Philip Agees Buch ‹*Inside the Company*› in der alphabetischen Liste von CIA-Agenten und Kontaktleuten auch «Luis Echeverría, amtierender Minister [Innere Sicherheit]» aufführt.) Kann die Frauenbewegung tatsächlich den wirklich Mächtigen gefährlich werden, die das weltweite Spiel um Ideologien, Öl, Atombomben und Herrschaftsgebiete bestimmen, den skrupellosen, brutalen Männern an den Schalthebeln der Macht? Wenn die Frauen der ganzen Welt sich vereinigen, so wie sie es in Mexico City begonnen haben, werden sie eine noch nie dagewesene, neue Macht in den Händen halten, die schwieriger unter Kontrolle zu bringen oder niederzuhalten sein wird als vor hundert Jahren die Ausbreitung des Kommunismus unter den Arbeitern der Welt.

Ich weiß nur, daß die Frauen, die in Mexico City waren, nicht als dieselben nach Hause zurückgekehrt sind. Und wenn uns dort bewußt wurde, daß unsere Macht größer und für die bestehenden Mächte gefährlicher ist, als wir je geahnt haben, dann muß uns heute klar sein, daß wir all unseren Verstand und Mut brauchen werden, um die Handlanger der Mächtigen daran zu hindern, sie uns aus der Hand zu nehmen.

Im Herbst 1975 fand in Ostberlin erneut eine angebliche Weltkonferenz der Frauen statt, beherrscht von kommunistischen Gruppen, die zu diesem Zweck das Internationale Jahr der Frau ausgerufen hatten. Die amerikanischen Feministinnen waren dabei unerwünscht. Den wenigen, die trotzdem teilnehmen konnten, gelang es nicht einmal, feministische Entschließungen überhaupt in die Diskussion zu bringen. Wie sich schon in Mexiko gezeigt hatte, schätzen die Kommunisten die Frauenbewegung für Gleichheit nicht.

Auf einer Reise in die Tschechoslowakei 1967 hatte ich erfahren, warum die Frauen im kommunistischen System echte Gleichberechtigung genausowenig erreicht hatten wie im Kapitalismus.

Es war 1967, noch vor dem Einmarsch der Russen. Bei der kommunistischen Machtübernahme Jahrzehnte vorher hatte man alle Frauenorganisationen aufgelöst. Kommunismus allein genüge schon. Eine Journalistin, die ich vor Jahren gekannt hatte, hatte mich jedoch wissen lassen, daß die Tschechinnen sich nun auf einmal einer Art Weiblichkeitswahn gegenübersähen. Am Anfang, so erfuhr ich von ihr und anderen Frauen, waren die weiblichen Arbeitskräfte benötigt worden, und Frauen hatten in gleicher Weise Zugang zu den Universitäten wie die Männer. Natürlich lag in den ersten Jahren der kommunistischen Herrschaft das Hauptaugenmerk auf der Schwerindustrie und der Vergötterung des Proletariats; ein Universitätsabschluß oder ein Beruf wie der des Arztes galten demgegenüber nicht viel. Damit gehörte man damals noch lange nicht zur Elite oder konnte an Entscheidungen mitwirken.

In der Zwischenzeit hatte sich die Tschechoslowakei weiterentwickelt. Hohe berufliche Qualifikationen, an der Universität ausgebildete Manager, ja sogar Ärzte wurden nun für die Wirtschaft wichtiger als der einfache Mann, denn seine Muskelkraft ließ sich durch Maschinen ersetzen. Mit einemmal entdeckte man, daß die Schwangerschaften und sonstigen mysteriösen Krankheiten der Ärztinnen den Zeitplan der Krankenhäuser durcheinanderbrachten. Institutionen mit einem zu hohen Prozentsatz von Ärztinnen oder anderer Akademikerinnen mußten Maßnahmen ergreifen gegen dies neue Übel namens *feminizasce*. Plötzlich wurde auch entdeckt, daß die Kinder unter mütterlicher Vernachlässigung litten – *deprivace* –, sie brauchten ihre Mütter unbedingt den ganzen Tag. Kindergärten und -horte waren jedenfalls zu teuer. Lieber die Männer höher bezahlen und dafür die Frauen zu Hause bleiben lassen!

Meine alte Freundin Hilda Scott hat die Tschechoslowakei inzwischen verlassen. In ihrem Buch ‹*Does Socialism Liberate Women?*› beschreibt sie die Not der Frauen dort überzeugend und eindrucksvoll. 1967 hatte sie mich eingeladen, weil die Erschöpfung der Frauen unter der Last ihrer halben Gleichberechtigung allmählich so stark wurde, daß sie in Gefahr waren, einer kommunistischen Version des Weiblichkeitswahns zu verfallen.

Die Männer lebten unangefochten ihre männlichen Vorurteile aus; irgendwie bekamen immer die Frauen die schlechtesten Schichten, und danach hatten sie nach Hause zu gehen und die ganze Hausarbeit zu erledigen, und zwar ohne die Maschinen und arbeitsparenden Geräte, die wir haben, von neuen Gemeinschaftseinrichtungen, die ihnen die Hausarbeit hätte abnehmen können, ganz zu schweigen. Diese Dinge fanden in den fast ausschließlich von Männern besetzten Ministerien keine Beachtung oder gar Priorität. Erwägungen, daß die Männer sich an Hausarbeit und Kinderbetreuung beteiligen sollten, wenn die Frauen in Fabriken und Büros mitarbeiteten, wurden überhaupt nicht angestellt.

Zu wenige Frauen saßen an den Entscheidungsstellen, um die Minister auch nur auf ihre Probleme aufmerksam zu machen. Die

Frauen waren so abgespannt, daß ihnen die Energie für den beruflichen oder politischen Aufstieg fehlte. Als ich das Land besuchte, hatte man in der Berufsausbildung wie auch an den Hochschulen wieder unverhohlen Zulassungsbeschränkungen für Frauen eingeführt. Als ich bei einem Interview einen Politkommissar fragte, wie viele Frauen in seinem obersten Komitee säßen, gab er zur Antwort: «Viele, viele, Sie können ganz sicher sein.» Ich sagte, ich wüßte gern, wie viele. Seine Sekretärin holte eine Liste, und er las die Namen vor – Iwan, Karl, Otto – keine einzige Frau. Er schüttelte den Kopf und murmelte, ich müßte verstehen, wie schwierig es sei, qualifizierte Frauen zu finden, und überdies ginge es doch nicht an, Frauen für so viele Stunden von Ehemann und Kindern wegzuholen.

Manche Frauen, mit denen ich in jenem Winter in der Tschechoslowakei sprach, waren so erschöpft, daß ihnen die Vorstellung gefiel, zu Hause bleiben zu können und die Männer allein in Fabriken und Krankenhäusern arbeiten zu lassen. Andere, die das eine Zeitlang versucht hatten, wurden ruhelos und nervös, weil sie sich isoliert fühlten. Dazu kamen noch wirtschaftliche Schwierigkeiten durch das fehlende zweite Einkommen. Also hatten sie beschlossen, die Frauen brauchten wieder eine Organisation in der Tschechoslowakei.

Der Kommissar hielt es für einen Scherz, als eine der Frauen von mir sagte: «Sie sollten lieber vorsichtig sein, sie ist ein Karl Marx der Frauen!» Im nächsten Jahr begannen die Frauen dann tatsächlich mit dem Aufbau einer Frauenorganisation. Sie baten mich, für ihre Zeitung zu schreiben, und sie hatten vor, mein Buch zu veröffentlichen. Doch dann kamen die Russen.

Für die Frauen kann es volle Gleichberechtigung nicht ohne eine revolutionäre Veränderung der Geschlechtsrolle der Männer geben. Ich frage mich ernstlich, ob eine solche Veränderung möglich ist in Gesellschaften, in denen die Frauen nicht das Recht haben, sich zu organisieren und sich zu emanzipieren. Die historische Rede, mit der Castro letztes Jahr den Kult des Machismo anprangerte, sowie einige neue Programme in der DDR weisen darauf hin, daß sich in den kommunistischen Ländern langsam ein Bewußtsein für das Frauenproblem bildet. Es ist unmöglich, die Frauen irgendwo auf der Welt vor den Keimen der Frauenbewegung abzuschirmen, die sich vom Westen her ausbreiten.

Nach Diskussionen mit politischen Wissenschaftlern ist mir klargeworden, daß Frauenbewegung und Feminismus den Kommunisten aus den folgenden Gründen gefährlich erscheinen: 1. Weil sie die Klassenschranken überspringen und sich einer strengen Klassenanalyse der Geschichte und der Revolution nicht fügen. 2. Weil sie zuviel Gewicht auf den einzelnen und seine Selbstverwirklichung legen, auf das Recht der Frau, über ihren Körper und ihr Schicksal selbst zu bestimmen, sowie auf die Tatsache, daß die Frau nicht nur ein geschlechtliches oder wirtschaftliches Objekt ist. 3. Wenn die Frauen in den kommunistischen Staaten das Konzept «persönlich gleich politisch» übernähmen und sich aus ihrer müden Passivität erhöben, würde dabei mehr erschüttert als nur das Leben dieser Frauen. 4. Geschlechtliche Befreiung an sich schon wirkt bedrohlich; die Umsetzung der Passivität und der Wut der Frauen in allgemeine sexuelle Entfremdung ist eine entscheidende Voraussetzung dafür, daß sich eine Bevölkerung mit der kommunistischen Unterdrückung (oder mit kapitalistischer Ausbeutung) abfindet. 5. Die Frauenbewegung ist eine echte Massenbewegung mit dem Ziel revolutionärer sozialer Veränderungen, die sich weltweit ausbreitet. Sie wurde nicht von den Kommunisten in Gang gebracht; sie kann von ihnen nicht gesteuert werden.

Keines der bisher existierenden kommunistischen Modelle kann uns Vorbild sein für das «neue Ja», denn alle kommunistischen Staaten sind weiter von wirklicher Gleichberechtigung der Frauen und radikaler Veränderung der Geschlechtsrollen entfernt als wir.

Für China mag das vielleicht nicht gelten. Aber man scheint dort nicht sehr begierig darauf zu sein, daß ich mir selbst einen Eindruck verschaffe . . .

Ein offener Brief an die Frauenbewegung (1976)

Von allen Seiten wird heute der Frauenbewegung in Amerika die Sterbeglocke geläutet. «Nicht so voreilig!» könnte ich zu den Totengräbern sagen. «Die Frauenbewegung ist nicht tot, noch lange nicht. Wir haben allenfalls ein paar Rückschläge erlitten. Warum denn diese seltsame, ungebührliche Hast, unsere Bewegung zu Grabe zu tragen?» Ich könnte unsere Feinde warnen: «Feiert nicht zu früh! Es gibt zwar einige geringfügige Meinungsunterschiede zwischen uns – aber versucht nicht, aus unserer Schwäche Kapital zu schlagen. Die Frauenbewegung ist gesünder und kräftiger, als ihr denkt. Der Gleichberechtigungszusatz zur Verfassung wird 1976 ratifiziert werden!» Euch allen in der Frauenbewegung könnte ich zurufen: «Die Uneinigkeit unter uns ist gefährlich. Jetzt die Führung kritisieren heißt unsere Bewegung verraten. Denkt daran: *sisterhood is powerful.*» Trotz alldem würde die Glocke nicht aufhören zu läuten. Mit allen beruhigenden Worten, die ich noch sagen könnte, würde ich nur euch und mich selbst belügen.

Wir dürfen nicht länger die Augen vor den Warnzeichen verschließen. Wir müssen Fragen stellen und zuhören. Die Frauenbewegung wird heute von inneren wie von äußeren Gefahren bedroht. Diejenigen, die ihr den Tod wünschen, werden sich in der Tat unsere Schwäche zunutze machen. Falls es mit der Frauenbewegung zu Ende gehen sollte, falls sie so geschwächt wird, daß sie nicht mehr die lebendige, starke, bewegende Kraft sein kann, die uns alle befähigt hat, unser Leben zu verändern – was soll dann aus einer jeden von uns werden, aus unserer Frauensolidarität, unseren neuen Hoffnungen? Müßten wir dann wieder zu unserem Leben von früher zurückkehren?

Sehen wir uns die Krise an, so wie sie im Verlauf der letzten Monate ins öffentliche Bewußtsein getreten ist. Allgemein bekannt wurde sie Mitte November 1975. Innerhalb von zwei Wochen war folgendes geschehen:

1. Auf der nationalen NOW-Konferenz vom 25. bis 27. Oktober in Philadelphia gab es dreimal nächtelange Abstimmungen, gestohlene Namenslisten und Anklagen wegen Betrugs. Dann wurde zum erstenmal in der Geschichte der Frauenbewegung die Schiedsstelle der American Arbitration Association angerufen, um die Wahl zu überwachen, die in dem turbulenten Sieg eines sogenannten «Mehrheitskomitees» gipfelte, das den Schwur ablegte, die NOW «aus der Mitte in die Revolution» zu führen – und das in der maßgeblichen und einzigen Organisation mit Mitgliedern aus allen Teilen des Landes innerhalb der amerikanischen Frauenbewegung.

2. Am 29. Oktober, dem zehnten Jahrestag der Gründung der NOW, rief die selbsternannte «revolutionäre» Führung der NOW einen «Generalstreik gegen das System» aus, der sich als katastrophaler Fehlschlag erwies. Unter dem Motto «Alice Doesn't» (nach dem Filmtitel *‹Alice Doesn't Live Here Anymore›*) sollte mit dem Streik gegen das ganze System überall da protestiert werden, wo es die Frauen unterdrückt: Überall im Land sollten die Alices nicht zur Arbeit gehen, nicht einkaufen, nicht kochen, nicht mit ihren Unterdrückern schlafen. Die Zeitungen berichteten voller Schadenfreude, daß die Frauen jedoch tatsächlich zur Arbeit gegangen waren, «denn sie mußten, wenn sie nicht ihren Job riskieren wollten». Nichts war zum Stillstand gekommen. In Los Angeles demonstrierten ein paar tausend Frauen, einige hundert nahmen an Teach-ins teil, in Philadelphia und Detroit spielten Straßentheater, und es gab Bewußtwerdungsgruppen. Im Gegensatz dazu fand der Streik selbst bei manchen NOW-Gruppen keinen Widerhall, oder er erregte Verlegenheit. Die Zeitungen spotteten genüßlich über sein Mißlingen.

3. Am 4. November fiel der Verfassungszusatz über die Gleichberechtigung in den Staaten New York und New Jersey mit Pauken und Trompeten durch – also auf fortschrittlichem Boden, wo die Frauenbewegung die meisten Anhänger zählt und wo zuvor der von der Bundesregierung erlassene Gleichberechtigungszusatz zur Verfassung praktisch ohne Gegenstimme ratifiziert worden war. In Schlagzeilen und Kommentaren wurde behauptet, Frauen, ängstliche Frauen, seien an der Niederlage schuld. Leitartikler malten den sicheren Untergang des Gleichberechtigungszusatzes auf nationaler Ebene an die Wand. In einigen der vierunddreißig Staaten, die diesen Verfassungszusatz bereits ratifiziert hatten, wurden die ersten Schritte zu seiner Aufhebung unternommen. In Illinois, das bei

gesamtamerikanischen Entscheidungen immer eine Schlüsselrolle hat und dessen Ratifizierung den Verfassungszusatz 1976 über die entscheidende Marke gebracht hätte, verweigerten Parlamentarier den Führerinnen mehrerer tausend Frauen, die in jener Woche nach der Hauptstadt Springfield gekommen waren, rundheraus jede ernsthafte Diskussion. Im Staate New York wurde das Scheitern des Gesetzes als Vorwand benutzt, um den Kinderbetreuungszentren zusätzliche Mittel zu verweigern. Die Right-To-Life-Gruppen (Recht auf Leben) organisierten einen großen Marsch auf Washington, um die Aufhebung der Entscheidung des Obersten Gerichtshofes zu fordern, die den Frauen das Recht zur eigenen Entscheidung in Sachen Abtreibung eingeräumt hatte.

In der Presse, selbst in den Zeitungen der Frauenbewegung, wurde nun gefragt: «Wieviel hat die Frauenbewegung noch zu sagen?», «Steht die NOW am Rande des Nichts?» (*Village Voice* vom 17. 11. 1975); «Kann der Feminismus die Niederlage bei der Gleichberechtigungsgesetzgebung überleben?» (*Majority Report*, 15. 11. 1975). Zur wütenden Entrüstung der radikalen Feministinnen bat die *New York Times* sogar in ihrem Leitartikel: «Rettet die Bewegung!»

Ich las den Artikel im Flugzeug nach New Orleans, wo ich mich am Sonntag, dem 9. November, mit den «Unabhängigen» aus der jetzigen und ehemaligen NOW-Führung treffen wollte, um endlich die Krise der Frauenbewegung anzupacken.

Bis dahin hatten diejenigen unter uns, die die Gefahrenzeichen erkannt hatten, nichts tun wollen. Zaghaft jammerten wir vor uns hin, gebunden durch die Schweigepflicht der «Solidarität der Frauen» in jenem nach innen orientierten Kreis. Erst als sein Abbröckeln uns schon so stark geschwächt hatte, daß der Feind hereinzudrängen begann, ließen wir uns dazu herbei, den Tatsachen endlich ins Auge zu sehen. Unser verspätetes Eingeständnis, daß die Frauenbewegung schon eine ganze Weile durch innere Feinde ernsthaft in Gefahr war, hat nun etwas Kopfloses. Manche wollen es immer noch nicht wahrhaben. Die Gefahr mußte erst offen vor aller Augen liegen, bevor wir sie ernst nehmen konnten.

Das Treffen von uns dreizehn am 9. November in einem Motel in New Orleans war weder feierlich noch geheim, noch diente es der Gründung einer Konkurrenzorganisation zur NOW oder sonstiger weiterer Spaltung der Frauenbewegung. Wir stimmten alle darin überein, daß die Frauenbewegung in einer Krise stecke, daß es gelte, sowohl mit bestehenden ideologischen Gegensätzen als auch mit zerstörerischen Machtkämpfen fertig zu werden, und daß die Existenz einer nationalen feministischen, dem Ziel der Gleichberechtigung verpflichteten Organisation unbedingt notwendig sei. Unser Ziel war, die NOW als breite Mitte der amerikanischen Frauenbewegung zu bewahren und die Organisation stärker für die Bedürfnisse und Probleme der Frauen in dieser breiten Mitte zu öffnen.

Für mich und manche andere war es ein großartiger Hinweis auf die wahre Stärke der Frauenbewegung, daß «Dreizehn NOW-Funktionärinnen gründen abweichende Gruppe» der *New York Times* Schlagzeilen wert war. Das *Time Magazine* vom 24. November sprach vom «Frauenkrieg zu einem Zeitpunkt, da die anfängliche Schwungkraft des Feminismus schon stark nachgelassen hat».

Die *Washington Post* (vom 30. November) erklärte unter der Überschrift «NOW vor entscheidender Krise»: «Sie kämpften unter der Fahne ‹Aus der Mitte in die Revolution›. Obwohl sie die Vorherrschaft in der Nationalen Organisation für Frauen errang, ... hat der Sieg der ‹Mehrheitskomitee› genannten Gruppe die jahrelangen Richtungskämpfe innerhalb der größten und einflußreichsten feministischen Organisation des Landes nicht beenden können. Die Krise ist in der bisher zwölfjährigen Geschichte von NOW wohl ohne Beispiel. Die Ratifizierung des Gesetzes über den Gleichberechtigungszusatz zur Verfassung, die vier Stimmen vor der zur Aufnahme in die Verfassung notwendigen Anzahl zum Stillstand gekommen ist, kann in ernste Gefahr geraten, falls die NOW infolge ihrer inneren Spaltung nicht mehr mit dem alten Nachdruck dafür eintreten kann.»

Die Schlagzeilen, die das Treffen von New Orleans samt der Ereignisse, die dazu geführt hatten, als Auseinanderbrechen der Frauenbewegung beklagten und ihr baldiges Ende prophezeiten, schossen nicht über das Ziel hinaus, sie waren auch voreilig. Die Spaltung innerhalb der NOW hatte sich im Laufe mehrerer Jahre immer mehr vertieft. Das ganze kurze Dasein der Frauenbewegung über hat es immer Abweichungen, Uneinigkeit, ideologische Meinungsverschiedenheiten – und scheinbare ideologische Meinungsverschiedenheiten als Vorwand für reine Machtstreitereien – gegeben. Warum sollte das auch anders sein? Bis heute ist ja der hervorstechendste Zug an der Frauenbewegung unsere Fähigkeit gewesen, uns trotz unterschiedlicher Ausgangspunkte und einer Vielzahl von Überzeugungen und Lebensstilen zusammenzuraufen. Außergewöhnlich war es, wie es den Frauen in jenen ersten Jahren gelang, sich zusammenzuschließen und mit einer Einigkeit und Zielstrebigkeit zu arbeiten, wie sie bei den Männern ihresgleichen suchen.

Seit wann wird die Frauenbewegung durch innere Spaltung und Machtkämpfe, ja selbst durch radikale «Spinner» bedroht? Das wohlangesehene Mitteilungsblatt *Spokeswoman* (Sprecherin) vom 15. 12. 1975 gibt einen Hinweis:

«In der schlechtesten Wirtschaftslage seit der Weltwirtschaftskrise müssen die Frauen hilflos mitansehen, wie ihnen ihre hartererkämpften Siege entrissen werden ... Wir stehen vor einem erbitterten Kampf gegen eine gutorganisierte, über reiche Mittel verfügende Gegnerschaft auf der Rechten – gegen die Unternehmer, die niemals bereit waren, für vergangene und gegenwärtige Diskriminierung zu bezahlen, und ihre rechten Verbündeten im Bereich der ‹Kultur›, die die Auffassung verbreiten, wir seien für unsere Probleme selbst verantwortlich und die Institutionen könnten nicht zur Rechenschaft gezogen werden ... Für den Geschmack ihrer Gegner hat die Frauenbewegung eben ein paar Erfolge zuviel errungen, und vielleicht werden es sogar noch ein paar mehr ...

Gerüchte besagen, die Ford-Regierung trage sich mit dem Gedanken, die Vorschriften aufzuheben, die auf seiten der mit der Regierung Verträge schließenden Firmen die Beschäftigung von Frauen, auch in den leitenden Positionen, fordern. Mit seinem provozierenden Programm zum Abbau der Chancengleichheitsvorschriften in den Akademien geht das Ministerium für Gesundheit, Bildung und Wohlfahrt in die gleiche Richtung. Die Regierung hütet ihr bisher stets verheimlichtes Bündnis mit den Industrieinteressen weniger sorgfältig: Chancengleichheit sei ein Luxus, den ‹wir› uns zur Stunde einfach nicht leisten können ...»

Unser Abirren in innere Kämpfe und Sackgassen ist zum Teil auch ein Ergebnis des Widerstands von Großindustrie, Kirche und Staat gegen die wirtschaftliche Gleichberechtigung der Frau und deren Auswirkungen auf die bestehende Machtverteilung.

Ehrlicherweise müssen wir zugeben, daß zwar viele Frauen neue Pläne verfolgen, ihre Ausbildung wiederaufgenommen oder voller Unternehmungsgeist zu arbeiten angefangen haben, daß andererseits jedoch viele andere wegen ihres Kampfes gegen Diskriminierung entlassen worden sind. Wenn wir zulassen, daß die Gesetze gegen Ungleichbehandlung der Geschlechter in Erziehung und Beruf nur halbherzig durchgesetzt oder sogar fallengelassen werden, wenn wir uns das Equal Rights Amendment mit seiner verfassungsmäßigen Garantie der Gleichberechtigung entgehen lassen – dann müssen wir damit rechnen, daß noch mehr Frauen entlassen, nicht befördert, in der beruflichen Fortbildung benachteiligt oder durch Zulassungsbeschränkungen an den Hochschulen gebremst werden.

Um zur nächsten Stufe in unserem Kampf für die Gleichberechtigung weiterzuschreiten, müssen wir mit männlichen Gewerkschaftsführern und weitblickenden Verwaltungs- und Wirtschaftsplanern neue Verbindungen aufbauen und weitere Schritte tun in Sachen Arbeitszeit, Beschäftigung im öffentlichen Dienst, staatliche Zuschüsse für Bedürftige, Erziehung, Dienstaltersfragen, Sozialfürsorge, Sozialversicherung und Altersfürsorge. Veränderungen in diesen Bereichen treffen vielerorts auf erbitterten Widerstand. Für die Versicherungsgesellschaften zum Beispiel, die Profite machen, indem sie den Frauen niedrigere Sätze bezahlen, und die nachgerade ernstlich verärgert sind über die vielen neuen Gesetze und Regelungen zum Abbau der Diskriminierung der Frauen bei Krediten und Hypotheken, ergeben sich direkte finanzielle Belastungen. Darüber hinaus wird das Profitstreben der Konzerne in erheblichem Maße bedroht, wenn jene unterste Schicht von hilflosen, anonymen, nicht organisierten weiblichen Arbeitskräften verschwindet: die Frauen, die man bei Bedarf zur Arbeit heranholt und in schlechteren Zeiten flugs wieder entläßt oder zur Rückkehr ins Haus überredet, die fast unsichtbaren Frauen, die aufhörten zu arbeiten, sobald sie heiraten oder Kinder bekommen, und nie lange genug aushalten, um auf ihren Rechten zu bestehen oder Leistungsansprüche zu erwerben. Die jüngeren Jahrgänge dagegen, die nicht daran denken, die Arbeit aufzugeben, die wie die Männer Aufstiegsmöglichkeiten und Sozialleistungen fordern und genau wissen, daß die Benachteiligung der Frauen ungesetzlich ist, gefährden die Gewinne.

Ähnlich im religiösen Bereich: die Frauen, die die passive, hilflose Angst vor ungewollter Schwangerschaft, die bisher ihr Leben überschattet hat, hinter sich lassen, die sich die Freiheit, selbst über ihren Körper zu bestimmen, nehmen – wie gehorsam werden sie den übrigen Geboten des Priesters noch folgen? Wenn die Frauen so unabhängig werden, daß sie auch auf dem Gebiet des Sexuellen ihre eigenen Maßstäbe schaffen, werden sie dann jemals noch in John-Birch-Kampagnen gegen Pornographie oder sonst irgendeine Beeinträchtigung ihrer Freiheit einwilligen?

Nicht zufällig haben sich die Kräfte der Reaktion, die von den Großkonzernen finanziert werden, zusammengefunden, um die Frauenbewegung zu unterdrücken. Es ist sonderbar, daß die hierfür aufgewendeten Gelder von den Spürhunden der Regierung, die andere verderbliche Einflüsse der Konzerne auf das Leben in Amerika aufgedeckt haben, nicht der Beachtung für wert befunden wurden. Aber das ist nur einer unserer Feinde. Der zweite Feind, im Innern, sind wir selbst.

Im Kern der Frauenbewegung, sowohl in der NOW als auch in den radikalen Gruppen und in den Frauenzentren, hat eine Verwilderung des Führungsstils eingesetzt: ein Machtkampf, mittlerweile so heftig und erbarmungslos, daß sich nur noch die Frauen, die vierundzwanzig Stunden am Tag für die Bewegung Zeit haben, beteiligen können – Frauen, deren einziger Beruf, deren Karriere, deren ganzer Ehrgeiz, ja deren Privatleben die Frauenbewegung ist. Selbst als die neuen ehrgeizigen Aktivitäten der Frauen mit der wirtschaftlichen Realität in Konflikt gerieten – und mit den gegen uns zusammengeschlossenen Mächten, die uns die Siege, die wir zuvor so mühelos errungen hatten, jetzt schwerer machten –, leitete der Machtkampf innerhalb der Bewegung Energien von den leidigen wirtschaftlichen Problemen nach innen ab, auf sexuelle Streitpunkte, die niemand weh taten. Und nicht nur das – der Kampf innerhalb der NOW zog alle so weit in Mitleidenschaft, daß sie es sogar vermieden, ihre Differenzen in jenen sexuellen Fragen zu bereinigen.

So hat es zum Beispiel in der NOW jahrelang niemand gewagt, gegen die vorherrschende Beschäftigung mit der Frage des Lesbierinnentums aufzubegehren. Das Recht auf Wahrung der sexuellen Privatsphäre und auf freie Wahl der Geschlechtspartner wird weder von mir noch wohl von einer der sonst in der NOW verbliebenen Frauen bestritten, genausowenig wie die Notwendigkeit, mit Statuten oder Praktiken ein Ende zu machen, die Homosexuelle unterdrücken oder diskriminieren. Es macht freilich einen Unterschied, ob die Stellung der Lesbierinnen als einer von mehreren Punkten auf der Prioritätenliste erscheint oder als das vordringliche Problem und

Kennzeichen der Bewegung. Das ging so weit, daß keine Bewerberin um ein Amt in der NOW mehr laut auszusprechen wagte, daß die Lesbierinnenfrage in einem Maße hochgespielt worden war, das in keinem Verhältnis zum Schaden für die Bewegung als Ganzes stand – obwohl viele so dachten. Erst in New Orleans begannen wir mit der Diskussion über den Mißbrauch der Lesbierinnenfrage innerhalb der Frauenbewegung. Lesbische Frauen äußerten sich dabei genauso entschieden über diesen Mißbrauch wie die endlich selbstbewußter gewordenen «Normalen». (Nachdem die Zeitungen über das Treffen berichtet hatten, bekamen Mary Jean Tully und ich Briefe, die uns aufforderten, unserem impliziten «Heterosexismus» abzuschwören!)

Gelingt es einer Frau eher, sich zu befreien, wird sie «gleichberechtigter», wenn sie mit einer Frau statt mit einem Mann schläft? Ich glaube nicht. Ich sehe darin weiter nichts als ein Ausweichen vor den wirklichen Problemen. Das kann jede Frau tun, ohne in Büro oder Hochschule Schranken einzureißen, ohne die Mächtigen herauszureißen, ohne die Mächtigen herauszufordern. Es bedarf dazu keiner besonderen Fähigkeiten, es kostet nichts und bringt nichts ein, es verlangt weder eine Bewährung, noch verändert es die Institutionen. Soweit es Ausdruck der persönlichen sexuellen Vorliebe ist – jeder das ihre! Aber auf der politischen Ebene ist es weiter nichts als eine Ausrede.

Der Hauptgrund, weshalb mich in dem Lärm und Durcheinander unseres Kongresses in Philadelphia so viele Frauen daraufhin ansprachen oder mir voller Verzweiflung und Empörung schrieben, liegt meiner Ansicht nach darin, daß dort *die faktischen Gegensätze niemals offen zur Diskussion und Entscheidung gestellt wurden.* Wenn wir uns nach dem Krisentreffen in New Orleans mit ehemaligen und gegenwärtigen Führerinnen der NOW endlich zu unseren Differenzen bekennen können – um so besser. Die nachteiligen Folgen für die Frauenbewegung in Amerika, für unsere im Laufe von zehn Jahren errungenen Fortschritte, für die Chancen unserer Töchter, ihre Pläne und Hoffnungen zu verwirklichen, sind jedoch nicht länger zu übersehen.

Wie können wir selbst oder unsere Töchter weiterhin in der Mitte der amerikanischen Gesellschaft nach Gleichberechtigung streben, wenn die Frauenbewegung als wirkungsvolle Kraft zerstört wird? Werden einzelne Frauen in den nächsten zehn oder zwanzig Jahren immer noch ihr Leben verändern können, wenn es keine schlagkräftige Frauenbewegung mehr gibt, um ihnen den Rücken zu stärken?

Dies habe ich mich in letzter Zeit immer wieder gefragt. Die Fragen beunruhigen mich allmählich. Es sind schwerwiegende Fragen. Ich bin mir meiner Antworten keineswegs sicher. Macht es denn wirklich etwas aus, ob eine behelfsmäßige Organisation wie die NOW in der Tat daran zugrunde geht, daß neue Führerinnen sich gegenseitig Machtkämpfe liefern, weil sie es nicht mehr wagen, den äußeren Feind anzugreifen; weil sie den Mut verloren haben, unter den ehemaligen «männlichen Chauvinistenschweinen» in den Gewerkschaften, den Organisationen der Schwarzen oder gar in der Industrie neue Verbündete suchen; weil sie sich scheuen, jene früher schüchternen, ängstlichen, vielleicht auch feindseligen Frauen, heranzuziehen, die sich heute der Frauenbewegung zugehörig fühlen und sich ihr anschließen möchten, mit dem Gerede von «Revolution gegen Unterdrückung» aber nicht viel anfangen können?

Ich bin aus meinem Elfenbeinturm in die schmutzigen Niederungen der NOW herabgestiegen, um beschwörend «Einigkeit, Einigkeit» zu rufen. Die Bitte um Einigkeit wird jedoch so lange vergeblich bleiben, wie die tatsächlich vorhandenen ideologischen und strategischen Gegensätze, die die Frauenbewegung gespalten und daran gehindert haben, die Frauen draußen und die in ihnen verkörperte Kraft einzubeziehen, nicht bewältigt werden.

Wir sollten unsere Gegensätze nicht länger unter den Tisch fallen lassen in dem gefühlsseligen, angstvollen Bedürfnis, um jeden Preis unsere «Frauensolidarität» zu bewahren, gleichgültig, was auch immer gesprochen wird und ob alles darüber verlorengeht. Wir sind der Wahrheit verpflichtet, die unsere Bewegung wachsen läßt. Bewußtsein ist eng verbunden mit Energie, Handeln, dem dringenden Wunsch, das eigene Leben zu ändern; es spielt sich nicht im luftleeren Raum ab. Selbstmitleid und haßerfüllte Vorurteile können niemandes Leben ändern. So bleibt nur die schreckliche Versuchung, sich nicht zu rühren, das alte «NEIN» immer lauter hinauszuschreien, voller Zorn die Fäuste zu ballen und vielleicht von Guerillakrieg in den Straßen zu reden, Karateunterricht zu nehmen und mit selbstgebastelten Bomben herumzuspielen; oder aber die eigene Tatkraft ganz auf die Schaffung «alternativer», vollkommener, feministischer Amazonengruppen zu konzentrieren, weil es so viel sicherer ist, andere machtlose Frauen anzugreifen als es mit den

Institutionen und vielfältigen Formen der wirklichen Macht in der Welt aufzunehmen. Aber die Stärke der Frauenbewegung liegt in dem heftigen Wunsch von jetzt schon mehr als zwanzig Millionen Frauen, ihr Leben zu verändern. Wenn diese Stärke nicht dem realen Leben gegenüber eingesetzt wird, wird es bald keine Macht der Frauen mehr geben, für die sich zu kämpfen lohnte.

Ich bin nicht die einzige, die darin den Kern unserer Krise sieht. *Spokeswoman* (vom 15. 12. 1975) erklärte dazu: «Eine Menge Energie steckt in uns, Energie, die sich *irgendwo* verbrauchen muß. Als erstes krempeln wir unsere eigenen Einrichtungen und Organisationen um. Nach bestem Wissen und Gewissen haben wir uns bemüht, nach ungerechten und repressiven Strukturen der Männergesellschaft zu fahnden und sie auszumerzen. Wir haben in unseren Organisationen mit antihierarchischen und antiautoritären Organisationsformen experimentiert; Führerinnen vom Typ ‹Fernsehstar› und Eliten haben wir abgelehnt. Es ist uns gelungen, unsere Arbeit auf diesen Prinzipien aufzubauen wie auch die in herkömmlicher Weise funktionierenden Institutionen der weiteren Gesellschaft stärker für die Probleme der Frauen zu öffnen. Schwierig wird es für uns, sobald wir nicht mehr so erfolgreich sind und uns auf der Suche nach einem Sündenbock gegenseitig für unsere Niederlagen verantwortlich machen. Wir fangen an zu glauben, die entscheidende Schlacht müsse *zuerst* intern geschlagen werden. Durch die schleppenden Fortschritte beim Aufbau der neuen Gesellschaft draußen entmutigt, versuchen wir, unsere Grundsätze zumindest in unseren eigenen kleineren ‹Gesellschaften› zu verwirklichen – und zwar *mit vollkommener Reinheit.* Durch dieses Beharren auf Reinheit kann sich unsere Ablehnung von Eliten zur Absage an jegliche Führung auswachsen, unser Unbehagen an hierarchischer Ordnung zu Mißtrauen gegenüber jeglicher Ordnung, unser Glaube an die Demokratie zu Ablehnung jeglicher Repräsentanz. Wir meinen: Jede einzelne von uns ist zu bedeutend. Kein Mensch kann sie angemessen vertreten.

Der Handlungsspielraum schrumpft und kann noch weiter schrumpfen. Wo Bewußtsein heftige persönliche Erschütterungen verursacht, ist Entschiedenheit bitter nötig. *Der Gedanke, das eigene Leben könne die zukünftige Gesellschaft in sich schließen, ist sehr verführerisch.* Er löst die Spannung zwischen öffentlichen und privaten Handlungen: Ehescheidung, Abtreibung, Lesbischsein werden auf einmal zu revolutionären Taten.

Aber über unser Leben hinaus sind sie das nicht. Bewußtwerdung ist ein lebenslanger Prozeß, die Voraussetzung für politischen Kampf, nicht der Kampf selbst ... Nach innen gewendetes Bewußtsein ist verkümmerndes Bewußtsein. *Sisterhood* heißt nicht viel, wenn sie nicht unsere Lebensbedingungen zu ändern vermag ... Unser Leben wird durch äußere Mächte bestimmt. Zusammen müssen wir gegen diese Mächte vorgehen, sonst können wir nicht siegen.»

Ich habe die Geschichte der Frauenbewegung in den USA und in England nachgelesen. Die Kämpferinnen, die vom 17. bis zum frühen 20. Jahrhundert als erste «vor Gott und den Menschen» die Sache der Frauen verfochten haben, verfügten damals schon über einen mindestens ebenso hohen und klaren Bewußtseinsstand wie wir heute. Immer wieder jedoch, wenn die Siege nicht durchschlagend gewesen waren, schwang in diesen Jahrhunderten das Pendel wieder zurück und löschte das neue Bewußtsein aus, als ob es nie existiert hätte. Die Heldinnen der Frauen-Geschichte wurden aus der «richtigen» (= Männer-)Geschichte getilgt oder nachträglich zu furchtbaren Ungetümen oder Hexen verzerrt. Fünfzig Jahre später kamen dann Frauen wie ich und begannen aus Frustration und Leiden heraus, die Frauenbewegung neu zu erfinden. Voller Staunen entdeckten wir jene Heldinnen wieder, deren Spuren man so geschickt verwischt hatte, daß die Ziele, auf die sie zugeschritten waren, ihren Enkelinnen nicht einmal im Traum mehr einfielen.

Diese Gefahr wird auch von besonnenen radikalen Feministinnen erkannt. In dem in New Haven als Privatdruck veröffentlichten Artikel ‹*Sister*›, der zwar im Auftrag der Zeitschrift *Ms.* geschrieben, dort aber nicht veröffentlicht wurde, heißt es:

«Selbst wenn das Gesetz über den Gleichberechtigungszusatz zur Verfassung verabschiedet wird, bleibt es ohne die nötigen Durchführungsbestimmungen ein leerer (wenngleich notwendiger) Sieg. Die erste Frauenbewegung erkämpfte das Stimmrecht zu einer Zeit, als ihre wichtigsten Organisationen schon nicht mehr existierten. Trotz des Stimmrechts sank die Stellung der Frau immer weiter ab.

Unsere nationalen Organisationen bewegen sich auf immer härtere Richtungskämpfe zu. Unsere auf breite Mitgliedschaft angelegten örtlichen Organisationen, vor zwei Jahren noch in zahlreichen Städten anzutreffen, sind verschwunden oder fast bis zur Unsichtbarkeit geschrumpft und zersplittert ... Die Frauenbefreiung ist nicht Sache von ein paar hundert oder auch ein paar tausend Frauen. Sie muß die Sache von Millionen Frauen sein.

Die gegenwärtige Innenwendung und die geforderte Bereitschaft rund um die Uhr haben dazu beigetragen, daß feministische Kollektive, Kaffeehäuser und Druckereien, die vor einem halben Jahr noch bestanden, inzwischen aufgelöst sind. Was zunächst als lebendige Aktivität erschien, ist wie eine Nadel, die immer wieder kratzend über den gleichen Sprung in der Platte fährt, ein Spiel sinnlos vergeudeter Energie, das Unvermögen, zu sammeln und aufzubauen, ... ist Ausflucht, Weiblichkeitswahn, die Weigerung, die Hilferufe einer auf der Stelle tretenden Organisation zu hören, ist ein Abwerfen der Verantwortung ... Unsere Organisationen und Gegeninstitutionen gehen an innerer Blutung zugrunde, lange bevor sie dem äußeren Druck erliegen ... Sie gehen zugrunde, weil wir unsere tatsächlichen Konflikte verschleiern und es versäumen, geeignete demokratische Kanäle zu ihrer Lösung zu schaffen ...

Der Gedanke eines nicht zu bremsenden weiblichen Bewußtseinsaufschwungs ist ein Rückfall in Mystizismus. Es gibt keinerlei historische, soziologische oder psychologische Beweise dafür, daß sich unser Bewußtseinsgrad weiter erhöhen wird, solange wir keine Veränderungen der Sozialordnung erreicht haben, es ist nicht einmal sicher, daß er sich erhält ... Das 1848 in Seneca Falls zum Ausdruck gebrachte Bewußtsein ging wieder verloren. (Anm. d. Ü.: Auf ihrer Konferenz 1848 hatten die amerikanischen Frauenrechtlerinnen eine ‹Frauenrechtskonvention› aufgestellt, in der auch das Stimmrecht verlangt wurde.) Wie wird es uns gehen? Ohne eine Organisation, die es trägt, schlägt Bewußtsein um, wendet sich als Selbsthaß oder zerstörerischer Mystizismus nach innen – und erlischt.»

Ich höre dich, Schwester! Nach hundert Jahren leidenschaftlichen Kampfes wurde das Frauenstimmrecht in Amerika endlich im Jahr vor meiner Geburt errungen. Wird im Jahre 2000 eine abgekämpfte, von Schuldgefühlen geplagte junge Frau aus der Generation meiner Enkelinnen wieder von vorn beginnen müssen?

Ich glaube nicht unbedingt, daß solche Pendelausschläge zwangsläufig in der Geschichte auftreten. Zu viele Frauen haben ihr Leben verändert – und sie hätten das auch tun müssen, wenn wir jene Worte nie gesagt hätten. Diesmal geht es nicht um ein paar papierene Rechte, um Gesetze oder philosophische Argumente. Die große Mehrzahl der Frauen arbeitet heute außerhalb des Hauses, weil sie dazu gezwungen ist. Wie können die Frauen nach Hause gehen, wenn eine Hälfte von ihnen arbeitet, um als alleinige Versorger ihre Familie zu ernähren, und die andere, weil das zusätzliche Einkommen unbedingt nötig ist, um die Familie vor der Armut zu bewahren? Das *Wall Street Journal* vom 2. 2. 1976 warnt auf seiner Titelseite:

«Arbeitet Ihre Frau? Nein? Dann wird es Zeit, daß Sie ihr einen Job besorgen. Das Zeitalter der Doppelverdienerfamilie ist jetzt im großen Maßstab angebrochen. Einmal abgesehen von den möglichen Auswirkungen auf Kindererziehung und Haushalt – der finanzielle Effekt auf das Familieneinkommen ist phantastisch! Der ‹Haushaltungsvorstand›, dessen einsames Sichmühen noch das ganze Bargeld für die Familie einbringen muß, gerät immer mehr ins Hintertreffen. Es geht jetzt nicht mehr darum, daß die Smiths mit den Jones' Schritt halten. Die große Frage ist, ob Mr. Smith mit Mr. *und* Mrs. Jones schritthalten kann.»

Das Jahresende 1975 sah mehr erwachsene Frauen an der Arbeit als jemals zuvor, sogar mehr als vor der Rezession, während eine Million Männer weniger als vor der Rezession beschäftigt waren. Gegenwärtig werden in den USA 19,8 Millionen erwerbstätige Ehefrauen gezählt, die Zuwachsrate seit 1947 (wo 6,5 Millionen Ehefrauen erwerbstätig waren) beträgt 205 Prozent.

Über die «massive Verschiebung in der familiären Verdienerrolle» seit dem Zweiten Weltkrieg schreibt das *Wall Street Journal*: «1947 arbeiteten fast fünfmal soviel Ehemänner wie Ehefrauen, 1975 war das Verhältnis weniger als zwei zu eins. Voraussichtlich wird dieser Trend anhalten. Die Muskelzivilisation hat ausgespielt. Frauen können genauso gut Akten auf ihrem Schreibtisch hin- und herschieben wie die Männer . . . Eins ist gewiß. Wenn das Einkommen, das durch die Frauen des Landes in die Familienkasse fließt, einmal ausbleiben sollte, würde der ehrgeizige Lebensstandard der Nation über Nacht zusammenbrechen.»

Nehmen wir außerdem noch die enorm gewachsene Zahl von Familien mit einem ledigen Elternteil und die zahlreichen alleinstehenden Frauen dazu, so sehen wir, daß die wirtschaftliche Notwendigkeit unserem Streben nach Gleichberechtigung ein gewichtiges Argument liefert. Unser Land braucht sie. Mag die Krise der Wirtschaft es den Frauen auch fast unmöglich machen, neuen Boden zu gewinnen – nach Hause zurückkehren können sie diesmal trotzdem nicht.

Wenn unsere Bewegung jedoch auf halbem Wege steckenbleiben sollte, werden in besagtem Jahr 2000 womöglich viele Frauen außerhalb wie innerhalb des Hauses arbeiten und uns dabei kräftig verfluchen. Unsere Revolution ist es nie allein darum gegangen, ein paar einzelnen Frauen Stellungen zu verschaffen, die bisher Männern vorbehalten blieben, während der Großteil sich mit dem vollen Arbeitstag im Beruf zusätzlich zu dem seit eh und je anfallenden Arbeitspensum zu Hause abrackert. Es geht um mehr. Das Nein zum Weiblichkeitswahn und der vereinte Protest gegen die Diskriminierung der Frau waren nur Stufe I. Es muß uns einfach gelingen, die Gegensätze zwischen uns und auch den Zorn in unserem «Nein» zu überwinden, um zu Stufe II voranzuschreiten: der Neugestaltung der Institutionen auf der Grundlage echter Gleichberechtigung von Frauen und Männern, dem «neuen Ja». Hierbei geht es um die Entfaltung wirtschaftlicher wie auch sexueller Kräfte. Die Energien, durch die wir leben, lieben, arbeiten und essen, die in der Vergangenheit von den Mächtigen niedergehalten wurden, können nun endlich befreit werden und unser aller Leben dienen – oder in fruchtloser ohnmächtiger Reaktion verschwendet werden.

Das Paradoxon ließe sich fast mathematisch darstellen: In dem Maße, wie wir uns auf innere sexuelle Phantasien und ein haßerfülltes Schattenboxen untereinander und gegen die Männer zurückziehen, entfremden wir uns die wirklichen Quellen neuer Energie, die dort draußen warten. Wenn wir statt dessen unsere Kräfte wieder nach außen richteten, könnten wir uns endlich in ausreichender Zahl aufmachen, um die gegen uns verbündeten gegnerischen Kerntruppen zu besiegen.

So bedenkt doch! Einen Monat nach dem Scheitern der einzelstaatlichen Gleichberechtigungsgesetze in New York und New Jersey berichtete das Harris-Meinungsforschungsinstitut, daß 65 Prozent aller Frauen «die meisten Bemühungen, die Stellung der Frau in der Gesellschaft zu stärken und zu verändern», unterstützten. Nur 17 Prozent meinten demgegenüber, «die meisten Organisationen, die den Status der Frauen innerhalb der Gesellschaft verbessern wollten, tun der Sache der Frauen damit einen Dienst». Louis Harris führte dazu aus:

«Ein bedeutungsvoller Hinweis auf die Kluft zwischen der Popularität der Sache und der relativen Zurückhaltung den Frauenrechtsorganisationen gegenüber liegt darin, daß eine Mehrheit der Frauen (nämlich 62 Prozent) nicht glaubt, daß die Frauen in Amerika eine ‹unterdrückte› Gruppe seien (was nur 29 Prozent der Frauen glauben) . . . Daraus wird deutlich, daß als ‹Befreiung der Frauen aus der Unterdrückung› deklarierte Kampagnen der Frauenorganisationen nur gegen eine gewaltige Wand des Unverständnisses stoßen.»

Bei früheren Untersuchungen des Harris-Instituts wurden bessere Chancen für die Frauen von mehr Männern als Frauen befürwortet. «Aber», sagt Harris, «das hat sich mittlerweile drastisch geändert. Den Frauen liegen Gleichberechtigung und Chancengleichheit jetzt viel mehr am Herzen als den Männern. Aber seit die Frauen sich ihrer Stellung klarer bewußt sind und sie sich vernehmlicher darüber äußern, sind sie auch viel wählerischer darin geworden, welche Führerinnen und Gruppen für sie sprechen sollen. Die alten Parolen von den Frauen als dem niedergehaltenen, unterdrückten und weitgehend entmündigten Geschlecht erscheinen ihnen weder zutreffend noch als ein Sammelruf, dem sie gern folgen wollen.»

Wie die meisten Amerikaner haben auch die Frauen die leeren Worte allmählich satt, ob sie nun von rechts oder von links kommen, von Verfechtern des Weiblichkeitswahns oder eines mystischen «Mutterrechts», von *McCall's* oder *Ms.* Als wir auf dem NOW-Kongreß in Philadelphia morgens um drei zur Stimmabgabe Schlange standen, sagte vor mir eine Frau aus Michigan: «Ich möchte aber zur Mitte gehören. Deswegen bin ich ja in der Frauenbewegung, weil ich als Frau bisher nicht dazugehört habe.» Eine Studentin aus New York, die als Rechtsanwaltsgehilfin arbeitet, um Geld für ihr Jurastudium zu verdienen, meinte: «Es heißt ja, die Frauenbewegung wäre tot, aber ich glaube eher, die Bewegung der Frauen ist über die, die gedacht haben, sie selbst seien die Frauenbewegung, hinweggegangen. Ihre Organisation mit ihren Sprüchen aus den sechziger Jahren kommt mir überholt vor. Aber die Frauenbewegung darf nicht haltmachen. Ich möchte gern Jura studieren, und ich möchte heiraten und Kinder haben. Ich weiß nicht, ob ich das alles so leicht unter einen Hut bringen kann, wenn es nicht noch mehr konkrete Veränderungen gibt.»

Die Gegensätze innerhalb der Frauenbewegung oder, besser, die scheinbare Kluft zwischen der Führung der Bewegung und der Mehrheit der amerikanischen Frauen, die nun für die Gleichberechtigung sind, nicht aber für *women's lib*, mögen einfach die unterschiedlichen Stadien der Befreiung der gewaltigen, so lange unterdrückten Energien der Frauen widerspiegeln. Manche Frauen fühlen so wenig Zutrauen zu ihrer eigenen Fähigkeit, ihr Leben oder gar die Welt wirklich zu verändern, daß der Haß, die Parolen, die kleine Macht, die sie innerhalb der Frauenbewegung erlangen können, für sie alles werden. Sie identifizierten sich am fanatischsten mit den rachedurstigen, puristischen Geboten der feministischen «Revolution». Wenn es andererseits um so prosaische Dinge wie das Eintreten für Entscheidungspositionen in Beruf und Hochschule für die Frauen geht, haben sie nur die grimmigste Verachtung übrig für solche «männlichen Ego-Trips», «Macht-Trips» und «elitäres Gebaren». Sie jagen den Frauen, die im Beruf vorwärts kommen oder sich auch nur gut anziehen wollen, Schuldgefühle ein. Für die «weiße Mittelschichtexistenz» der meisten Frauen in der Bewegung haben sie nur Verachtung übrig, obwohl die Mehrheit der amerikanischen Frauen Weiße aus der Mittelschicht sind. Sie sind es auch, die der Bewegung raten, sich nicht weiter um die Abwehr der Einstellungsverpflichtung für Frauen als Universitätslehrer zu kümmern oder um die Vernachlässigung der Antidiskriminierungsprogramme, die es den Frauen ermöglicht hatten, akademische Berufe wie die des Arztes und Juristen zu ergreifen. Sie behaupten, die Hauptsorgen der Frauenbewegung müßten Rassismus, Armut, Vergewaltigung und die Stellung der Lesbierinnen sein – alles und jedes, nur nicht die Probleme der weißen Mittelschichtamerikanerinnen. Tatsächlich sind sie selbst jedoch in der Regel weiße Mittelschichtamerikanerinnen. Manchmal scheint mir, als ob sie die Frauenbewegung als einen Zeitvertreib auffaßten, um ihren faktischen Problemen als Frauen zu entgehen, anstatt die Verantwortung und die Machtposition zu akzeptieren, diese Probleme in Angriff nehmen zu können.

Überall wunderte man sich, warum es mit «Alice Doesn't» so gut wie nirgendwo gelang, Frauen zum Streik «gegen das System» zu bewegen, obwohl doch fünf Jahre vorher der Streik um Gleichberechtigung überall in den Vereinigten Staaten die Frauen in fröhlichen, wirkungsvollen Aktionen auf die Straße gerufen hatte. Der Unterschied kommt eben daher, daß unsere Bewegung erfolgreich war. Es liegt in der Natur unserer Fortschritte, daß die Frauen heute mehr zu verlieren haben.

Anzunehmen, die Mehrheit der amerikanischen Frauen würde «gegen das System streiken», war eine schwerwiegende Verkennung der Wirklichkeit der Frauenbewegung. In der Frauenbewegung geht es um eine Stimme in der tonangebenden Mitte der Gesellschaft, um aktive Teilnahme am System, um Gleichberechtigung. Dadurch werden die Frauen befreit; dadurch verändern sie ihrerseits das System.

Im Streik vom 26. August 1970 ging es um Gleichberechtigung. Damals, als unsere Bewegung noch jung war, waren die Frauen so sehr in der Stimmung zu handeln, hatten so wenige von ihnen jemals einer festen Gruppe angehört, daß weiter nichts als eine begeisterte Kerngruppe nötig war und ein Aufruf, dem die Frauen folgen konnten. Damals gab es nur dreißig NOW-Abteilungen, aber zusammen mit der breiteren Koalition, die ich in New York aufbauen konnte, reichten sie aus, um eine nationale Aktion im Stil der sechziger Jahre in Gang zu bringen. Die Aufmerksamkeit der Medien für unsere Aktion machte uns erst richtig auf unsere Bewegung aufmerksam . . . Auch bei einem Fehlschlag hätten wir wenig zu verlieren gehabt. Die Frauenbewegung war damals noch so klein, daß niemand große Dinge von ihr erwartete.

Im Oktober 1975 war die Situation jedoch eine ganz andere. Die Frauen waren am Arbeitsplatz oder in ihren Standesorganisationen organisiert, wenn sie Akademikerinnen waren, und sie bewegten sich immer mehr auf die Gleichberechtigung zu. Wie die Zeitungen bemerkten, saßen die Frauen, die 1970 in Chicago oder in Kaffeehäusern in Colorado die Frauen mobilisiert hatten oder die Fifth Avenue hinuntergezogen waren, 1975 in den Bibliotheken über ihrer Doktorarbeit, oder sie verhörten Zeugen im Gerichtssaal. Zudem gab es inzwischen in 700 Städten NOW-Abteilungen, die allmählich an Einfluß gewonnen hatten und spezielle Probleme bearbeiteten.

Die Aktion von 1970 war von den Kongreßteilnehmern der NOW gebilligt worden, denen ich sie vorgelegt hatte. Nicht ohne Grund wird in den Gewerkschaften über Streiks abgestimmt, bevor sie von der Führung ausgerufen werden. Zuviel steht auf dem Spiel – an Verhandlungsspielraum –, wenn die Mitglieder dem Streikaufruf nicht folgen. Streiks werden nur in dringenden Fällen ausgerufen, wenn normale Verhandlungen fehlschlagen.

Wenn die Führung von NOW mich gefragt hätte, hätte ich von dem Streik abgeraten, obwohl damit zumindest nach außen hin meine eigene frühere Idee wiederholt wurde. Aber wir waren jetzt in einer ganz anderen Situation als 1970.

Gegenwärtig waren die Frauen, die in die guten Positionen aufgestiegen waren, die wir gefordert hatten, von Entlassung bedroht. Sie waren an ihren Arbeitsplätzen in Gruppen organisiert, deren konkrete Forderungen durch einen Streik «gegen das System» gefährdet worden wären. «Alice Doesn't» mußte ihnen leichtfertig, ja sogar hinderlich erscheinen.

Mit dem Gesetz über den Gleichberechtigungszusatz zur Verfassung so kurz vor der Abstimmung wollten die NOW-Führerinnen in New York nichts mit dem Streik zu tun haben. Sie rieten mir, falls ich gefragt würde, den Streik nicht zu Fall zu bringen – aber doch klarzumachen, daß wir hier in New York nicht mitmachen würden. Uns gehe es vor allem um das Gleichberechtigungszusatzgesetz. Es ist leider so, daß ein mißglückter Streik die Position der Frauen überall schwächt. Deswegen hätten wir, die wir übersehen konnten, was für eine unglückselige Idee «Alice Doesn't» war, rechtzeitig davor warnen müssen. Alle, die sich lieber damit abfanden als die Solidatität der Frauen noch mehr zu gefährden, sind mit schuld an diesem unverantwortlichen Mißgriff der Führung.

Die Macht der Frauenbewegung geht verloren, wenn sie nicht mehr großen Scharen von Frauen Tatkraft verleiht und umgekehrt von ihnen Kraft empfängt. Aber die Frauen, die durch die Frauenbewegung nach Macht, Nutzen und Ruhm für sich selbst streben, täuschen sich sehr, wenn sie glauben, sie könnten nur ihrem persönlichen Ehrgeiz folgen, die Vorteile einheimsen und die Bewegung einfach hinter sich lassen. Gewisse Politikerinnen, die gewählt wurden, um die Sache der Frauen zu vertreten, haben offenbar auf einmal das Gefühl bekommen, das Gleichberechtigungszusatzgesetz könne nur erfolgreich sein, wenn es keine Spur von Feminismus mehr an sich trage – die Frauenbewegung sei überflüssig. Eine breitgefächerte Koalition von der Art, wie sie die Zeitschrift *Ms.* auf dem Papier für eine sogenannte «Nationale Frauen-Liste» zusammengestellt hatte – von Hadassah und der Junior League (freiwilliger sozialer Hilfsdienst junger Mädchen) bis zu den Pfadfinderinnen – sollte sich für das Gleichberechtigungszusatzgesetz einsetzen. Um die Beteiligung der Frauenbewegung bemühte man sich gar nicht erst; sie wurde in der Tat eher von der Kampagne zurückgehalten.

Gewiß war die Frauenbewegung auch in innere Kämpfe verstrickt. Aber in Wahrheit sah es so aus: Wir, die wir sowohl den Verfassungszusatz über die Gleichberechtigung als auch das allgemeine Wiederaufleben der Gleichberechtigung der Geschlechter erkämpft hatten – wir bekamen von den Frauen, die durch unsere neue Macht gewählt worden waren, zu hören, unsere Mitarbeit würde nicht länger gebraucht. Das Gleichberechtigungszusatzgesetz ist im Herbst 1975 in zwei der fortschrittlichsten Bundesstaaten gescheitert, obwohl die Frauenbewegung dort effektiv am stärksten ist, weil politische Bosse die Macht, die sie der Frauenbewegung verdanken, ohne Rücksicht auf die Substanz und die Energie der Bewegung gebrauchen wollten! Nicht allein die verschwenderisch finanzierte Lügenkampagne der reaktionären Gegner brachte das Gleichberechtigungszusatzgesetz zu Fall, sondern vor allem die Unterschlagung der Bewegung durch ihre eigenen politischen Freunde und die in ihrem Namen gewählten Frauen. Durch die Niederlage bei der Abstimmung über das Gleichberechtigungszusatzgesetz kamen jedoch auch ihre eigenen politischen Karrieren ins Wanken.

Hoffentlich seht ihr nun ein – ihr, die ihr in ein Amt gewählt worden seid oder dank der Schwungkraft der Frauenbewegung Vorteile und Ruhm geerntet habt –, daß diese neue Macht euch nur gehört, solange ihr euch der Bewegung verpflichtet wißt und ihr zu dienen bereit seid. Wenn ihr die Macht übernehmt und dann die Bewegung fallenlaßt – was für eine Macht habt ihr dann? Da wir schon einmal ehrlich sind miteinander: Ihr, die ihr euren neuen Fortschritt im Jurastudium, Medizinstudium, im Geschäftsleben, in qualifizierten Berufen und in künstlerischen Tätigkeiten der Frauenbewegung verdankt – wenn ihr euch nicht durch aktive Unterstützung der Frauenbewegung zu dieser Schuld bekennt, wann werdet ihr dann euren Schwung verlieren?

Eine kürzlich geschiedene Frau, die jetzt arbeiten geht, die sich durchkämpft, erzählt mir von ihrem neuen Leben und seinen Problemen. Ich frage: «Würdest du gern zurückgehen?» – «Natürlich nicht», sagt sie. «Jetzt bin ich lebendig. Aber ich muß doch zugeben, die Probleme wachsen geometrisch. So habe ich mir das nicht vorgestellt.» Meine eigene Tochter, mit ihren neunzehn Jahren entschieden keine radikale Feministin, weil sie als meine Tochter «ganz sie selbst» sein muß, hält es immer noch für die selbstverständlichste Sache der Welt, daß sie Ärztin oder Naturwissenschaftlerin werden und ihre zwei oder drei Kinder haben wird, die sie zusammen mit ihrem Ehemann aufziehen wird, ohne die ganzen dummen Konflikte und Probleme ihrer Mutter. Eines Tages liest sie in der Zeitung, daß die Frauenbewegung in Schwierigkeiten steckt. Sie unterzieht mich einem besorgten, anklagenden Verhör: «Was ist denn schiefgegangen? Ist es was Ernstes?» Mag sie heute auch scherzen über die vielen Nachmittage in ihrer Kindheit, die sie mit dem Überprüfen von NOW-Matrizen zugebracht hat – gerade durch ihre Zuversicht setzt sie die Frauenbewegung als selbstverständlich voraus. «Zum Beispiel», so sagt sie, meine Nachlässigkeit rügend, «wie können denn die Frauen in Nestern wie Spokane oder Peoria immer noch so etwas auf die Beine stellen, wenn die ganze Bewegung kaputtgeht?» Ich würde nie sagen, ich habe es für dich getan, mein liebes Kind, wir haben es alle für uns selbst getan. Aber wenn deine Zukunft auf dem Spiel stünde – was ja auch tatsächlich der Fall ist –, meinst du nicht, daß es Zeit wäre, daß auch du mitmachtest und Verantwortung für die nächste Stufe übernähmst?

Noch einmal: die Alternative ist, vor dem Erreichen echter Gleichberechtigung angehalten zu werden. Wenn das geschieht, breitet sich Ernüchterung aus, und damit einher geht Rückschritt. Die Frauen, die sich auf ihrem Rückzug gegen uns wenden, sind die furchtsamsten, schwächsten, diejenigen, die am meisten Grund haben, sich in unserer komplexen, wandelbaren Welt unsicher zu fühlen.

Habt ihr schon einmal von Angesicht zu Angesicht mit einer der Anhängerinnen von «Total Womanhood» (Totale Fraulichkeit), der «Pussycat League» (Kätzchenliga) oder der «League of Housewives» (Hausfrauen-Liga) gesprochen? Sie sind wirklich bösartig, die ängstlichen Schwesterchen; die fanatischste Feministin erscheint daneben liebevoll und heiter. Sie haben Angst, ihr Ehemann könnte sie nicht mehr ernähren, wenn das Gleichberechtigungszusatzgesetz in Kraft tritt, Angst, er könnte sie verlassen, wenn es keine Unterhaltsverpflichtung mehr gibt. Wenn sie lernen, sich ganz passiv zu stellen, ihn an der Tür mit nacktem Arsch oder mit Straußenfedern behängt zu begrüßen und ihm vorzumachen, daß sie vor Ekstase schier in Ohnmacht fallen, obwohl sie innerlich eiskalt sind –, wird dann der starke wunderbare Beschützer, von dem man sie zu erwarten gelehrt hat, daß er sie für den Rest ihres Lebens versorgt, wird er dann auch bei ihnen bleiben?

Vielleicht nicht. Die Angst dieser Damen ist berechtigt. Denn ohne verfassungsgarantierte Gleichberechtigung enden Ehen tatsächlich in Scheidung, gehen Männer tatsächlich fort, ohne für den Unterhalt von Frau und Kindern zu bezahlen. In der augenblicklichen Wirtschaftssituation werden viele Männer entlassen und können dann die Raten für das Haus und das Auto nicht mehr bezahlen. Trotzdem braucht Phyllis Schlafly (Anm. d. Ü.: Prominente Emanzipations- und Abtreibungsgegnerin) keine Angst zu haben. Hat sie doch die neuen Möglichkeiten, die unsere Bewegung den Frauen eröffnet hat, genutzt, um Jura zu studieren. Nun wird sie gut bezahlt dafür, daß sie anderen, noch stärker verängstigten Frauen rät, sie brauchten ja nichts weiter zu tun als unseresgleichen zu stoppen, die wir es wagen, Gleichberechtigung zu fordern. Seit kurzem erscheinen ihre Haßkommandos, wo auch immer ich spreche: gutgekleidete Frauen mit toupiertem, frisch gelegtem Haar, die auf sonderbare Art von eiskaltem, verzehrendem Haß erfüllt scheinen, wie dahinschwindendes Trockeneis. Einmal hat mich eine angespuckt.

Der europäische Soziologe Max Scheler beschreibt eine spezielle Form des Hasses, die er «Ressentiment» nennt. Es handelt sich dabei um eine Erscheinung, die bei Völkern oder Gruppen auftritt, deren Mitglieder fortgesetzt und so stark in ihrer Menschenwürde frustriert werden, daß sie das unbefriedigte Bedürfnis oder eine spezifische Versagung überhaupt nicht mehr wahrnehmen. Die Menschen befinden sich in einem Dauerzustand von hoffnungslosem, freischwebendem Zorn oder Ärger, der durch die Herrschenden, mit denen sie sich identifizieren, bis zu Raserei und Lynchjustiz gegen nach Freiheit strebenden einzelnen oder Gruppen manipuliert werden kann. Was an den haßerfüllten ressentimentgeladenen Menschen hervorsticht – neben der glühenden Intensität ihres ständigen, freischwebenden Hasses –, ist ihre feige, kriecherische Unterwürfigkeit gegenüber der herrschenden Klasse: Sie identifizieren sich mit ihren Unterdrückern. So fand ich in Deutschland unter den Angestellten und Beamten und im Lumpenproletariat das nötige Potential an Ressentiment, das Hitler und die Nazis bis zum Massenmord an sechs Millionen Juden in den Gaskammern steigerten. Mit ihnen starben Gewerkschaftler, Intellektuelle und andere, die es gewagt hatten, sich zu organisieren und gegen ihre wirklichen Unterdrükker aufzubegehren.

Was empfinden die Frauen, deren ängstliche Abhängigkeit sie zu «totaler Weiblichkeit» und sklavischen Straußenfedern treibt, wirklich nachts im Bett? Wenn sich die lebensbejahenden zupackenden Energien einer Frau nach innen wenden, verkehrt sich die sexuelle Quelle der Liebe in Haß, der von den Männern in ein Potential der Gewalt verwandelt wird, das schließlich dem Töten dient. Ich wünschte mir ein weiteres Leben lang Zeit, um die Wurzeln dieses Prozesses in Psychologie, Anthropologie und Geschichte aufzuspüren, in dem dem Leben entzogene Energien sich in ihr Gegenteil verkehren und zu Kräften der Zerstörung werden.

Im Durchbrechen dieses Teufelskreises liegt die wirkliche, revolutionäre Bedeutung der Frauenbewegung. Wir befreien die Frauen von jenem Ressentiment, das am Ende ihre ganze Liebeskraft untergraben hat. Indem wir ihnen die Freiheit geben, sich in der Mitte der Gesellschaft zu bewegen, befreien wir auch die sexuellen Energien, die bisher durch Diktatoren und Demagogen manipuliert worden sind. Im Epilog der Neuausgabe von ‹*Der Weiblichkeitswahn*› zehn Jahre nach dem ersten Erscheinen schrieb ich:

«Ich glaube, daß die Energie, die in diesen überholten männlichen und weiblichen Rollen eingeschlossen ist, das soziale Gegenstück zu der physikalischen Energie ist, die im Bereich von $E = mc^2$ eingeschlossen ist – die Kraft, die die Katastrophe von Hiroshima entfesselte. Mir scheint, die aufgestauten sexuellen Energien haben mehr, als irgend jemand erkennt, dazu beigetragen, die entsetzliche Gewalttätigkeit anzuheizen, die in den letzten Jahren in Amerika und der Welt zum Ausbruch kam. Wenn ich recht habe, wird die Geschlechtsrollen-Revolution diese im Dienste des Todes stehenden Energien befreien und es Männern und Frauen wirklich ermöglichen, ‹Liebe, nicht Krieg zu machen›.»

Wie können wir den neuen Weg finden, wie den Teufelskreis durchbrechen? Nicht, indem wir der Welt der Männer und der Macht den Rücken kehren, Revolution spielen und Amazonengemeinschaften gründen. Nicht, indem wir uns einreden, die Frauen wären in Wahrheit das erste Geschlecht («Wer möchte schon Präsident von General Motors sein?»). Wir können dem Teufelskreis nicht entrinnen, wenn wir auf der Stelle treten und dabei Schwung und Perspektive unserer Bewegung verlieren, weil wir nichts Besseres zu tun wissen, als in unseren eigenen Reihen um die Macht zu kämpfen.

Innerhalb unserer Organisation müssen wir unbedingt einfache demokratische Kanäle für offene und auch engagierte Diskussion der grundlegenden Fragen und Strategien schaffen, anstatt zu versuchen, uns gegenseitig insgeheim zu manipulieren. Lassen wir die Mitglieder entscheiden – auf daß die beste Frau gewinnen möge! Sollten die Gegensätze tatsächlich unüberbrückbar sein, dann laßt diejenigen, die von Guerillaaktionen in den Straßen und feministischer Gewalt träumen, eine eigene Organisation aufmachen, und die anderen, die die Gleichberechtigung der Frau und ihre Teilnahme an der Hauptströmung der Gesellschaft für die echte Revolution halten, eine andere – wie die englischen Suffragetten es gehalten haben, als ein Teil von ihnen nicht mit den Methoden gewaltsamen Kampfes einverstanden war, zu denen die anderen am Ende ihre Zuflucht nahmen.

Während ich dies schreibe, glaube ich noch, daß die offenen Gegensätze innerhalb der NOW versöhnt und Mittel und Wege gefunden werden, die Mitglieder zu repräsentieren und über die Zukunft der Organisation, auf die die Frauenbewegung noch immer angewiesen ist, mitentscheiden zu lassen. Vielleicht wird man doch Möglichkeiten schaffen können für beide Fraktionen, sich miteinander für Ziele wie das Equal Rights Amendment einzusetzen. Die älteren Frauen werden die Führung an die jüngeren abtreten. Manche von uns werden allmählich neue Wege finden, mit den Männern zusammenzuarbeiten auf Stufe II: der Neugestaltung der Institutionen.

Wenn wir zusammenhalten, könnte es uns gelingen, die gegnerischen Mächte zurückzuschlagen. Die Männer, die den Verdienst ihrer Ehefrauen brauchen, die Ehefrauen selbst, die Töchter mit ihrem neuen Ehrgeiz, alle die Frauen, die sich selbst und womöglich noch ihre Familie ernähren müssen – sie sind die überwiegende Mehrheit unseres Landes. Was sogar das *Wall Street Journal* sieht, wird auch das übrige kapitalistische Establishment oder zumindest seine Intelligenz sehen müssen, nämlich daß unsere ganze inflationäre Wirtschaft über Nacht zusammenbräche, wenn die Frauen nach Hause gingen. Freilich war die Schlechterstellung der Frauen einträglich – für manche Firmen ist sie es heute noch. Ja sogar im verkommenen alten Kapitalismus, einerlei, ob er sich aus eigener Kraft zu erneuern vermag oder nicht, wird die Gleichrangigkeit der Geschlechter und die Beteiligung der Frauen mit alldem, was sie an Positivem bringt, für die Wirtschaft im Ganzen zu einer Hauptquelle neuer Energie.

In manchen meiner Mitrevolutionärinnen kann ich das blanke Entsetzen hochsteigen sehen: «Willst du damit sagen, daß die Frauenbefreiungsbewegung deshalb nicht untergeht, weil wir im Kapitalismus gegenwärtig gebraucht werden, um Geld zu verdienen und Waren zu kaufen?» Zum Teil. Man wird uns jedoch nicht mehr so leicht zum Kauf von unnützem Zeug überreden können, wenn das Publikum der isolierten, hilflosen, begehrlichen Frauen sich nicht mehr vor dem Fernseher etwas Lebensersatz zu holen braucht.

Wesentlicher ist, daß sich die Entwicklung der Frauen von passiven Objekten zu aktiver Mitarbeit mit anderen Strömungen trifft. Alle zusammen verfügen sie über die Informationen, die Energie und die Macht, um die Institutionen zu erneuern.

Auf dem Rückflug von Tennessee, wo ich letzte Woche den Gleichberechtigungszusatz zur Verfassung mitdebattiert habe, kam mir im Flugzeug das *Mainliner*-Magazin in die Hände, das die United Airlines für die Geschäftsreisenden auslegt. Es war ein Sonderheft über «Die Veränderungen in der Arbeitsmoral der Amerikaner» mit der Titelgeschichte ‹*Warum sollte Sammy noch laufen?*›, zweifellos kein feministisches Traktat. Studs Terkel berichtet darin über das Aufbegehren von «Sanitärtechnikern» (Müllmänner) oder «Rechnungsmanagern» (Vertreter) gegen sinnlose Arbeit in euphemistischer Verbrämung. Aus seinen Interviews mit 133 Berufstätigen schloß Terkel: «Die weithin vertretene Ansicht, allein die Jugend habe Zweifel an der Arbeitsmoral, ist ein Mythos. Die meisten Menschen wollen heute mehr freie Zeit für ihre Familien, für Weiterbildung und Liebhabereien. Vor allem aber suchen sie nach einem tagtäglich erfahrbaren Sinn in ihrer Arbeit. Sie möchten Anerkennung und die Befriedigung, gute Arbeit geleistet zu haben . . . Wenn eine neue Arbeitsmoral überhaupt funktionieren soll, so muß sie aus der ‹Maloche› etwas Erfreulicheres machen: ‹Fortentwicklung›. Das mag das Öl sein, das das Getriebe unseres Systems für Alte und Junge reibungslos am Laufen hält.» Ein der «schrumpfenden Arbeitswoche» gewidmeter Teil jenes Magazins stellte die Viertage-

und Vierzigstundenwoche, sogar die Dreitagewoche sowie die gleitende Arbeitszeit, bei der die Arbeiter selbst entscheiden, wann sie kommen und gehen, an Stelle des starren Neun-bis-Fünf-Rhythmus, als bleibende Trends vor.

Anfänglich wurde von manchen Kritikern immer wieder darauf hingewiesen, daß die Frauen darum kämpften, ins aktive Leben, in die Berufswelt und in den Statuskampf einzutreten, während andererseits tüchtige junge und ältere Männer das alles gern verlassen hätten. Aber genauso wie Männer brauchen Frauen auch die Sicherheit, genug zu essen zu haben, über die Fähigkeiten und Möglichkeiten zu sinnvoller Arbeit zu verfügen und Anerkennung und Belohnung dafür zu ernten, bevor sie sich dafür entscheiden können, ein Leben für die menschlichen Werte zu leben. Wenn ein Mann nicht mehr Alleinverdiener zu sein braucht, kann er statt allein an den Verdienst auch an die Befriedigung durch die Arbeit denken ... Einer der sinnvolleren Bereiche des Lebens, an denen die Männer heute in stärkerem Maße teilhaben wollen, ist die Familie, genau die Plackerei, die für viele Frauen so drückend geworden war, als sie daran gekettet und im Hause isoliert waren.

Die Überwindung von Gegensätzen ist kein einfacher Prozeß. Wie Marx gesagt hat, verläuft er im Dreischritt von These, Antithese und Synthese. Reaktion als der bloße Sturz der herrschenden Macht und Rollentausch sind nicht Revolution; sie kehrt sich zuletzt gegen sich selber. Unser «neues Ja» kann nur aus der Stärke geschaffen werden. Wenn die Frauen sich aus dem nach innen gerichteten Kreis lösen und ihre neuen Energien dazu benutzen, die Institutionen, in denen sie leben und arbeiten, in Frage zu stellen und umzugestalten, dann werden sie eine neue Kraft in sich entdecken, die aus der Teilnahme, der Gleichberechtigung, herkommt. Keine Frau und kein Mann kommt mit dieser Kraft auf die Welt. Sie wächst durch die Prüfung und Verwirklichung des eigenen menschlichen Potentials in den Herausforderungen und Aufgaben der Gesellschaft, von der die Frauen bisher ausgeschlossen blieben. (Ich bezweifle, daß Stärke je allein aus Bewußtwerdung – oder gar aus «Selbstbehauptungstraining» entstehen kann.)

In ‹*The Uses of Literacy*› zitiert Richard Hoggart eine Tschechow-Stelle: «Bitte, schreib doch die Geschichte, wie ein junger Mann, der Sohn eines Leibeigenen, der Ladenjunge, Chorknabe, Zögling einer höheren Schule und Student gewesen ist, der zu

Respekt vor der Arbeit erzogen worden ist und dazu, dem Priester die Hand zu küssen, sich vor den Ideen anderer Leute zu verbeugen und für jeden Bissen Brot dankbar zu sein, der ungezählte Male Prügel bezogen hat und als Nachhilfelehrer ohne Galoschen umhergegangen ist, der gekämpft und Tiere gequält hat, der mit Behagen im Haus wohlhabender Verwandter gespeist und vor Gott und den Menschen ohne Not den Heuchler gespielt hat, allein im Bewußtsein seiner Minderwertigkeit – beschreibe, wie dieser junge Mann den Sklaven Stück für Stück aus sich herausdrängt und wie er eines schönen Morgens beim Erwachen nicht mehr das Blut des Sklaven durch seine Adern rinnen fühlt, sondern wahrhaftes Menschenblut.»

Wenn das einmal mit den Frauen geschieht – ich weiß, daß es schon in vielen von uns geschieht, ich fühle es in mir selbst –, wird wohl keine eines Morgens als «weiblicher Mann» erwachen (so der blitzgescheite Science-fiction-Roman ‹*Female Man*› von Joanna Russ, in dem sie die Polarisierung von männlicher Welt/weiblicher Welt beschreibt, die das Ergebnis unserer Versuche ist, aus der gespaltenen Welt auszubrechen – Reaktion, nichts als Reaktion und weiblicher Machismo).

Auf meiner Suche nach dem «neuen Ja» hat mich in letzter Zeit Science-fiction sehr fasziniert. In dem wunderbaren Buch ‹*The Left Hand of Darkness*› von Ursula LeGuin fand ich diesen Abschnitt:

«Wie den Kreis unterbrechen? Hier sagt man immer: Alle Wege führen nach Mishnory. Gewiß doch, wenn ihr Mishnory den Rükken kehrt und euch davon entfernt, seid ihr immer noch auf dem Weg nach Mishnory. Sich der Gewöhnlichkeit widersetzen heißt unweigerlich, gewöhnlich sein. Man muß woandershin gehen, ein neues Ziel ansteuern, dann geht man einen anderen Weg.»

In ‹*The Left Hand of Darkness*› gibt es keine scharfe Trennung der Geschlechtsrollen. Es gibt menschliche Wesen, die im «Kemmer» – dem Zeitraum alle paar Wochen, wenn alle von sexueller Leidenschaft erfüllt sind – beliebig Mann oder Frau füreinander werden und Vater oder Mutter eines Kindes.

Das «neue Ja» der sexuellen, der menschlichen Befreiung können wir nicht durch bloßes Verneinen der Macht der Männer erreichen. Die Reaktion auf die Extreme der machtlosen Weiblichkeit und dominanten Männlichkeit, der Weg aus Mishnory hinaus, ist noch derselbe Weg der Geschlechterpolarisierung.

Ich denke noch oft an die Konferenz von Eheberatern, Sexologen und anderen Therapeuten vor einigen Jahren in Chicago zum Thema des weiblichen Orgasmus. Eine Gruppe ergrauender, autoritärer männlicher Fachleute verbreitete sich über das Nichtvorhandensein desselben, und Masters und Johnson berichteten zum erstenmal über die erstaunlichen Ergebnisse, die sich mit mechanischen Hilfsmitteln erzielen ließen. Ich stieß die Konferenz damals gewaltig vor den Kopf mit meiner Behauptung, sowohl dem Sex als auch dem weiblichen Orgasmus wäre wohl eher dadurch geholfen, daß man die Lebensbedingungen der Frauen samt deren Auswirkungen auf ihre Einstellung sich selbst und den Männern gegenüber studierte, anstatt Apparaturen zu entwickeln, um ihren Körper in ein paar erbärmliche Zuckungen zu versetzen.

Als die Frauen in den folgenden Jahren allmählich anfingen, über ihre wahren Gefühle zu reden, kam eine Mischung aus Ekel und Besessenheit zutage. Charakteristisch hierfür ist der berühmte Essay *‹Der Mythos des vaginalen Orgasmus›*. Es gab Konferenzen und Kurse über Sexualität, wo Frauen sich untereinander die Technik der Masturbation mit Vibratoren beibrachten, um nicht mehr von Männern, vom menschlichen Penis, abhängig zu sein. In *‹Angst vorm Fliegen›* ließ Erica Jong ihre Heldin von masochistischen Vergewaltigungs- und Demütigungsphantasien und Sex-Fixierung zum «Superfick» voranschreiten, in dem sie den Mann als entmenschlichtes Sexualobjekt gebrauchte, eine Art umgekehrtes Playboyhäschen. War das der Traum befreiter Frauen?

Ich glaubte nicht, daß noch so viele Vibratoren etwas ändern könnten, noch daß es den geringsten Unterschied machte, wer unten, wer oben lag, solange die ungleichen Machtpositionen im wirklichen Leben nicht aufgehoben wären. Der «Superfick» war sexuelle Vergeltung, weiter nichts. Die Frage ist doch: Wie können wir die echten menschlichen Geschlechtsunterschiede genießen – männlich und weiblich, Yang und Yin, passiv und aktiv –, die zahllosen Facetten von Männlichkeit und Weiblichkeit, die wir alle in unterschiedlicher Abstufung in uns tragen und in Liebe und Leben, in Leidenschaft und Dichtung ausdrücken können? Gibt es ein Ausweichen vor der fundamentalen Tatsache, daß wir als männliche und weibliche Menschen existieren, wenn wir uns selbst voll verwirklichen wollen? Das bestehende Ungleichgewicht der wirtschaftlichen und Machtverhältnisse hat die Sexualität ausgehöhlt und zum aussichtslosen Machtkampf verkommen lassen.

Arbeit und Liebe, so sagte Freud, sind die beiden Grundpfeiler der menschlichen Existenz. Verhängnisvoll ist es, daß die Polarisierung der Geschlechter in der menschlichen Gesellschaft auch Arbeit und Liebe erfaßt und die Wirtschaft zur Welt des Mannes, die Liebe zur Welt der Frau gemacht hat. Machtkonzeptionen klammern die Sexualität aus, oder sie behandeln die Frau als Gebrauchsgut. Auch die Sextherapeuten verdinglichen die Frauen, wenn sie so tun, als ob Sex von der Liebe abgetrennt werden könnte oder beide zusammen von der Welt der Arbeit. In Heim und Küche, Schlafzimmer und Büro, in der Wirklichkeit, in der wir alle leben, existieren wirtschaftliche Macht und Sex stets neben- und miteinander.

An unwahrscheinlichen Stellen – so in einer Kritik des Films ‹*Husbands*› (Ehemänner) im Sonntagsmagazin der *New York Times* oder bei einer Podiumsdiskussion der Frauenzeitschrift *Viva* – habe ich dargestellt, wie sehr sexuelle und allgemein menschliche Liebesbedürfnisse durch die Geschlechtsrollen mit ihrer ökonomischen Ungleichgewichtigkeit verfälscht worden sind. Meinen Schwestern in der Frauenbewegung muß ich manchmal wie eine mürrische Spielverderberin erscheinen mit meinen beharrlichen Hinweisen auf die langweilige ökonomische Basis, die erst verändert werden muß, bevor eine Frau ihre Sexualität genießen und wirklich lieben kann. Es war so viel einfacher und vergnüglicher, bloß über Sex, Vibratoren, die Frauen, die Männer, unten und oben zu reden. Wenn jedoch sexuelle Freudlosigkeit und unbefriedigte Bedürfnisse, Masochismus und Grausamkeit als der ständige Zustand der Frauen hingestellt werden, so betrachte ich das als ein Aufgeben des Kampfes. All das ist aus unserer Ungleichheit und den dadurch hervorgerufenen Gegenreaktionen entstandene sexuelle Pathologie. Der einzige Weg aus Mishnory heraus ist der der Gleichberechtigung.

Heute weiß ich, daß ich für die Frauen gekämpft habe, weil ich mich als Frau nicht wohl fühlte und dabei doch gern Frau gewesen wäre. Meine Mutter, so wußte ich, lehnte ihr Frausein ab, aus gutem Grund. Ich wollte nicht so werden wie sie, schlug mich deshalb auf die Seite des Weiblichkeitswahns und verleugnete eine ganze Weile genau die Fähigkeiten und Möglichkeiten, die sie mir hatte eröffnen wollen. Ich verstand, daß sie zu Recht nicht gern Frau war – wegen der Fähigkeiten und Energien, die sie genau wie ich besaß, aber nirgendwo gebrauchen konnte –, so daß sie sich an ihrem Ehemann, ihren Kindern, ihrem Heim nicht richtig freuen konnte. Hätte ich weiterhin nur auf ihr Beispiel reagiert, so hätte ich auf den Gebrauch meiner Fähigkeiten in der Gesellschaft verzichten müssen und wäre noch tiefer in den Teufelskreis des «Ressentiments» abgerutscht.

Eine einzelne Frau konnte jenen Teufelskreis nicht durchbrechen. Wir fanden unsere Stärke, indem wir unsere bisherigen Lebensbedingungen, die uns geformt hatten, in Frage stellten und vereint darangingen, sie zu verändern.

Die Frauen schreiben mir immer wieder: «Das hat mein Leben verändert.» Sie haben recht. Wie viele unter uns hätten ohne die Frauenbewegung die Kraft gehabt, ihr Leben zu verändern, die Energie freizulassen, die wir gegen uns selbst gerichtet hatten, und sie darauf zu verwenden, die Schranken zu durchbrechen und ins Leben hinauszutreten?

Morgen früh werde ich aufwachen, dieses Buch endlich beendet haben und froh sein, daß ich eine Frau bin. Ich werde die gute Nachricht einem Mann mitteilen, den ich jetzt manchmal schon ganz hilflos lieben kann, stark und ohne Vorbehalte; in der Liebe zu ihm überwinde ich die Widersprüche in mir.

Weiter werde ich meine Tochter anrufen, für die alles bereits eine Selbstverständlichkeit ist. Ich werde die Möbel umstellen, mir einen Badeanzug kaufen und mir einen Inselurlaub gönnen. Dann werde ich in Sachen Präsidentenwahlkampf an die Arbeit gehen und mir vornehmen, wegen der Krise der Frauenbewegung nicht allzuviel zu tun, da ich sehe, daß ihr schon selbst damit fertig werdet. Ich will mit der Arbeit an Stufe II der Geschlechterrollenrevolution beginnen, der Neugestaltung der Institutionen. Ich möchte weiter vorwärts schreiten und mein Leben verändern.

Eines Tages, so glaube ich doch, werden wir zurückblicken und feststellen, daß diese Jahre unseres leidenschaftlichen, die Welt öffnenden, historischen Kampfes das stärkste Erlebnis waren, das einem Menschen je zuteil werden kann. Die Männer, die nie solche Probleme hatten, und jene Frauen, die zu damenhaft waren, um sich uns anzuschließen, werden uns darum beneiden. Denn wir haben die zweite amerikanische Revolution erlebt, und gerade durch unseren Zorn haben wir ein «neues Ja» zum Leben gesagt.